DERRIÈRE LES APPARENCES

santé
et
conditions
de vie
des
femmes

Louise Guyon
chercheuse

avec la collaboration de
Claire Robitaille
May Clarkson
Claudette Lavallée

novembre 1996

D1347765

Gouvernement du Québec
**Ministère de la Santé
et des Services sociaux**

Couverture et grille typographique : Côté Thivierge
Mise en page : Compélec inc.

Dépôt légal
Bibliothèque nationale du Québec, 1996
ISBN 2-551-17143-1

PRÉFACE

La *Politique de la santé et du bien-être* reconnaît que les hommes et les femmes ont des profils de santé différents. La socialisation, les conditions de vie et l'environnement sont autant de déterminants jouant un rôle de premier plan sur la santé des femmes et des hommes. Le présent ouvrage, que j'ai l'honneur de préfacer, réaffirme ce constat et confirme par ailleurs que certaines femmes connaissent des états de santé et des conditions de vie nettement plus précaires que d'autres.

Cette publication, ouvrage de référence essentiel pour toutes et pour tous, met en lumière des données spécifiques sur la condition sociosanitaire des Québécoises, tirées particulièrement de l'enquête Santé Québec de 1987 et de l'enquête sociale et de santé de 1992-1993. Elle apporte un éclairage nouveau sur des questions clés et nous assure une meilleure compréhension de celles-ci tout en faisant ressortir les préoccupations des Québécoises face à leur santé. Elle contribue donc à faire avancer les connaissances que nous avons de l'état de santé physique et mentale des femmes, de leur situation socio-économique, de leurs habitudes de vie, de leur environnement et de leur mode d'utilisation des services sociaux et de santé.

Cet ouvrage illustre bien que des phénomènes comme la pauvreté, la monoparentalité, l'isolement ou le vieillissement peuvent lourdement hypothéquer la santé des femmes. Aussi, les tendances observées portent à croire que pour certains groupes de femmes, les situations problématiques risquent de perdurer ou même de s'amplifier dans l'avenir. Dans l'ensemble, plus de femmes que d'hommes présentent un niveau élevé de détresse psychologique et les jeunes femmes seraient particulièrement vulnérables à cet égard. Par ailleurs, des femmes vivent simultanément des problématiques telles que la pauvreté, la violence, etc., ce qui a pour conséquence une multiplication de problèmes et de difficultés touchant à des degrés divers leur santé et leurs conditions de vie.

Malgré des états de santé déclarés plus détériorés, les femmes sont très préoccupées de leur santé : comparativement aux hommes, elles ont de meilleures habitudes de vie, sont plus sensibles à la prévention pour elles et leurs proches et posent plus de gestes en vue d'améliorer leur santé et leur bien-être.

Je crois que les avancées en matière de condition féminine sont étroitement liées à une volonté collective de reconnaître les réalités, les besoins et les intérêts spécifiques des femmes. En effet, au-delà des actions sectorielles, la démarche du Ministère s'inscrit dans des objectifs généraux du gouvernement du Québec qui visent à améliorer la santé et le bien-être des Québécoises, à assurer les redressements nécessaires là où celles-ci connaissent des situations désavantageuses, à favoriser l'accès à des services adaptés à leurs besoins et à contribuer au changement des mentalités en s'appuyant sur des principes d'égalité et d'équité entre les hommes et les femmes. Aussi, le Ministère considère-t-il comme majeure la prise en compte des expertises développées par les femmes elles-mêmes dans la recherche de solutions aux problèmes qu'elles vivent. D'ailleurs, ces expertises ont souvent présidé au développement de nouvelles formes d'intervention et de pratique à leur égard.

C'est donc avec plaisir et fierté que j'invite chacune et chacun d'entre vous à prendre connaissance de ce document et à collaborer individuellement ou collectivement à l'amélioration de la santé et des conditions de vie de toutes les Québécoises.

Jean Rochon
Ministre de la Santé
et des Services sociaux

REMERCIEMENTS

Cette publication a pu être réalisée grâce à une subvention du **ministère de la Santé et des Services sociaux** (MSSS), et, plus particulièrement, des directions générales de la planification et de l'évaluation et de la santé publique.

Les personnes suivantes ont été associées à l'élaboration de cette monographie et m'ont aidée à l'écrire ou à la parfaire, et je les en remercie toutes très chaleureusement :

Claire Fortin, du Service à la condition féminine, qui a coordonné le projet pour le Ministère et animé le Comité aviseur, dont les membres étaient :
Renée Dandurand, Institut québécois de recherche sur la culture
May Clarkson, Service de la recherche (MSSS)
Françoise David, Fédération des femmes du Québec
Desmond Dufour, Service de prévention en santé (MSSS)
Lise Dunnigan, Service de l'évaluation des politiques et des programmes (MSSS)
Micheline Mayer, Centres jeunesse de Montréal

Quelques lectrices ont consacré un nombre impressionnant d'heures à réviser et à commenter le texte, et je tiens à les en remercier :

Maria DeKoninck, Université Laval
Lise Lamontagne, Regroupement des centres de santé des femmes du Québec
Diane Lemieux, Regroupement des CALACS
Marie-Thérèse Roberge, Service à la condition féminine (MSSS)
Lucille Rocheleau, Fédération des CLSCQ

Je tiens à souligner la collaboration particulière de **Claire Robitaille**, qui m'a assistée dans toutes les opérations et m'a fait profiter de ses analyses et de ses réflexions. À **May Clarkson** et **Claudette Lavallée**, qui ont accepté, en dépit de leurs horaires surchargés, d'écrire respectivement les chapitres sur la violence et les femmes cries et inuites, toute ma reconnaissance.

Carole Daveluy, Karen Messing et **Louise Nadeau** m'ont également fait profiter de leurs commentaires éclairés, et je les en remercie.

Merci à **Santé Québec**, qui m'a facilité l'accès aux banques de données, et en particulier à **Nathalie Audet**, pour l'assistance informatique, ainsi qu'à l'équipe de Recherche et intervention sur les substances psycho-actives du Québec (RISQ), qui m'a appuyée et soutenue en cours de rédaction.

Je suis redevable aux nombreux auteurs et auteures du rapport *Et la santé, ça va en 1992-1993 ?*, que j'ai très largement pillés et cités.

Je tiens à souligner la collaboration du **Service des communications** du MSSS dans l'édition de cet ouvrage : Marc Pouliot, Andrée Michaud et Anne Vallières. Enfin, il convient de souligner le travail de traitement de texte de Nicole Gingras, du **Service à la condition féminine**, qui a effectué les dernières corrections.

Louise Guyon

TABLE DES MATIÈRES

DEUXIÈME PARTIE : LE POIDS DE LA DIFFÉRENCE ... 175

LISTE DES TABLEAUX

Liste des tableaux

LISTE DES FIGURES

INTRODUCTION :
POURQUOI UNE ÉTUDE
SUR LA SANTÉ DES FEMMES ?

Dans toutes les études statistiques sur la santé des populations, les plus grandes variations observées, tant sur le plan de la morbidité*, de la mortalité que de l'incapacité, concernent les différences entre les groupes d'âge. L'appartenance à un sexe constitue la seconde grande catégorie discriminante : les femmes présentent une prévalence plus grande de symptômes, de problèmes chroniques mineurs et de maladies que les hommes, elles consultent plus souvent qu'eux les services de santé et consomment plus de médicaments. Pourtant, leurs taux de mortalité sont moins élevés que ceux des hommes, et ce, à tous les âges. Ces données ne sont pas nouvelles, mais leur persistance continue à nous interpeller et leur interprétation a suscité de nombreuses recherches au cours des dernières décennies. Certaines d'entre elles ont mis en lumière l'impact du statut social des femmes — particulièrement les effets des obligations liées à leur rôle de nourricières (Gove *et al.*, 1979, 1981 et 1984 ; Verbrugge, 1980 ; Mechanic, 1980 ; Marcus *et al.*, 1981, 1982 et 1984) — alors que d'autres invoquaient les caractéristiques biologiques ou encore des facteurs d'ordre psychologique. Les plus récentes d'entre elles (Popay *et al.*, 1993) ont démontré que les théories biologiques ou psychologiques résistent mal à une analyse serrée. On pense que le fait qu'un plus grand nombre de femmes que d'hommes soient exposées à certains risques reconnus pour être associés à un mauvais état de santé — notamment ceux qui sont reliés à un revenu inférieur — jouerait un rôle important dans les différences observées entre les sexes (Popay *et al.*, 1993). Par ailleurs, la plupart des auteurs semblent s'entendre sur le fait que tout n'a pas été dit sur ces questions et qu'il reste encore à préciser comment les variables du statut social influencent différemment la santé des hommes et des femmes.

Ce livre traite de la santé et des conditions de vie des femmes, à partir des résultats des grandes enquêtes faites auprès des populations au cours des dix dernières années. En se basant sur les déclarations des femmes elles-mêmes, l'étude s'efforce de faire ressortir ce qui leur est spécifique, tant dans leur situation et leur environnement que dans les gestes qu'elles posent pour conserver ou améliorer leur santé ou dans les gestes qui auront un effet négatif à court ou à long terme. Ces résultats sont interprétés dans une perspective globale qui fait appel à la fois à la situation historique et sociale des femmes et aux dynamiques actuelles, découlant des changements importants qui se sont produits dans les relations entre les hommes et les femmes et entre les institutions et les femmes, au cours des dernières décennies. Cette approche implique également que les solutions aux problèmes désignés doivent s'inspirer largement du savoir et des expertises que les femmes elles-mêmes ont su acquérir (Beauregard et DeKoninck, 1991).

L'amélioration de la santé implique qu'on doive tenir compte des divers déterminants de la santé et des liens complexes qui les unissent. L'étude qui suit s'est donc inspirée du cadre de référence pour l'étude des déterminants de la santé mis de l'avant par le rapport Lalonde (1974) et poursuivi par les travaux récents sur le système de soins de santé au Canada et au Québec (Angus *et al.*, 1995 ; Frank et Mustard, 1994). Ce cadre propose la prise en considération des modes de vie, de l'environnement, des aspects biologiques et des services de santé. Les recherches des dernières années ont identifié les principaux facteurs qui vont jouer sur la santé des populations. Un rapport préparé par le Comité consultatif fédéral-provincial-territorial sur la santé de la population (1994) établit la liste de ces déterminants : « *le revenu et la situation sociale ; les réseaux de soutien social ; le niveau d'instruction ; l'emploi et les conditions de travail ; l'aspect sécuritaire et la propreté des environnements physiques ; la constitution biologique et génétique ; les habitudes de vie personnelles et les compétences d'adaptation ; le développement sain dans l'enfance ; les services de santé* » (p. 12). La plupart de ces aspects seront traités dans les pages qui suivent, et ce, dans la mesure où le permettent les informations recueillies dans les enquêtes de santé.

Cette publication s'adresse aux personnes intéressées par la santé et les conditions de vie des femmes, par exemple à celles qui travaillent à tous les niveaux de la dispensation des soins et des services, de la planification et de la prise de décision, à celles aussi qui œuvrent en recherche ou dans l'enseignement. Elle intéressera particulièrement les intervenantes et les intervenants, les travailleuses et les travailleurs de la santé et des services sociaux, les étudiantes et les étudiants qui se préparent à suivre leurs traces et celles et ceux qui les forment.

Enfin, en interprétant les données des enquêtes présentées, et ce, en s'appuyant sur les réflexions actuelles sur la santé des femmes, cette étude tente de rejoindre ceux et celles qui ont le désir de poursuivre cette réflexion et d'y apporter leur propre contribution.

POURQUOI MENER DES ENQUÊTES GÉNÉRALES SOCIALES ET DE SANTÉ ?

Avant de présenter les résultats des enquêtes sociales et de santé auprès de la population, il convient d'en rappeler brièvement les aspects généraux et de voir la contribution originale qu'elles apportent à la connaissance de l'état de vie et de santé des personnes.

Ces enquêtes apportent des données sur l'ensemble de la population, à un moment précis et à partir de renseignements factuels signalés par les individus eux-mêmes, ou par une personne de leur entourage, en vue d'établir la prévalence* des problèmes dans cette population. Elles se basent donc sur la perception que les individus ont de leur propre état de santé, plutôt que sur des mesures dites objectives obtenues à partir des tests et des diagnostics établis par des professionnels.

Les possibilités

Les enquêtes sociales et de santé permettent d'abord d'obtenir des informations sur des populations inaccessibles par tout autre système d'information : par exemple, elles rejoignent les personnes qui n'ont fait appel à aucun des services de l'État, donc qui sont absentes des banques de données officielles.

Ensuite, par la collecte de renseignements multiples et variés concernant une même personne, elles offrent de grandes possibilités de croisements entre des données sur l'état de santé, d'une part, et sur des variables socio-économiques, comportementales ou de consommation de services, d'autre part, ce qui ne peut être fait à l'intérieur des banques de données plus spécialisées. On rejoint ici l'approche préconisée dans les études sur les déterminants de la santé.

Enfin, lorsque ces études sont répétées à intervalles réguliers, il est possible de suivre des indicateurs* dans le temps et ainsi de vérifier des hypothèses ou d'assurer la force des diverses associations entre les variables étudiées.

Les limites

Premièrement, si l'on cherche des prévalences* exactes de problèmes de santé, ces enquêtes ne sont pas considérées comme une source vraiment objective de données, puisqu'elles sont basées uniquement sur la perception qu'ont les gens de leur santé. En épidémiologie, les seules prévalences véritablement admises sont celles basées sur des critères officiels, habituellement construits à partir de données cliniques.

Deuxièmement, les enquêtes générales de santé ne peuvent toucher que superficiellement la plupart des phénomènes étudiés. En effet, à cause du grand nombre de thèmes abordés, la place réservée à chacun, dans les instruments de collecte, est relativement limitée.

Troisièmement, elles ne peuvent vraiment évaluer certaines dimensions qui se prêtent mal à l'investigation par questionnaire ; c'est le cas par exemple des questions portant sur la violence ou les abus sexuels, auxquelles les gens répugnent encore à répondre, ou sur la consommation des drogues illicites, parce qu'elles concernent des populations difficiles à rejoindre au moyen d'une enquête à domicile.

Quatrièmement, en dépit des possibilités de croisements multiples qu'elles offrent, particulièrement entre les déterminants et l'état de santé, on gardera à l'esprit qu'il s'agit d'enquêtes transversales*, qui ne permettent pas, dans la plupart des cas, d'inférer des liens de causalité directe entre les diverses données (Goldberg, 1985). Il sera possible de parler d'*associations* entre les variables ; il sera possible aussi d'évaluer le degré de certitude de ces associations. Par ailleurs, certaines observations vont permettre d'évaluer la *durée* ou la *persistance* d'un phénomène (ex. : la durée de la pauvreté), ce qui accentue la force de l'association.

Les résultats des enquêtes nous apprendront par exemple si, en 1987, plus de femmes que d'hommes étaient atteintes du cancer du poumon, et combien l'étaient. On pourra également comparer le nombre de cas de ce type de cancer chez les fumeuses et les non-fumeuses et constater un plus grand nombre de cancers chez les fumeuses régulières, mais on ne pourra pas en déduire que cette habitude est directement responsable de cette maladie chez ces femmes. Pour cela, il faudra se référer à d'autres types d'analyses qui observent, sur un certain nombre d'années et chez les mêmes individus, les comportements et les atteintes à la santé qui se manifestent. Par contre, en comparant les résultats d'une enquête particulière à ceux d'autres enquêtes menées antérieurement, on peut vérifier l'évolution parallèle du cancer du poumon et du tabagisme et poser des hypothèses explicatives ou suggérer des pistes de recherche. L'enquête générale joue ainsi un rôle de premier plan dans le processus d'évaluation de la santé et des conditions de vie des femmes : elle rend compte d'un grand nombre de faits et d'associations et elle prépare la voie à d'autres types d'investigations ou d'interventions plus en profondeur.

Les enquêtes générales de Santé Québec de 1987 et de 1992-1993 sont des enquêtes de grande envergure. Bien qu'elles n'aient pas utilisé une approche particulière à la situation des femmes, elles offrent des possibilités d'analyse multiples et fort intéressantes pour les personnes qui sont intéressées à accroître leurs connaissances et leur compréhension du sujet. L'enquête sociale et de santé 1992-1993, c'est 35 000 hommes et femmes, appartenant à 16 000 ménages privés répartis dans l'ensemble du territoire québécois et qui sont représentatifs de l'ensemble de la population. Les populations des régions crie et inuite, les personnes vivant dans des ménages collectifs tels que les centres d'accueil et les hôpitaux, ont été exclues de la population visée par l'enquête. Ces exclusions concernent 2,5 % de l'ensemble de la population québécoise, ce qui n'invalide aucunement la représentativité de l'échantillonnage (Santé Québec, 1995). Les personnes échantillonnées par l'enquête ont été questionnées sur leur état de santé physique et mental, sur leurs habitudes de vie, sur leur environnement social, leurs conditions de vie et leurs comportements de santé.

LA SANTÉ ET LES CONDITIONS DE VIE DES FEMMES... MODE D'EMPLOI

Cet ouvrage s'inscrit dans la suite du livre *Quand les femmes parlent de leur santé* (Guyon, 1990). Il en reprend les principaux chapitres, à la lumière des résultats de l'enquête sociale et de santé de 1992-1993 (ESS) et tente de faire ressortir les tendances qui se sont dégagées depuis l'enquête de 1987. La perspective en a toutefois été élargie : des références à d'autres analyses ou à d'autres enquêtes viennent compléter ou resituer les données quantitatives de l'enquête québécoise. De nouveaux chapitres permettent de traiter de problématiques ou de groupes particuliers qui étaient absents de la première publication, par exemple la santé cardiovasculaire, la nutrition, le travail, la violence, les risques associés aux maladies transmissibles sexuellement et au sida, la situation des femmes cries et inuites[1].

Derrière les apparences est d'abord une présentation synthétique des principales données sur les femmes, tirées des enquêtes sociales et de santé de 1987 et de 1992-1993. Il permet de connaître et d'interpréter les résultats de ces deux grandes enquêtes québécoises et d'en faire ressortir les possibilités d'exploitation pour la planification des services et des programmes destinés aux femmes ainsi que pour la recherche, la dispensation de services et l'enseignement.

Le modèle d'analyse est d'abord descriptif, car il est orienté vers la présentation des principaux résultats à partir de croisements simples de variables ; à cet égard, il reprend le modèle de Santé Québec qui situe la santé dans une perspective globale (incluant les aspects physiques et psychologiques de la santé, les déterminants qui agissent sur elle et leurs conséquences). Il s'appuie également sur une grille qui reprend les principaux constats qui se sont dégagés de la réflexion sur la santé des femmes et qui relie leur situation sanitaire à son contexte historique et social.

L'analyse est faite à deux niveaux : en première partie, l'analyse descriptive des conditions de vie et de l'état de santé des femmes, à partir des principaux résultats des enquêtes épidémiologiques, permet de comparer les hommes et les femmes, ce qui illustre mieux la problématique globale de

---

1. Ainsi, certains résultats d'autres enquêtes ont été intégrés : ce sont les enquêtes de santé auprès des Cris de la Baie James de 1991 (SQCris) et des Inuits du Nord québécois de 1992 (SQInuit), l'enquête sur la santé cardiovasculaire et la nutrition de 1990, l'enquête sur les risques associés aux MTS et au sida chez les 15-29 ans de 1991 (MTS/SIDA) et l'enquête canadienne de 1992 sur la violence envers les femmes (Statistique Canada). On trouvera, en annexe, une présentation synthétique des principales enquêtes qui ont servi de base à cette monographie.

ces dernières ; dans la seconde partie, certains sous-groupes de femmes sont étudiés plus en profondeur. Ce plan d'analyse a posé certains problèmes quant à l'organisation des données. Dans certains cas, on notera des répétitions entre les deux parties ; dans d'autres, au contraire, certains résultats ont été délibérément placés dans la seconde partie parce que leur signification y était plus grande. Dans tous ces cas, des références aux chapitres concernés sont données.

On trouvera donc, en première partie, des données récentes sur la santé des femmes, leur situation socio-économique, leurs habitudes de vie, leur environnement, leur mode d'utilisation des services sociaux et de santé. L'enquête de 1992-1993 apporte des données inédites sur certains problèmes sociaux qui étaient absents de celle de 1987, particulièrement sur la pauvreté et le travail. Par ailleurs, l'analyse comparée des données des deux principales enquêtes, réalisées avec cinq ans d'écart, permet de vérifier certaines hypothèses de la première monographie et d'établir des tendances pour plusieurs indicateurs. La seconde partie dépeint la situation de groupes de femmes considérées comme plus vulnérables face à certains problèmes ou qui pourraient bénéficier de programmes particuliers.

Un des objectifs poursuivis était de démontrer l'apport d'une enquête auprès de la population à l'analyse des conditions particulières aux femmes et, surtout, de dégager des pistes de recherche et des hypothèses qui permettront de pousser plus loin la réflexion engagée. Avec l'enquête de 1987, on a eu accès, pour la première fois au Québec, à des informations globales sur la santé des personnes, et ce, à partir de leur propre perception. La poursuite de cette démarche, avec l'enquête de 1992-1993, permet de réaffirmer l'importance de la dimension *conditions de vie et perception de la santé*. Les données retenues pour cette monographie ne constituent pas l'ensemble des possibilités d'analyse des banques utilisées ; bien au contraire, elles n'en représentent que la partie descriptive de base. Cependant, elles apportent des informations sur certaines problématiques qui ont été au cœur des préoccupations relatives à la santé et aux conditions de vie des femmes depuis quelques années et, en ce sens, elles contribuent à faire avancer les connaissances que nous en avons.

Toutes les données présentées ont été validées ; les différences observées entre les différentes catégories ou sous-groupes ont fait l'objet de tests statistiques, principalement de chi carré. Les intervalles de confiance sont indiqués dans les tableaux afin de renseigner les lectrices et les lecteurs sur la force des associations entre les différentes variables. On trouvera, en annexe (section 20), une description de la méthodologie utilisée, de même que des indications sur la meilleure façon de lire les tableaux. Les résultats sont illustrés sous forme de figures ou de tableaux insérés dans le texte ou figurant en annexe (section 21)[2].

À la fin de chaque section, on retrouvera un résumé des faits saillants qui ressortent de l'analyse des principales données. Afin de faciliter la compréhension des termes utilisés, un lexique est proposé à la fin de ce document ; dans le texte, les mots assortis d'un astérisque [*] renvoient à ce lexique. Enfin, on retrouvera en bibliographie les références des ouvrages cités.

Afin de mieux situer le contexte et l'interprétation des résultats des enquêtes, un bref état des recherches actuelles est présenté, habituellement au début de chacun des chapitres. Ces résumés ne sont pas exhaustifs et n'ont pas la prétention de couvrir l'essentiel de la recherche actuelle sur la santé et les conditions de vie des femmes. Un tel travail pourrait facilement donner lieu à plusieurs publications et tel n'est pas l'objet de celle-ci. Ils constituent un début de réflexion sur les sujets traités et invitent les lecteurs et les lectrices à poursuivre cette démarche dans l'interprétation des résultats présentés.

---

2. Ces tableaux correspondent aux figures contenus dans le texte, sauf pour les chapitres 9 et 15, pour lesquels on ne retrouve pas de tableaux en annexe.

PREMIÈRE PARTIE

LES QUÉBÉCOISES, LEUR SANTÉ, LEURS CONDITIONS ET LEURS HABITUDES DE VIE

1 OÙ EN SONT LES QUÉBÉCOISES ?

Ce chapitre présente les principales caractéristiques sociodémographiques des Québécoises : répartition selon l'âge, l'état matrimonial, la scolarité, le niveau économique, le statut d'activité, la langue et l'ethnicité, le revenu et la profession. Ces données sont tirées de l'ESS 1992-1993 et du recensement canadien de 1991. Elles sont intéressantes en ce qu'elles offrent un portrait instantané de la situation sociale des femmes, mais aussi parce qu'elles sont utilisées dans les analyses qui suivent comme variables dépendantes. On pourra donc s'y référer pour mieux comprendre la signification de certains croisements avec des variables de santé ou de conditions de vie.

L'âge et le sexe

L'âge moyen des Québécoises et des Québécois se situait entre 34 et 35 ans, lors du recensement canadien de 1991. Par ailleurs, plus de la moitié de la population se retrouve entre 25 et 64 ans (tableau 1.1). Jusqu'à l'âge de 65 ans, les hommes et les femmes se répartissent à peu près de la même façon, après quoi la proportion des femmes dépasse celle des hommes de façon croissante.

Entre le recensement de 1986 et celui de 1991, la proportion des jeunes femmes et des jeunes hommes de 15 à 24 ans s'est particulièrement amenuisée (diminution de 20 %), alors que l'importance relative de la population de 65 ans et plus a augmenté. On remarquera l'augmentation de la représentation des femmes de 65 ans et plus qui constituent, en 1991, 13 % de l'ensemble des femmes. Le vieillissement évident de la population québécoise se remarque même sur une aussi courte période. Ceci va influencer la santé et les conditions de vie des femmes, notamment leurs comportements et leurs problèmes de santé, de même que leur niveau socio-économique et l'usage qu'elles feront des services qui leur sont offerts. Les données présentées dans la suite de cette publication porteront majoritairement sur les femmes âgées de 15 ans et plus.

tableau 1.1

RÉPARTITION DE LA POPULATION

selon le groupe d'âge et le sexe, Québec, 1986 et 1991

GROUPE D'ÂGE		RECENSEMENT DE 1986 %		RECENSEMENT DE 1991 %		SEXE (RATIO) 1991 %
0-14 ans	H	21,5	H	20,9	H	51,2
	F	19,6	F	19,1	F	48,8
15-24 ans	H	16,8	H	14,0	H	50,8
	F	15,7	F	12,9	F	49,2
25-44 ans	H	33,9	H	35,0	H	49,8
	F	32,9	F	33,9	F	50,2
45-64 ans	H	19,6	H	20,9	H	48,0
	F	20,2	F	21,0	F	51,1
65-74 ans	H	5,5	H	6,1	H	43,7
	F	6,9	F	7,6	F	56,3
75 ans et plus	H	2,7	H	3,1	H	37,9
	F	4,7	F	5,5	F	62,1
Total	H	100,0	H	100,0	H	49,0
	F	100,0	F	100,0	F	51,0

Source : Statistique Canada, 1993.

L'état matrimonial

Selon l'enquête sociale et de santé de 1992-1993, deux personnes sur trois au Québec déclarent vivre en couple, qu'elles soient mariées (50 %) ou en union de fait (15 %), et une sur quatre est célibataire (24 %) ; les autres sont séparées, divorcées (7 %) ou veuves (5 %) (figure 1.1 et tableau 1.2, en annexe). Ces proportions varient évidemment selon l'âge, mais aussi selon le sexe. Chez les jeunes de 15 à 24 ans, deux fois plus de femmes (27 %) vivent en couple, qu'elles soient mariées ou en union de fait, alors qu'à partir de 65 ans, 78 % des hommes ont toujours une compagne, ce qui n'est le cas que de 45 % des femmes (tableau 1.6, en annexe).

figure **1.1**

RÉPARTITION DE LA POPULATION
selon l'état matrimonial et le sexe, Québec, 1992-1993

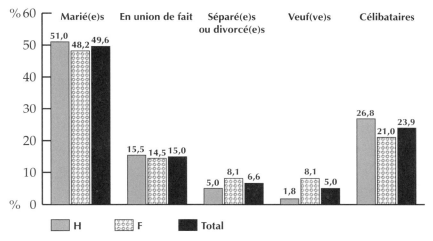

Source : ESS 1992-1993.

L'union de fait est le premier choix des jeunes de 15 à 24 ans qui vivent en couple ; entre 25 et 44 ans, deux fois plus de couples préfèrent le mariage, alors qu'après 45 ans, l'union de fait est une situation peu observée. Ces résultats font ressortir un effet de génération et on peut penser que, dans quelques années, ces deux modes d'union seront répartis plus également (tableau 1.6, en annexe).

La situation des femmes âgées de 65 ans et plus est particulière : près de la moitié (47 %) se retrouvent veuves, séparées ou divorcées, et 7 % sont toujours célibataires. Cette situation est également observée, à un moindre degré, chez les femmes d'âge moyen : à partir de 45 ans, le nombre de femmes qui vivent avec un conjoint diminue sensiblement, alors que les hommes vont demeurer en couple jusqu'à la fin de leur vie. Peut-on conclure à une plus grande solitude des femmes avec l'avancement en âge ? Il est difficile de se prononcer sur la base de ces seules données ; il est probable qu'un certain nombre d'entre elles vivent avec des enfants ou des colocataires. Le fait de vivre seule n'est pas nécessairement synonyme de solitude, mais est souvent associé à une baisse du statut socioéconomique et, dans le cas des personnes âgées, à une baisse de l'autonomie fonctionnelle. Le cumul de ces conditions pourra alors assombrir considérablement cette partie de la vie d'un bon nombre de femmes. On trouvera à la section sur les femmes âgées (chapitre 12) des données supplémentaires sur ces aspects.

La scolarité

Selon le rapport du Comité consultatif fédéral-provincial-territorial sur la santé de la population (1994) : « *Plus le niveau d'instruction de la personne est élevé, plus elle jouit d'une meilleure santé et perçoit son état de santé de façon positive — et moins il y a d'indicateurs de mauvaise santé tels que des obstacles à l'activité ou un grand nombre de journées de travail perdues. L'instruction augmente les chances de sécurité du revenu et de l'emploi, et permet un plus grand contrôle sur la vie — quelques-uns des déterminants clés de la santé.* » Cette affirmation est appuyée par un certain nombre d'études sur les liens entre les facteurs socio-économiques et l'état de santé (Wilkins et Adams, 1978 ; Mustard et Frank, 1991 ; Marmot *et al.*, 1987) ; l'enquête Santé Québec de 1987 avait également montré l'impact du niveau de scolarité sur plusieurs aspects de la santé.

Les Québécoises et les Québécois ont en moyenne complété onze années de scolarité (figure 1.2 et tableau 1.7, en annexe). Les différences sont minimes entre les sexes, et ce, à tous les âges, quoique l'on remarque une tendance à une plus grande scolarisation des hommes chez les plus âgés, alors que c'est l'inverse chez les plus jeunes. Peut-on y voir le signe d'un meilleur accès à l'enseignement supérieur chez les femmes, ou encore de la prévalence plus élevée du décrochage scolaire chez les garçons ? Quoi qu'il en soit, ces données témoignent d'un (léger) renversement des proportions entre ces générations.

Selon Asselin *et al.* (1994), la scolarité influencerait particulièrement le statut matrimonial des femmes. En fait, le diplôme semble avoir un effet contraire selon le sexe de la personne, « *ainsi plus une femme est instruite, plus elle est célibataire tandis que l'inverse est vrai pour les hommes. Cette situation s'atténue chez les femmes plus jeunes, faisant ressortir ici encore un effet de génération ; toutefois, de façon générale, les femmes les plus instruites sont deux fois plus souvent célibataires que celles qui n'ont pas de diplôme universitaire* » (p. 2.49).

Le statut d'activité

Selon le Bureau de la statistique du Québec (BSQ), « *l'une des principales explications des changements démographiques réside dans l'évolution de la participation des femmes au marché du travail qui leur assure une plus grande autonomie* » (Duchesne, 1995, p. 98). Ainsi, selon cette même source, le taux d'activité de l'ensem-

figure **1.2**

NOMBRE D'ANNÉES DE SCOLARITÉ COMPLÉTÉES
selon le groupe d'âge et le sexe, Québec, 1992-1993

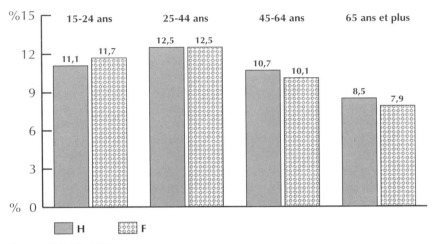

Source : ESS 1992-1993.

ble des femmes québécoises était, en 1994, de 54 %, alors qu'il n'était que de 47 % en 1981. Chez les femmes de 25 à 44 ans, ce même taux monte à 74 %. Bien qu'en augmentation, le taux des femmes ne représentait encore que 75 % de celui des hommes en 1994.

Selon l'ESS, en 1992-1993, un peu plus de la moitié de la population âgée de 15 ans et plus déclarait avoir un emploi ; les différences entre hommes et femmes subsistaient toujours, puisque 43 % de ces dernières se déclaraient « en emploi », contre 60 % des hommes (figure 1.3 et tableau 1.8, en annexe). Par contre, entre 1987 et 1992, le pourcentage de femmes sur le marché du travail a légèrement augmenté (41 % contre 43 %), alors que celui des hommes est passé de 65 % à 60 %. Ces données, tirées des enquêtes de Santé Québec, ne spécifient pas s'il s'agit de travail à temps plein ou à temps partiel ; on trouvera ces informations à la figure 1.6.

Ces chiffres diffèrent de ceux du BSQ en ce qu'ils rapportent un pourcentage inférieur de femmes sur le marché du travail. Il est probable que ces différences soient dues à des définitions différentes de la catégorie « en emploi » ou « population active ». Habituellement, la population active

figure **1.3**

STATUT D'ACTIVITÉ AU COURS DES DEUX SEMAINES PRÉCÉDANT L'ENQUÊTE

Québec, 1987 et 1992-1993

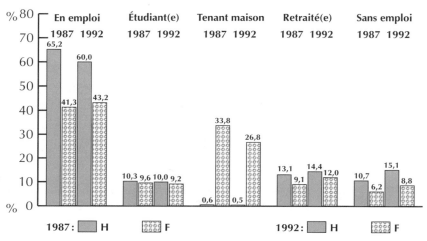

Sources : Santé Québec 1987 et ESS 1992-1993.

comprend les personnes qui ont un emploi rémunéré ainsi que celles qui sont au chômage ; c'est la définition qu'a adoptée le BSQ. Or, Santé Québec a exclu les chômeurs de sa catégorie « en emploi », ce qui peut expliquer les différences qui sont d'environ 10 %. Il importe de tenir compte de cette définition dans les analyses qui suivent ; ainsi, la catégorie « en emploi » de Santé Québec recouvre essentiellement les personnes qui travaillaient effectivement au cours des deux semaines ayant précédé l'enquête.

Plus d'une femme sur quatre déclarait tenir maison en 1992-1993, ce qui constitue une diminution depuis 1987, alors que cette proportion était d'une femme sur trois (34 %) ; c'est entre 45 et 64 ans que l'on en retrouve le plus grand pourcentage (41 %, tableau 1.2). Enfin, la proportion de femmes retraitées est passée de 9 % à 12 % entre ces deux périodes, ce qui reflète à la fois le vieillissement de la population féminine et le plus grand nombre de femmes sur le marché du travail pour cette génération.

tableau **1.2**

RÉPARTITION DE LA POPULATION
selon le statut d'activité habituel, l'âge et le sexe, Québec, 1992-1993

ÂGE/ SEXE		EN EMPLOI % [I.C.]	ÉTUDIANT(E) % [I.C.]	TENANT MAISON % [I.C.]	RETRAITÉ(E) % [I.C.]	SANS EMPLOI OU AUTRE % [I.C.]
15-24	H	32,3 [28,5-36,1][a]	61,1 [57,2-65,0][a]	0,2 [-][e]	0,0 [-][e]	6,4 [4,4-8,4][c]
	F	24,8 [21,2-28,3][b]	64,3 [60,4-68,3][a]	6,2 [4,2-8,1][c]	0,0 [-][e]	4,7 [3,0-6,5][c]
25-44	H	82,8 [80,9-84,7][a]	4,5 [3,5-5,5][b]	0,4 [0,1-0,7][e]	0,2 [-][e]	12,1 [10,5 -13,8][b]
	F	64,6 [62,2-67,0][a]	4,2 [3,2-5,2][b]	24,1 [22,0-26,3][a]	0,1 [-][a]	7,0 [5,8-8,3][b]
45-64	H	70,9 [68,0-73,8][a]	0,5 [-][e]	0,2 [-][e]	15,0 [12,7-17,3][b]	13,4 [11,2 -15,5][b]
	F	45,4 [42,3-48,6][a]	0,7 [0,2-1,2][e]	40,5 [37,4-43,6][a]	7,7 [6,0-9,3][b]	5,7 [4,2-7,1][b]
65 et plus	H	6,5 [4,0-8,9][c]	0,2 [-][e]	0,7 [-][e]	91,8 [89,1-94,6][a]	0,8 [-][e]
	F	1,9 [0,8-3,1][e]	0,2 [-][e]	29,7 [25,8-33,6][b]	67,3 [63,2-71,3][a]	0,9 [-][e]
Total	H	**62,5** [60,9-64,1][a]	**43,9** [42,3-45,6][a]	**0,4** [0,2-0,6][e]	**14,2** [13,1-15,4][a]	**10,2** [9,2-11,2][a]
	F	**12,7** [11,6-13,8][a]	**12,3** [11,2-13,4][a]	**26,5** [25,0-27,9][a]	**11,9** [10,8-13,0][a]	**5,4** [4,7-6,2][b]

Source : ESS 1992-1993.

La lecture du tableau 1.2 permet de retracer la trajectoire des femmes quant à leur activité habituelle, c'est-à-dire au cours des 12 mois précédant l'enquête. Entre 15 et 24 ans, les deux tiers sont aux études et 25 % travaillent à l'extérieur du foyer ; entre 25 et 44 ans, 65 % sont sur le marché du travail et près d'une sur quatre tient maison ; entre 45 et 64 ans, elles se répartissent entre le travail rémunéré (45 %) et la tenue de maison (41 %), alors qu'après 65 ans, la majorité se déclare retraitée, bien que 30 % affirment tenir encore maison. La trajectoire masculine est plus simple : les hommes vont passer des études (61 % entre 15 et 24 ans) au travail (83 % à 71 % entre 25 et 64 ans) et, enfin, à la retraite (92 %). Par contre, ils sont toujours plus nombreux que les femmes à se définir comme « sans emploi » (12 % à 13 % entre 25 et 64 ans).

La langue et l'ethnicité

Les Québécois se déclarent à plus de 80 % de langue maternelle française, parlent le français à la maison, appartiennent au groupe culturel majoritaire* et se perçoivent comme Canadiens ou Québécois francophones (tableau 1.9, en annexe). Il n'y a pas de différences entre les hommes et les femmes. L'enquête sociale et de santé ne permet pas d'établir de profils particuliers selon les divers groupes ethniques composant la population ; il existe au Québec un grand nombre d'ethnies, mais leurs effectifs sont insuffisants pour être correctement représentés dans une enquête de type aléatoire telle que celle de Santé Québec. On trouvera toutefois, dans la seconde partie, un chapitre consacré aux communautés cries et inuites. On pourra également consulter, en annexe, une série de tableaux sur des comparaisons entre les groupes culturels majoritaire* et minoritaire*, tels qu'ils ont été définis lors de l'ESS 1992-1993 (tableaux 16.1 à 16.7).

Le revenu et le niveau économique

Le rapport du Conseil national du bien-être social sur la pauvreté au Canada en 1993 indique que 21 % de la population québécoise vit dans la pauvreté, ce qui est supérieur à l'ensemble du Canada, qui affiche un taux de 17 %. Les personnes seules (45 %) se retrouvent plus souvent dans cette situation que les familles (18 %). Pour l'ensemble du Canada, le taux de pauvreté des femmes est de 19 % comparativement à 14 % chez les hommes, le rapport entre les sexes étant de 1,33. « *La plupart des différences entre les sexes peuvent s'expliquer par les taux de pauvreté de trois types de familles : les femmes seules de moins de 65 ans (38 % de pauvres), les femmes seules âgées de 65 ans et plus (47 % de pauvres) et les mères seules de moins de 65 ans ayant des enfants de moins de 18 ans (60 % de pauvres).* » (Conseil national du bien-être social, 1995, p. 74)

La pauvreté y est calculée en fonction des seuils de faible revenu de Statistique Canada, c'est-à-dire des niveaux de revenus bruts à partir desquels les dépenses de nourriture, logement et vêtements représentent une part disproportionnée des dépenses des ménages. L'enquête sociale et de santé présente, à son tour, un certain nombre d'indicateurs du niveau socio-économique de la population, dont un indice de la suffisance du revenu* calculé à partir du revenu du ménage pondéré par le nombre de personnes qui en vivent.

Le tableau 1.4 (tableau 1.10, en annexe) présente les principaux indicateurs de la situation économique des femmes en les comparant à ceux des hommes. Les Québécoises déclarent un revenu personnel moyen annuel de 16 660 $, ce qui représente 58 % de celui des hommes. Malgré cet écart important, les autres indicateurs montrent une absence de différences significatives* entre les sexes. Autrement dit, bien que plus de femmes se retrouvent dans la catégorie « très pauvres » (8 % contre 6 %), et ce, à tous les âges de la vie, qu'elles considèrent être pauvres depuis plus longtemps, aucune de ces différences ne peut être considérée comme statistiquement significative. Comment expliquer ce paradoxe ?

Dans le chapitre de Santé Québec (1995) sur la situation socio-économique, les auteurs écrivent : « *Notons qu'il n'y a pas de différences significatives entre les hommes et les femmes concernant la perception de la situation économique. Cela surprend, certes. Il importe toutefois de nuancer ce dernier constat par une analyse de la perception de la situation financière personnelle selon le type de famille. Car, de toute évidence, nous ne sommes pas en présence d'une mesure de la perception de la situation économique personnelle des femmes, mais plutôt en présence d'une perception prenant en compte l'apport financier d'un conjoint, lorsqu'elles vivent en couple.* »

Par ailleurs, les statistiques de l'aide sociale montrent qu'en 1993, 270 597 femmes adultes étaient bénéficiaires de la sécurité du revenu, ce qui représentait 52 % de l'ensemble des bénéficiaires adultes (cité dans Motard et Desrochers, 1995). Les hommes qui se retrouvent dans cette situation sont en majorité des personnes seules (70 %), alors que les femmes sont seules (43 %) ou chefs de famille monoparentale (32 %).

figure **1.4**

DISTRIBUTION DE LA POPULATION DE 15 ANS ET PLUS

selon différents indicateurs de la situation économique et le sexe, Québec, 1992-1993

Suffisance du revenu

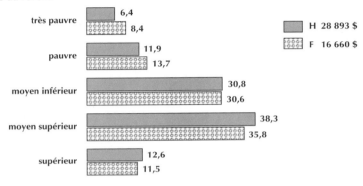

Perception de la précarité de la situation

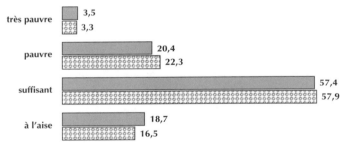

Durée de la pauvreté[1]

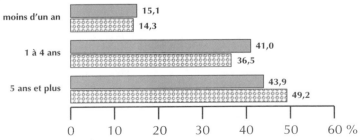

1. Chez les personnes pauvres et très pauvres.
Source : ESS 1992-1993.

figure **1.5**

MOYENNE DU REVENU ANNUEL PERSONNEL
selon le groupe d'âge et le sexe, Québec, 1992-1993

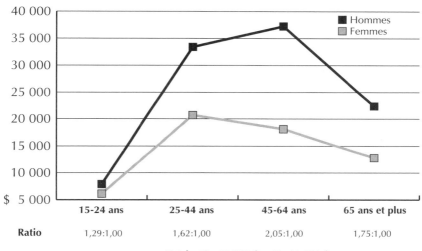

| Ratio | 1,29:1,00 | 1,62:1,00 | 2,05:1,00 | 1,75:1,00 |

Total   H: 28 893 $ F: 16 660 $

Source : Ess 1992-1993.

La figure 1.5 (tableau 1.11, en annexe) montre que les plus grands écarts entre le revenu moyen personnel des hommes et des femmes se situent entre 45 et 64 ans, ce qui correspond, pour un bon nombre de femmes, à la période du retour sur le marché du travail après avoir élevé leur famille.

Le revenu et la situation sociale constituent le déterminant de la santé le plus important selon le rapport du Comité consultatif fédéral-provincial-territorial sur la santé de la population (1994) : « *Un grand nombre d'études démontrent que la santé s'améliore en proportion du revenu et de l'ascension dans la hiérarchie sociale. Il est prouvé également que les sociétés qui sont raisonnablement prospères et dont les richesses sont équitablement partagées ont les populations les plus saines, quels que soient les montants de ressources consacrées aux soins de santé.* » (p. 2)

La profession

Évolution de la main-d'œuvre féminine

Depuis quelques décennies, on observe des changements dans la composition de la main-d'œuvre féminine. Autrefois essentiellement formée de jeunes filles célibataires, la population active féminine est maintenant composée majoritairement de femmes mariées et de femmes plus âgées. En 1991, par exemple, près des deux tiers (63 %) des femmes mariées étaient sur le marché du travail.

Différents facteurs expliquent cette situation. Selon Oppenheimer (1973), cette réalité serait avant tout attribuable à la croissance économique et au virage postindustriel. En mettant l'accent sur le développement des services, on a créé une expansion importante de la demande d'emploi pour des secteurs d'activité traditionnellement réservés aux femmes. Les jeunes femmes célibataires et sans enfant n'épuisant plus la demande, les pratiques et les politiques d'embauche se sont assouplies à l'endroit des autres femmes. Par la suite, des changements socioculturels importants tels que l'instabilité croissante des unions, la diminution du nombre d'enfants, l'élévation du niveau de scolarité et les activités menées par le mouvement féministe ont contribué à l'évolution des valeurs en faveur d'une plus grande participation des femmes au marché du travail.

Les emplois occupés

Comment se répartissent ces emplois, dans un contexte où, d'un côté, des efforts particuliers sont consacrés à l'accessibilité des femmes aux emplois traditionnellement réservés aux hommes, alors que, paradoxalement, le marché de l'emploi se rétrécit considérablement ? Les données tirées du recensement canadien de 1991 sur le type d'emploi occupé selon le sexe (tableaux 1.3 et 1.4) permettent de constater deux choses. D'une part, on remarque que comparativement aux hommes, les femmes se concentrent dans un nombre plus restreint de professions. Quatre femmes sur dix se retrouvent dans l'une des dix professions les plus fréquemment exercées par les femmes et il s'agit principalement de professions axées sur le service (secrétaires, vendeuses, caissières, infirmières). Chez les hommes, l'éventail des professions exercées est beaucoup plus étendu puisque seulement 24 % d'entre eux occupent un emploi dans l'une des dix professions les plus fréquemment exercées par les hommes. Ces professions, par ailleurs, incluent des postes de « prestige », comme ceux de directeur général et de cadre supérieur, ce qui n'est pas le cas chez les femmes.

D'autre part, les données démontrent qu'on observe toujours un déséquilibre prononcé dans la répartition des femmes et des hommes à l'intérieur des diverses professions. Il existe réellement des professions masculines et des professions féminines. Huit des dix professions les plus fréquemment exercées par les femmes sont des professions où on ne retrouve que peu d'hommes : moins de 20 % des personnes qui occupent ces emplois sont des hommes. De la même façon, les femmes sont quasiment absentes de quatre des dix principales professions masculines.

tableau **1.3**

LES DIX PRINCIPALES PROFESSIONS EXERCÉES PAR DES FEMMES
Québec, 1991

PROFESSIONS EXERCÉES PAR DES FEMMES	PROPORTION DE LA POPULATION ACTIVE FÉMININE SE TROUVANT DANS CETTE PROFESSION	TAUX DE FÉMINITÉ DE LA PROFESSION
1. Secrétaires et sténographes (4111)	9,1 %	98,4 %
2. Agentes commerciales et vendeuses (5135)	5,5 %	51,2 %
3. Caissières (4133)	5,2 %	87,8 %
4. Teneuses de livres et employées de comptabilité (4131)	5,1 %	81,7 %
5. Infirmières (3131)	3,5 %	91 %
6. Serveuses (6125)	3,5 %	80,4 %
7. Employées de bureau (4197)	3,2 %	80 %
8. Réceptionnistes et commis à l'information (4171)	2,5 %	88,1 %
9. Institutrices d'école maternelle ou primaire (2731)	2,4 %	85 %
10. Chefs cuisinières et cuisinières (6121)	2,1 %	49,4 %
Pourcentage de travailleuses exerçant ces professions	42,1 %	—

Source : Statistique Canada, Recensement du Canada de 1991.

tableau 1.4

LES DIX PRINCIPALES PROFESSIONS EXERCÉES
PAR DES HOMMES

Québec, 1991

PROFESSIONS EXERCÉES PAR DES HOMMES	PROPORTION DE LA POPULATION ACTIVE MASCULINE SE TROUVANT DANS CETTE PROFESSION	TAUX DE FÉMINITÉ DE LA PROFESSION
1. Agents commerciaux et vendeurs (5135)	4,1 %	51,2 %
2. Conducteurs de camion (9175)	3,6 %	0,01 %
3. Directeurs des ventes et de la publicité (1137)	2,5 %	33,8 %
4. Concierges, employés des services domestiques et de nettoyage (6191)	2,4 %	33,4 %
5. Directeurs généraux et autres cadres supérieurs (1130)	2,3 %	18,7 %
6. Mécaniciens et réparateurs d'automobiles (8581)	2,3 %	0,01 %
7. Charpentiers et travailleurs assimilés (8781)	1,8 %	0,01 %
8. Chefs cuisiniers et cuisiniers (6121)	1,7 %	49,4 %
9. Comptables, vérificateurs et autres agents financiers (1171)	1,6 %	47,3 %
10. Analystes de systèmes, programmeurs en informatique et travailleurs associés (2183)	1,6 %	31,2 %
Pourcentage de travailleurs exerçant ces professions	23,8 %	—

Source : Statistique Canada, Recensement du Canada de 1991.

Durée de l'emploi

Selon les résultats de l'enquête sociale et de santé, la très grande majorité de la population âgée de 15 ans et plus qui travaille occupe un emploi depuis au moins un an. Parmi elle, on retrouve 90 % des travailleurs et 86 % des travailleuses. Les différences entre les hommes et les femmes sont statistiquement significatives*, même si on ne peut pas parler d'un écart important (figure 1.6 et tableau 1.12, en annexe).

figure **1.6**

DURÉE DE L'EMPLOI ACTUEL
selon le sexe, Québec, 1992-1993

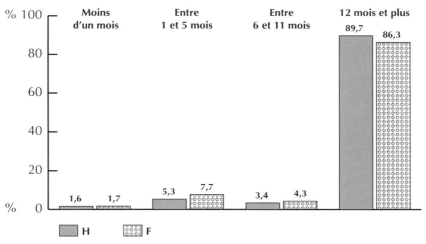

Source : ESS 1992-1993.

Statistique Canada (1994) apporte des précisions supplémentaires (tableau 1.5) : parmi les travailleurs et travailleuses qui occupent un emploi depuis plus de six ans, on remarque que la proportion de femmes diminue lorsque la durée d'emploi s'allonge.

tableau 1.5

DURÉE DE L'EMPLOI CHEZ LES FEMMES
Québec, 1994

DURÉE D'EMPLOI	PROPORTION DE FEMMES
1 an ou moins	47,4 %
Entre 1 et 5 ans	47,4 %
Entre 6 et 10 ans	48,0 %
Entre 11 et 20 ans	42,4 %
Plus de 20 ans	35,0 %

Source : Statistique Canada.

Nombre d'heures travaillées

Autant d'hommes que de femmes travaillent un nombre d'heures considéré comme étant « normal » (entre 35 et 44 heures de travail par semaine). Ce qui distingue les femmes des hommes est le travail à temps partiel (moins de 35 heures par semaine). Près du tiers des femmes occupent un tel emploi ; c'est trois fois plus que ce qu'on observe chez les hommes, où seulement 9 % des travailleurs se retrouvent dans cette situation. À l'inverse, si 28 % des hommes qui occupent un emploi travaillent plus de 45 heures par semaine, seulement 10 % des travailleuses soutiennent le même rythme (figure 1.7 et tableau 1.13, en annexe).

figure **1.7**

DISTRIBUTION DES TRAVAILLEURS ET DES TRAVAILLEUSES
selon le nombre d'heures travaillées par semaine, Québec, 1992-1993

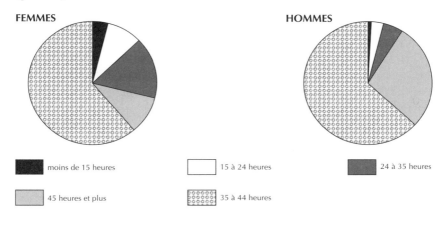

FEMMES

HOMMES

	moins de 15 heures		15 à 24 heures		24 à 35 heures
	45 heures et plus		35 à 44 heures		

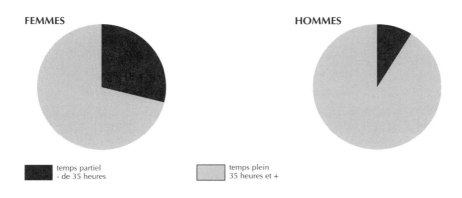

FEMMES

HOMMES

	temps partiel - de 35 heures		temps plein 35 heures et +

Source : ESS 1992-1993.

FAITS saillants

• La proportion des jeunes de 15 à 24 ans (hommes et femmes) a diminué sensiblement depuis 1986 ; les femmes de 65 ans et plus constituaient 13 % de l'ensemble des femmes en 1991 et elles représentaient près des deux tiers des personnes de cet âge.

• On retrouve plus de femmes que d'hommes parmi les personnes séparées, divorcées ou veuves.

• Les femmes ont des trajectoires de vie plus variées que les hommes : elles passent des études au marché du travail, du travail au foyer et à la retraite selon les différentes périodes de leur vie, alors que ceux-ci vont suivre un parcours plus linéaire : des études au marché du travail et enfin à la retraite.

• En 1994, le taux d'activité des femmes était de 54 %, ce qui représentait 75 % de celui des hommes. Elles occupaient trois fois plus souvent qu'eux un emploi à temps partiel.

• En 1992-1993, le revenu personnel moyen des femmes représentait 58 % de celui des hommes, et les plus grands écarts se situaient entre 45 et 64 ans.

• Malgré la présence croissante des femmes sur le marché du travail, les emplois qu'elles occupent se retrouvent en grande partie dans des catégories professionnelles traditionnellement féminines, tels les emplois de secrétaire, d'infirmière, de réceptionniste, de caissière ou d'institutrice d'école maternelle ou primaire.

2 LES ANNÉES DE VIE

L'espérance de vie à la naissance et à différents âges

L'espérance de vie est un indicateur global qui permet d'évaluer, pour une génération donnée, le nombre moyen d'années que les individus peuvent « espérer » vivre. Il peut être calculé à partir du début de la vie — on l'appelle alors « espérance de vie à la naissance » — ou à différents âges de la vie. C'est un indicateur qui évolue lentement et qui, par conséquent, apporte peu de nouvelles informations sur de courtes périodes. Par contre, il permet de vérifier les progrès réalisés, ou parfois les reculs, sur des périodes plus longues (périodes de dix ans, par exemple), de comparer des pays différents, les hommes et les femmes, etc.

tableau **2.1**

ESPÉRANCE DE VIE À LA NAISSANCE
selon le sexe, dans quelques États

ÉTAT	ANNÉE	HOMMES	FEMMES
Québec	1993	73,9	80,9
Québec	1992	74,2	81,1
Canada	1992	74,9	81,2
Ontario	1992	75,2	81,2
France	1992	73,2	81,4
Islande	1991	75,1	80,8
Japon	1991	76,1	82,1
Russie	1992	62,0	73,8
Suède	1992	75,4	80,8
USA	1991	72,2	79,1

Source : Bureau de la statistique du Québec, Duchesne, 1995.

On peut ainsi constater que le Québec présente l'une des meilleures espérances de vie à la naissance parmi les pays occidentaux et que, tout comme ceux-ci, il continue de voir augmenter la longévité de ses citoyens et citoyennes (tableau 2.1). Pourtant, force nous est de constater que le rythme de cette augmentation a commencé à ralentir depuis quelques années. Depuis plusieurs décennies, les femmes de ces pays ont une espérance de vie à la naissance, et à différents âges, supérieure à celle des hommes. Le Québec n'échappe pas à cette règle, puisque les femmes nées entre 1990 et 1992 vivront en moyenne 80,9 ans, ce qui constitue sept années de plus que leurs compagnons (tableau 2.2A).

En 1975-1977, les Québécoises vivaient en moyenne 7,53 années de plus que les Québécois; en 1985-1987, cet écart était de 7,54 années et, en 1993, de 6,91 années. Cette diminution de l'écart entre les sexes, observée depuis 1980, est due principalement au recul de la mortalité masculine, particulièrement de la mortalité par accidents et traumatismes qui touche plus souvent les jeunes hommes.

tableau **2.2A**

ESPÉRANCE DE VIE À LA NAISSANCE ET À 65 ANS
selon le sexe, Québec, 1975-1977 à 1993

ESPÉRANCE DE VIE ET SEXE	1975-1977	1980-1982	1985-1987	1990-1992	1993
À la naissance					
hommes	69,03	70,99	71,88	73,69	73,94
femmes	76,56	78,70	79,42	80,85	80,85
écart	7,53	7,71	7,54	7,16	6,91
À 65 ans					
hommes	13,22	13,97	14,08	15,31	15,31
femmes	17,10	18,56	18,78	19,67	19,67
écart	3,88	4,59	4,70	4,36	4,36

Source : Bureau de la statistique du Québec, Duchesne, 1995.

tableau **2.2B**

ESPÉRANCE DE VIE À LA NAISSANCE ET À 65 ANS
selon le sexe, variations entre les périodes

ESPÉRANCE DE VIE ET SEXE	VARIATION ENTRE 1975-1977 ET 1980-1982	VARIATION ENTRE 1980-1982 ET 1985-1987	VARIATION ENTRE 1985-1987 ET 1990-1992
À la naissance			
hommes	1,96	0,89	1,81
femmes	2,14	0,72	1,42
écart	0,18	−0,17	−0,39
À 65 ans			
hommes	0,75	0,11	1,10
femmes	1,46	0,22	1,08
écart	0,71	0,11	−0,02

Source : Bureau de la statistique du Québec, Duchesne, 1995.

D'un autre côté, l'affirmation selon laquelle les femmes disposent d'un avantage à vivre plus longtemps a été sérieusement nuancée depuis quelques années par la constatation que ces années « de sursis » n'étaient pas nécessairement les belles années de la retraite que l'on avait espérées. Dans les faits, une partie importante de femmes âgées se retrouvent à la fois seules, pauvres et en mauvaise santé. On trouvera, au chapitre traitant des femmes âgées, une analyse de cette situation.

L'espérance de vie sans incapacité

L'espérance de vie sans incapacité représente le nombre d'années qu'une personne peut espérer vivre sans aucune limitation de son activité, c'est-à-dire sans incapacité (transitoire ou permanente) et hors de toute institution de santé. Le calcul en est relativement simple :

figure **2.1**

ESPÉRANCE DE VIE SANS INCAPACITÉ ET SES COMPOSANTES (en années)

ESPÉRANCE DE VIE SANS INCAPACITÉ =	ESPÉRANCE DE VIE TOTALE	−	Espérance de vie en institution	+	Espérance de vie avec incapacité à long terme	+	Espérance de vie avec incapacité à court terme

Les maladies de l'appareil circulatoire, les maladies du système ostéo-articulaire et les tumeurs vont influencer plus particulièrement l'espérance de vie sans incapacité, alors que l'espérance de vie à la naissance va être marquée plutôt par la mortalité par accidents de véhicules à moteur, maladies de l'appareil circulatoire et cancer du poumon.

Au tableau 2.3, on peut analyser l'espérance de vie totale et sans perte d'autonomie fonctionnelle, et ce, à deux périodes de la vie : à la naissance et à 65 ans.

Comment seront vécues ces années supplémentaires ? Les Québécoises nées en 1992-1993 peuvent envisager passer 12,3 années avec une forme quelconque d'incapacité, soit 15 % de leur vie, alors que leurs compagnons, qui mourront plus jeunes, passeront 11 % de leur vie dans la même situation. Pour bien des femmes, cependant, ces dernières années

tableau **2.3**

ESPÉRANCE DE VIE

selon divers indicateurs et le sexe, Québec, 1987 et 1992-1993

ESPÉRANCE DE VIE ET SEXE	1987	1992-1993
À la naissance (totale)		
hommes	72,3	74,2
femmes	79,8	81,1
écart	7,5	6,9
À la naissance (sans incapacité)		
hommes	64,0	65,9
femmes	68,2	68,8
écart	4,2	2,9
À 65 ans (totale)		
hommes	14,4	15,5
femmes	19,1	20,1
écart	4,7	4,6
À 65 ans (sans perte d'autonomie fonctionnelle)		
hommes	10,6	11,5
femmes	12,7	13,2
écart	2,1	1,7
À 65 ans (avec perte d'autonomie fonctionnelle)		
hommes	3,8	4,0
femmes	6,4	6,9
écart	2,6	2,9

Source : Santé Québec, 1995, volume 1.

seront aussi celles du veuvage, de la pauvreté et de l'isolement, ainsi qu'on l'a vu au premier chapitre.

À 65 ans, l'écart entre les hommes et les femmes est de 4,6 ans (15,5 années pour les hommes et 20,1 années pour les femmes) ; cependant, chez elles, un peu plus du tiers des années qui restent seront vécues avec une perte quelconque d'autonomie.

FAITS saillants

• Les Québécoises vivent de plus en plus longtemps ; leur espérance de vie à la naissance est l'une des plus élevées au monde, soit 81,1 ans.

• Elles vivent en moyenne 6,9 années de plus que les hommes, bien que l'écart entre les sexes s'amenuise depuis 1980.

• Une part importante des années supplémentaires gagnées sur la mort est assombrie par l'incapacité fonctionnelle, puisqu'un grand nombre de femmes passeront près de 12,3 années de leur vie dans la maladie et la perte d'autonomie.

3 LA SANTÉ PHYSIQUE

Avec l'état de santé, on aborde un champ d'analyse plus complexe puisque les définitions de la santé et de la maladie sont culturellement déterminées, en ce sens qu'elles varient selon la culture et le milieu social d'où elles émanent. Elles varient aussi dans le temps, influencées par les courants sociaux et les idéologies qui les sous-tendent (Friedson, 1984 ; Conrad, 1995). Entre ces deux pôles (santé et maladie), s'installe une zone nébuleuse qui variera en étendue et en direction selon les individus, les groupes ou les époques. Ce qui est vu comme pathologique chez certains sera perçu comme faisant partie de l'*ordre des choses* chez d'autres. L'exemple le plus récent, et peut-être le plus spectaculaire pour le propos de ce livre, est l'inclusion du syndrome prémenstruel (SPM) dans la liste des problèmes de santé mentale du DSM IV*. Écarté de justesse lors de la version précédente[3] de ce traité international des diagnostics (DSM III-R), le SPM est désormais considéré comme une pathologie arrêtée (Vines, 1993)[4]. Et pourtant, un grand nombre de femmes qui vivent ces symptômes seraient étonnées, et même indignées, d'apprendre qu'elles sont « atteintes d'une maladie mentale ». Il en est de même pour d'autres phénomènes qui, au cours des ans, sont passés de « phénomènes sociaux ou moraux » à des catégories de pathologies d'ordre physique ou psychologique, par exemple : l'alcoolisme, l'homosexualité et même certains états associés au vieillissement.

Bref, la santé comporte à la fois des éléments objectifs et subjectifs qu'il n'est pas toujours facile de départager. Les données dont il sera fait mention dans les pages qui suivent n'échappent pas à l'arbitraire, d'autant plus qu'elles sont basées majoritairement sur les aspects quantitatifs de la santé : présence de symptômes ou de limitations d'activité, consultations de professionnels de la santé ou encore comportements préventifs. Au moment de les interpréter, il importe de se rappeler qu'elles sont la résultante, à un moment donné, d'un ensemble d'événements démographiques, sociaux et personnels qui ont modelé de façons diverses le destin des générations de femmes qui constituent le sujet de cette étude.

---

3. À cause, particulièrement, d'un manque de consensus sur la nature de ses symptômes.
4. Les personnes intéressées à poursuivre leurs recherches sur ces aspects pourront consulter la revue *Social Science and Medicine*, 41 (6), 1995.

Il est bon de rappeler également que les sources de données comportent toutes leurs avantages et leurs aléas et que l'analyse qui en est faite doit nécessairement en tenir compte. Ainsi, les données tirées des fichiers de dispensation de soins et services (assurance-maladie, assurance-hospitalisation), ainsi que d'un fichier tel que celui des tumeurs, sont basées sur des diagnostics médicaux ne rejoignant que les personnes qui ont fait appel au système de santé. De plus, ce sont avant tout des fichiers administratifs, donc très avares de renseignements sur les clientèles. Les données venant d'enquêtes de santé rejoignent pour leur part l'ensemble de la population et permettent d'établir les interactions entre les déterminants et l'état de santé des personnes[5]. Toutefois, dans ces enquêtes, la définition de la santé et de la maladie est basée sur la perception des individus plutôt que sur un diagnostic professionnel.

Avant l'entrée en scène des enquêtes de santé, ce qu'on a pu dire sur la santé des femmes au Québec provenait presque exclusivement d'études faites à partir de fichiers de dispensation de soins et services. On a beaucoup insisté sur le fait que les femmes semblaient surreprésentées pour ce qui est de la participation aux régimes de l'État (actes médicaux, hospitalisation, chirurgie, médicaments, etc.). De là à déclarer que les femmes étaient plus malades ou plus fragiles que les hommes, il n'y avait qu'un pas... qui a été franchi parfois. Toutefois, si l'on tient compte des effets de l'âge et si l'on retranche de ces statistiques les activités reliées à la reproduction, les différences s'amenuisent considérablement. Dans le cas de l'hospitalisation, ce redressement aboutit même à constater une surreprésentation masculine dans certains cas (problèmes graves de santé mentale, par exemple). Enfin, rappelons que ces statistiques ne distinguent pas les problèmes plus lourds des plus légers et ne font pas toujours la part de la demande émanant des patients et patientes et de celle suscitée par les dispensateurs de soins.

Ces constatations, mises en parallèle avec un taux de survie supérieur à celui des hommes, ont donné lieu à tout un débat qui reste très actuel aujourd'hui. Comment concilier cette apparente contradiction entre un meilleur taux de survie et un moins bon état de santé chez les femmes ? Il a été relativement facile de rejeter l'hypothèse d'une plus grande fragilité de la constitution féminine, l'augmentation obstinée de l'espérance de vie des femmes enlevant tout espoir aux tenants de cette théorie. Les écrits des analystes américaines et européennes ont proposé un faisceau d'explica-

---

5. Le mot interaction implique ici que ces liens se font des déterminants vers l'état de santé et vice-versa.

tions : la plus grande sensibilisation des femmes à leur corps (attribuable à leur fonction de reproductrices), les liens qu'elles établissent avec les professionnels de la santé (pour elles et leurs proches), de même qu'une plus grande propension à se mettre dans la situation de « patientes » (propension encouragée, sinon engendrée, par la socialisation dès la petite enfance), semblent contribuer à accroître leur présence dans les cabinets de médecins et, de là, sur les tables d'opération. Car, si la demande venant des femmes explique une bonne partie des différences observées, la réponse obtenue des soignants vient achever le casse-tête. On a pu démontrer que la perception qu'ont les professionnels de leurs patientes était différente de celle qu'ils avaient de leurs patients (Broverman et Broverman, 1970 ; Renaud et al., 1979). On peut donc raisonnablement supposer que les statistiques de consommation reflètent aussi ces perceptions et que la surreprésentation des femmes dans certains types d'actes médicaux est également le reflet de cette discrimination (Guyon, Simard et Nadeau, 1981).

Les études de la dernière décennie ont attiré l'attention sur le fait que les femmes présentaient des taux plus élevés de problèmes de santé mineurs. Pour Gijsbers van Wijk et al. (1991), la perception plus sensible qu'ont les femmes des symptômes physiques pouvait expliquer les différences observées entre les hommes et les femmes à cet égard. Par ailleurs, Popay et al. (1993) suggèrent que cette prévalence de problèmes de santé mineurs serait à l'origine des taux plus élevés de problèmes affectifs chez les femmes. Mais la question reste entière sur l'origine de cette morbidité chez les femmes. Sans apporter des réponses à toutes ces questions, les enquêtes de santé offrent des éléments nouveaux en permettant de comparer la situation actuelle avec celles de 1978 et de 1987, et en indiquant les tendances qui se confirment et celles qui s'amplifient. Et, plus intéressant encore, elles permettent de vérifier si les Québécoises ont des comportements particuliers. Enfin, l'ajout d'outils de mesure propres à la santé psychologique et à l'environnement social des personnes aide à préciser les différences observées sur les plans des problèmes de santé et du recours aux professionnels.

Une mortalité de plus en plus tardive

Le Québec, à l'instar des autres pays occidentaux, poursuit sa course dans la prolongation des années de vie et la lutte à la mortalité. Dans une société où la mort est sans cesse repoussée, les gens risquent d'être affectés pendant de longues années par des problèmes de santé ou d'incapacité qui ne sont pas, ou peu, reliés à ceux qui les feront mourir. Cela semble particulièrement vrai pour les femmes qui, on l'a vu précédemment, vivent plus longtemps que les hommes mais dans des conditions souvent difficiles, ainsi qu'on l'a démontré au premier chapitre[6].

Le taux de mortalité générale est plus élevé chez les hommes, quel que soit l'âge. Déjà à 10 ans, le taux de mortalité générale des garçons est le double de celui des filles ; entre 20 et 25 ans, il sera trois fois plus élevé, après quoi l'écart diminue (Duchesne, 1995).

De quoi les gens meurent-ils à l'aube du XXIe siècle ? D'abord de maladies dégénératives, soit de maladies de l'appareil circulatoire et de cancers, puis de traumatismes et d'empoisonnements. Pour les femmes comme pour les hommes, près de trois décès sur quatre sont causés par l'une de ces grandes catégories.

La lecture du tableau 3.1 montre que les décès par maladies de l'appareil circulatoire touchent plus fortement les hommes (264 pour 100 000 en 1993) que les femmes (242 pour 100 000). Considérés comme une véritable épidémie au cours de la seconde moitié de notre siècle, ces décès sont en régression depuis 1970. Les maladies du cœur, qui en constituent la part la plus importante, sont en perte de vitesse, quoique cette baisse dans la mortalité se manifeste différemment selon les sous-groupes de population. Des études américaines (Sempos *et al.*, 1988) ont indiqué que la baisse de la mortalité par maladies coronariennes était moins forte chez les femmes et les personnes défavorisées ; bien plus, l'utilisation de techniques moins agressives (*less aggressive cardiac care*) chez les femmes semblait reliée à un risque plus élevé de décès, de détresse cardiaque et de rechute chez elles (Young et Kahana, 1993). Les auteurs concluent que les différences dans les tendances observées rappellent douloureusement que l'étendue et l'évolution des grandes maladies révèlent un facteur social dont il faut tenir compte dans les programmes d'intervention. Au Québec, les taux standardisés* de décès par maladies coronariennes ont baissé de moitié depuis 1971. Par contre, entre 1981 et 1991, cette baisse a été moins importante chez les femmes (−24 %) que chez les hommes (−32 %), alors que la tendance inverse avait été observée pour la décennie 1971-1981 (−33 % chez les femmes et −25 % chez les hommes).

---

6. On pourra également consulter à cet effet les chapitres sur les femmes âgées et les femmes défavorisées, dans la deuxième partie de cet ouvrage.

La baisse de la mortalité par maladies coronariennes s'explique en bonne partie par l'amélioration de certaines habitudes de vie — par exemple la diminution récente du tabagisme (particulièrement chez les hommes), de la consommation d'alcool et de gras animal dans l'alimentation — et par l'amélioration des techniques d'intervention auprès des personnes atteintes.

La mortalité par cancer du sein (34 pour 100 000 en 1993), qui était au premier rang chez les femmes, est maintenant dépassée par le cancer du poumon (36 pour 100 000 en 1993) ; ce taux a doublé depuis 1980[7]. Bien que la mortalité masculine due à cette dernière cause soit nettement plus élevée (taux standardisé de 87 pour 100 000 en 1993), elle semble se stabiliser depuis quelques années.

La troisième grande catégorie de causes de mortalité, les accidents (traumatismes et empoisonnements), différencie nettement les femmes des hommes. Ces derniers enregistrent des taux de mortalité par accidents de véhicules à moteur et par suicide beaucoup plus élevés que leurs compagnes. Particulièrement prévalents chez les jeunes, les accidents ont connu cependant une baisse marquée entre 1981 et 1993. Cette situation est particulièrement imputable à la baisse des accidents de véhicules à moteur. Par ailleurs, la mortalité par suicide demeure quatre fois moins élevée chez les femmes (7,2 pour 100 000 contre 29).

Dans son étude sur la mortalité et le niveau socio-économique au Canada, Wilkins (1990) note des taux de décès plus élevés chez les plus défavorisés. Le cancer du poumon, les suicides, les troubles mentaux, les maladies du métabolisme autres que le diabète et les états de santé mal définis seraient particulièrement en cause dans cette surmortalité.

Le sida serait responsable de 0,9 % des décès en 1993 : 45 femmes et 442 hommes sont morts de cette maladie ; il s'agit d'une hausse de 19 % par rapport à 1992 et les données préliminaires laissent supposer une augmentation plus marquée en 1994 (Duchesne, 1995). Il s'agit d'une mortalité majoritairement masculine. Parmi les personnes décédées des suites du sida, la proportion des femmes est toutefois plus forte au Québec (9 %) que dans les autres provinces du Canada (Duchesne, 1995).

---

7. Le cancer du poumon étant une maladie évolutive, la mortalité qui y est due reflète bien plus le tabagisme des deux dernières décennies que l'état actuel de la consommation de tabac chez les femmes. Il sera intéressant de suivre la récente diminution de cette consommation et de vérifier si elle sera suivie par une baisse de la mortalité par cancer du poumon dans quelques années, ainsi qu'on le prévoit.

tableau **3.1**

TAUX STANDARDISÉS DE MORTALITÉ
POUR CERTAINES CAUSES

selon le sexe, Québec, 1993

CAUSE	HOMMES (taux pour 100 000)		FEMMES (taux pour 100 000)	
Toutes causes	757,2		624,9	
Appareil circulatoire	264,0		241,9	
Ensemble des tumeurs	228,2		178,8	
poumon		86,9		36,2
sein		—		34,1
Maladies respiratoires	67,5		48,9	
Accidents	71,6		28,5	
suicides		29,4		7,1
Sida	12,3		1,2	

Source : MSSS, 1994.

Bref, les Québécoises voient accroître leur longévité, mais elles sont de plus en plus atteintes par des causes de mortalité liées à la dégénérescence, à l'environnement et à leurs habitudes de vie. Qu'en est-il de leur santé à la fin du XXᵉ siècle ? On verra, dans la section suivante, si les problèmes de santé dont elles souffrent sont aussi ceux qui les font mourir.

La perception de l'état de santé

L'auto-évaluation de sa santé est un indicateur très révélateur de l'état de santé des personnes. Utilisée à des fins d'évaluation dans des contextes cliniques (Guyon, 1988 ; Maddox, 1973) ou en épidémiologie, cette variable est étroitement corrélée à plusieurs indicateurs sociosanitaires. Dans l'enquête de 1987, une perception négative de sa santé était également révélatrice d'un mauvais état de santé tant physique que psychologique (Guyon, 1988). Elle était évaluée par une question du questionnaire auto-administré (« *Comparativement à d'autres personnes de votre âge, diriez-vous que votre santé est en général... excellente ? très bonne ? moyenne ? mauvaise ?* »).

Comme c'était le cas cinq ans plus tôt, en 1992-1993, la moitié de la population considérait que sa santé était excellente ou très bonne (figure 3.1 et tableau 3.11, en annexe). Les hommes étaient plus nombreux que les femmes à la juger « excellente » et cette différence est significative.

figure **3.1**

PERCEPTION DE LA SANTÉ
selon le sexe, population de 15 ans et plus, Québec, 1992-1993

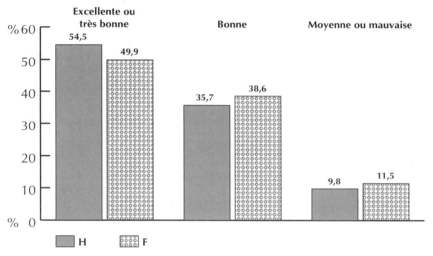

Source : ESS 1992-1993.

Avec l'avancement en âge, des différences vont s'accentuer : les femmes de 75 ans et plus vont se déclarer en mauvaise santé plus souvent que les hommes (26 % contre 21 % chez les hommes du même âge) (tableau 3.12, en annexe). Ces résultats vont de pair avec l'état de santé plus détérioré des femmes, particulièrement aux âges avancés (les indicateurs de santé physique de l'enquête de 1987 montraient une plus grande proportion de problèmes de santé chez les femmes), mais on peut également y voir la manifestation d'une plus grande sensibilité aux symptômes morbides. Cette dernière hypothèse rejoindrait les travaux des chercheuses américaines et hollandaises (travaux compilés dans Gijsbers van Wijk *et al.*, 1991), qui suggèrent qu'une partie des différences entre les hommes et les femmes quant à la maladie peut être expliquée par une plus grande *sensibilité aux* symptômes, que l'on pourrait voir comme une plus grande aptitude à percevoir les sensations physiques comme des symptômes de la maladie. Autrement dit, les femmes percevraient plus rapidement les manifestations de la maladie, poseraient plus rapidement des gestes pour y remédier et seraient plus enclines à les déclarer dans les enquêtes de santé. Ceci expliquerait en bonne partie leur pourcentage plus élevé de problèmes de santé (Santé Québec, 1987), ainsi que la plus grande proportion de femmes à se déclarer en mauvaise santé.

Le niveau socio-économique va jouer sur la perception qu'on a de sa santé. En effet, on observe entre la perception de sa santé et la suffisance du revenu une relation significative sous la forme d'une gradation très nette, tant chez les hommes que chez les femmes (figure 3.2 et tableaux 3.13 et 3.14, en annexe). La proportion d'hommes et de femmes qui déclarent un état de santé « moyen » ou « mauvais » est significativement* plus élevée parmi ceux et celles qui sont pauvres ou très pauvres. Quatre fois plus de femmes « très pauvres » que de femmes riches vont se déclarer en moyenne ou mauvaise santé. Par ailleurs, lorsqu'on compare les hommes et les femmes dans une même catégorie de revenu, par exemple, les hommes très pauvres et les femmes très pauvres, on ne relève aucune différence significative. Cette observation est valable pour chacune des catégories de revenu.

Le lien entre la santé perçue et l'indice pondéral* est aussi très révélateur (figure 3.2 et tableaux 3.13 et 3.15, en annexe). On utilise ici l'indice pondéral*, qui permet de catégoriser les personnes selon le rapport entre leur poids et leur taille (on trouvera, au chapitre 6, plus d'informations sur cette variable). Comme on pouvait s'y attendre, les personnes qui ont un poids santé vont être moins portées à se déclarer en mauvaise santé et il n'y a pas de différences entre les sexes dans cette catégorie. Par contre, les femmes chez qui l'on constate un phénomène de surpoids seront significativement plus nombreuses à juger sévèrement leur santé, contrairement aux hommes, pour qui c'est l'insuffisance de poids qui fera la différence. Les hommes associent plus facilement le bon état de santé et le poids santé (tableau 3.15, en annexe) ; alors que pour les femmes une perception positive de la santé est associée autant au poids santé qu'à l'insuffisance de poids ; seul l'excès de poids présentera un lien significatif chez elles.

Ce dernier résultat peut être interprété de deux façons : d'un côté, on peut y retrouver une nouvelle confirmation de la plus grande sensibilité des femmes vis-à-vis un symptôme morbide (et il est reconnu maintenant que l'excès de poids est relié à plusieurs problèmes de santé). Par ailleurs, l'importance sans cesse grandissante accordée à l'image corporelle féminine en fonction de critères « idéaux » joue probablement un rôle dans l'évaluation qu'elles feront de leur poids. C'est d'ailleurs ce qui expliquerait le fait qu'il n'y a pas de différences entre celles qui ont un poids insuffisant et celles qui ont un poids santé. On trouvera des informations supplémentaires sur les questions reliées au poids corporel au chapitre 6.

figure **3.2**

PROPORTION DE PERSONNES QUI DÉCLARENT UN ÉTAT DE SANTÉ « MOYEN OU MAUVAIS »

selon certaines caractéristiques sociosanitaires et le sexe, Québec, 1992-1993

Suffisance du revenu

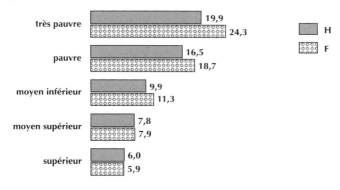

Indice pondéral

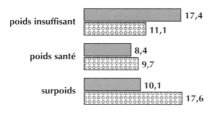

Détresse psychologique élevée

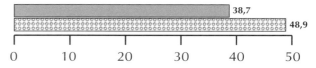

Source : ESS 1992-1993.

Le lien entre la détresse psychologique* et la perception négative de la santé est évident : près de la moitié des femmes qui présentent un haut niveau de détresse jugent leur santé moyenne ou mauvaise, ce qui est très élevé (tableau 3.16, en annexe).

tableau **3.2**

PROPORTION DE PERSONNES QUI DÉCLARENT UN ÉTAT DE SANTÉ «MOYEN OU MAUVAIS»

selon le niveau de revenu familial et le sexe, Québec, 1992-1993

SANTÉ PERÇUE	HOMMES		FEMMES	
	%	[I.C.]	%	[I.C.]
Très pauvre	19,9	[14,1 - 25,6][c]	24,3	[19,1 - 29,4][b]
Pauvre	16,5	[12,4 - 20,6][b]	18,7	[14,9 - 22,5][b]
Moyen inférieur	9,9	[7,9 - 11,8][b]	11,3	[9,3 - 13,4][b]
Moyen supérieur	7,8	[6,3 - 9,3][b]	7,9	[6,3 - 9,4][b]
Supérieur	6,0	[3,7 - 8,3][c]	5,9	[3,5 - 8,3][d]
Total	**9,8**	[8,8 - 10,9][a]	**11,5**	[10,4 - 12,6][a]

Source : ESS 1992-1993.

Les problèmes de santé déclarés

Les Québécoises jouissent habituellement d'une bonne santé et le déclarent volontiers. Pourtant, en 1987, trois femmes sur cinq déclaraient souffrir d'au moins un problème de santé, quel que soit leur âge, et c'est à partir de l'adolescence qu'elles semblent plus atteintes que les hommes par la maladie et la détresse psychologique.

Ces résultats globaux tirés des enquêtes générales de santé sont à peu près identiques à d'autres venant de sociétés semblables à la nôtre. Ils ne sont que la façade d'une situation plus complexe qui mérite d'être étudiée sous plusieurs angles, à travers le continuum «santé-maladie-décès», mais aussi en considérant l'impact de certains facteurs associés à l'état de santé. C'est dans cette optique qu'on abordera ici les principales causes de mortalité et de maladie, les facteurs socio-économiques reliés à la santé et les gestes posés par les femmes pour améliorer ou recouvrer leur santé.

L'enquête de 1987 comportait une série de questions sur les problèmes de santé physique affectant les femmes et les hommes. En 1992-1993, ces questions ne figurent pas au questionnaire , c'est pourquoi les résultats qui suivent sont tirés de la première enquête de Santé Québec seulement. Toutefois, comme il s'agit de phénomènes qui évoluent lentement dans le temps, on peut croire que la situation actuelle est sensiblement la même qu'en 1987.

En 1987, 60 % des Québécoises interrogées par Santé Québec ont déclaré souffrir d'au moins un problème de santé, comparativement à 50 % des hommes ; cette différence entre les sexes apparaît vers 15 ans et se maintient tout au cours de la vie. Elle ne peut s'expliquer par la plus grande proportion de femmes âgées, car la même différence se retrouve à tous les âges. Tout comme les hommes, les femmes souffrent d'abord d'arthrite et de rhumatisme, affections qui augmentent avec l'avancement en âge. Parmi les dix principaux problèmes de santé dans la population québécoise en 1987, neuf touchent davantage les femmes que les hommes (figure 3.3 et tableau 3.17, en annexe). Parmi ces affections, on retrouve à la fois des problèmes mineurs et des problèmes graves ; ceci infirme la théorie (citée précédemment) selon laquelle les problèmes de santé mineurs seraient particulièrement à l'origine des différences entre les hommes et les femmes quant à l'état de santé déclaré.

Il est intéressant de constater que cette liste est très différente de celle qui rapporte les principales causes de décès. Les maladies cardiaques et les accidents occupent ici les dernières places, alors que les tumeurs n'y figurent même pas. Seule l'hypertension occupe une place importante dans les deux listes et les femmes se déclarent ici beaucoup plus atteintes que les hommes. Les affections qui les touchent plus souvent sont l'arthrite et le rhumatisme, les maux de tête et les troubles mentaux.

Y a-t-il des problèmes de santé en augmentation chez les femmes ? Depuis 1978-1979 (Statistique Canada, 1980), les troubles mentaux, les maladies cardiaques et les affections respiratoires aiguës semblent en croissance, alors que l'anémie et les troubles de la thyroïde, qui figuraient parmi les principaux problèmes chez les femmes il y a plus de 15 ans, semblent avoir été déclassés. Avec l'enquête sociale et de santé prévue pour 1998, Santé Québec reprendra ces questions sur les problèmes de santé, ce qui offrira l'occasion d'évaluer les tendances des dix dernières années (1987-1998).

---

8. Il est prévu que cette section de l'enquête sur les problèmes de santé soit reprise tous les dix ans.

<figure>
figure **3.3**

PRÉVALENCE DES DIX PRINCIPAUX PROBLÈMES DE SANTÉ DÉCLARÉS

selon le sexe, Québec, 1987

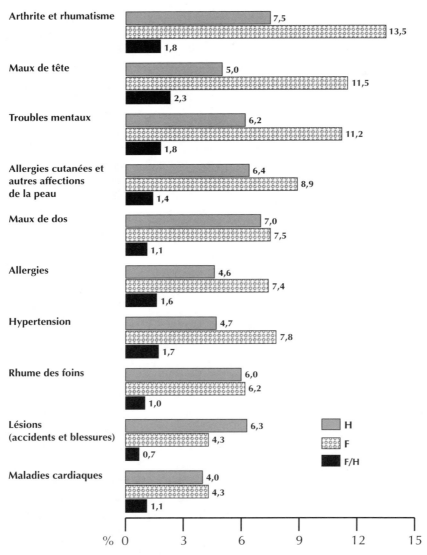

Source : Émond et Guyon, 1988.
</figure>

On aura remarqué l'absence des cancers parmi les problèmes de santé prépondérants dans la population, alors qu'ils se placent au second rang des causes de décès. Le fait que le taux de survie au cancer soit encore relativement faible et que le taux d'hospitalisation chez les personnes atteintes soit assez élevé explique en bonne partie cette absence. Cela a pour conséquence que les femmes atteintes de cancer sont moins visibles dans une enquête auprès des ménages. On se rappellera que Santé Québec a recueilli ses informations auprès des personnes vivant dans des ménages privés et que ses données reflètent bien la situation qui y prévalait au moment de la collecte.

figure **3.4**

PRINCIPAUX SIÈGES DE CANCER CHEZ LES FEMMES
Québec, 1992

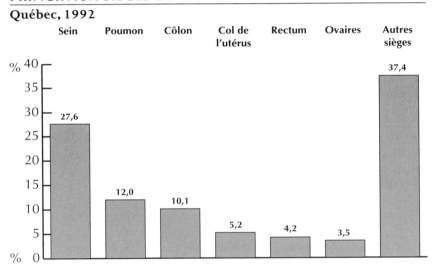

* Excluant le cancer cutané sans mélanome (CIM-9-173).
Source : Fichier des tumeurs du Québec, 1992.

Le fichier des tumeurs du Québec indique de son côté qu'en 1992, 28 625 nouveaux cas de cancer ont été déclarés ; un peu plus d'hommes (53 %) que de femmes étaient touchés. Dans la population féminine, le cancer du sein domine toujours avec 3 711 nouveaux cas déclarés (28 % de l'ensemble des cancers), alors que les hommes sont principalement atteints par le cancer du poumon (3 417 cas, ou 23 %). Chez les femmes, on note une forte augmentation du cancer du poumon, tant pour l'incidence* que pour la mortalité, depuis 1984 (figure 3.4 et tableau 3.18, en annexe).

La limitation des activités,
l'autonomie fonctionnelle et l'incapacité

« *L'état de santé d'une population se mesure non seulement par la prévalence de problèmes de santé, mais aussi par la capacité des individus d'exercer pleinement et de façon autonome leurs rôles sociaux et leurs activités quotidiennes.* » (Wilkins, dans Santé Québec, 1995) La perte ou la limitation de l'autonomie fonctionnelle peut toucher les individus à n'importe quel moment; cependant, c'est aussi un risque qui croît avec l'âge. Et la proportion croissante des femmes âgées dans la société québécoise en fait une question de santé particulièrement préoccupante.

Mesurer l'incapacité ou la perte d'autonomie n'est pas une chose aisée. Dans ses manifestations extrêmes comme l'alitement ou l'incapacité totale de prendre soin de soi, l'évaluation peut être relativement simple. Il n'en est pas de même pour les incapacités partielles ou légères, auxquelles on s'habitue, et qui feront tellement partie de la vie qu'on oubliera de les nommer. Le temps est un facteur clé dans ces situations : l'incapacité récente sera perçue plus sévèrement que celle qui est installée depuis longtemps et ceci va jouer dans la description qu'on en fera lors de l'enquête. Santé Québec présente trois mesures principales : le nombre annuel moyen de journées d'incapacité*, le nombre annuel moyen de journées d'alitement (ou incapacité sévère) et le niveau d'autonomie fonctionnelle limitée.

tableau **3.3**

JOURNÉES D'INCAPACITÉ, JOURNÉES D'ALITEMENT ET AUTONOMIE FONCTIONNELLE
selon le sexe, Québec, 1987 et 1992-1993

	JOURNÉES D'INCAPACITÉ		JOURNÉES D'ALITEMENT		AUTONOMIE FONCTIONNELLE LIMITÉE	
	1987 %	1992-1993 %	1987 %	1992-1993 %	1987 %	1992-1993 %
Hommes	13,5	13,4	2,8	2,3	7,3	7,3
Femmes	16,3	17,3	4,0	3,8	8,2	9,3
Total	**14,9**	**15,4**	**3,4**	**3,1**	**7,8**	**8,3**

Sources : Santé Québec 1987 et ESS 1992-1993.

L'ensemble des mesures utilisées montre que les femmes déclarent une plus grande incapacité et une plus grande perte de fonctionnalité que les hommes, et ceci se retrouve à tous les âges, sauf chez les personnes de 75 ans et plus, où les hommes déclarent davantage une incapacité sévère ou moyenne. Par ailleurs, on ne note pas de différence significative entre la situation de 1987 et celle de 1992-1993, malgré une augmentation des problèmes cités précédemment chez les femmes (tableau 3.3).

Comme pour l'ensemble des indicateurs de santé, l'incapacité varie considérablement selon le niveau de revenu. Par exemple, le nombre moyen de journées d'incapacité passe du simple au double entre les plus riches et les plus pauvres (tableau 3.4). Ces derniers déclarent 27 jours par an d'incapacité (dont 6 en alitement), alors que les riches totalisent 11 journées d'incapacité (dont 2 au lit). Chez les pauvres et les très pauvres, il n'y a pas de différence entre les sexes, contrairement aux plus riches, chez qui les femmes présentent des nombres moyens de journées d'incapacité beaucoup plus élevés que les hommes. Ces résultats laissent supposer un effet de l'âge : l'espérance de vie des groupes défavorisés étant plus faible, il est possible qu'on assiste à un nivellement entre les hommes et les femmes. À l'inverse, dans les classes plus aisées, la plus grande proportion de femmes âgées expliquerait en bonne partie les taux d'incapacité plus élevés. Ces résultats viendraient confirmer l'hypothèse d'un vieillissement prématuré chez les femmes des classes défavorisées, particulièrement entre 45 et 64 ans, qui avait été avancée par Colin *et al.* (1989) à partir de l'indice de santé globale* de Santé Québec 1987. La scolarité présente des associations qui vont dans le même sens, mais de façon moins prononcée.

tableau **3.4**

MOYENNES ANNUELLES DES JOURNÉES D'INCAPACITÉ
selon la suffisance du revenu et le sexe, Québec, 1992-1993

SUFFISANCE DU REVENU	INCAPACITÉ SÉVÈRE		INCAPACITÉ MODÉRÉE		INACAPACITÉ LÉGÈRE		INCAPACITÉ TOTALE	
	Hommes	Femmes	Hommes	Femmes	Hommes	Femmes	Hommes	Femmes
Très pauvre	4,5	6,4	12,3	7,1	11,3	13,4	28,0	26,9
Pauvre	3,0	4,2	8,8	3,8	6,4	10,2	18,2	18,4
Moyen inférieur	2,3	3,6	6,2	6,4	5,1	8,1	13,6	18,1
Moyen supérieur	2,1	3,4	4,9	5,0	4,3	6,7	11,3	15,1
Supérieur	1,3	3,4	3,1	5,1	3,6	5,5	8,0	14,0

Source : ESS 1992-1993.

Ces incapacités, ces limitations ont des causes. En premier lieu, des problèmes ostéo-articulaires (27 %), puis des problèmes cardiovasculaires ou respiratoires (13 % chacun) et, enfin, des traumatismes (7 %) et des problèmes d'ordre mental (6 %). Il n'y a pas de différence entre les hommes et les femmes sur ce plan.

L'hébergement en institution de longue durée apporte une autre information sur cette problématique (tableau 3.5). Bien que dépendant de l'organisation des services et des fluctuations causées par les réorganisations structurelles, cet indicateur donne une assez bonne appréciation de la gravité des incapacités. Le tableau 3.5 présente l'évolution des taux d'hébergement entre 1987 et 1992-1993. On pourra se surprendre de constater une baisse dans l'hébergement à long terme, alors que la population vieillit. La diminution peut s'expliquer à la fois par une meilleure évaluation des personnes, par l'utilisation de ressources alternatives pour l'hébergement, ou encore par une plus grande prise en charge des personnes âgées par les familles. Par ailleurs, on peut s'interroger sur la baisse plus importante chez les plus âgés, particulièrement chez les femmes (2,7 %), compte tenu de l'accroissement démographique de ce groupe.

tableau **3.5**

TAUX D'HÉBERGEMENT EN CENTRE DE SOINS DE LONGUE DURÉE

selon le sexe, population de 65 ans et plus, Québec, 1987 et 1992-1993

ÂGE	HOMMES	FEMMES
65-74 ans		
1987	2,1	2,1
1992-1993	1,7	1,7
écart	–0,4	–0,4
75 ans et plus		
1987	10,7	16,3
1992-1993	8,5	13,6
écart	–2,1	–2,7

Source : Rochon et Lafontaine, 1994.

La santé cardiovasculaire

En 1990, Santé Québec menait une enquête sur la santé cardiovasculaire des Québécoises et des Québécois âgés de 18 à 74 ans. Cette enquête a recueilli de l'information sur les facteurs de risque associés aux maladies cardiovasculaires (antécédents familiaux, états morbides — ex. : hypercholestérolémie — et comportements à risque — ex. : tabagisme) sur les antécédents personnels (maladies cardiaques, cérébrovasculaires ou des vaisseaux périphériques), sur les connaissances ainsi que sur le recours aux services et aux traitements pour des problèmes cardiovasculaires (Santé Québec, 1994).

Dans l'ensemble, les Québécoises sont presque aussi nombreuses que les Québécois à présenter des états morbides. L'étude montre toutefois que, chez les femmes, ces facteurs de risque augmentent avec l'avancement en âge (tableau 3.14). Les prévalences sont nettement plus élevées à partir de 65 ans, surtout pour l'obésité abdominale*, l'hypercholestérolémie et l'hypertension artérielle.

tableau **3.6**

FACTEURS DE RISQUE LIÉS À CERTAINS ÉTATS MORBIDES CHEZ LES FEMMES

selon l'âge, Québec, 1990

FACTEURS DE RISQUE	18-34 ANS %	35-64 ANS %	65-74 ANS %	TOTAL %
Obésité abdominale (RTH ≥ 0,8)	18,2[1]	39,2[1]	60,7[1]	**33,6**
Hypercholestérolémie (CHOL total ≥ 6,2 mmol/L)	4,9[1]	20,7[1]	50,5[1]	**17,7**[1]
Obésité pondérale (IMC ≥ 30)	6,8[1,2]	16,1	19,0[2]	**12,9**
HTA (Diastolique ≥ 90 mm Hg ou sous traitement)	1,6	16,3[1]	37,8[1]	**12,8**
Diabète déclaré	3,8[1]	4,7	12,11	**5,1**

1,2. Les pourcentages accompagnés du même exposant sont significativement différents entre les groupes d'âge, pour des intervalles de confiance à 95 %.

Source : Santé Québec, Daveluy *et al.*, 1994.

L'obésité abdominale représente le facteur de risque le plus fréquent, puisque plus du tiers des Québécoises de 18 à 74 ans présentent un rapport tour de taille/tour de hanches élevé ; entre 65 et 74 ans, trois femmes sur cinq sont dans cette situation. L'hypercholestérolémie est également marquée dans ce dernier groupe d'âge : une femme sur deux présente un niveau de cholestérol total élevé. (La prévalence de ce problème est deux fois moins élevée chez les hommes du groupe d'âge correspondant.) Ce sont également les femmes de 65 à 74 ans qui présentent la plus haute prévalence d'hypertension, ce qui est le cas de 38 % d'entre elles.

L'enquête renseigne également sur la connaissance qu'ont les Québécoises de leur propre condition. Fait à noter, la proportion qui ignore son état est de 30 % chez les femmes hypertendues de 35 à 64 ans. En outre, parmi les femmes ayant un taux élevé de cholestérol, 62 % l'ont appris lors de l'enquête.

tableau **3.7**

FACTEURS DE RISQUE LIÉS À DES COMPORTEMENTS CHEZ LES FEMMES ÂGÉES DE 18 À 74 ANS
selon l'âge, Québec, 1990

COMPORTEMENTS	18-34 ANS %	35-64 ANS %	65-74 ANS %	TOTAL %
Sédentarité	36,5	39,2	34,7	**37,7**
Tabagisme	37,9 [1]	30,1 [2]	11,5 [1,2]	**31,2**
Consommation de sel	15,2 [1]	13,2	7,1 [1]	**13,4**
Alcool ≥ 20 cons./sem.	0,3	0,6	0,0	**0,5**

1,2. Les pourcentages accompagnés du même exposant sont significativement différents entre les groupes d'âge, pour des intervalles de confiance à 95 %.
Source : Santé Québec, Daveluy *et al.*, 1994.

Contrairement aux états morbides, les facteurs de risque liés aux comportements ne présentent pas d'augmentation avec l'avancement en âge (tableau 3.7). Près de 40 % des femmes sont sédentaires, c'est-à-dire qu'elles pratiquent des loisirs comportant une activité physique (de 20 à 30 minutes par séance) moins de deux fois par semaine. Une Québécoise sur trois est une fumeuse régulière, ce qui constitue le second facteur le plus fréquent ; le niveau le plus élevé se situe parmi les femmes de 18 à 34 ans et l'on observe une diminution régulière à mesure que l'âge augmente. Dans ce dernier cas, on peut penser qu'un phénomène de génération entre en ligne de compte, c'est-à-dire que les générations les plus jeunes présentent un tabagisme plus élevé et que leurs taux de consommation de tabac seront plus élevés que ceux des aînées, à tous les âges.

Pour l'ensemble des variables étudiées, ce sont les femmes ayant une faible scolarité qui sont plus nombreuses à rapporter des états morbides et des comportements à risque. L'enquête révèle également que 9 % des femmes et 7 % des hommes déclarent des symptômes d'angine de poitrine, probable ou possible. Par ailleurs, 10 % des Québécois et des Québécoises présentent des antécédents personnels de maladie cardiaque.

Enfin, le risque de développer des troubles coronariens ou d'avoir un accident cérébrovasculaire (risque calculé sur huit ans, dans la population âgée

tableau **3.8**

RISQUE PONDÉRÉ DE DÉVELOPPER DES TROUBLES CORONARIENS OU D'AVOIR UN ACCIDENT CÉRÉBROVASCULAIRE

sur huit ans, pour 1 000 personnes[1], selon l'âge, Québec, 1990

	30-39 ANS	40-49 ANS	50-59 ANS	60-69 ANS	70-74 ANS	TOTAL
Troubles coronariens						
Hommes	16,4	47,8	107,2	131,3	162,0	**62,6**
Femmes	4,7	17,0	47,8	95,2	158,1	**38,5**
Accident cérébrovasculaire						
Hommes	1,2	4,5	18,1	40,4	68,1	**13,3**
Femmes	1,3	4,5	13,6	31,0	58,4	**12,4**

1. Exemptes de maladies cardiovasculaires au préalable.
Source : Santé Québec, Daveluy *et al.*, 1994.

de 30 à 74 ans) est évalué à 50 pour 1 000 et à 13 pour 1 000 respective-ment (tableau 3.8) ; ce risque augmente avec l'âge et il est plus élevé chez les hommes que chez les femmes.

Si l'on tient compte du fait que les facteurs de risque associés aux états morbides s'accentuent avec l'âge, on peut supposer que la génération actuelle des jeunes femmes (18-34 ans) sera plus exposée aux maladies cardiovasculaires, du moins en ce qui concerne cette catégorie de facteurs de risque. Par ailleurs, la recension des écrits fait état d'une augmentation du risque avec le cumul des facteurs : « *lorsqu'un facteur de risque est présent, les personnes sont, sur le plan biologique, davantage susceptibles d'en présenter ou d'en dévelop-per d'autres* » (Santé Québec, 1994). On pourra consulter, au chapitre 3, des données sur la mortalité par maladie coronarienne.

Les blessures et les traumatismes

Ce chapitre porte sur les personnes qui ont subi, au cours des 12 mois précédant l'enquête, un accident leur ayant causé des blessures assez graves pour les obliger à limiter leurs activités normales ou à consulter un médecin. On y traite du taux de victimes d'accidents en fonction du sexe, de l'âge et du lieu de l'accident. On y fait aussi mention de certaines variables que l'on croit associées au fait d'être victime d'un accident.

Au cours de l'année précédant l'enquête, 81 personnes sur 1 000 ont subi un accident ayant entraîné une limitation d'activité ou une consultation médicale (figure 3.5). Ce taux est plus élevé chez les hommes (96 pour 1 000) que chez les femmes (66 pour 1 000) et cette surreprésentation des hommes se retrouve à chaque groupe d'âge, de 0 à 44 ans. Par contre, à partir de 65 ans, la tendance s'inverse : les femmes ont alors une fréquence de blessure près de deux fois supérieure à celles des hommes. Par ailleurs, malgré de grands écarts entre leurs taux respectifs, les différences entre les hommes et les femmes ne sont pas statistiquement significatives*, fort possiblement à cause des petits effectifs de l'échantillon.

Ce sont toujours les jeunes de 15 à 24 ans qui forment le groupe risquant le plus d'être victime d'accident, tant chez les hommes (132 pour 1 000) que chez les femmes (90 pour 1 000). Alors qu'on observe une baisse notable du risque d'accident chez les femmes de 25 à 44 ans par rapport à leurs consœurs plus jeunes, le risque décroît beaucoup plus lentement chez les hommes. Diverses hypothèses peuvent être invoquées pour expliquer ce phénomène ; par exemple, les risques plus élevés auxquels sont exposés et que prennent les hommes dans leurs milieux de travail ou dans leurs loisirs. On peut aussi penser que la socialisation dans l'enfance, les responsabilités maternelles et familiales des femmes ainsi que leur plus grande propension à s'engager dans des comportements préventifs les rendent moins enclines à adopter des conduites et des attitudes à risque dans ces domaines (Verbrugge, 1990). La figure 3.6 (tableau 3.20, en annexe) apporte d'intéressants éclaircissements sur ces questions.

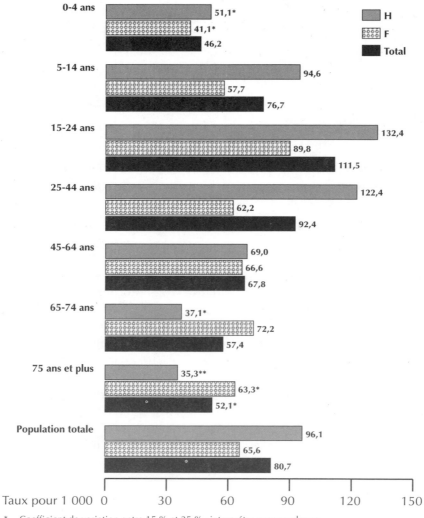

TAUX DE PRÉVALENCE DES ACCIDENTS AVEC BLESSURES

selon l'âge et le sexe, Québec, 1992-1993

figure **3.5**

* Coefficient de variation entre 15 % et 25 % ; interpréter avec prudence.
** Coefficient de variation > 25 % ; estimation imprécise fournie à titre indicatif seulement.
Source : Santé Québec, 1995, tome 1, p. 261.

DERRIÈRE LES APPARENCES

figure **3.6**

VICTIMES D'ACCIDENTS AVEC BLESSURES

**selon le lieu de survenue des accidents et le sexe,
Québec, 1992–1993**

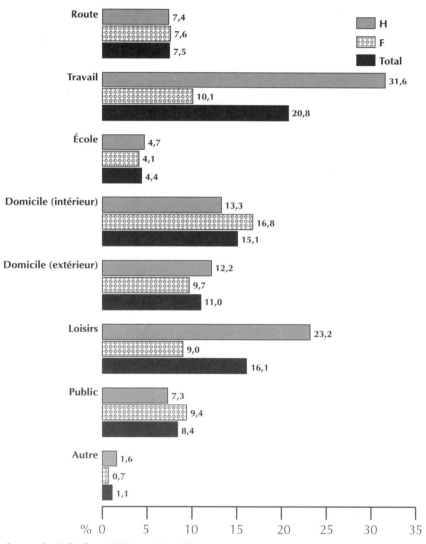

Source : Santé Québec, 1995, tome 1, p. 264.

Plus du quart des accidents (26 %) surviennent au domicile, soit à l'intérieur (17 % chez les femmes et 13 % chez les hommes), soit à l'extérieur (10 % chez les femmes et 12 % chez les hommes) de la maison. Les lieux de travail viennent ensuite avec un taux masculin trois fois plus élevé que le taux féminin et, enfin, les lieux où l'on pratique des sports, de même que les lieux où l'on s'adonne à des loisirs, où les hommes sont surreprésentés encore une fois.

« *Les risques relatifs entre hommes et femmes pour les lieux de travail et les lieux où l'on pratique des sports et où l'on s'adonne à des loisirs sont semblables à ceux déjà rapportés dans l'enquête Santé Québec 1987, ainsi que dans l'enquête sociale générale de 1988 portant sur les accidents au Canada (Millar et Adams, 1991). Le récent sondage sur les blessures subies lors de la pratique d'activités récréatives et sportives au Québec fait également état d'une forte surreprésentation des hommes parmi les victimes de ce type d'accident (RSSQ-MSSS, 1994). Il est fort probable que les taux de blessures plus élevés, observés pour les hommes au travail et sur les lieux de sports et de loisirs, reflètent le degré d'exposition relatif des hommes et des femmes dans ces deux milieux.* » (Santé Québec, 1995, p. 265)

Les lieux où surviennent les accidents constituent une information très utile, car, au Québec, le lieu détermine l'organisme responsable d'améliorer les conditions de sécurité : la Société de l'assurance automobile du Québec pour la route, la Commission de la santé et de la sécurité du travail pour les lieux de travail, la Régie de la sécurité dans les sports du Québec pour les lieux où l'on pratique des sports et où l'on s'adonne à des loisirs, et les commissions scolaires pour les écoles. Il n'y a pas d'organisme qui s'occupe des accidents à domicile.

Les accidents avec blessures ne semblent pas reliés aux variables sociodémographiques (scolarité, revenu ou langue). Par contre, on observe des associations intéressantes avec la consommation excessive d'alcool et certains indicateurs sociopsychologiques (tableau 3.9).

tableau **3.9**

TAUX DE VICTIMES D'ACCIDENTS

selon différents indicateurs possiblement associés à la survenue d'accidents ayant entraîné des blessures et le sexe, Québec, 1992-1993

INDICATEURS POSSIBLEMENT ASSOCIÉS À LA SURVENUE D'ACCIDENTS AVEC BLESSURES	HOMMES (taux pour 1 000)	FEMMES (taux pour 1 000)
Consommation d'alcool à risque (CAGE)		
risque nul	9,5	7,1
risque faible	12,9	8,1
risque élevé	11,9	8,9
Détresse psychologique		
faible	94,6	69,6
élevée	141,6	77,6
Présence d'idées suicidaires		
présentes	134,8	101,0
absentes	98,4	67,6

Source : ESS 1992-1993.

Il est évident que chacun de ces facteurs peut être associé plus fortement (ou différemment) à certains types d'accidents, de même qu'à certains groupes d'âge ou d'âge et de sexe, qu'à d'autres. Toutefois, la taille de l'échantillon de l'enquête ne permet pas une analyse détaillée et les résultats suivants doivent être interprétés avec prudence et à titre exploratoire seulement.

Dans la recension des écrits scientifiques, la consommation d'alcool a été reconnue comme un facteur de risque de blessures (Friedman, 1985 ; Zedor, 1991 ; Rutledge et coll., 1992). Dans l'enquête de 1992-1993, cette relation entre la consommation d'alcool excessive, les risques de développer des problèmes liés à l'alcool (indice CAGE) et le taux de personnes ayant subi un accident avec blessures est significative pour l'ensemble de la population, mais elle n'existe de façon statistiquement significative que chez les hommes. Cette association est évidente chez les jeunes hommes de 15 à 24 ans et diminue à mesure que l'âge augmente (Santé Québec, 1995). Pour les femmes, les données sont trop imprécises et les nombres trop petits pour en tirer des conclusions intéressantes et fiables.

Les personnes ayant un niveau élevé de détresse psychologique ont un plus haut taux de blessures (104 pour 1 000 comparativement à 83 pour 1 000 chez les personnes dont l'indice est moyen ou faible). Là encore, l'association n'est significative que chez les hommes âgés entre 25 et 44 ans. Les résultats de l'enquête indiquent par ailleurs une forte association chez les personnes ayant eu des idées suicidaires, le taux d'accidents avec blessures étant pour celles-ci de 118 pour 1 000, alors qu'il n'est que de 83 pour 1 000 pour les autres. La relation est présente chez les hommes et chez les femmes, bien qu'elle soit nettement plus forte chez ces dernières, avec des taux de 101 pour 1 000 chez celles qui ont eu des idées suicidaires, comparativement à 68 pour 1 000 chez les autres.

Les « maladies de femmes » [9]

Les problèmes de santé particuliers aux femmes ont peu souvent été traités dans les enquêtes épidémiologiques. On connaît surtout le nombre de consultations gravitant autour de la contraception et de la maternité. On a étudié certaines affections faisant leur apparition autour de la ménopause ou des menstruations, mais en général les données sur la prévalence* de ces problèmes sont encore manquantes. Même si l'enquête Santé Québec 1987 ne comportait pas de section consacrée spécifiquement à ces questions, un certain nombre de femmes ont rapporté des affections entrant dans cette catégorie.

Ces résultats doivent être examinés en tenant compte des instruments de collecte. Rappelons que les problèmes ont été mesurés à partir de plusieurs variables : incapacité et recours à des services sociaux et de santé au cours des deux dernières semaines, consommation de médicaments au cours des deux derniers jours, limitation des activités et problèmes de santé chroniques. Il se peut que certains problèmes soient sous-évalués parce qu'ils n'auraient fait l'objet d'aucune de ces démarches et ne seraient pas considérés comme des affections chroniques par les répondantes : ce pourrait être le cas, par exemple, de la stérilité ou même de l'endométriose. Quant aux maladies transmissibles sexuellement, le nombre de cas déclarés à l'enquête est largement en deçà des chiffres connus (par les fichiers de déclaration médicale), ce qui n'a pas permis de les inclure dans cette analyse.

---

9. Le terme « maladie de femmes » a une mauvaise réputation en raison de sa connotation généralement péjorative. Mais au-delà de cet aspect, il recouvre un univers de pathologies qui ont affecté et affectent encore les femmes à diverses périodes de leur vie, et ces problèmes leur sont spécifiques, en tant qu'êtres humains de sexe féminin. J'ai donc choisi de conserver l'expression en me rappelant qu'elle est aussi utilisée par un grand nombre de femmes pour désigner leurs propres souffrances.

tableau **3.10**

PRÉVALENCE DE CERTAINS PROBLÈMES DE SANTÉ CHEZ LES FEMMES

selon l'âge, Québec, 1987

PROBLÈME	NOMBRE DANS LA POPULATION	TAUX/100 000
Problèmes de menstruations		
15-24 ans	14 358	2 858,2
25-44 ans	16 118	1 454,5
45-64 ans	1 361	203,3
Ostéoporose (65 ans et plus)	3 770	1 073,1
Endométriose (45-64 ans)	300	44,9
Infertilité (25-44 ans)	93	8,4

Source : Guyon, 1990.

Les **problèmes associés aux menstruations** sont évidemment plus fréquents chez les jeunes femmes. À mesure qu'elles avancent en âge, on voit augmenter la proportion de femmes ménopausées ou hystérectomisées, ce qui influence le calcul des taux, particulièrement chez les femmes de plus de 45 ans[10].

L'**ostéoporose** est une affection qui touche particulièrement les femmes ; elle augmente avec l'âge et atteint son sommet dans le groupe des 65 ans et plus avec une prévalence de 1 073,0 pour 100 000 femmes. Cette maladie, qui se caractérise par une diminution graduelle de la masse osseuse, se traduit par un risque accru de fractures. Les études cliniques ont montré que le tiers des femmes âgées de 60 ans et plus sont en effet victimes de fractures. On prévoit que si l'espérance de vie continue à augmenter, ce sera le cas de plus de la moitié des femmes âgées.

L'**endométriose** est rapportée plus souvent par les femmes qui ont entre 45 et 64 ans (taux de 44,9 pour 100 000 femmes de ce groupe d'âge). On connaît encore très peu les mécanismes de cette maladie, qui consiste en

10. On trouvera des informations supplémentaires sur les hystérectomies au chapitre 7.
11. Des gynécologues consultés évaluent à environ 1 % la prévalence de l'endométriose chez les femmes qui consultent pour une ligature des trompes (D^re Louise Duperron, consultation personnelle, 1996).

une prolifération de l'endomètre (tissu qui recouvre l'intérieur de l'utérus) en dehors de son milieu naturel. Des douleurs et des saignements plus ou moins sévères lui sont associés ainsi qu'un accroissement des risques d'infertilité. Il est difficile d'évaluer le nombre exact de femmes qui en sont atteintes étant donné l'aspect de « normalité » attribué trop fréquemment aux problèmes accompagnant les menstruations. Les études cliniques faites aux États-Unis montrent une incidence* de 0,3 % chez les femmes blanches âgées de 15 à 49 ans (Mangtani et Booth, 1993), alors que la prévalence* serait estimée à 2,5-3,3 %. La prévalence donnée par Santé Québec est vraisemblablement sous-estimée, puisqu'elle est établie à partir des déclarations des femmes qui ont eu un diagnostic d'endométriose et « qui le savent ». On peut poser l'hypothèse qu'un certain nombre de femmes affectées par cette maladie ont décrit leurs symptômes comme des « problèmes associés aux menstruations » .

Enfin, les problèmes d'**infertilité** n'ont été mentionnés que par des femmes entre 25 et 44 ans. Le taux de 8,4 pour 100 000 femmes est, ici encore, difficile à interpréter, en partie parce que l'on ignore ce qu'il recouvre à travers les déclarations des répondantes de l'enquête. Depuis quelques années, parallèlement à la progression des nouvelles technologies de la reproduction, les médias ont souvent fait état de prévalences de l'ordre de 10 % à 15 %. Nous nous trouvons ici confrontés à la question de la définition de la stérilité (l'incapacité de donner le jour à des enfants vivants) et de l'infécondité (le fait de ne pas procréer). Dans les médias et même au sein de la profession médicale en Amérique du Nord, l'infécondité est souvent confondue avec la stérilité et correspondrait à une absence de grossesse après un an de vie sexuelle sans contraception. Les enquêtes sur la fécondité des Québécoises et des Françaises (citées dans Rochon, 1986) parlent d'un pourcentage de 3 % à 4 % de femmes stériles dans la population (en excluant les stérilisations volontaires). Comme l'enquête ne donne pas d'indications sur la définition de la stérilité adoptée par les répondantes, il est difficile d'interpréter ces résultats. Ce n'est que par une véritable enquête sur la fécondité que l'on pourra obtenir ces informations.

FAITS saillants

• Le taux de mortalité générale des hommes est plus élevé que celui des femmes, quel que soit l'âge.

• La mortalité par maladies de l'appareil circulatoire constitue la première cause de décès autant chez les femmes que chez les hommes.

• La mortalité par cancer du poumon a considérablement augmenté chez les femmes depuis 1970 ; depuis 1993, elle dépasse même la mortalité par cancer du sein, qui est en diminution ; le nombre de décès causés par le sida continue à croître.

• Une femme sur deux se déclare en excellente ou très bonne santé et 12 % vont juger leur santé « moyenne » ou « mauvaise » ; la mauvaise perception de leur santé est plus fréquente chez les femmes pauvres, chez celles qui ont un niveau élevé de détresse psychologique ou chez celles qui ont un surpoids.

• 69 % des femmes et 50 % des hommes ont déclaré souffrir d'au moins un problème de santé ; les problèmes les plus fréquents sont : l'arthrite et le rhumatisme, les maux de tête et les troubles mentaux.

• Les femmes ont déclaré une moyenne annuelle de 17,4 journées d'incapacité, contre 13,3 chez les hommes ; cette moyenne est de 14 jours chez les femmes les plus riches et de 26,9 jours chez les plus défavorisées.

• Entre 65 et 74 ans, trois femmes sur cinq présentent un rapport tour de taille/tour de hanches élevé (obésité abdominale), une femme sur deux a un niveau de cholestérol élevé et 38 % font de l'hypertension ; ces symptômes sont des facteurs de risque liés aux maladies cardiovasculaires.

• Les blessures et les traumatismes sont sensiblement plus prévalents chez les hommes que chez les femmes quel que soit l'âge ; pour les femmes, plus d'un accident sur quatre se produit au domicile.

4 RECOUVRER LA SANTÉ

Les recherches sur la santé physique montrent généralement que les femmes ont des taux de morbidité supérieurs à ceux des hommes ; on a vu précédemment que, dans les enquêtes auprès de la population, les femmes rapportent globalement plus de problèmes de santé physique et psychologique. L'évaluation de la morbidité* est habituellement basée sur la présence de symptômes et de maladies, mais aussi sur l'utilisation des soins et des services professionnels ainsi que sur la prise de médicaments. Les statistiques québécoises sur l'hospitalisation et la consultation (RAMQ) font état d'une plus grande utilisation générale des soins de santé par les femmes, entre 15 et 64 ans. Cette situation perdure, même si on exclut la consultation et les soins entourant la grossesse et l'accouchement. On a suggéré précédemment (chapitre 3) que les femmes semblaient manifester une plus grande sensibilité aux symptômes physiques et psychologiques. Cette sensibilité les rendrait plus aptes à percevoir et à reconnaître les sensations physiques comme des signes de maladie, ce qui se traduirait également par une plus grande propension à rechercher de l'aide et à poser des gestes en vue de récupérer la santé, et ce, de façon plus précoce que les hommes.

Le recours aux services

L'enquête sociale et de santé a consacré une partie de son questionnaire administré par un intervieweur (QRI) à la consultation de professionnels au cours des deux semaines précédant l'enquête. On constate que près d'une femme sur trois (29 %) avait consulté au moins un professionnel de la santé au cours de la période considérée, comparativement à 21 % des hommes (figure 4.1 et tableau 4.5, en annexe). Les différences entre les hommes et les femmes sont significatives pour tous les groupes d'âge, exception faite des enfants (0-14 ans) et des personnes âgées de 65 ans et plus.

Comparativement à la situation de 1987, plus de femmes auraient consulté en 1992, mais les différences entre les deux enquêtes ne sont pas significatives. Dans la majorité des cas, elles consultent en bureau privé (68 %), ce qui est comparable aux données de l'enquête de 1987, puis en clinique externe (13 %). On ne note aucune différence significative* entre les hommes et les femmes quant aux différents lieux de consultation

figure **4.1**

POURCENTAGE DE LA POPULATION AYANT CONSULTÉ AU MOINS UN PROFESSIONNEL DURANT LES DEUX SEMAINES PRÉCÉDANT L'ENQUÊTE

selon l'âge et le sexe, Québec, 1992-1993

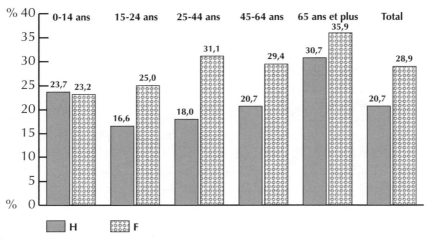

Source : ESS 1992-1993.

(tableau 4.6, en annexe). Par ailleurs, le niveau de revenu va influencer le lieu de consultation puisque les personnes très pauvres consultent moins en bureau privé (55 %) et plus fréquemment en CLSC (8 %) que celles qui ont des revenus supérieurs (respectivement : 70 % et 2 %).

De façon générale, le ratio femmes/hommes quant au recours aux services, sans égard au groupe professionnel, est de 1,4 : 1. Pour le recours aux services d'un psychologue, il monte à 1,55 : 1, et dans le cas du recours aux services d'une diététiste, il est deux fois plus élevé, soit de 2,82:1 (tableau 4.1).

Parmi les femmes qui ont utilisé les services de santé, la majorité (76 %) ont consulté un seul professionnel de la santé au cours des deux semaines précédant l'enquête ; elles consultent avant tout les médecins généralistes (35 % de l'ensemble des consultations). Les consultations auprès des médecins spécialistes et des dentistes occupent respectivement les deuxième (19,6 % des consultations) et troisième rangs (13,4 % des consultations).

L'enquête a rassemblé les professionnels en 12 groupes ; les femmes utilisent davantage les services de neuf d'entre eux et les différences entre les sexes sont significatives*. Seules les consultations auprès des dentistes, des physiothérapeutes et ergothérapeutes et des travailleurs sociaux ne présentent pas de différences significatives entre les hommes et les femmes.

tableau **4.1**

RECOURS AUX SERVICES DE DIFFÉRENTS GROUPES PROFESSIONNELS
comparaison entre les femmes et les hommes, Québec, 1992-1993

RECOURS AUX SERVICES DE DIFFÉRENTS GROUPES DE PROFESSIONNELS DE LA SANTÉ	RATIO FEMMES/HOMMES	
Toutes catégories de professionnel(le)s confondues	1,40:1	ratio moyen auquel on compare les autres ratios
Médecin généraliste	1,52:1	légèrement plus élevé
Médecin spécialiste	1,48:1	légèrement plus élevé
Dentiste	1,12:1	plus faible
Infirmier(ère)	1,60:1	plus élevé
Pharmacien(ne)	1,82:1	plus élevé
Optométriste	1,43:1	équivalent
Physiothérapeute/ergothérapeute	1,31:1	légèrement plus faible
Profession non traditionnelle	1,42:1	équivalent
Psychologue	1,55:1	légèrement plus élevé
Travailleur(se) social(e)	1,20:1	plus faible
Diététiste	2,82:1	beaucoup plus élevé

Le ratio moyen se calcule comme suit :

$$\frac{\text{(femmes qui consultent/ensemble des femmes échantillonnées)}}{\text{(hommes qui consultent/ensemble des hommes échantillonnés)}}$$

Le ratio femmes/hommes, par exemple pour le recours à un psychologue, se calcule comme suit :

$$\frac{\text{(femmes qui consultent un psychologue/ensemble des femmes échantillonnées)}}{\text{(hommes qui consultent un psychologue/ensemble des hommes échantillonnés)}}$$

Source : ESS 1992-1993.

Les Québécoises et les Québécois consultent d'abord pour des problèmes de santé (59 %) ; plus du tiers (39 %) des consultations sont de nature préventive ou ont pour but des examens de routine et 3 % sont reliées à des problèmes familiaux ou sociaux. De façon plus détaillée, lorsqu'on les interroge sur les motifs de consultation (tableau 4.2), les Québécoises invoquent en premier lieu la prévention (examens de dépistage, contrôle de la pression artérielle, par exemple), puis des problèmes ostéo-articulaires, respiratoires et du système nerveux. Le profil de consultation des hommes est à peu près semblable quoique, chez ces derniers, le nombre des consultations pour accidents et blessures soit presque deux fois plus élevé. Les consultations pour la prévention ou pour des examens de routine sont passées de 21 % à 26 % entre 1987 et 1992-1993, pour l'ensemble de la population (Santé Québec, 1995, p. 327).

tableau **4.2**

POPULATION AYANT CONSULTÉ UN PROFESSIONNEL DURANT LES DEUX SEMAINES PRÉCÉDANT L'ENQUÊTE
selon le motif de consultation et le sexe, Québec, 1992-1993

MOTIFS DE CONSULTATION	HOMMES		FEMMES	
	%	[I.C.]	%	[I.C.]
Prévention	31,2	[28,1-34,2][a]	33,3	[30,7-35,9][a]
Problèmes ostéo-articulaires	10,3	[8,3-12,2][b]	9,2	[7,6-10,8][b]
Problèmes respiratoires	8,7	[6,8-10,5][b]	8,7	[7,1-10,2][b]
Problèmes du système nerveux	7,2	[5,5-9,4][b]	6,1	[4,8-7,4][b]
Symptômes mal définis	5,1	[3,6-6,3][b]	5,4	[4,7-6,2][b]
Problèmes digestifs	6,0	[4,4-7,5][c]	5,0	[3,8-6,2][b]
Accidents	7,6	[5,9-9,4][b]	4,9	[3,7-6,1][b]

Source : ESS 1992-1993.

La consommation de médicaments

Il est bien connu que les femmes font beaucoup plus usage de médicaments que les hommes. Si cela va de pair avec un plus grand nombre de problèmes de santé et une plus forte propension à chercher de l'aide professionnelle, les différences entre les sexes sont suffisamment importantes pour qu'on s'y intéresse de près. C'est d'ailleurs ce qu'ont fait plusieurs groupes de recherche, notamment aux États-Unis. Une étude de Cooperstock et Parnell (1982), compilant un grand nombre d'enquêtes à travers le monde qui utilisaient diverses méthodologies, montre que l'usage des psychotropes est particulièrement élevé chez les femmes et les personnes âgées.

On a suggéré que le fait d'aller chercher l'assistance médicale plus facilement était l'un des facteurs explicatifs de cette surconsommation féminine. Parry (1974) considère que les réponses à l'anxiété et à la dépression varient énormément selon les sexes et que les hommes seraient portés à boire, alors que les femmes iraient plus facilement vers les psychotropes. D'autres études (Linn et Davis, 1971 ; Cooperstock, 1971 ; Renaud, 1980) suggèrent que les médecins prescrivent plus volontiers des psychotropes aux femmes qu'aux hommes. Certains auteurs (Cafferata *et al.*, 1983) avaient alors émis l'hypothèse que la situation socio-économique des femmes expliquait une grande partie des différences observées. Or, il est vrai que la consommation de médicaments chez les hommes augmente lorsqu'ils se retrouvent dans des conditions se rapprochant des rôles traditionnels féminins, par exemple chez les hommes au foyer. Toutefois, même en tenant compte des conditions socio-économiques et des circonstances familiales, il est plus probable que les femmes reçoivent une prescription de psychotropes que les hommes. Autrement dit, dans les mêmes conditions de vie, les femmes consomment toujours plus de médicaments que les hommes (Cafferata *et al.*, 1983). Une seule exception à cette règle : chez les hommes et les femmes qui n'ont jamais travaillé à l'extérieur du foyer, les différences ne sont pas significatives*. Les mêmes auteurs ont tracé le portrait type d'une femme qui a toutes les chances de se faire prescrire un psychotrope : il s'agirait soit d'une femme sans conjoint et sans enfants de moins de six ans si elle travaille à l'extérieur, soit d'une femme avec de jeunes enfants, mais qui ne serait pas sur le marché du travail.

Santé Québec consacre une section de son questionnaire rempli par l'intervieweur à la consommation de tous les médicaments pris au cours des deux derniers jours avant l'enquête. À cette question, 61 % des Québécoises et 41 % des Québécois ont répondu avoir pris au moins un médicament, quel qu'il soit. Ceci constitue une augmentation par rapport à 1987, alors que 55 % des femmes et 35 % des hommes en avaient consommé (Santé Québec, 1995, p. 357). Dix-huit pour cent des femmes, soit deux fois plus que les hommes, en avaient consommé au moins trois catégories différentes.

Plus on avance en âge, plus la consommation de médicaments sera importante (figure 4.2 et tableau 4.7, en annexe) ; chez les femmes de 65 ans et plus, 87 % ont déclaré en faire usage et c'est aussi le cas de 72 % des hommes du même âge. La plus grande partie de ces médicaments, soit 60 %, sont pris sur ordonnance médicale ; les autres sont obtenus en vente libre.

figure **4.2**

CONSOMMATION D'AU MOINS UN MÉDICAMENT
AU COURS DES DEUX JOURS PRÉCÉDANT L'ENQUÊTE
selon l'âge et le sexe, Québec, 1992-1993

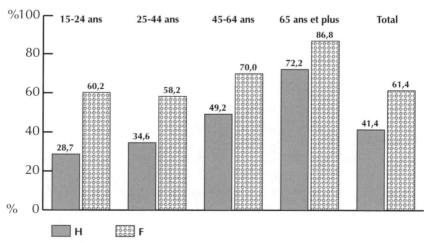

Source : ESS 1992-1993.

Les veufs et les veuves, les personnes séparées ou divorcées (tableau 4.10, en annexe), de même que les personnes plus défavorisées (tableau 4.9, en annexe), sont de plus grands utilisateurs de médicaments. On se rappellera qu'il y a également plus de femmes dans ces groupes. Plusieurs questions viennent à l'esprit devant ces quelques chiffres : les programmes de gratuité d'un grand nombre de médicaments pour les personnes âgées et les personnes défavorisées ont-ils eu un effet sur cette consommation ? La consommation de médicaments correspond-elle à l'état de santé ? Prend-on des médicaments pour guérir ou pour prévenir la maladie ? Et quelles sont les substances les plus utilisées ?

Les Québécois (28 %), et particulièrement les Québécoises (43 %), prennent d'abord des vitamines et des analgésiques (figure 4.3 et tableau 4.8, en annexe). Ce sont deux classes de médicaments pour lesquels il n'est pas nécessaire d'obtenir une ordonnance médicale. De fait, à peine 23 % des vitamines et 35 % des analgésiques déclarés avaient fait l'objet d'une prescription. Les femmes se distinguent particulièrement par une plus forte consommation d'analgésiques (17 % contre 11 % chez les hommes), de tranquillisants (6 % contre 3 % chez les hommes), de vitamines (26 % contre 17 % chez les hommes) et de laxatifs. De ceux-ci, seuls les tranquillisants sont obtenus exclusivement sur ordonnance médicale ; entre 65 et 74 ans, 19 % des femmes en font usage (12 % chez les hommes) et, à partir de 75 ans, cette proportion monte à 27 % (17 % chez les hommes).

Comme on pouvait s'y attendre, la consommation des tranquillisants, des sédatifs et des somnifères est beaucoup plus importante chez les femmes qui ont un niveau élevé de détresse psychologique (11 %). Mais ce sont surtout les personnes âgées qui en font le plus grand usage (tableau 4.3) ; entre 45-64 ans et 65-74 ans, la consommation de tranquillisants passe de 10 % à 19 % chez les femmes et, à partir de 75 ans, elle est de 27 % (17 % chez les hommes du même âge). Une étude faite dans la région de Saint-Jérôme (citée dans Poirier, 1989) révèle par ailleurs que 73 % des bénéficiaires vivant dans un centre d'accueil consomment des psychotropes. Chez les femmes comme chez les hommes, le veuvage est plus souvent associé à la prise de tranquillisants (tableau 4.11, en annexe) ; en effet, 20 % des veuves et 15 % des veufs en font usage. Par ailleurs, lorsque l'on tient compte de l'état matrimonial, on remarque que les femmes ont toujours une consommation de tranquillisants significativement* supérieure à celle des hommes, sauf pour la catégorie des personnes divorcées.

figure **4.3**

TAUX DE CONSOMMATION DE MÉDICAMENTS

**selon la classe de médicaments et le sexe, population de 15 ans
et plus, Québec, 1992-1993** (taux pour 100)

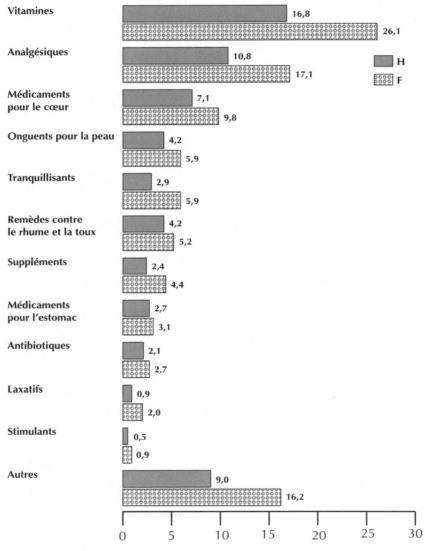

Source : ESS 1992-1993.

tableau 4.3

CONSOMMATION DE TRANQUILLISANTS
selon l'âge et le sexe, Québec, 1992-1993

GROUPE D'ÂGE	HOMMES		FEMMES	
	%	[I.C.]	%	[I.C.]
15-24 ans	0,3	[-]e	0,5	[-]e
25-44 ans	1,4	[0,8-2,0]d	3,1	[2,1-4,0]c
45-64 ans	4,6	[3,2-6,0]c	9,7	[7,7-11,7]b
65-74 ans	12,6	[8,3-16,9]c	18,8	[14,4-23,2]b
75 ans et plus	17,3	[10,1-24,4]d	27,1	[20,1-34,0]b
Total	**3,5**	[2,8-4,1]b	**7,1**	[6,2-8,0]a

Source : ESS 1992-1993.

La consommation générale de médicaments a augmenté depuis 1987, tant chez les hommes que chez les femmes, particulièrement pour les analgésiques, qui sont passés de 10 % à 14 % entre 1987 et 1992-1993, et pour les vitamines (17 % à 22 % pour cette même période). Ce sont les célibataires et les hommes mariés qui ont le plus augmenté leur consommation (tableau 4.10, en annexe).

Les examens préventifs

La majorité des Québécoises croient à la prévention. L'auto-examen des seins est une activité connue ; en effet, 81 % des Québécoises déclarent l'avoir pratiqué au moins une fois (tableau 4.4). Par ailleurs, cette pratique n'est pas régulière, car une femme sur quatre seulement a fait cet examen au cours des 12 derniers mois.

La plupart des femmes de 15 ans et plus (plus de 80 %) ont eu un examen clinique des seins ou un test de Pap au cours de leur vie et près de la moitié en ont subi un dans l'année précédant l'enquête. Les femmes de 65 ans et plus ont cependant des taux significativement plus bas que les autres femmes : 20 % d'entre elles n'ont jamais bénéficié de ces examens, en dépit du risque plus élevé de développer un cancer avec l'avancement en âge. Les données de l'enquête ne permettent pas d'expliquer cette différence ; cependant, on peut poser l'hypothèse que ces femmes font partie d'une génération moins engagée dans ces types d'examens et qui accepte plus difficilement de s'y prêter. En même temps, il importe de s'assurer que ces services leur sont bien offerts[12].

tableau **4.4**

RECOURS À TROIS TYPES D'EXAMENS PRÉVENTIFS CHEZ LES FEMMES
selon le groupe d'âge, Québec, 1992-1993

	15-24 ANS	25-44 ANS	45-64 ANS	65 ANS ET PLUS	TOUS ÂGES
Auto-examen des seins					
jamais	43,1	24,6	22,5	35,1	28,5
> 12 mois	18,2	21,2	29,7	28,2	24,0
Examen clinique des seins					
jamais	35,3	7,8	7,6	18,8	13,7
> 12 mois	46,8	52,3	48,4	31,7	47,4
Test de Pap					
jamais	32,5	3,9	6,0	20,8	11,4
> 12 mois	52,6	57,2	41,9	17,0	46,8

Source : ESS 1992-1993.

12. On trouvera des résultats supplémentaires au chapitre 13, portant sur les femmes de milieux défavorisés.

FAITS saillants

• Près d'une femme sur trois consulte au moins un professionnel de la santé, comparativement à 21 % des hommes.

• Elles consultent d'abord pour des problèmes de santé, particulièrement des problèmes ostéo-articulaires, respiratoires et du système nerveux ; plus du tiers des consultations sont de nature préventive et on constate une augmentation de ces dernières depuis 1987.

• Plus de 60 % des femmes et 40 % des hommes font usage de médicaments ; la consommation générale est en augmentation depuis 1987.

• Les femmes se voient prescrire deux fois plus de tranquillisants que les hommes ; la consommation de ces médicaments est particulièrement élevée chez les femmes âgées, surtout chez celles qui vivent en institution.

• Depuis 1987, la consommation des vitamines et des analgésiques est particulièrement en hausse.

5 LA SANTÉ PSYCHOLOGIQUE

Une question de fond

Les différences entre les femmes et les hommes en matière de santé mentale ont fait l'objet de longs débats et ont alimenté de nombreuses recherches dans une multitude de disciplines (Pugliesi, 1992 ; Comité de la santé mentale du Québec, 1993). Dans sa revue de la littérature sur les dimensions socioculturelles de la santé mentale des femmes réalisée aux États-Unis en 1992, Pugliesi pose l'intéressante question : « *Les différences entre les femmes et les hommes (gender differences) en santé mentale sont-elles réelles, ou plutôt ne seraient-elles pas le résultat d'un artéfact ?* »

Une des constantes qui se dégagent de la plupart des études épidémiologiques est que les femmes manifestent des taux supérieurs aux hommes pour la détresse psychologique et la dépression (Gove et Tudor, 1973 ; Gove et Geerken, 1977 ; Kessler et McRae, 1981 ; Cleary et Mechanic, 1983 ; Gore et Mangione, 1983 ; Reskin et Coverman, 1985 ; Thoits, 1986).

Un premier niveau d'explication à ce phénomène met l'accent sur une plus grande vulnérabilité des femmes à la dépression et aux autres problèmes de santé mentale — *à cause de leur constitution biologique et psychologique*. Il faut remonter à l'histoire de la médecine de l'Égypte ancienne pour retrouver les racines de cette hypothèse qui prévalait encore dans bien des facultés du monde occidental, au cours de la première moitié du XVᵉ siècle, et qui affirmait que des liens étroits entre le cerveau et la matrice étaient à l'origine de cette vulnérabilité.

Cette théorie a pourtant mal vieilli : « *les explications biologiques des différences sexuelles dans la dépression [...] n'expliquent pas l'absence de ces mêmes différences dans certains sous-groupes* »(Nolen-Hoeksemen, 1987, t.d.a.). L'interprétation des faits, sur la base d'une vulnérabilité supposée des femmes aux problèmes mentaux, porte encore l'empreinte des siècles précédents, malgré le fait qu'on sache maintenant qu'il s'agit bien plus de conditions de vie, de facteurs sociaux et environnementaux qui font partie de leur vie actuelle.

Ainsi, selon l'interprétation mise de l'avant par les travaux de Gove et Tudor (1973) et de Weissman et Kleeman (1977), la position sociale des femmes dans la société a des effets sur les rôles qu'elles peuvent y jouer et sur les moyens ou le pouvoir dont elles disposent. Ceci influencerait leur santé mentale, particulièrement les taux élevés de dépression dont elles souffrent. Selon cette approche, le désavantage social subi par les femmes augmenterait leur stress et réduirait leur estime de soi, affectant par conséquent leur niveau de détresse psychologique. Cette école de pensée est à l'origine d'une série d'études qui mettent en scène les nombreuses variations des rôles joués par les femmes et leurs conséquences sur la santé mentale de celles-ci. L'accès à des données épidémiologiques venant d'enquêtes auprès des individus a favorisé l'adoption des concepts de détresse psychologique* et de bien-être plutôt que l'usage exclusif des concepts de *santé mentale* ou de *maladie mentale*, qui comportent des fondements individuels, et parfois héréditaires, difficiles à départager.

Dans cette veine, une série de travaux a mis en évidence divers facteurs associés plus ou moins fortement à la détresse des femmes : le *statut marital* a été perçu comme un des facteurs clés, entre autres par les travaux de Gove et Tudor (1973 et 1978), de Bernard (1972), de Brown et Harris (1978), de Popay *et al.* (1993) et de Gijsbers van Wijk *et al.* (1995). Plusieurs de ces travaux ont souligné que le mariage aurait un effet négatif sur l'état psychologique des femmes ; en revanche, les hommes retireraient plutôt des avantages sur ce plan. D'autres, par contre, ont conclu à une association positive entre le fait d'être marié et le bien-être des personnes, indépendamment du sexe, et les résultats des enquêtes québécoises vont dans ce sens.

Un facteur également invoqué est *l'emploi*, et particulièrement *l'emploi rémunéré* : « *les analyses des tendances dans les différences entre les genres en santé mentale ont associé la baisse récente de ces différences à la participation accrue des femmes au marché du travail rémunéré* » (Kessler et McRae, 1981 et 1982). Cependant, l'impact du statut d'emploi, tout comme celui de l'état matrimonial, sur le bien-être ou la détresse psychologique des femmes, est un phénomène relativement complexe qui résiste mal à des analyses causales simples.

Les études sur les rôles multiples des femmes (dont celles sur la double tâche) se sont révélées extrêmement intéressantes ; l'accent a d'abord été mis sur la notion de *conflit de rôles* selon laquelle le fait d'en cumuler plusieurs (épouse, mère, travailleuse) peut conduire à la détresse et au *burn out* (Goode, 1960 ; Seiber, 1974 ; Thoits, 1983). Récemment, les études arrivent à des conclusions moins claires ; on trouvera d'autres informations sur ces questions au chapitre 8, qui porte sur les femmes et le travail.

Au Québec, la santé mentale des femmes a aussi fait l'objet de plusieurs recherches et publications. Elle a été au cœur du débat sur les relations entre les femmes et les professionnels de la santé. Ce qui avait été dit pour la santé physique se trouvait alors amplifié et permettait de passer à des niveaux explicatifs plus intégrateurs. Les données utilisées, à partir des fichiers de l'assurance-maladie, par exemple, ont reflété la situation particulière des femmes comme patientes, comme consommatrices de soins et de médicaments. Les données obtenues lors de l'enquête ont présenté à peu près le même portrait : les femmes déclaraient toujours plus que les hommes des malaises psychologiques et de la dépression. Pourtant, si l'on tient compte des problèmes aigus de santé mentale, par exemple ceux qui nécessitent une hospitalisation ou pour lesquels des traitements sont identifiés, la différence entre les sexes disparaît, et même s'inverse dans certains cas. Dans les statistiques sur l'hospitalisation pour des problèmes de santé mentale, on retrouve un peu plus d'hommes que de femmes.

D'un autre côté, les données sur les suicides ont toujours montré la même configuration : on retrouve plus de tentatives de suicide chez les femmes, mais plus de décès par suicide chez les hommes. On a tenté d'expliquer ces faits en invoquant les méthodes de suicide : les hommes utilisent plus souvent les armes à feu, alors que les femmes choisissent les médicaments (pour lesquels le taux de « réussite » est moins assuré). On a posé l'hypothèse qu'un grand nombre de tentatives chez les femmes seraient plutôt un appel au secours qu'une réelle volonté de s'enlever la vie. Le problème est que l'on ne possédait pas de véritables données de prévalence dans la population sur les tentatives de suicide, ce qui obligeait les chercheurs à se rabattre sur les statistiques de décès et d'hospitalisation ou, au mieux, sur celles des centres de prévention du suicide. Or, avec ces données, on ne perçoit qu'une partie de la situation : les personnes à tendances suicidaires qui n'ont pas encore posé de geste ou qui n'ont pas eu recours à une ressource quelconque en sont absentes.

C'est une situation fort complexe et plusieurs questions surgissent lorsqu'on l'analyse. Les hommes seraient-ils finalement plus fragiles psychologiquement ? Les enquêtes qui désignent les femmes comme les plus atteintes par les problèmes de santé mentale n'abordent-elles que certains aspects de la question ? Ou bien la façon d'interpréter et d'intervenir face à la pathologie serait-elle différente selon le sexe du patient ? D'une part, les manifestations de la pathologie chez les hommes seraient possiblement plus menaçantes pour la société, ce qui justifierait qu'on les institutionnalise plus souvent que leurs consœurs ; d'autre part, les femmes atteintes seraient plus « douces » ou moins « dérangeantes » dans leurs comportements et pourraient plus facilement être traitées à l'externe à l'aide d'une médication. Cette explication justifierait-elle le grand nombre de femmes abonnées aux tranquillisants pendant une grande partie de leur vie ?

Les résultats de l'enquête québécoise sur la santé mentale des jeunes (Valla, Breton *et al.*, 1993) montrent que, chez les enfants de 6 à 11 ans, les garçons présentent plus de troubles extériorisés (par exemple l'hyperactivité, les troubles d'opposition et les troubles de conduite), alors que les filles présentent plus de troubles intériorisés (phobies, hyperanxiété). La même situation se retrouve à l'adolescence (12 à 14 ans), avec des différences plus marquées entre les sexes. La même étude rapporte qu'à l'adolescence, les parents décèlent plus souvent les troubles mentaux de leurs garçons (les garçons arrivent à un taux de 11 %, et leurs parents, à un taux de 15 %) que ceux de leurs filles (les filles arrivent à un taux de 24 %, et leurs parents, à un taux de 20 %).

D'autres questions peuvent s'ajouter à celles-ci et, sans prétendre y répondre, il est possible, à partir des résultats de l'enquête Santé Québec, d'apporter des informations nouvelles sur la santé mentale des femmes québécoises.

Trois types d'informations se retrouvent dans les enquêtes sociales et de santé : en premier lieu, l'échelle de *détresse psychologique**, qui permet de situer sur une échelle les personnes quant à leurs états dépressifs, à leurs états anxieux et à certains symptômes d'agressivité et de troubles cognitifs. Cette échelle « *tente d'estimer la fréquence des gens ayant des symptômes assez nombreux pour se classer dans un groupe [...] qui nécessite une intervention* » (Perrault, 1987). En second lieu, les *problèmes psychologiques sévères et chroniques*, qui renseignent sur la prévalence de certaines affections, dont la dépression chronique au sein des ménages privés (ces données sont disponibles pour l'enquête de 1987 seulement). Enfin, les *données relatives aux suicides*, qui permettent d'évaluer la prévalence des idées suicidaires et des tentatives de suicide.

Souffrir de dépression sévère

Les personnes souffrant de dépression sévère risquent, plus souvent que les autres, de se retrouver en institution ; on peut donc supposer que la prévalence trouvée dans une enquête menée auprès des ménages puisse être sous-estimée. Par contre, dans une enquête auprès de la population, « *le mot "dépression" est susceptible de recouvrir une variété d'états psychologiques allant, par exemple, d'une réaction de deuil à la dépression majeure* » (Santé Québec, 1989, p. 125), ce qui risque de causer une surestimation des cas rapportés. Quoi qu'il en soit, les résultats semblent assez près des chiffres attendus (selon les résultats cliniques) pour qu'on puisse s'y attarder.

Les données qui suivent sont tirées de Santé Québec 1987, puisque l'ESS 1992-1993 n'a pas recueilli ce type d'information. En 1987, la prévalence de la dépression sévère, dans la population de 15 ans et plus, était de 2,0 % chez les femmes et de 1,2 % chez les hommes et elle croissait avec l'avancement en âge (tableau 5.1). On estimait alors que près de 54 000 femmes vivant dans des ménages privés en souffraient.

tableau **5.1**

PERSONNES VIVANT À DOMICILE ET AYANT DÉCLARÉ SOUFFRIR DE DÉPRESSION SÉVÈRE
selon l'âge et le sexe, Québec, 1987

GROUPE D'ÂGE	HOMMES		FEMMES	
	N	Taux (%)	N	Taux (%)
15-24 ans	1 877	0,4	3 826	0,8
25-44 ans	12 598	1,2	21 926	2,0
45-64 ans	10 258	1,6	17 977	2,7
65 ans et plus	4 527	1,8	9 773	2,8
15 ans et plus	29 260	1,2	53 502	2,0

Source : Santé Québec 1987.

La détresse psychologique

La **détresse psychologique*** est une échelle de santé mentale adaptée d'un instrument mis au point et largement utilisé aux États-Unis et en Europe, le SCL-90 (Ilfeld, 1976). L'adaptation québécoise a été validée de façon à être utilisée dans les enquêtes épidémiologiques (Perrault, 1988). En 1987, elle comprenait 29 questions et a, depuis, été réduite à 14 questions, qui reprennent l'essentiel de la première version (Préville *et al.*, 1992). Ce que l'on retiendra, c'est que les deux versions québécoises, selon les auteurs, sont comparables et permettent de suivre les tendances de cet indice entre 1987 et 1992-1993. La lecture des résultats est simple : à partir des réponses au questionnaire (QAA-68 à QAA-81), des points sont cumulés qui varient de 0 à 100 ; le score le plus élevé correspond au plus haut niveau de détresse. Les scores sont ensuite regroupés en trois catégories : faible (de 0 à 59), moyen (de 60 à 79) et élevé (de 80 à 100). Cette procédure, mise au point au moment de l'enquête de 1987, a permis de valider l'établissement d'un seuil de *détresse élevée* qui a été utilisé en 1992-1993, permettant ainsi de suivre les tendances entre les deux périodes.

Cet indice de détresse psychologique ne constitue pas un diagnostic précis, mais « *tente plutôt d'estimer la proportion de la population ayant des symptômes assez nombreux ou intenses pour se classer dans un groupe très probablement à risque d'être à un niveau de détresse psychologique qui nécessite une intervention* » (Radloff, 1977, cité dans Santé Québec, 1995, p. 218).

De façon générale, dans la population de 15 ans et plus, une personne sur quatre (26 %) se retrouve au niveau élevé de l'échelle de détresse psychologique (figure 5.1 et tableau 5.3, en annexe). Les femmes sont significativement* plus nombreuses (30 %) que les hommes (22 %) à faire partie de cette catégorie et l'écart entre les sexes se maintient à tous les âges. L'écart entre les hommes et les femmes est cependant plus prononcé aux âges extrêmes : chez les jeunes de 15 à 24 ans (écart de 11,1 en 1992-1993) et les personnes de 65 ans et plus (écart de 10,7).

Le résultat le plus frappant est le fait que quatre jeunes Québécoises de 15 à 24 ans sur dix (41 %) présentent un niveau élevé de détresse psychologique, alors que cette proportion tombe à une sur cinq (20 %) chez les femmes de 65 ans et plus. Cette surreprésentation des jeunes femmes est préoccupante ; à un âge où l'attention sera portée plus facilement sur les comportements déviants ou plus agressifs (donc plus dérangeants) des jeunes garçons, on risque peut-être d'occulter la souffrance des jeunes filles[13].

Entre 1987 et 1992, la proportion d'individus de 15 ans et plus ayant un niveau élevé de détresse psychologique serait passée de 20 % à 26 %, ce qui représente une augmentation significative de 35 %. Cette augmentation se retrouverait tant chez les femmes (27 % de plus) que chez les hommes, bien qu'elle soit sensiblement plus marquée chez ces derniers (48 % de plus). Cette importante augmentation de la détresse chez les hommes a pour effet de rétrécir l'écart entre les sexes observé en 1987 ; on la constate particulièrement chez les jeunes hommes de 15 à 24 ans.

---

13. On trouvera plus de détails sur cette question au chapitre 11, portant sur les jeunes femmes.

figure **5.1**

PROPORTION DE LA POPULATION AYANT OBTENU
UN SCORE ÉLEVÉ DE DÉTRESSE PSYCHOLOGIQUE

selon l'âge et le sexe, Québec, 1987 et 1992-1992

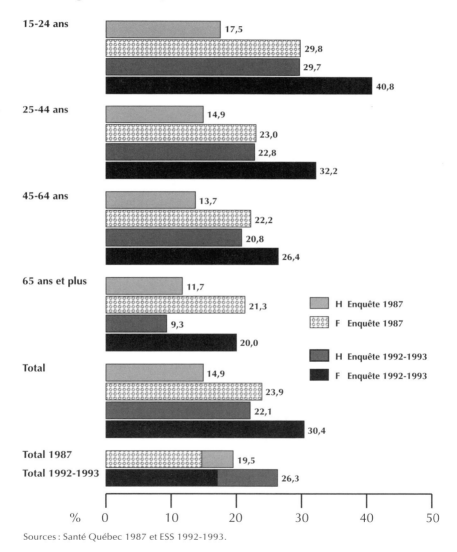

Sources : Santé Québec 1987 et ESS 1992-1993.

L'augmentation du pourcentage de détresse psychologique élevée, tant chez les hommes que chez les femmes, est suffisamment importante pour que l'on s'interroge. On suppose qu'une partie de cette évolution peut être imputée aux modifications de l'instrument de collecte des données de base (voir le paragraphe sur la méthodologie) ; cependant, on ne peut exclure d'emblée la détérioration de la situation socio-économique au moment de l'enquête, détérioration qui touchait de façon marquée la population des jeunes adultes.

Comme l'indice de détresse psychologique est sensible aux effets de l'environnement social, il varie selon la situation socio-économique des personnes. La figure 5.2 (tableau 5.4, en annexe) illustre les variations du niveau élevé de détresse selon divers indicateurs.

À l'instar de ce qui avait été observé avec l'âge, la détresse des femmes est toujours supérieure à celle des hommes, quelle que soit la variable considérée. Tant chez les hommes que chez les femmes, ce sont les personnes mariées qui présentent les niveaux les plus faibles, alors que les célibataires semblent particulièrement vulnérables. Tout comme en 1987, ce sont les hommes mariés qui affichent les niveaux les plus faibles de tous (18 %). À l'opposé, le taux de détresse des femmes célibataires (40 %) est plus de deux fois supérieur au taux observé chez les hommes. Ce dernier résultat est différent de celui de l'enquête de 1987, où les femmes séparées et divorcées présentaient les niveaux de détresse les plus élevés.

Il faut bien sûr tenir compte du fait que le statut matrimonial est associé à l'âge (variable confondante). Par exemple, on sait que la moitié des célibataires ont entre 15 et 24 ans et que les jeunes obtiennent, en moyenne, les niveaux les plus élevés à l'échelle de détresse psychologique. Dans ce groupe d'âge, il n'y a d'ailleurs pas d'association significative* entre le statut matrimonial actuel et le niveau de détresse psychologique chez les femmes. Autrement dit, lorsqu'on compare le pourcentage moyen de femmes âgées de 15 à 24 ans qui ont obtenu un niveau élevé de détresse psychologique (41 %) aux pourcentages de détresse psychologique élevée observés dans chacune des catégories de statut matrimonial, on constate que le statut matrimonial n'est pas significativement associé au niveau de détresse psychologique. Cette affirmation est aussi valable pour les jeunes hommes.

En fait, lorsque l'on contrôle à la fois l'âge et le statut matrimonial, un seul résultat émerge de façon significative : les femmes de 25 à 44 ans veuves, séparées ou divorcées ont des niveaux de détresse significativement plus

figure **5.2**

SCORE ÉLEVÉ À L'ÉCHELLE DE DÉTRESSE PSYCHOLOGIQUE
selon différentes caractéristiques socio-économiques et le sexe, Québec, 1992-1993

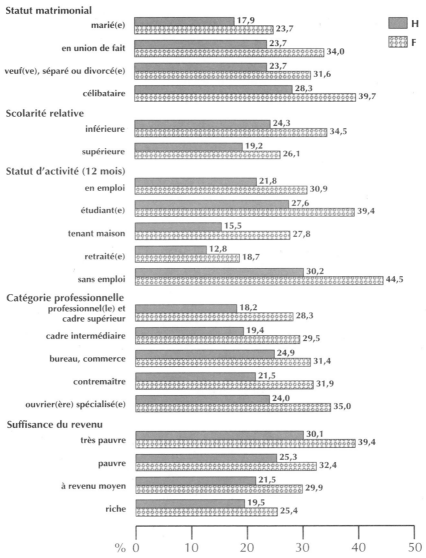

Statut matrimonial
- marié(e) — H 17,9 / F 23,7
- en union de fait — H 23,7 / F 34,0
- veuf(ve), séparé ou divorcé(e) — H 23,7 / F 31,6
- célibataire — H 28,3 / F 39,7

Scolarité relative
- inférieure — H 24,3 / F 34,5
- supérieure — H 19,2 / F 26,1

Statut d'activité (12 mois)
- en emploi — H 21,8 / F 30,9
- étudiant(e) — H 27,6 / F 39,4
- tenant maison — H 15,5 / F 27,8
- retraité(e) — H 12,8 / F 18,7
- sans emploi — H 30,2 / F 44,5

Catégorie professionnelle
- professionnel(le) et cadre supérieur — H 18,2 / F 28,3
- cadre intermédiaire — H 19,4 / F 29,5
- bureau, commerce — H 24,9 / F 31,4
- contremaître — H 21,5 / F 31,9
- ouvrier(ère) spécialisé(e) — H 24,0 / F 35,0

Suffisance du revenu
- très pauvre — H 30,1 / F 39,4
- pauvre — H 25,3 / F 32,4
- à revenu moyen — H 21,5 / F 29,9
- riche — H 19,5 / F 25,4

H
F

% 0 10 20 30 40 50

Source : ESS 1992-1993.

élevés que la moyenne des femmes du même âge (47 % contre 32 %). Il aurait été intéressant de distinguer les veufs et les veuves des personnes séparées ou divorcées, ce que ne permettent pas les catégories de statut matrimonial de l'enquête de 1992-1993.

La détresse varie également selon le statut d'activité (au cours des 12 mois précédant l'enquête). Chez les hommes comme chez les femmes, les plus fortes proportions d'individus ayant un indice élevé de détresse se retrouvent chez les étudiants et les personnes sans emploi (figure 5.2). Pour les femmes, ces proportions s'élèvent à 39 % et 45 % respectivement. Ce dernier résultat apppparaît très élevé et montre bien l'association entre le non-emploi et la détresse psychologique ; cette association est significativement plus élevée chez les femmes que chez les hommes (30 % chez ces derniers). Par ailleurs, les femmes à la retraite se démarquent nettement des autres catégories de personnes, puisque seulement 19 % d'entre elles présentent des niveaux élevés de détresse psychologique. Les femmes au travail et celles tenant maison affichent des proportions à peu près identiques (31 % et 28 % respectivement), ce qui se rapproche de la situation qui prévalait en 1987. On ne sera pas surpris de constater des taux élevés chez les étudiants, compte tenu du lien entre l'âge et le niveau élevé de détresse psychologique. Tout comme pour le statut matrimonial, l'âge est associé au statut d'activité et modifie l'association entre ce statut et le niveau de détresse psychologique. Il subsiste peu d'associations significatives lorsque l'on tient compte à la fois de l'âge et du sexe.

À l'instar de ce qui était observé en 1987, les femmes moins scolarisées présentent un niveau de détresse psychologique plus élevé que les autres femmes (35 % contre 26 %) et cette différence entre les deux groupes est significative. On ne retrouve pas l'équivalent chez les hommes. Par ailleurs, on ne trouve aucune différence entre les grandes catégories professionnelles, bien que l'on observe une tendance à une augmentation de la détresse à mesure que l'on passe des postes d'encadrement aux catégories d'employées. Ces derniers résultats se rapprochent de l'étude de Whitehall, faite auprès des employés de l'État en Angleterre (Marmot, 1991), qui avait constaté une augmentation de l'absentéisme au travail à mesure que le statut d'emploi baisse. À peu près inexistant chez les cadres supérieurs, il atteint un sommet chez les employés du niveau le plus bas.

Chez les femmes, comme chez les hommes, la détresse augmente avec la pauvreté et l'on trouve des différences significatives entre les niveaux extrêmes (femmes très pauvres : 39 % ; femmes riches : 25 %). Par ailleurs, chez les personnes à revenu moyen, une différence apparaît entre les sexes puisque les femmes ont des taux significativement plus élevés que les hommes.

Les variables « état de santé physique » et « incapacité » ont toujours été associées à la détresse psychologique. En 1987, les résultats de l'enquête avaient établi une relation entre les niveaux les plus élevés de détresse et l'incapacité sévère. En 1992-1993, on ne possède pas de données sur les différents problèmes de santé ; cependant, les indicateurs disponibles (santé perçue, limitation d'activité) réaffirment la constance de cette association (figure 5.3 et tableau 5.5, en annexe).

La perception de l'état de santé est également fortement associée à la détresse psychologique. Les personnes qui considèrent que leur santé est excellente manifestent moins de détresse psychologique que les autres et on ne note pas de différences entre les hommes et les femmes. À l'inverse, la moitié des femmes et des hommes qui ont une mauvaise perception de leur état de santé présentent des niveaux élevés de détresse psychologique. Par ailleurs, dans les catégories intermédiaires de perception de la santé (santé perçue très bonne, bonne ou moyenne), les femmes obtiennent toujours des niveaux de détresse psychologique statistiquement* plus élevés que ceux des hommes, quel que soit leur âge.

L'indicateur de limitation d'activité*, considéré comme une mesure plus objective de l'état de santé, est aussi très clairement associé à la détresse psychologique. Les femmes qui sont limitées dans leurs activités voient leur détresse psychologique augmenter (44 % dans la catégorie élevée).

Comme on pouvait s'y attendre, un lien existe entre la détresse psychologique et la consommation de tranquillisants (48 % chez les femmes et 36 % chez les hommes qui en consomment) et ces différences sont significatives. Le seul groupe d'âge pour lequel on n'observe pas cette association est celui des jeunes de 15 à 24 ans (donnée non illustrée).

Les personnes qui sont en situation d'incapacité, et particulièrement d'incapacité sévère, sont celles qui souffrent le plus de détresse psychologique. Chez les hommes, la détresse est à son maximum entre 45 et 64 ans (48 % des hommes souffrant d'incapacité sévère à cet âge ont un indice élevé de détresse psychologique), alors que chez les femmes elle reste au même niveau, soit 58 % à partir de 25 ans.

figure **5.3**

PROPORTION DE LA POPULATION PRÉSENTANT UN NIVEAU ÉLEVÉ DE DÉTRESSE PSYCHOLOGIQUE

selon certaines caractéristiques sociosanitaires et le sexe, Québec, 1992-1993

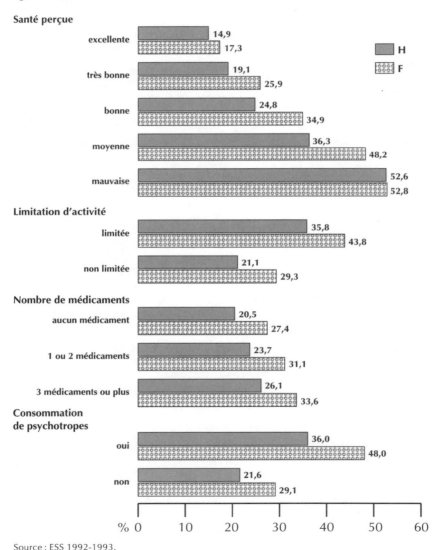

Source : ESS 1992-1993.

DERRIÈRE LES APPARENCES

Les personnes qui ont un indice de détresse psychologique élevé déclarent avoir recours trois fois plus souvent à une aide extérieure que les
autres (20 % contre 6 %). Le recours aux psychiatres et aux psychologues est évoqué le plus souvent pour expliquer ces différences.

Les pensées et les gestes suicidaires

Le profil d'âge des personnes qui posent des gestes suicidaires est en
train de changer dans les pays occidentaux. Par exemple, les taux de suicide sont actuellement plus élevés chez les jeunes, particulièrement chez
les hommes (McLure, 1984). Parallèlement, les pensées suicidaires et
les tentatives de suicide ont considérablement augmenté chez les jeunes
femmes depuis les années soixante (Syer-Solorush, 1987). La situation est
préoccupante parce que, comme le soulignent Reed, Camus et Last
(1985), les individus appartenant à une même cohorte d'âge maintiennent
habituellement leur taux de suicide lorsque cette cohorte vieillit. Même si
elle ne sont pas létales, les tentatives de suicide demeurent inquiétantes, car
des études rétrospectives (Bagley et Ramsay, 1985) indiquent que 50 % des
décès par suicide ont été précédés par des épisodes de pensées et de
gestes suicidaires. L'accroissement des taux de suicide chez les jeunes peut
être attribué, entre autres, aux changements démographiques[14], familiaux
et socio-économiques, ainsi qu'aux difficultés reliées à la recherche
d'emploi et à l'entrée dans le monde du travail.

Cependant, on doit rester prudent dans l'interprétation de l'augmentation
des comportements suicidaires, particulièrement à cause de l'importance
des tabous associés historiquement au suicide en tant que cause de décès.
Au cours des décennies précédentes, on croit que plusieurs décès par
suicide n'auraient pas été enregistrés comme tels, pour des raisons
religieuses et sociales. Ainsi, une bonne partie de l'augmentation observée
dans la mortalité depuis 20 ans serait due à une amélioration de la qualité de l'information.

L'enquête Santé Québec apporte des données particulièrement intéressantes
sur ce sujet. On se rappelle que les statistiques usuelles sur le suicide
(décès, fichiers des coroners, de médecine légale, hospitalisations,
urgences) présentaient une situation contradictoire : la mortalité par suicide était le fait des hommes, tandis que les tentatives de suicide étaient
deux fois plus nombreuses chez les femmes. En se basant sur ces seules
données, on a souvent conclu trop hâtivement que les tentatives de suicide

14. Particulièrement la diminution de la proportion des jeunes dans la population, que l'on a pu constater au
    chapitre 1.

chez les femmes n'étaient pas de même nature que celles des hommes. On a avancé qu'il s'agissait d'appels à l'aide plutôt que d'une véritable volonté de mettre fin à leurs jours, et que la santé publique ne devait pas y voir le même risque.

Avec Santé Québec, on s'aperçoit que les idées suicidaires et les tentatives de suicide relevées au cours de l'année qui a précédé l'enquête sont aussi nombreuses chez les hommes que chez les femmes (tableau 5.2). Leur plus grande visibilité chez les femmes pourrait-elle alors s'expliquer par un recours plus fréquent aux sources d'aide et de soutien, là précisément où l'on peut recueillir des données ? La surmortalité masculine s'expliquerait alors toujours par le recours à des moyens plus radicaux, principalement les armes à feu.

tableau **5.2**

PRÉVALENCE DES IDÉES ET DES GESTES SUICIDAIRES AU COURS DES 12 DERNIERS MOIS

selon le sexe, population de 15 ans et plus, Québec, 1987 et 1992-1993

	HOMMES		FEMMES	
	%	[I.C.]	%	[I.C.]
Idées suicidaires				
Enquête 1987	3,1	[2,4-3,9][e]	3,5	[2,7-4,3][e]
Enquête 1992-1993	4,0	[3,2-4,7][e]	3,9	[3,2-4,6][e]
Gestes suicidaires				
Enquête 1987	0,9	[0,4-1,3][e]	1,0	[0,6-1,5][e]
Enquête 1992-1993	0,6	[0,3-0,9][e]	0,6	[0,3-0,6][e]

Source : Santé Québec 1987 et ESS 1992-1993.

En 1992-1993, tout comme en 1987, la prévalence des idées suicidaires au cours des différentes étapes de la vie est d'environ 8 %, tant chez les hommes que chez les femmes (tableau 5.6, en annexe). Aucune différence n'a été enregistrée entre les taux féminins et masculins, quel que soit l'âge. C'est entre 15 et 24 ans que ces idées sont le plus présentes (11 % chez les hommes et 14 % chez les femmes) ; la probabilité d'avoir des idées suicidaires est deux fois et demie plus élevée chez les femmes et les hommes plus jeunes.

Les femmes célibataires sont celles qui rapportent le plus d'idées suicidaires : 8 % contre 2,1 % chez les femmes mariées, et la différence est significative*. Comme on l'a mentionné précédemment, cette association entre le statut matrimonial et les idées suicidaires pourrait s'expliquer, du moins en partie, par la relation qui existe entre le statut matrimonial et l'âge.

Dans la population féminine, la *durée de la pauvreté perçue* est statistiquement associée à la prévalence des pensées suicidaires. Les femmes qui estiment vivre dans la pauvreté depuis moins de cinq ans sont proportionnellement trois fois plus nombreuses à alimenter des pensées suicidaires que les femmes non pauvres (8,8 % comparativement à 3,0 %) ; les différences entre les deux groupes étant significatives. Les femmes qui estiment vivre une situation économique difficile depuis plus de cinq ans occupent une position intermédiaire ; la proportion d'idées suicidaires chez ce groupe est de 6,0 %. Elles ne se distinguent toutefois pas statistiquement des deux autres groupes. Les auteurs du chapitre consacré à la santé mentale (Santé Québec, 1995, tome 1, p. 243) concluent que le groupe qui semble le plus vulnérable et qui devrait être ciblé en priorité dans la *Politique de la santé et du bien-être* est celui des jeunes adultes.

Maladie ou souffrance... un diagnostic complexe

Les résultats de l'enquête Santé Québec sur la santé psychologique des femmes s'inscrivent dans la lignée de ce qui était connu ou suggéré par les analyses antérieures. On savait que les femmes recevaient plus de soins et de services, qu'elles demandaient plus d'aide et consommaient plus de médicaments. On avait également pu démontrer que les perceptions des dispensateurs de soins avaient un certain impact sur les approches, en fonction du sexe du patient. Que nous apprend Santé Québec sur toutes ces questions ? Dans un premier temps, les données d'enquête confirment de façon évidente que les femmes déclarent une fréquence plus élevée de problèmes d'ordre psychologique. Ces problèmes ne sont pas des diagnostics au sens habituel du terme, ils se traduisent par de la souffrance, de la difficulté à vivre et à fonctionner, parfois par une incapacité plus ou moins lourde, par des symptômes physiques qui peuvent durer de longues années et qui sont plus ou moins amplifiés par certaines conditions socio-économiques. On doit leur accorder beaucoup d'attention car, selon la définition même de l'échelle de détresse psychologique, ils permettent d'estimer la fréquence des gens qui ont suffisamment de symptômes pour que leur situation comporte des risques et qu'ils aient besoin d'intervention.

L'hypothèse que les femmes manifestent plus facilement que les hommes leurs difficultés d'ordre psychologique et présentent par conséquent des indices plus élevés de problèmes de santé mentale reste valable. Auparavant, on savait que les femmes cherchaient de l'aide, les intervenants et les intervenantes faisant état de la souffrance et de la détresse manifestées en consultation ; maintenant, on connaît un peu mieux les raisons et les circonstances de cette demande. Les résultats obtenus apportent des éléments de connaissance et surtout de dépistage et d'intervention. L'analyse plus poussée des données de l'enquête permettra sans doute de définir des champs d'intervention plus précis.

Il ressort de tout cela, plus nettement que jamais, que la santé psychologique est « sexuée », en ce qu'elle se manifeste différemment selon que l'on est une femme ou un homme. Les moyens pour la définir doivent donc tenir compte de la culture de l'une comme de l'autre. Ce qui nous paraît maintenant établi en intervention doit aussi l'être en recherche : il faudra perfectionner les instruments de collecte de données dans cette perspective.

Enfin, et c'est ce qui continuera à troubler notre quiétude, les résultats de ces enquêtes confirment ce qui avait été dit à propos de la santé mentale des femmes québécoises à la fin des années soixante-dix (Guyon et Nadeau, 1990). On retrouve toujours plus de femmes dont les niveaux de souffrance et de détresse sont élevés. Malgré tout ce qui a été écrit et fait, la situation ressemble étrangement à celle qui avait été dépeinte il y a 15 ans (Guyon et al., 1980). Et ceci pose un défi autant aux chercheurs et chercheuses qu'aux intervenants et intervenantes : les problématiques ont-elles été bien définies ? Doit-on remettre en question les modes d'intervention ? Les ressources communautaires ont-elles joué (ou pu jouer) le rôle qu'elles s'étaient proposé de jouer ? La volonté d'intervenir est-elle bien arrêtée ? Surtout, est-ce que la situation n'est pas toujours la même parce que la place des femmes dans la société n'a pas suffisamment évolué ? On peut penser que cette évolution des rôles féminins n'a pas encore été complétée par une adaptation des structures sociales et des services ; il se pourrait que l'on réponde aujourd'hui aux problèmes détectés il y a 15 ou 20 ans.

• Les femmes déclarent plus de problèmes généraux liés à la santé psychologique que les hommes, particulièrement la dépression sévère et la détresse psychologique.

• La détresse psychologique a sensiblement augmenté depuis 1987, particulièrement chez les jeunes adultes ; parallèlement, l'écart entre les hommes et les femmes s'est amenuisé à cause de la hausse des taux masculins.

• Les jeunes femmes, particulièrement les adolescentes, semblent les plus vulnérables à la détresse psychologique.

• La détresse psychologique touche particulièrement les célibataires, les moins scolarisés, les personnes sans emploi, les plus pauvres, ainsi que les personnes qui sont limitées dans leurs activités.

• Les pensées suicidaires et les tentatives de suicide touchent autant les hommes que les femmes ; la prévalence est plus élevée chez les 15-24 ans.

6 LES HABITUDES QUI AGISSENT SUR LA SANTÉ

Le lien entre les habitudes de vie et la santé n'est plus à démontrer. La documentation, tant scientifique que populaire, regorge de données concernant les effets bénéfiques ou délétères, selon le cas, de certaines pratiques individuelles, tels l'exercice physique ou le tabagisme, sur l'état de santé et même sur l'espérance de vie des personnes qui s'y adonnent. La notion de responsabilité face à sa propre santé est devenue un impératif, remplaçant l'ancienne association « maladie = punition divine », qui avait marqué les générations antérieures. Ce discours s'est maintenant élargi aux risques collectifs auxquels sont exposées les populations à cause des diverses sources de pollution (industrielle, urbaine, agricole, etc.). Le partage entre la responsabilité individuelle et la responsabilité collective (cette dernière étant souvent considérée comme une prérogative de l'État) est alors devenu difficile à opérer. Actuellement, en période de récession économique et dans le contexte de « rationalisation des ressources collectives », le balancier risque, encore une fois, d'osciller vers la responsabilité individuelle. Il importe alors d'user de prudence dans l'interprétation des résultats sur les habitudes de vie des gens, car ils sont influencés par les grands courants du moment (ex. : campagnes antitabac), mais aussi par des situations de vie fort variables (pauvreté, scolarisation, influence des pairs, etc.).

Chez les femmes, la question des habitudes de vie a toujours été étroitement associée aux restrictions et aux obligations liées à leur sexe. Pendant longtemps, l'exercice physique, la consommation de tabac et d'alcool n'ont pas été considérés comme étant « d'essence féminine » ; par contre, les canons de la mode ont toujours imposé au corps des femmes des contraintes lourdes de conséquences pour leur santé, tant physique que psychologique. Si l'ère des corsets et des vêtements encombrants semble révolue, la seconde moitié du XXe siècle, qualifiée d'ère de libération des femmes, prélève toujours un lourd tribut sur leur santé en les obligeant à garder une apparence jeune, à rester minces et sexuellement attrayantes tout au long de leur vie. Pour les femmes de cette fin de siècle, la beauté passe souvent par les régimes amaigrissants, les hormones et la chirurgie esthétique (Bordo, 1993).

Sans reprendre ce débat, il importe toutefois, avant d'aborder certaines habitudes de vie, de rappeler le contexte social dans lequel elles se concrétisent. La publicité que l'on accorde, dans les médias, au fait que les femmes boivent de l'alcool, fument la cigarette et vivent maintenant le stress relié au marché du travail à peu près comme les hommes n'est-elle pas un peu teintée de jugements de valeur ? Le quasi-silence fait autour du port des talons aiguilles et des régimes amaigrissants excessifs n'est-il pas une forme d'acceptation tacite ? Les études insistent particulièrement sur le fait que le travail à l'extérieur du foyer, de même que l'usage du tabac et de l'alcool, interviennent directement sur les fonctions biologiques et sociales de la reproduction. Par contre, les pratiques destinées à « améliorer » l'apparence physique seraient moins dangereuses, puisque seules les femmes en subissent les conséquences... Ceci paraît important dans la poursuite d'une réflexion ayant pour but d'informer les femmes sur la prévention et l'amélioration de leur santé.

On a peu de données sur ces questions et les enquêtes de santé se sont attachées à celles qui ont été traitées le plus souvent en santé publique. Elle permettent de tracer un portrait assez complet de la consommation de tabac et d'alcool des Québécoises et des Québécois, et comportent un certain nombre de renseignements sur leur répartition par poids et par taille. Les données recueillies aident à définir certains groupes où les risques sont plus grands : grandes fumeuses, personnes faisant une consommation excessive d'alcool, personnes souffrant d'excès ou d'insuffisance de poids.

L'usage et l'abus d'alcool et de drogue

Historiquement, les programmes de santé publique visant la prévention de l'abus de substances psychoactives*, de même que l'intervention en toxicomanie, se sont peu intéressés à la situation des femmes. Il en a été de même pour la recherche. En fait, tout s'est passé comme si les modes de consommation des hommes servaient d'étalon de mesure universelle (selon le principe connu du masculin incluant le féminin). « *L'histoire de la consommation et de l'abus d'alcool*, note Louise Nadeau (1995), *a été écrite par les hommes et pourtant, dans les faits, leur attitude et leur comportement face à l'alcool et aux drogues sont très différents. Les femmes boivent moins souvent de l'alcool qu'eux et en moins grande quantité ; elles semblent également y prendre moins de plaisir.* » Enfin, elles déclarent moins de problèmes associés à la consommation abusive d'alcool ou de drogues illicites. Par ailleurs, leur consommation de psychotropes, habituellement obtenus sur ordonnance médicale, est beaucoup plus élevée, particulièrement chez les femmes plus âgées (Guyon, 1990 ; Laurier, 1990).

Le fait que l'intoxication chez les femmes a, de tout temps, été perçue par la société — et par les professionnels de la santé — plus sévèrement que celle des hommes a probablement joué dans les modes de cette consommation. Le boire des épouses et des mères, à la fin du XIXᵉ siècle et dans la première moitié du XXᵉ siècle, était considéré comme une faute très grave pouvant mettre en péril la cellule familiale et, de là, la cohésion sociale (Nadeau, 1994). Au cours des dernières années, on a beaucoup parlé du *boire caché* des femmes, vraisemblablement lié à la stigmatisation qui y était associée, en le comparant au *boire social* des hommes. Aujourd'hui, alors que les modes de vie des femmes et des hommes sont plus semblables, les habitudes de consommation ont également évolué. Le fait que le boire des adolescentes se rapproche de celui des jeunes hommes a été souligné par un certain nombre d'études (Mercier, 1984 ; Guyon, 1990) ; la documentation récente a également mis en lumière le risque de consommation problématique des femmes qui sont sur le marché du travail (Morrissette, 1992 ; Gorman, 1988 ; Nadeau *et al.*, 1983).

Par ailleurs, les études faites sur des échantillons cliniques (dans les centres de réadaptation pour problèmes liés à l'alcool ou à la drogue) révèlent l'importance de la consommation de drogues illicites chez les jeunes femmes (Lecavalier, 1991 ; Guyon et Landry, 1993 et 1995). Ces derniers travaux ont mis en évidence l'importance de la consommation de drogues illégales, particulièrement de la cocaïne, de même que la coexistence d'une série de problèmes associés à la dépendance, notamment des problèmes d'ordre psychologique.

Les résultats de l'enquête de 1992-1993 montrent que si l'usage modéré d'alcool[15] est le fait de la majorité des buveurs (69 % des hommes et 87 % des femmes), son abus est un phénomène relativement rare. En effet, la lecture des divers indicateurs utilisés (tableau 6.1) indique que ce comportement serait le fait de 1,3 % (personnes qui rapportent une consommation d'alcool de 29 verres et plus par semaine) à 13 % (personnes présentant des risques plus élevés de développer des problèmes liés à l'alcool) de la population. C'est aussi un phénomène majoritairement masculin et qui tend à diminuer avec l'avancement en âge. Les femmes n'en sont pas pour autant épargnées et on remarque, particulièrement chez les jeunes femmes, la persistance de certains comportements de consommation excessive que l'on peut également associer à d'autres variables de santé.

---

15. Les buveurs qui font un usage modéré d'alcool sont ceux qui, au cours de la semaine ayant précédé l'enquête, ont pris de 0 à 6 consommations.

tableau **6.1**

ABUS D'ALCOOL
selon cinq critères et selon le sexe, Québec, 1992-1993

CRITÈRES	HOMMES %	FEMMES %	VALEUR MAXIMUM taux féminins (âge) %
Épisodes de grande consommation[1]	37,6	15,2	26,9 (15-24 ans)
Grands buveurs[2]	2,5	0,2	—
Intoxications[3]	13,6	5,0	—
Polyusage alcool/drogue	14,2	11,0	24,3 (15-24 ans)
Buveurs à risques élevés[4]	19,1	7,5	10,1 (25-44 ans)

1. Personnes qui ont déclaré avoir pris cinq consommations ou plus lors d'une même occasion, et ce, cinq fois ou plus au cours de l'année précédant l'enquête.
2. Personnes qui ont déclaré avoir pris 29 consommations ou plus par semaine.
3. Personnes qui ont déclaré s'être enivrées cinq fois ou plus au cours de l'année précédant l'enquête.
4. Personnes qui ont répondu positivement à au moins deux items du questionnaire CAGE.

Source : ESS 1992-1993.

L'enquête sociale et de santé fait ressortir la consommation d'alcool chez les jeunes femmes (15-24 ans), particulièrement la consommation de grandes quantités par occasion, et l'usage concomitant d'alcool et de drogue. Les modes de consommation féminin et masculin tendent alors à se rapprocher. À partir de 25 ans, l'abus d'alcool et de drogue va diminuer graduellement chez les hommes (à l'exception des grands buveurs, qui se retrouvent principalement entre 25 et 64 ans). Chez les femmes, par contre, la consommation abusive chute dramatiquement à partir de 25 ans, ce qui laisse supposer un phénomène de génération associé à l'effet de l'âge. Autrement dit, ces modes de consommation, que l'on retrouve plus souvent chez les jeunes et qui tendent à s'atténuer avec l'avancement en âge, seraient apparus récemment chez les jeunes femmes. Ils témoigneraient ainsi d'un changement d'attitude face à la consommation d'alcool avec la génération des femmes de 15 à 24 ans. Cette hypothèse peut difficilement s'appuyer sur les enquêtes de Santé Québec, puisque la plupart des questions portant sur la consommation de grandes quantités par occasion proviennent de l'enquête de 1991-1993. On peut alors souhaiter que les prochaines enquêtes apportent des éléments de connaissance nouveaux à cet effet. Par ailleurs, des études faites auprès de populations américaines (Wilsnack, 1991 et 1993) font état de ce phénomène et invoquent les changements dans les rôles sociaux, particulièrement le travail à l'extérieur, qui générerait plus de stress, en même temps qu'une plus grande exposition aux produits (ce que confirment les résultats de Pauline Morrissette, 1992). Ces études suggèrent également une plus grande ouverture de la société face au boire des femmes, qui aurait pour conséquence une augmentation de l'exposition à l'alcoolisme, et enfin l'augmentation, chez celles-ci, de la consommation d'autres substances psychoactives (par exemple le tabac, qui est fréquemment associé à une forte consommation d'alcool) (Guyon et Messing, 1996).

Entre 1987 et 1992-1993, la consommation générale d'alcool a connu peu de variations ; on a même constaté une tendance vers la concentration autour de la consommation modérée (une à deux consommations par semaine). D'autre part, la proportion des buveurs à risque est passée de 10 % à 13 % (Guyon et al., 1995) ; l'augmentation a été plus élevée chez les femmes que chez les hommes, particulièrement chez les femmes de 25 à 44 ans (tableau 6.2). Or, la consommation à risque est définie, non pas par la fréquence ou le volume de consommation, mais plutôt par le contexte social entourant cette consommation et le boire du matin[16]. L'examen des résultats montre que l'augmentation de l'indice est influencée particulièrement par le sentiment de culpabilité et le fait d'avoir subi des critiques de son entourage, et ce, même si la consommation d'alcool le matin est demeurée stable. L'impact du contrôle social, dans une société qui prône de plus en plus la modération, peut expliquer en bonne partie ces résultats (Guyon et al., 1995). Les femmes sembleraient davantage sensibles à ces aspects, ce qui confirmerait la persistance de la perception négative traditionnellement rattachée au boire des femmes, perception qui serait intériorisée par les femmes elles-mêmes. Les jeunes femmes ont été beaucoup moins touchées par cette augmentation (7,0 % en 1987 et 7,9 % en 1992-1993), ce qui vient appuyer l'hypothèse de l'effet de génération mentionné au paragraphe précédent.

---

16. Les critères de l'indice CAGE sont les suivants : «avoir été critiqué par son entourage, à cause de sa consommation», «avoir pensé à diminuer sa consommation», «s'être senti coupable, à cause de sa consommation» et, enfin, «avoir consommé en se levant, le matin, pour se remettre de sa consommation de la veille».

tableau **6.2**

PROBLÈMES LIÉS À L'ALCOOL (indice CAGE)
selon l'âge et le sexe, Québec, 1987 et 1992-1993

	INDICE CAGE					
	RISQUE NUL		RISQUE FAIBLE		RISQUE ÉLEVÉ	
SEXE/GROUPE D'ÂGE	1987 %	1992-1993 %	1987 %	1992-1993 %	1987 %	1992-1993 %
Hommes						
15-24 ans	72,8	67,7	14,6	15,3	12,6	17,0
25-44 ans	67,7	64,9	14,2	12,8	18,0	22,4
45-64 ans	69,1	71,0	15,0	10,3	16,0	18,7
65 ans et plus	81,3	82,6	10,8	8,2	8,0	9,3
Total	**70,5**	**68,9**	**14,2**	**12,1**	**15,4**	**19,1**
Femmes						
15-24 ans	82,8	81,5	10,2	10,6	7,0	7,9
25-44 ans	85,4	81,8	8,1	8,1	6,6	10,1
45-64 ans	89,5	88,4	6,1	6,0	4,5	5,6
65 ans et plus	95,5	96,4 *	2,8	2,0 **	1,7	1,7 **
Total	**87,1**	**85,5**	**7,4**	**7,1**	**5,5**	**7,4**
Sexes réunis						
15-24 ans	77,8	74,5	12,4	13,0	9,8	12,5
25-44 ans	76,6	73,3	11,1	10,4	12,3	16,3
45-64 ans	79,4	79,8	10,4	8,2	10,1	12,1
65 ans et plus	89,4	90,5	6,2	4,6	4,4	4,9
Total %	**78,9**	**77,3**	**10,7**	**9,5**	**10,4**	**13,1**
Pop. estimée	**3 838 501**	**4 259 030**	**519 719**	**525 197**	**504 278**	**722 803**

* Coefficient de variation entre 15 % et 25 % ; interpréter avec prudence.
** Coefficient de variation > 25 % ; estimation imprécise fournie à titre indicatif seulement.
Source : ESS 1992-1993.

Ces résultats, tirés d'une enquête générale auprès de la population, apportent des renseignements assez précis sur la consommation générale[17], de même que des évaluations utiles sur les buveurs à problèmes. Ils ne peuvent pas, par contre, établir la prévalence de la dépendance à l'alcool, qui est un diagnostic répondant à des critères précis et qui nécessite des outils de collecte de données plus sophistiqués. Par ailleurs, une étude spécialisée a été faite, dans la région du Bas-Saint-Laurent, dans le cadre de

17. L'évaluation de la consommation effective est, de toute évidence, sous-estimée dans ces enquêtes. À cause, entre autres, de la perception négative accolée à la forte consommation d'alcool, les gens sont portés à « sous-rapporter » la fréquence et le volume de leur consommation quotidienne ou hebdomadaire.

l'ESS, auprès de 378 ménages (Légaré, 1995), avec une version française du Computerized Interview Schedule (C-DIS)[18]. Cette étude établit la prévalence à vie de l'abus et de la dépendance à l'alcool à 12,6 % pour l'ensemble de la population ; la prévalence sur une année est de 5,2 % (9,4 % chez les hommes et 1,2 % chez les femmes). On ne peut généraliser ces derniers résultats à l'ensemble de la population québécoise ; par ailleurs, l'étude du profil des clientèles des centres publics de réadaptation pour personnes alcooliques et toxicomanes (Guyon et Landry, 1995) apporte des informations fort intéressantes sur la situation des femmes qui présentent une dépendance à une ou à plusieurs substances psychoactives* (tableau 6.3).

Les femmes constituent un peu moins du tiers (30 %) de la clientèle de ces centres. Par ailleurs, elles présentent des caractéristiques et des symptômes qui témoignent de la gravité de leur situation lorsqu'elles viennent chercher de l'aide. Sur une série d'échelles évaluant la gravité de sept aspects de la vie des usagers des centres, les femmes ont des scores significativement* plus élevés que ceux des hommes dans cinq cas sur sept. Leur situation économique est très détériorée puisque les deux tiers sont sans travail et que près de la moitié (41 %) vivent de l'aide sociale. Comparativement aux hommes, elles utilisent un nombre plus varié de substances, entre autres des combinaisons de plusieurs drogues : 13 % d'entre elles considèrent l'usage combiné de plusieurs drogues (excluant l'alcool) comme étant leur problème principal, ce qui est le cas de 8 % des hommes seulement. Enfin, les femmes manifestent une prévalence* à vie plus élevée de problèmes psychologiques importants, particulièrement de tentatives de suicide (53 %), de dépression grave (66 %) et d'anxiété (75 %). Une étude menée auprès des femmes cocaïnomanes en traitement (Lecavalier, 1991) rapporte que près de 47 % des répondantes considèrent avoir été victimes d'abus sexuels ; près de 40 % déclarent avoir été battues au cours de l'année de l'étude.

Bref, les données des enquêtes auprès de la population, tout comme celles des échantillons cliniques, montrent que le profil de consommation des femmes est particulier, qu'il est en évolution et qu'il comporte des risques spécifiques. L'association de la consommation abusive avec la détresse psychologique permet de supposer qu'une partie des femmes traitées pour *troubles mentaux* pourraient également présenter une consommation excessive d'alcool et aussi de tranquillisants mineurs qui ne serait pas toujours investiguée, donc traitée. Il s'agit là d'hypothèses suggérées par l'association entre les deux problématiques ; elles peuvent

tableau 6.3

PERSONNES EN TRAITEMENT DANS TROIS CENTRES PUBLICS DE RÉADAPTATION POUR ALCOOLIQUES ET TOXICOMANES

selon différents indicateurs et le sexe, Québec, 1992-1993

INDICATEUR	HOMMES (N = 1 512) %	FEMMES (N = 636) %
Substance principale[1]		
alcool	36,8	27,7
alcool et drogues	29,7	29,7
cocaïne	18,8	18,1
polydrogues	8,4	12,6
Problèmes psychologiques[2]		
dépression grave	55,2	66,1
anxiété/tension	64,7	74,6
hallucinations	8,9	13,2
difficulté à se concentrer	36,0	44,0
difficulté à réprimer des comportements violents	62,3	64,9
idées suicidaires	57,3	68,5
tentatives de suicide	33,4	53,4
médicaments psychotropes	25,4	46,6
Situation de vie		
vit seul(e)	29,4	27,1
sans travail	50,7	66,2
aide sociale	19,2	41,4
Scores composés[3]		
alcool	.424	.390
drogue	.154	.190
médicaux	.156	.259
emplois/ressources	.572	.679
médicaux	.341	.408
familiaux/interpersonnels	.156	.259
psychologiques	.356	.430
légaux	.140	.097

Source : Guyon et Landry, 1995.

1. Substance considérée, par le client et l'intervenant, comme source principale des problèmes rencontrés.
2. Symptômes graves de troubles mentaux pendant une période significative, soit au moins deux semaines dans la vie de la personne.
3. Il s'agit des scores composés calculés à partir de l'indice de gravité d'une toxicomanie (IGT), qui permettent d'évaluer la gravité de sept domaines associés à la toxicomanie, et ce, pour la période des 30 jours précédant la demande d'aide. Ces scores varient de 0 à 1 et sont indépendants les uns des autres.

toutefois être le point de départ de recherches menant vers un meilleur dépistage de ces problèmes chez les femmes.

On pourra aussi se questionner sur la validité des instruments de mesure et de leur interprétation. L'application des mêmes seuils de risque quant à la consommation, sans distinction de sexe, aurait pour effet de sous-estimer la consommation abusive chez les femmes (Nadeau et Harvey, 1995). Or, en raison de certains aspects liés à leur physiologie, les femmes doivent consommer moins que les hommes pour un même degré d'intoxication. Le Women's Committee de l'Addiction Research Foundation (Toronto) invoque ce phénomène : « *Il y a des différences dans la composition corporelle des hommes et des femmes (ex. : le ratio gras/eau, le métabolisme, la teneur hormonale, le cycle menstruel ainsi que les étapes du développement corporel au cours de la vie). Tenir compte de ces différences peut avoir d'importantes implications en matière de prévention et de traitement de l'abus de substance chez les femmes.* » (tiré de ARF, Women's Committee, Draft B, sous presse, t.d.a.) Sans invalider les résultats des enquêtes auprès de la population, ces considérations appellent à la prudence quant à leur interprétation, et on peut alors penser que certains indicateurs utilisés dans l'enquête québécoise pourraient être pondérés en tenant compte de ces aspects. Il devient alors essentiel d'en arriver à mettre au point des instruments de mesure plus précis qui permettront d'appréhender le phénomène de la consommation et de l'abus chez les femmes avec plus de justesse.

L'usage du tabac

Les problèmes de santé et les accidents reliés à l'usage du tabac (incendies et accidents de véhicules à moteur) font partie de la littérature scientifique et populaire depuis suffisamment longtemps pour qu'il ne soit pas nécessaire d'en rappeler ici les grandes lignes. Ce qui nous intéresse est plutôt le rapport que les femmes ont avec le tabac, particulièrement à la lumière des données sur l'augmentation de la mortalité féminine par cancer du poumon (voir le chapitre 3).

Même si le Québec est l'un des pays où l'on fume le plus (en 1985, il venait au quatrième rang sur le plan mondial, selon Duchesne, 1995), la consommation de tabac y est aujourd'hui en perte de vitesse. De 43 % qu'il était il y a 15 ans, le pourcentage de fumeurs réguliers est maintenant de 30 %. Toutes les données d'enquête ont jusqu'ici mis en lumière le fait que cette baisse avait atteint tous les sous-groupes de la population, mais que les jeunes femmes semblaient moins perméables à ce mouvement.

L'histoire du tabagisme chez les Québécoises est relativement récente. Elles ont commencé à fumer autour des années vingt, mais ce n'est qu'au moment de la dernière guerre que cette consommation est devenue importante. L'usage de la cigarette a été d'abord le fait des femmes des classes supérieures et moyennes, puis s'est répandu à l'ensemble des femmes de tous les groupes socio-économiques. Aujourd'hui, on constate que ce sont les moins nanties qui fument le plus.

La consommation de tabac diminue régulièrement chez les hommes depuis 1965, alors que chez les femmes, particulièrement chez les plus jeunes, cette baisse est plus récente. Il semblerait que le comportement des femmes à cet égard suivrait celui des hommes avec 30 ans de retard. Par exemple, les femmes de 1981 fumaient comme les hommes de 1950. Au cours des dernières décennies, la persistance du tabagisme chez les femmes avait été attribuée aux jeunes femmes, particulièrement à celles de 20 à 24 ans, qui semblaient fumer de plus en plus. De plus, chez les 15 à 19 ans, on retrouve autant de filles que de garçons parmi les fumeurs réguliers. Par contre, les gros fumeurs, ceux qui consomment plus de 26 cigarettes par jour, ont toujours été plus souvent des hommes. Jusqu'à 1992-1993, on notait qu'en dépit d'une baisse de la consommation générale, la proportion des gros fumeurs avait continué d'augmenter régulièrement, autant chez les femmes que chez les hommes. Avec l'ESS, on remarque une baisse consistante dans cette catégorie : ainsi, la proportion, chez les femmes, est passée de 13 % à 8 % depuis 1987 (figure 6.1 et tableau 6.8, en annexe).

En 1992-1993, près du tiers de la population québécoise âgée de 15 ans et plus fume régulièrement la cigarette, ce qui représente une diminution par rapport à 1987. Cette consommation varie sensiblement selon l'âge. La proportion de fumeuses régulières est passée de 33 % à 29 % entre les deux enquêtes. Les analyses statistiques démontrent que les jeunes femmes (15 à 24 ans) et les femmes âgées de 25 à 44 ans sont proportionnellement aussi nombreuses que les hommes à fumer régulièrement.

L'usage quotidien du tabac augmente avec l'âge jusqu'à 40 ans et diminue par la suite. C'est entre 25 et 44 ans que l'on retrouve la plus grande proportion de fumeurs réguliers : 35 % chez les femmes et 37 % chez les hommes, et il n'y a pas de différences significatives* entre les sexes. Par contre, les gros fumeurs sont plus âgés (45 à 64 ans) et on compte moins de femmes que d'hommes dans cette catégorie (figure 6.2 et tableau 6.9, en annexe).

figure **6.1**

PROPORTION DES GROS FUMEURS*

selon le sexe, Québec, 1965 à 1992-1993

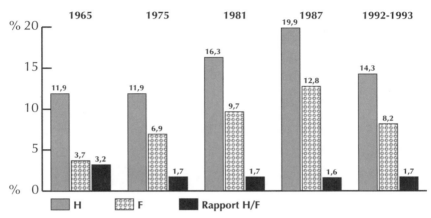

* Il s'agit des gros fumeurs rapportés à l'ensemble des fumeurs.
Source : 1965 à 1981 : CASF, 1985 ; 1987 et 1992-1993 : Santé Québec.

figure **6.2**

HABITUDE DE FUMER*

**selon le type de fumeurs, le groupe d'âge et le sexe,
Québec, 1992-1993**

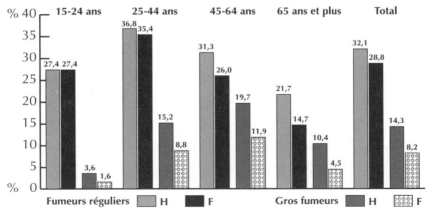

* Parmi les fumeurs réguliers.
Source : ESS 1992-1993.

Depuis 1987, l'usage régulier du tabac a diminué chez les femmes, quel que soit l'âge, bien que cette tendance à la baisse ne soit significative* que chez les femmes de 20 à 24 ans. Ces résultats sont particulièrement intéressants si l'on se rappelle que ce sont justement ces femmes qui étaient, encore récemment, identifiées comme des fumeuses « irréductibles ». Plus positivement, on peut considérer que présentement, deux Québécoises sur trois âgées de 15 ans et plus ne fument pas, ce groupe étant constitué des femmes n'ayant jamais fumé (36 %) et des anciennes fumeuses (32 %).

Qui sont les habitués de la cigarette ? Les personnes moins nanties, moins scolarisées et celles qui vivent en union de fait (figure 6.2 et tableau 6.10, en annexe). Chez les femmes, la proportion de fumeuses régulières est particulièrement élevée parmi celles qui sont peu scolarisées et parmi les plus pauvres. Par ailleurs, alors que l'usage régulier de la cigarette est très semblable chez les femmes et les hommes de niveau socio-économique élevé, on note que, chez les plus pauvres, les fumeurs sont significativement plus nombreux que les fumeuses. Chez les femmes mariées, on retrouve significativement moins de fumeuses régulières (24 %), particulièrement en comparaison avec celles qui vivent en union de fait (39 % de fumeuses régulières).

De façon générale, l'habitude de fumer tous les jours s'acquiert dans le jeune âge. Ainsi, 85 % des hommes et 77 % des femmes affirment avoir commencé à fumer de façon régulière avant l'âge de 20 ans. Chez les fumeuses régulières âgées entre 15 et 24 ans, 14 % ont acquis l'habitude de fumer tous les jours à 12 ans ou moins et 56 % l'ont acquise entre 13 et 15 ans. La comparaison des données avec 1987 ne montre pas d'évolution dans les habitudes (tableaux 6.11 à 6.14, en annexe).

Les femmes prennent l'habitude de la cigarette à un âge beaucoup plus précoce qu'auparavant. Alors que 38 % des fumeuses de 65 ans ou plus ont commencé à fumer à partir de 25 ans, 44 % de leurs consœurs qui ont entre 25 et 44 ans ont, pour leur part, acquis cette habitude entre 16 et 19 ans. Comparativement aux hommes, ce phénomène de génération est nettement plus marqué chez les femmes, la cigarette ayant été associée à des changements dans la situation des femmes, notamment à une plus grande libéralisation dans les comportements.

Dans le contexte général de la lutte au tabac, il est intéressant de savoir qui sont celles qui ont abandonné la pratique du tabagisme. Qui sont les anciennes fumeuses ? Dans l'ensemble, 73 % des anciens fumeurs étaient

figure **6.3**

FUMEURS RÉGULIERS

selon certaines caractéristiques socio-économiques et le sexe,
population de 15 ans et plus, Québec, 1992

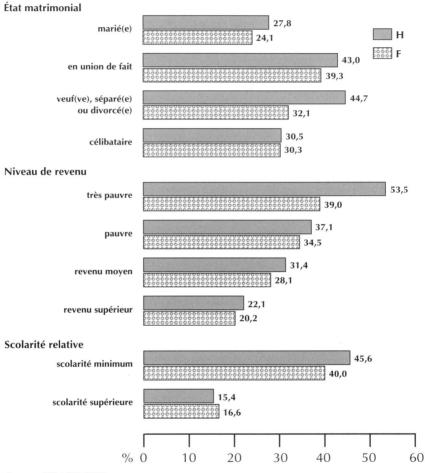

État matrimonial

Niveau de revenu

Scolarité relative

Source : ESS 1992-1993.

auparavant des fumeurs réguliers, alors que chez les anciennes fumeuses, cette proportion est de 57 %. Les plus jeunes étaient pour la plupart des fumeuses occasionnelles (77 %). Cette dernière constatation tend à renforcer l'idée qu'à l'adolescence, les jeunes sont en phase d'expérimentation et que les comportements qu'ils adoptent ne sont pas forcément le reflet des choix qu'ils feront à l'âge adulte. On trouvera, au chapitre 11, des données supplémentaires sur le tabagisme chez les jeunes femmes.

L'usage du tabac et la consommation d'alcool

L'usage combiné du tabac et de l'alcool constitue un risque important pour la santé, d'autant plus que l'on sait maintenant qu'il s'agit de deux habitudes qui ont tendance à s'associer. Le pourcentage des décès attribuables à la consommation combinée d'alcool et de tabac était estimé à 17 % de l'ensemble des décès, en 1994 ; ce serait le cas de 22 % des décès masculins et de 13 % des décès féminins (compilations fournies par Louis Duchesne, BSQ). Le tabac compte pour une bonne partie de cette mortalité puisqu'il serait, à lui seul, responsable de 12 % des décès (16 % chez les hommes et 9 % chez les femmes). Pour l'année 1994, cela correspond à 8 619 décès, dont plus du tiers (35 %) sont survenus chez des individus de moins de 65 ans.

Selon l'ESS, la majorité de la population âgée de 15 ans ou plus a consommé de l'alcool au cours de la dernière année. Lorsque l'on associe ces résultats avec les données sur l'usage du tabac, on constate que les personnes qui n'ont jamais fumé sont proportionnellement moins nombreuses à avoir consommé de l'alcool, au cours de la dernière année, que d'autres groupes (anciens fumeurs, fumeurs occasionnels et fumeurs réguliers). Ce qui démarque encore davantage les fumeurs de ceux qui n'ont jamais fumé, ce sont les taux d'abstinence vis-à-vis de l'alcool (ceux qui déclarent n'avoir jamais pris d'alcool). Parmi les femmes, 12 % des fumeuses régulières n'ont jamais pris d'alcool, comparativement à 35 % chez celles qui n'ont jamais fumé. Chez les hommes, ces proportions sont respectivement de 5 % et 19 %. Dans le même sens, parmi celles qui n'ont jamais pris d'alcool (20 % de la population féminine), quatre femmes sur cinq n'ont jamais fumé.

Si l'on tient compte des liens entre la consommation hebdomadaire d'alcool et le nombre de cigarettes fumées quotidiennement, on constate que les excès vont de pair, mais uniquement chez les hommes : 19 % des gros fumeurs (26 cigarettes ou plus par jour) ont pris 29 consommations ou plus au cours de la dernière semaine, comparativement à 5 % pour l'ensemble de la population masculine.

Une question de poids, ou l'indice de masse corporelle

La relation des femmes au poids corporel a presque toujours été une douloureuse recherche de la perfection. Une perfection dont les standards sont sans cesse repoussés vers des limites fuyantes, la plupart du temps inaccessibles au grand nombre. Toujours trop maigres ou trop grasses, en totalité ou en partie, les femmes continuent à s'imposer et à se faire imposer la recherche du poids idéal. Poids idéal basé non pas sur des critères de santé et de bien-être, mais bien plus sur les critères de la mode en cours. Et pour atteindre cet idéal, elles posent des gestes coûteux en temps, en argent et en souffrance. À cela s'ajoutent les retombées physiques et psychologiques des échecs, mais aussi des réussites : problèmes circulatoires, dépression, fatigue, intoxication aux médicaments, etc.

La plupart des recherches sur les problèmes liés au poids corporel, en Amérique du Nord, font état de trois facteurs qui contribuent le plus à leur prévalence : la pauvreté, l'appartenance à un groupe ethnique et le sexe des individus. La préoccupation face au poids et à l'image corporelle affecterait différemment les hommes et les femmes (Cash et Brown, 1989) ; chez ces dernières, le poids serait une question majeure. Pourtant, on néglige souvent cette variable dans les études sur le sujet et on néglige particulièrement les perceptions et les attitudes reliées aux pressions sociales qui valorisent un corps féminin jeune et très mince. « *La minceur, dit Gail Ewan* (1993), *est devenue un impératif culturel très largement véhiculé par les médias imprimés et électroniques ainsi que par l'industrie de la mode et de la santé physique, dont l'écho se répercute également trop souvent dans les familles, chez les amis et même parmi les professionnels de la santé et les enseignants qui adoptent des attitudes négatives vis-à-vis de ceux ou de celles qui souffrent d'embonpoint.* » (p. 50)

Les enquêtes de Santé Québec permettent, à partir du poids et de la taille déclarés par les individus, de calculer un indice pondéral, appelé indice de masse corporelle*, ou IMC. Ce dernier permet à son tour de répartir la population en fonction d'un poids santé et de déterminer la présence d'une insuffisance ou d'un excès de poids. Cet indice a été conçu et validé pour les personnes de 20 à 65 ans, car celles-ci présentent une stabilité quant à la taille et à la condition physique suffisante. On devra interpréter avec prudence les résultats de l'IMC chez les jeunes de 15 à 19 ans, étant donné l'absence d'uniformité du rythme de croissance et de développement (Santé Québec, 1995, chapitre 7). En combinant l'IMC avec le poids que les mêmes personnes souhaitent atteindre, on obtient des renseignements plus complets sur les attitudes et, éventuellement, sur les comportements.

Près de deux Québécoises sur trois (63 %), âgées de 15 ans ou plus, ont un poids normal compte tenu de leur taille et de leur âge. Seize pour cent auraient un poids nettement insuffisant, alors que 21 % présenteraient un excès de poids ou souffriraient d'obésité (tableau 6.4).

Bien qu'il puisse être considéré comme un signal d'alarme, l'excès de poids ne pose pas de problèmes de santé. Il en va tout autrement de l'obésité, que l'on sait associée à de graves affections, dont les maladies coronariennes et le diabète. Les femmes âgées de 45 à 64 ans en sont particulièrement atteintes (14 %), tout comme leurs compagnons d'ailleurs (13 %). Depuis 1987, on note une augmentation de la proportion des personnes présentant un excès de poids : chez les femmes, elle est passée de 17 % à 21 %.

tableau **6.4**

CATÉGORIES DE POIDS
selon l'âge et le sexe, Québec, 1992-1993

GROUPE D'ÂGE	SEXE	POIDS INSUFFISANT %	[I.C.]	POIDS SANTÉ %	[I.C.]	SURPOIDS %	[I.C.]
15-19 ans	H	14,3	[10,0-18,6][c]	65,5	[59,7-71,3][a]	20,2	[15,3-25,1][b]
	F	20,3	[15,2-25,4][b]	65,0	[58,9-71,1][a]	14,8	[10,3-19,3][c]
20-24 ans	H	8,5	[5,1-11,9][d]	74,2	[68,8-79,6][a]	17,9	[12,6-21,9][c]
	F	30,0	[24,1-36,0][b]	62,5	[56,1-68,9][a]	9,5	[5,7-13,3][d]
25-44 ans	H	5,4	[4,2-6,6][b]	67,5	[65,0-70,0][a]	28,1	[25,7-30,5][a]
	F	19,4	[17,2-21,6][a]	64,5	[61,9-67,1][a]	16,1	[14,1-18,1][a]
45-64 ans	H	2,4	[1,4-3,4][d]	60,0	[56,6-63,4][a]	37,6	[34,3-40,9][a]
	F	9,0	[7,1-10,9][b]	62,8	[59,5-66,1][a]	28,2	[25,1-31,3][a]
65 ans et plus	H	6,8	[4,0-9,6][d]	65,0	[59,8-70,2][a]	28,2	[23,3-33,1][b]
	F	11,4	[8,4-14,4][c]	58,7	[54,1-63,3][a]	29,9	[25,6-34,2][b]
Total	**H**	**5,8**	[5,0-6,6][b]	**65,6**	[63,9-67,3][a]	**28,6**	[27,0-30,2][a]
	F	**16,2**	[14,9-17,5][a]	**62,9**	[61,2-64,6][a]	**20,9**	[19,4-22,4][a]

Source : ESS 1992-1993.

L'insuffisance de poids constitue l'autre pôle de la question ; c'est un problème que l'on a tendance à sous-estimer, et pourtant, une absence consistante de tissus graisseux peut entraîner d'importants problèmes, tels l'anorexie mentale, le débalancement hormonal, la stérilité, le rachitisme et l'ostéoporose. On remarque que ce sont surtout les jeunes qui présentent ce type de problème : entre 15 et 19 ans, plus de 20 % des jeunes filles et 14 % des jeunes garçons auraient une insuffisance de poids. Effet de la croissance ou résultante d'un taux d'activité particulièrement élevé ? Il est difficile de se prononcer en l'absence de données supplémentaires. Cependant, le fort pourcentage d'insuffisance de poids chez les jeunes femmes de 20 à 24 ans (30 %), et même chez celles qui sont âgées de 25 à 44 ans (19 %), permet de supposer qu'elles ont des comportements alimentaires particuliers, influencés par l'obsession de la minceur.

On pourrait objecter que ces résultats, calculés à l'aide de données auto-révélées sous-estiment l'excès de poids à cause de la tendance générale, observée dans de telles enquêtes, vers une sous-déclaration du poids et une surestimation de la taille. L'enquête québécoise sur la nutrition, faite en 1990 (Santé Québec/Bertrand, 1995), apporte à cet effet des données plus précises, puisque l'indice de masse corporelle se base cette fois-ci sur des mesures corporelles prises par des intervieweurs formés à cet effet. Elle rapporte que 12 % des femmes de 18 à 64 ans souffriraient d'obésité ; ce pourcentage monterait à 21 % chez les femmes de 50 à 64 ans (p. 277). Par ailleurs, l'insuffisance de poids serait le fait de 25 % des jeunes femmes (18 à 34 ans) et de 16 % des femmes de 35 à 49 ans. Ces chiffres concordent avec ceux de l'enquête sociale et de santé de 1992-1993. Selon Bertrand (1995), « *les faibles quantités de fer attirent l'attention vers les femmes en âge de procréer (18-49 ans). Celles-ci ont aussi un régime moins dense en fibres que les autres groupes* » (p. 291). Le même rapport recommande que la recherche se penche sur les apports alimentaires des femmes de 18 à 34 ans dont l'indice de masse corporelle* est inférieur à 20, c'est-à-dire celles qui ont une insuffisance de poids.

Une minorité de femmes, soit 17 %, se déclarent satisfaites de leur poids corporel. Trois femmes sur quatre souhaitent perdre du poids ; plus de la moitié d'entre elles (52 %) souhaitent même une grande diminution. Le désir de perdre du poids, qu'il soit ou non justifié, est toujours plus féminin que masculin (tableau 6.5). En ce sens, il comporte une signification culturelle importante ; cette question est reprise à la section sur les jeunes femmes. Ce qui retient particulièrement l'attention ici est cette proportion de 23 % de femmes qui ont un poids insuffisant et qui désirent une diminution de leur masse corporelle. En second lieu, on note que la très grande majorité (84 %) des femmes ayant un poids santé désirent également maigrir. L'enquête québécoise sur la nutrition (Bertrand, 1995) rapporte que chez les jeunes femmes (18 à 34 ans), la préoccupation du poids vient en tête de liste parmi les facteurs qui influencent le plus leurs choix alimentaires (p. 210). L'étude de Marie Lecavalier sur les femmes cocaïnomanes en traitement (1991) montre que les femmes ont admis apprécier les propriétés anorexiogènes de la cocaïne et qu'au moment de l'arrêt de la consommation, plusieurs se montrent préoccupées par la peur d'un gain de poids.

L'excès de poids peut être également considéré comme une « maladie sociale », en ce sens qu'il est relié à certains facteurs socio-économiques. À cet égard, les résultats de l'enquête sociale et de santé montrent des différences entre les hommes et les femmes (figure 6.4 et tableau 6.15, en annexe).

tableau **6.5**

PROPORTION DE LA POPULATION DÉSIRANT MAIGRIR
selon le poids, l'âge et le sexe, Québec, 1992-1993

GROUPE D'ÂGE	SEXE	POIDS INSUFFISANT %	[I.C.]	POIDS SANTÉ %	[I.C.]	SURPOIDS %	[I.C.]
15-19 ans	H	3,1	[-][e]	18,1	[12,2-24,0][c]	67,9	[55,1-80,7][b]
	F	25,4	[12,6-38,1][d]	84,5	[78,7-90,3][a]	96,6	[90,6-100][a]
20-24 ans	H	0,3	[-][e]	31,8	[24,9-38,7][b]	93,8	[86,7-100][a]
	F	41,3	[29,6-53,0][b]	89,6	[84,4-94,8][a]	97,3	[90,6-100][a]
25-44 ans	H	1,0	[-][e]	47,0	[43,6-50,4][a]	92,4	[89,6-95,2][a]
	F	20,2	[15,1-25,3][b]	84,4	[81,9-86,9][a]	99,2	[98,0-100][a]
45-64 ans	H	14,2	[0,0-29,8][e]	53,6	[49,0-58,2][a]	94,3	[91,6-97,0][a]
	F	12,4	[4,5-20,3][e]	81,8	[78,4-85,2][a]	99,0	[97,7-100][e]
65 ans et plus	H	9,1	[0,0-22,3][e]	44,0	[36,5-51,5][b]	92,6	[86,9-98,2][b]
	F	1,4	[-][e]	63,6	[57,3-70,0][a]	88,8	[83,2-94,4][a]
Total	**H**	**3,2**	**[0,3-6,1][e]**	**44,1**	**[41,7-46,5][a]**	**91,5**	**[89,5-93,5][a]**
	F	**23,0**	**[18,9-27,1][b]**	**84,1**	**[82,3-85,9][a]**	**8,8**	**[97,8-99,8][a]**

Source : ESS 1992-1993.

figure **6.4**

PROPORTION DE LA POPULATION PRÉSENTANT UN SURPOIDS

selon la suffisance du revenu et le sexe, population de 15 ans et plus, Québec, 1992-1993

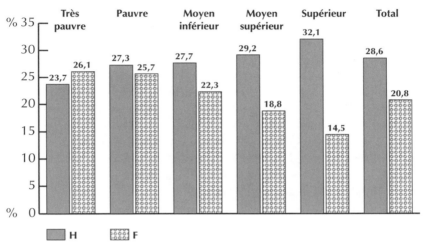

Source : ESS 1992-1993.

Chez les femmes, l'excès de poids diminue à mesure que le niveau économique s'élève. Les femmes riches ont significativement* moins d'excès de poids (15 %) que les femmes les plus pauvres (26 %). Les conditions de vie de ces dernières (alimentation mal équilibrée, sédentarité, problèmes de santé) peuvent être invoquées pour expliquer leur taux élevé de surpoids. La situation des hommes diffère complètement : l'excès de poids se retrouve plus souvent chez les plus favorisés (32 %) que chez les plus pauvres (24 %). Il s'agit cependant d'une tendance, ces différences n'étant pas statistiquement significatives. En contrepartie, l'insuffisance de poids va se retrouver, chez eux, deux fois plus souvent dans les milieux défavorisés (9 % chez les plus riches contre 4 % chez les très pauvres, différences non significatives cependant).

Chez les femmes, par contre, l'insuffisance de poids reste très stable (entre 15 % et 18 %), quel que soit le niveau socio-économique envisagé. Ce dernier résultat est particulièrement éloquent, car il confirme l'influence des facteurs de contrôle social plutôt que celle du contexte socio-économique.

On pourra se questionner sur ces tendances diamétralement opposées entre les hommes et les femmes. Peut-on présumer que les conditions de vie vont avoir un impact différent selon le sexe ? Ou encore que l'image corporelle va jouer, chez les femmes, un rôle qui vient contrecarrer l'influence des conditions de vie, particulièrement chez les femmes des niveaux plus favorisés ? Les études menées par Sobal et Stunkard (1989) aux États-Unis arrivent à des résultats similaires ; les auteurs expliquent que le style de vie des femmes pauvres n'implique pas la surveillance chronique du poids, ni la pratique de l'exercice physique, comme c'est le cas chez les femmes des classes moyennes. Les femmes des classes défavorisées vont alors faire face à une double stigmatisation : être pauvres et afficher un excès de poids. Elles vont vivre à la fois les problèmes physiques reliés à l'excès de poids et à l'obésité, mais aussi subir la réprobation de la société, qui croit souvent que les femmes trop grosses pourraient facilement perdre du poids si elles étaient plus responsables (Bowen et al., 1991). Ici encore, on peut suggérer des pistes de recherche dans un secteur où les liens entre les habitudes de vie, les représentations sociales, l'estime de soi et les effets sur la santé semblent passablement complexes.

L'excès de poids serait également associé à une plus faible scolarité : 30 % des personnes ayant une faible scolarité présentent un excès de poids, comparativement à 20 % chez les plus instruites. Par ailleurs, on n'a trouvé aucune association significative avec le tabagisme, l'exercice physique, la détresse psychologique ou la satisfaction dans la vie sociale.

Le lien établi entre le poids et la perception que l'on a de sa santé est particulier (tableau 6.6). Les gens qui ont un poids santé se déclarent majoritairement en excellente ou en très bonne santé (53 % chez les femmes et 58 % chez les hommes). Les femmes de poids insuffisant vont se comporter à cet égard de la même façon que celles qui ont un poids santé ; par contre, en situation de surpoids, elles seront plus nombreuses à qualifier leur santé de moyenne ou de mauvaise (17 %). À l'inverse, chez les hommes, c'est l'insuffisance de poids qui est le plus souvent associée à une perception négative de sa santé (18 %). Ceci vient renforcer l'importance de l'impact du niveau économique, mentionnée précédemment.

tableau **6.6**

PERCEPTION DE SA SANTÉ

selon la catégorie de poids et le sexe, Québec, 1992-1993

PERCEPTION DE SA SANTÉ	POIDS INSUFFISANT		POIDS SANTÉ		SURPOIDS	
	%	[I.C.]	%	[I.C.]	%	[I.C.]
Excellente ou très bonne						
hommes	45,5	[38,0-53,0][b]	57,6	[55,4-59,8][a]	49,4	[46,0-52,7][a]
femmes	53,2	[48,8-57,7][a]	52,6	[50,3-54-9][a]	39,8	[36,0-43,7][a]
Bonne						
hommes	37,0	[29,8-44,2][b]	34,4	[32,3-36,5][a]	38,5	[35,2-41,8][a]
femmes	35,7	[31,4-40,0][a]	37,7	[35,5-39,9][a]	42,5	[38,7-46,4][a]
Moyenne ou mauvaise						
hommes	17,5	[11,8-23,2][b]	8,0	[6,8-9,2][b]	12,1	[9,9-14,3][b]
femmes	11,1	[8,3-13,9][b]	9,7	[8,4-11,1][b]	17,3	[14,6-20,6][b]

Source : ESS 1992-1993.

À cause des pressions intenses qui les poussent à se conformer à cette image féminine de minceur, la diète et les restrictions alimentaires chroniques sont devenus des aspects normaux de la vie d'un grand nombre de femmes (Polivy et Herman, 1987 ; Striegal-Moore *et al.*, 1986). En 1987, l'enquête Santé Québec avait exploré les gestes posés par les femmes pour améliorer leur poids. Onze pour cent des femmes âgées de 15 ans et plus étaient au régime au moment de l'enquête, soit deux fois plus que chez les hommes. Les raisons les plus souvent invoquées étaient alors les problèmes de poids, le diabète et les maladies coronariennes. Quel que soit leur poids, les femmes s'engageaient plus souvent que les hommes dans des régimes. C'est évidemment dans la situation d'obésité que l'on retrouvait la plus grande proportion de personnes qui s'adonnaient à cette pratique. Deux fois plus de femmes que d'hommes dont le poids était supérieur à la normale disaient suivre un régime en 1987 ; par contre, à partir de 65 ans, les hommes suivaient des régimes presque aussi souvent que les femmes ; on peut penser que l'état de santé devenait alors un incitatif important.

Excès de minceur ou de poids : les deux pôles à surveiller

L'obsession de la minceur n'est qu'un des aspects de l'image corporelle ; c'est toutefois l'un des plus importants. Avec le vieillissement de la population féminine, cette obsession risque de prendre une connotation plus tragique, car l'âge moyen des femmes étant de plus en plus élevé, on s'éloigne d'autant plus des images présentées par la publicité. Les résultats de l'enquête montrent bien la nécessité de poursuivre la recherche sur les effets de la course vers l'idéal corporel sur la santé des femmes. On peut, par ailleurs, se réjouir du fait que la proportion des femmes qui présentent une insuffisance de poids a diminué depuis 1987 ; chez les femmes de 15 à 44 ans, elle est passée de 26 % à 21 %.

À l'opposé, l'augmentation de l'excès de poids, depuis 1987, devient une préoccupation en santé publique. Selon Santé Québec (1995), cette augmentation « *remet en question l'efficacité ou la portée des programmes de promotion de la santé et de prévention, mis en place pour réduire la prévalence de ce facteur de risque de problèmes de santé au sein de la population* » (tome 1, p. 119).

L'activité physique et la sédentarité

Il sera ici question de l'activité physique de loisir. Les données de l'ESS permettent d'estimer la proportion de la population jugée « active », comparativement à celle qui est plutôt « sédentaire ». L'indicateur à la base des analyses présentées est « *la fréquence d'activités physiques de loisirs, de 20 à 30 minutes par séance, au cours des trois mois ayant précédé l'enquête* ». Cet indicateur ne tient pas compte de l'activité générée par le travail ou par les tâches domestiques.

Dans l'ensemble, l'enquête montre que les femmes, tout comme les hommes, se répartissent en deux groupes principaux : les « actifs » (23 % des femmes et 28 % des hommes) et les « sédentaires » (40 % et 35 % respectivement). Les hommes sont significativement* plus actifs que les femmes quant aux activités physiques de loisir (figure 6.5 et tableau 6.16, en annexe).

Ainsi, quatre femmes sur dix ne font, à toutes fins utiles, aucune forme d'exercice physique de loisir. La proportion d'hommes dans la même situation est significativement moins élevée, quoique encore beaucoup trop importante, si on considère que le maintien de la forme physique nécessite au moins trois séances hebdomadaires d'exercice physique, d'une durée minimale de 20 minutes par séance. On n'observe aucune différence significative entre les hommes et les femmes pour les autres catégories de fréquence d'activité physique de loisir (c'est-à-dire pour les activités de fréquence moyenne).

figure **6.5**

FRÉQUENCE DES ACTIVITÉS PHYSIQUES DE LOISIR
selon le sexe, population de 15 ans et plus, Québec, 1992-1993

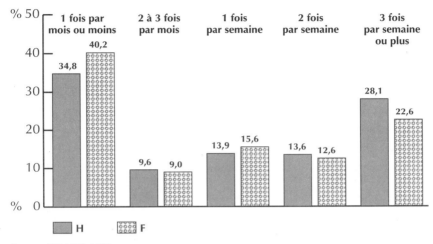

Source : ESS 1992-1993.

Ce sont les jeunes hommes (15-24 ans) et les hommes âgés (65 ans et plus) qui font le plus d'activités physiques (tableau 6.7), les proportions étant respectivement de 43 % et de 38 %. Les données suggèrent que les jeunes et les plus âgés se distinguent statistiquement des deux autres groupes d'âge, où les proportions d'hommes qui s'adonnent à des activités physiques trois fois par semaine chutent à 22 % pour les 25-44 ans et à 26 % pour les 45-64 ans.

Le profil est assez différent pour les femmes. Comme les jeunes hommes, les jeunes filles sont celles qui sont les moins sédentaires, la proportion de jeunes femmes ne faisant presque jamais d'activités physiques étant de 27 %, comparativement à 40 % pour la moyenne des femmes. Comme on pouvait s'y attendre, les plus sédentaires sont les femmes âgées de 65 ans et plus (48 %). Chose étonnante cependant, une proportion importante (27 %) de la population âgée féminine fait des activités physiques trois fois ou plus par semaine et, à ce chapitre, la proportion de femmes âgées est même plus élevée que la proportion moyenne des femmes dans cette catégorie de fréquence d'activités (23 %). Les écarts de proportion sont significatifs uniquement entre les femmes de 25-44 ans, d'une part, et chacun des autres groupes d'âge, d'autre part. On pourrait probablement y voir un lien entre la multiplicité des rôles et le temps réservé aux loisirs, notamment aux activités physiques (tableau 6.7).

L'examen de la fréquence des activités physiques par groupe d'âge montre que le profil des femmes diffère sensiblement de celui des hommes. Ce sont les jeunes (15-24 ans) qui présentent les écarts significatifs les plus importants : les jeunes filles sont proportionnellement plus nombreuses

tableau **6.7**

FRÉQUENCE DES ACTIVITÉS PHYSIQUES DE LOISIR
selon l'âge et le sexe, Québec, 1992-1993

FRÉQUENCE DES ACTIVITÉS PHYSIQUES DE LOISIR PAR GROUPE D'ÂGE	HOMMES %	[I.C.]	FEMMES %	[I.C.]
1 fois par mois ou moins	34,8	[33,1-36,5][a]	40,2	[38,4-41,9][a]
15-24 ans	17,2	[13,9-20,4][b]	27,4	[23,5-31,3][b]
25-44 ans	36,4	[33,8-39,0][a]	42,4	[39,7-44,7][a]
45-64 ans	41,6	[38,2-45,0][a]	40,4	[37,0-43,7][a]
65 ans et plus	39,8	[34,3-45,2][b]	47,8	[43,0-52,5][a]
2 à 3 fois par mois	9,6	[8,6-10,7][a]	9,0	[8,6-19,7][a]
15-24 ans	10,0	[7,4-12,5][b]	12,9	[9,9-15,8][b]
25-44 ans	12,1	[10,3-13,8][b]	10,8	[9,1-12,4][b]
45-64 ans	7,3	[5,5-9,1][b]	6,6	[4,9-8,3][b]
65 ans et plus	4,6	[2,3-7,0][d]	3,8	[2,0-3,8][d]
1 fois par semaine	13,9	[12,6-15,1][a]	15,6	[14,3-16,9][a]
15-24 ans	12,8	[9,9-15,7][b]	18,0	[14,6-21,3][b]
25-44 ans	15,8	[13,9-17,8][a]	16,3	[14,3-18,2][a]
45-64 ans	13,2	[10,9-15,6][b]	14,7	[12,3-17,1][b]
65 ans et plus	8,9	[5,7-12,1][c]	12,5	[9,4-15,6][b]
2 fois par semaine	13,6	[12,3-14,8][a]	12,6	[11,4-13,8][a]
15-24 ans	16,8	[13,6-20,1][b]	16,4	[13,2-19,7][b]
25-44 ans	14,2	[12,3-16,0][a]	12,8	[11,0-14,6][b]
45-64 ans	12,2	[9,9-14,4][b]	11,6	[9,4-13,7][b]
65 ans et plus	9,1	[5,9-12,3][c]	9,4	[6,6-12,2][c]
3 fois par semaine ou plus	28,1	[26,5-29,7][a]	22,6	[21,1-24,1][a]
15-24 ans	43,2	[39,0-47,5][a]	25,4	[21,5-29,1][b]
25-44 ans	21,6	[19,4-23,8][a]	17,8	[15,7-19,8][a]
45-64 ans	25,7	[22,7-28,7][a]	26,7	[23,7-29,7][a]
65 ans et plus	37,6	[32,2-43,0][b]	26,5	[22,3-30,7][b]

Source : ESS 1992-1993.

(27 %) que les jeunes hommes (17 %) à faire de l'exercice physique une fois par mois ou moins. La proportion de jeunes hommes qui font des activités physiques trois fois par semaine ou plus est près de deux fois plus élevée que la proportion correspondante chez les jeunes femmes (43,2 % contre 25 %).

Tant chez les hommes que chez les femmes, ce sont les célibataires qui sont les moins sédentaires (figure 6.6 et tableau 6.17, en annexe). Lorsqu'on compare les hommes célibataires aux autres groupes d'hommes, ou encore lorsqu'on compare les femmes célibataires aux autres groupes

figure **6.6**

FRÉQUENCE DES ACTIVITÉS PHYSIQUES DE LOISIR

selon l'état matrimonial de fait et le sexe, population de 15 ans et plus, Québec, 1992-1993

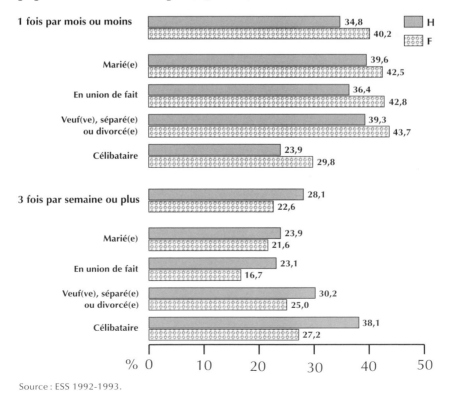

Source : ESS 1992-1993.

de femmes, on constate que les écarts de proportion sont significatifs, quel que soit le groupe de comparaison (marié(e) ; en union de fait ; veuf(ve), séparé(e) ou divorcé(e)). Les célibataires sont également ceux qui sont les mieux représentés parmi les personnes qui font des activités physiques au moins trois fois par semaine, alors que les personnes mariées ou vivant en union de fait sont les moins bien représentées dans ce groupe.

Les écarts de proportion les plus importants observés entre les hommes et les femmes se retrouvent parmi les célibataires qui font des activités physiques au moins trois fois par semaine : 38 % des hommes célibataires font des activités physiques à cette fréquence, comparativement à seulement 27 % chez les femmes célibataires. Les hommes mariés et les femmes mariées ont un profil d'activité qui se ressemble beaucoup plus, les écarts de proportion étant alors seulement de 2 % à 3 % (probablement parce que les personnes mariées sont plus susceptibles d'avoir des enfants). Il y a sûrement un effet d'âge sur ces résultats, les célibataires étant plus jeunes en moyenne. Par contre, on remarque des différences entre les hommes et les femmes en ce qui concerne l'activité intense.

La sédentarité (activité physique une fois par mois ou moins) est associée au revenu. De façon générale, tant chez les hommes que chez les femmes, la proportion de personnes sédentaires diminue graduellement à mesure que le revenu augmente. Les écarts de proportion sont significatifs lorsqu'on compare les personnes qui disposent d'un revenu supérieur aux autres personnes, quel que soit leur niveau de revenu (figure 6.7 et tableau 6.18, en annexe).

Le niveau de scolarité va aussi influencer la sédentarité puisque, de façon générale, la proportion de personnes sédentaires diminue graduellement à mesure que le niveau de scolarité augmente, et ce, tant chez les hommes que chez les femmes. Comme dans le cas du revenu, le pourcentage de sédentarité est significativement moins élevé chez les personnes les plus scolarisées. Lorsqu'on compare les hommes et les femmes appartenant au même quintile, on n'observe aucune différence significative (figure 6.8 et tableau 6.19, en annexe).

figure **6.7**

FRÉQUENCE DES ACTIVITÉS PHYSIQUES DE LOISIR
selon la suffisance du revenu et le sexe, population de 15 ans et plus, Québec, 1992-1993

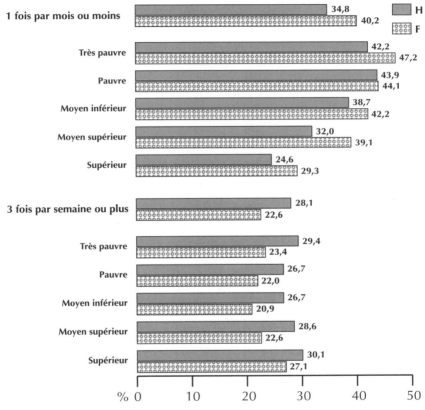

Source : ESS 1992-1993.

figure **6.8**

FRÉQUENCE DES ACTIVITÉS PHYSIQUES DE LOISIR
selon la scolarité relative et le sexe, population de 15 ans et plus, Québec, 1992-1993

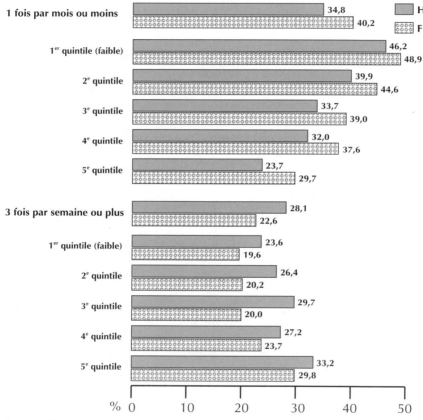

Source : ESS 1992-1993

FAITS saillants

Alcool et drogue

• La majorité des femmes consomment de l'alcool de façon modérée. De façon générale, elles boivent moins souvent et de plus petites quantités que les hommes.

• La consommation des jeunes femmes (15 à 24 ans) se rapproche de celle des jeunes hommes. Plus de 25 % d'entre elles ont déclaré avoir consommé cinq verres ou plus par occasion, à au moins cinq reprises au cours de l'année précédant l'enquête.

• Les femmes de 25 à 44 ans déclarent plus de problèmes liés à leur consommation, particulièrement des problèmes de culpabilité et des critiques de leur entourage.

• Les femmes en traitement pour alcoolisme ou autre toxicomanie présentent des profils sociosanitaires plus détériorés que les hommes dans la même situation.

Usage du tabac

• L'usage régulier du tabac est en diminution, particulièrement chez les femmes de 20 à 24 ans.

• Le tiers des femmes fument régulièrement et cette situation est semblable à celle des hommes ; par ailleurs, 8 % seulement des femmes, contre 14 % des hommes, font partie des « gros fumeurs ».

• La prévalence du tabagisme double entre les plus riches et les plus pauvres, autant chez les hommes que chez les femmes ; par ailleurs, aux niveaux les plus favorisés, la prévalence est à peu près la même entre les sexes, alors que chez les plus pauvres, le pourcentage de fumeurs réguliers est significativement* plus élevé chez les hommes que chez les femmes.

• Le tabagisme est plus présent chez les femmes peu scolarisées ainsi que chez celles qui vivent en union de fait.

Poids et taille

• 16 % des femmes de 15 ans et plus souffrent d'une insuffisance de poids et 21 % d'un excès de poids ; depuis 1987, l'excès de poids chez les femmes de 15 ans et plus est passé de 17 % à 21 %.

• Près d'un tiers des femmes de 20 à 24 ans ont un poids insuffisant ; 41 % d'entre elles souhaitent maigrir davantage.

• Chez les femmes, l'excès de poids diminue à mesure que le niveau socio-économique s'élève, alors que la situation des hommes est très différente, car chez eux, l'excès de poids se retrouve plus souvent chez les plus favorisés.

• Chez les femmes, l'insuffisance de poids est associée à une meilleure perception de sa santé, au même titre que le poids santé ; chez elles, l'insuffisance de poids ne varie pas en fonction du niveau socio-économique, contrairement aux hommes, chez qui elle est associée à la pauvreté. Ces données suggèrent l'influence des facteurs de contrôle social chez les femmes plutôt que celle du contexte socio-économique.

Activités physiques

• Près d'une femme sur quatre pratique des activités physiques de loisir de façon active ; 40 % sont sédentaires.

• Les femmes font significativement moins d'activités physiques reliées à leurs loisirs que les hommes.

• Les femmes plus pauvres ou moins scolarisées sont significativement plus sédentaires que les autres femmes.

ᚱ LA VIE REPRODUCTIVE

En 1993, on dénombrait au Québec 57 300 femmes en âge de procréer (13 à 49 ans) ; durant la même année, elles donnaient naissance à 93 322 enfants, ce qui représente un indice synthétique de fécondité* de 1,61 enfant par femme (Duchesne, 1995). Ces chiffres sont souvent utilisés pour illustrer la faible fécondité des Québécois et montrer son impact sur le vieillissement des générations. En effet, le seuil de remplacement d'une génération par une autre étant de 2,1 enfants par femme (Duchesne, 1995), la fécondité québécoise est donc actuellement sous le seuil de remplacement. Cette situation, qui perdure depuis 1970, place néanmoins le Québec dans la moyenne des pays industrialisés, entre la Suède (indice de 2,0) et l'Italie (1,21).

Mais derrière la froide réalité de ces chiffres, qui sont utilisés parfois pour imputer aux femmes le déclin démographique de la société, se bousculent une série de réalités qui jouent à la fois sur le « désir d'enfant » des femmes québécoises et sur les conditions entourant la vie reproductive et la maternité en 1993 (on pensera par exemple à la fragilité des unions, à l'augmentation de la pauvreté chez les femmes, à la situation de l'emploi, à la montée des problèmes de fertilité attribuables aux maladies transmissibles sexuellement, etc.). Les enquêtes de Santé Québec n'abordent pas ces questions ; elles s'attardent plutôt à certains comportements de prévention chez les femmes, particulièrement aux examens préventifs (tests de Pap et examens des seins), ainsi qu'à la prise d'anovulants. Les personnes intéressées à poursuivre la réflexion sur la fécondité pourront consulter Lavoie et Motard (1991) ou Rochon (1991) sur la contraception.

La grossesse

Dans l'enquête sociale et de santé de 1992-1993, 2,9 % des femmes de 15 ans et plus se sont déclarées enceintes, ce qui constitue une légère augmentation par rapport à l'enquête de 1987 ; ce taux passe à 7,3 % chez les 20-24 ans et il est de 4,1 % entre 25 et 44 ans (tableau 7.1).

tableau **7.1**

PROPORTION DE FEMMES ENCEINTES
selon l'âge, Québec, 1992-1993

| GROUPE D'ÂGE | ENCEINTES | | |
	OUI	NON	NE SAIT PAS
15-19 ans	1,0	97,4	1,7
20-24 ans	7,3	90,6	2,1
25-44 ans	4,1	94,6	1,3
45-64 ans	0,4	99,4	0,0
Total	**2,9**	**95,4**	**1,0**

Source : ESS 1992-1993.

La moitié (53 %) des femmes enceintes sont mariées et près de 40 % vivent en union de fait. Peu de femmes enceintes se sont déclarées célibataires (6,9 %) et encore moins veuves, séparées ou divorcées (3,8 %). On ne constate pas de différences entre les différents niveaux de scolarité ; cependant, les deux tiers des femmes enceintes ont un emploi, alors que seulement une sur cinq tient maison. On observe peu de femmes enceintes chez les étudiantes ou les sans-emploi, le pourcentage dans chacune de ces deux catégories étant de 7 % (figure 7.1 et tableau 7.3, en annexe)

Si le fait d'être enceinte ne semble pas motiver les femmes à cesser de fumer, le comportement face à la consommation d'alcool sera par contre modifié. En effet, plus du quart (27 %) des femmes enceintes fument régulièrement, ce qui ne les distingue pas des autres femmes (29 %). Par ailleurs, en période de grossesse, elles pratiquent plus souvent l'abstinence : plus de huit femmes enceintes sur dix (81 %) ne consomment aucun alcool, comparativement à six femmes sur dix (59 %) dans la population féminine générale. Les écarts de proportion observés sont significatifs*.

Le petit nombre de femmes enceintes rejointes par l'enquête ne permet pas une analyse plus poussée des liens de la grossesse avec l'état de santé ou les comportements sanitaires (136 femmes ont répondu par l'affirmative, 47 ne savaient pas et 32 ont refusé de répondre). Par ailleurs, la section du

DISTRIBUTION DES FEMMES ENCEINTES

selon le statut d'activité habituel au cours des 12 derniers mois, population de 15 ans et plus, Québec, 1992-1993

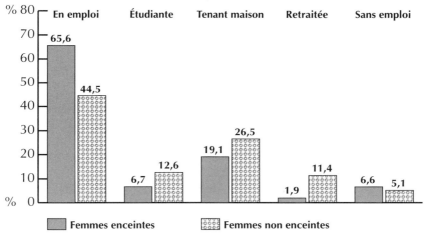

Source : ESS 1992-1993.

questionnaire consacrée à la santé des femmes est très incomplète sur ces aspects : il aurait été intéressant d'aborder la sexualité au cours de la grossesse, la proportion de femmes qui ont besoin d'un retrait préventif, le suivi de la grossesse et l'utilisation des tests de diagnostic prénatal. On peut souhaiter que la prochaine enquête apporte plus d'information sur ces questions.

Par ailleurs, une étude sur les grossesses à l'adolescence (Rochon, 1995) indique que le taux de ces grossesses a augmenté considérablement entre 1980 et 1993 (12,6 % à 20,1 %) ; cependant, cette augmentation connaîtrait un net ralentissement depuis 1992. Actuellement, on enregistre près de 4 000 grossesses d'adolescentes, chaque année. De plus, les deux tiers des grossesses chez les adolescentes se termineraient par une interruption volontaire (IVG) ; ce pourcentage serait de 80 % chez les 13-14 ans.

La consommation d'anovulants

Chez les femmes en âge de procréer, 22 % prennent des anovulants (figure 7.2 et tableau 7.4, en annexe). Déjà, à l'adolescence (15-17 ans), trois jeunes femmes sur dix vont en consommer ; c'est cependant entre 18 et 19 ans que la consommation est la plus élevée (57 %). Cette proportion chute de moitié après l'âge de 24 ans.

figure **7.2**

PROPORTION DES FEMMES QUI CONSOMMENT DES ANOVULANTS
selon l'âge, Québec, 1992-1993

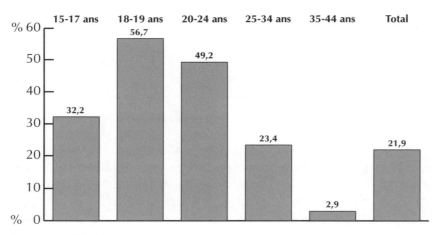

Source : ESS 1992-1993.

Depuis 1987, la consommation générale a diminué sensiblement (28 % à 22 %) ; cependant, cette baisse est attribuée aux femmes de 24 ans et plus, les adolescentes ayant enregistré une hausse dans leur consommation. Ces résultats, de même que l'association avec le tabagisme, sont repris au chapitre 11.

Comme on pouvait s'y attendre, la prise d'anovulants est étroitement associée au test de Pap (tableau 7.2). Seulement 11 % des utilisatrices de 15 à 24 ans déclarent n'avoir jamais eu cet examen, comparativement à 50 % des non-utilisatrices. De plus, plus de trois femmes sur quatre utilisant des anovulants ont eu un test de Pap depuis moins de 12 mois, ce qui peut être vu comme le résultat très positif des campagnes d'information auprès de ces femmes. Par ailleurs, on pourra s'étonner du fait que plus d'une jeune femme sur dix consommant des anovulants déclare n'avoir jamais eu de test de Pap. L'ESS n'apporte pas d'information supplémentaire sur cette question. Il faudra en chercher ailleurs les explications ; il s'agit, de toute évidence, d'une piste de recherche ultérieure.

tableau **7.2**

PROPORTION DES FEMMES QUI ONT EU UN TEST DE PAP
selon l'âge et la consommation d'anovulants, Québec, 1992-1993

DÉLAI DEPUIS LE DERNIER TEST DE PAP SELON L'ÂGE	FEMMES QUI PRENNENT DES ANOVULANTS		FEMMES QUI NE PRENNENT PAS D'ANOVULANTS	
	%	[I.C.]	%	[I.C.]
Moins de 12 mois				
15-24 ans	76,1	[70,5-81,7][a]	33,2	[27,6-38,8][b]
25-44 ans	78,9	[72,9-85,0][a]	53,9	[51,0-56,8][a]
1 à 2 ans				
15-24 ans	10,5	[6,5-14,5][c]	10,4	[6,8-14,0][c]
25-44 ans	15,0	[9,7-20,3][c]	24,6	[22,1-27,0][a]
Plus de 2 ans				
15-24 ans	1,1	[-][e]	4,6	[1,9-6,3][e]
25-44 ans	4,3	[1,3-7,3][e]	16,1	[14,0-18,2][b]
Jamais				
15-24 ans	11,0	[6,9-15,1][c]	49,9	[43,9-55,8][a]
25-44 ans	1,4	[-][e]	4,2	[3,0-5,3][c]

Source : ESS 1992-1993.

L'enquête Santé Québec n'aborde pas la question de la contraception en dehors de la prise d'anovulants. De son côté, le Bureau de la statistique du Québec signale que les ligatures des trompes sont en décroissance depuis un certain nombre d'années : de 23 517 en 1981, elles sont passées à 13 203 en 1993. Durant la même période, le nombre de vasectomies a augmenté de 13 000 à 17 939. On peut voir là un partage plus équitable des responsabilités des hommes et des femmes face à la stérilisation (Duchesne, 1995). En outre, on note une augmentation importante des interruptions volontaires de grossesses depuis 1971 (1,5 IVG pour 100 naissances contre 28,3 en 1993). Les taux les plus élevés se retrouvent chez les 20-24 ans (32 pour 1 000 naissances en 1993) ; par ailleurs, les taux sont assez stables chez les adolescentes (20 pour 1 000 naissances entre 15 et 19 ans) (Duchesne, 1995).

Les hauts et les bas de la ménopause

Depuis quelques années, on a sorti la ménopause de l'enfer. On avait d'abord considéré les femmes ménopausées (en « retour d'âge ») comme définitivement inaptes et inintéressantes ; puis on les a déclarées malades ou du moins en déséquilibre certain. Après les avoir ignorées, on les avait reclassées dans de nouvelles catégories pathologiques tout aussi réductrices mais bien commodes, car qui dit maladie dit aussi remède. Et s'il y a remède, il n'y a qu'à l'utiliser... « *Tout ce bruit autour de la ménopause ne faisait qu'accroître mon sentiment de malaise, déclare Betty Friedan (1995). Sans aller jusqu'à soupçonner une conspiration contre les femmes, je trouvais suspecte la coïncidence de l'émergence démographique de cet énorme marché — cinquante millions de femmes à l'âge de la ménopause — et cette redéfinition de la ménopause comme maladie.* » Cette auteure voit un lien entre le fait que les chercheurs ont appris à synthétiser et à fabriquer les hormones œstrogéniques et progestatives et le fait que la médecine a décidé que la ménopause devait être traitée et définie comme une maladie.

Pour la majorité des femmes, la ménopause est un événement physiologique naturel qui comporte des changements dont le nombre et l'intensité vont varier selon les situations. Pour certaines femmes, ce passage sera plus difficile et comporte un lot de souffrances et d'inconfort qui nécessite diverses interventions. Et c'est peut-être ce qui a inspiré Gail Sheehy dans sa définition de la ménopause comme « *un épisode redouté et triste qui pousse les femmes à se demander : "Serai-je encore moi-même ?"* » (cité dans Friedan, 1995). Pour le plus grand nombre, l'épisode évoqué serait franchi avec un minimum de problèmes et surtout le sentiment de la continuité. C'est du moins ce qui ressort de la littérature actuelle basée surtout sur les témoignages d'intervenantes et d'intervenants ou de groupes de femmes intéressées par la question (Friedan, 1995).

Ici encore, on possède peu de données en ce qui a trait à la prévalence des malaises liés à la ménopause. Une étude menée en 1988, pour le compte de la Corporation professionnelle des médecins du Québec, auprès de Québécoises âgées de 45 à 54 ans, présente des résultats intéressants. Un peu plus de la moitié des répondantes, soit 55 %, considéraient la ménopause comme un événement important ; une femme sur deux déclarait ressentir certains malaises tels le manque d'énergie, la tension, l'irritabilité et le mal de dos. Cependant, quatre femmes sur cinq s'estimaient en bonne ou très bonne santé. Près de 80 % des femmes interrogées qui étaient en ménopause déclaraient au moins un malaise relié à leur état : variations menstruelles, ostéoporose, infection de la vessie ou bouffées de chaleur. La majorité d'entre elles avaient consulté leur médecin à cet effet et, dans la moitié des cas, ce dernier aurait prescrit des médicaments pour traiter leurs symptômes (Corporation professionnelle des médecins, 1988).

Dans l'enquête Santé Québec de 1987, une question spécifique permettait de regrouper les femmes qui sont dans cette période. La question posée était ainsi libellée : « Traversez-vous présentement votre ménopause ? ». Formulée de la sorte, la question mettait l'accent sur le fait qu'il s'agissait d'une période et non pas seulement d'un événement (l'arrêt des menstruations, par exemple). Malheureusement, cette question n'a pas été reprise dans l'enquête sociale et de santé de 1992-1993 ; c'est pourquoi les résultats qui suivent sont tirés de l'enquête de 1987. On ne peut que souhaiter voir cette question reprise lors de l'enquête prévue en 1997, ce qui permettrait de suivre l'évolution de la situation depuis 1987.

En 1987, 17 % de femmes âgées de 15 ans et plus ont déclaré être en période de ménopause. Déjà, entre 15 et 44 ans, 4 % sont dans cette situation ; on en retrouve plus de 71 % entre 45 et 54 ans et 23 % chez les femmes âgées de 55 ans et plus. On suppose que les autres femmes de ce dernier groupe d'âge considèrent que le cap de la ménopause est désormais franchi.

Un bon nombre de femmes déclarent certains problèmes reliés habituellement à la ménopause, tels les hémorragies et les ménorragies pré ou postménopausiques, les troubles de la ménopause (bouffées de chaleur, insomnies, céphalées (maux de tête), problèmes de concentration), les vaginites atrophiques postménopausiques et les troubles associés à la ménopause chirurgicale[19]. Ces problèmes sont relevés neuf fois sur dix chez les femmes qui vivent la ménopause, soit sept fois plus souvent que chez les autres femmes.

C'est entre 45 et 54 ans que ces problèmes sont les plus présents ; une minorité de femmes semblent échapper à l'un ou l'autre de ces symptômes, quelle que soit leur gravité (figure 7.3). La plus faible prévalence de problèmes chez les plus jeunes est probablement due au fait qu'elles sont davantage traitées pour certains symptômes, d'autant plus qu'elles sont plus

---

19. Tous ces symptômes se retrouvent dans la classification internationale des maladies (CIM) aux codes 627.0 à 627.9.

figure 7.3

PROBLÈMES DE SANTÉ RELIÉS À LA MÉNOPAUSE
selon l'âge, Québec, 1987

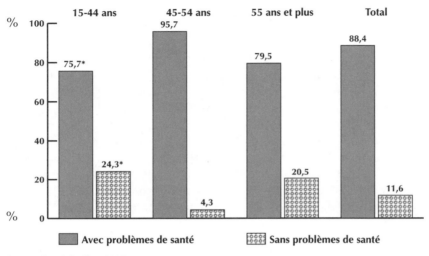

Source : Santé Québec 1987.

* Dans ce groupe d'âge les nombres sont petits, 4 % des femmes étant en période de ménopause, ce qui invite à la prudence dans l'interprétation.

susceptibles d'avoir eu une ménopause chirurgicale. À partir de 55 ans, l'adaptation à la ménopause est terminée dans la plupart des cas. Quel que soit l'âge, les femmes qui vivent la ménopause déclarent trois fois plus souvent que les autres femmes des problèmes que l'on croit liés à ce passage.

On a mentionné la dépression ou la souffrance psychologique comme des états souvent associés à la ménopause. Santé Québec remarque que les femmes en ménopause sont plus nombreuses que les autres à présenter un indice élevé de détresse psychologique. La précocité de la ménopause semblerait augmenter cette relation, puisque chez les plus jeunes femmes, particulièrement entre 15 et 34 ans (figure 7.4), une femme ménopausée sur deux se trouverait dans cette situation. On peut supposer que le fait de vivre la ménopause de façon prématurée soit un facteur favorisant une plus grande détresse. Les différences selon l'âge ne sont pas significatives* ; elles indiquent toutefois des tendances intéressantes.

figure **7.4**

PROPORTION DES FEMMES AYANT UN INDICE DE DÉTRESSE PSYCHOLOGIQUE ÉLEVÉ ET MÉNOPAUSE

selon l'âge, Québec, 1987

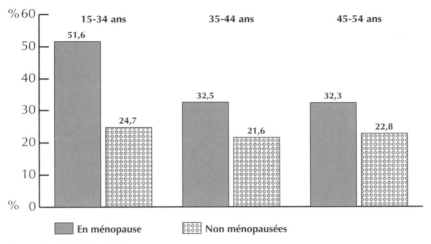

Source : Santé Québec 1987.

On s'est intéressé au soutien dont les femmes bénéficient durant cette période. De prime abord, il ne semble pas y avoir de différence entre les femmes, qu'elles soient ou non en période de ménopause. Neuf femmes sur dix déclarent compter sur la présence d'un confident ou d'une confidente ; les femmes mariées sont celles qui déclarent le moins de soutien.

Puisqu'elles ressentent plus de problèmes physiques et psychologiques, les femmes en période de ménopause vont aussi consulter plus souvent les professionnels de la santé et consommer plus de médicaments.

figure **7.5**

CONSULTATION DE PROFESSIONNELS ET MÉNOPAUSE
selon l'âge, Québec, 1987

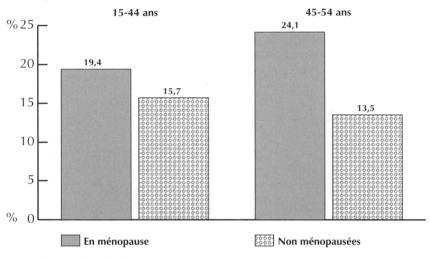

Source : Santé Québec 1987.

Parmi les femmes en période de ménopause, ce sont celles qui sont âgées entre 45 et 54 ans qui consultent le plus, ce qui correspond bien à leur situation (figure 7.5). Chez les femmes non ménopausées, il y a une légère surreprésentation des plus jeunes ; ceci peut s'expliquer par le fait qu'elles sont à l'âge de la reproduction, ce qui suppose un certain nombre de consultations. En général, les femmes en période de ménopause consultent plus de spécialistes que leurs consœurs (42 % de l'ensemble des consultations contre 33 %), particulièrement entre 45 et 54 ans.

Santé Québec a demandé aux femmes si elles prenaient des « hormones pour les femmes (pour le traitement de troubles liés à la ménopause "retour d'âge" ou pour une autre raison) ». Un peu plus d'une femme sur trois (36 %) a dit en consommer pendant cette période (figure 7.6).

figure **7.6**

CONSOMMATION D'HORMONES POUR LA MÉNOPAUSE
selon l'âge, Québec, 1987

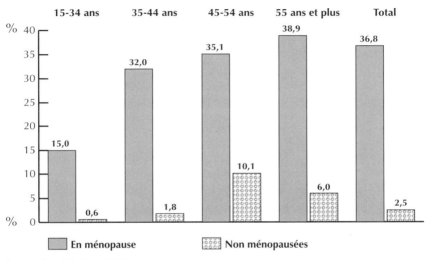

Source : Santé Québec 1987.

La consommation d'hormones augmente avec l'âge, ce qui peut correspondre à la probabilité cumulée d'avoir des symptômes reliés à la ménopause. On peut s'interroger sur le pourcentage de femmes plus âgées engagées dans la consommation de ces médicaments : ont-elles moins de problèmes associés à la ménopause parce qu'elles prennent des hormones ou parce que la période la plus critique de la ménopause est passée ? La proportion des femmes âgées de 45 à 54 ans qui ne sont pas en période de ménopause et qui prennent des hormones est relativement élevée. S'agit-il de femmes ayant déjà franchi le cap, de femmes qui consomment des hormones de façon « préventive » ou pour soulager des symptômes particuliers ?

Mais il n'y a pas que les hormones qui sont consommées par les femmes durant cette période : elles prennent plus d'analgésiques, de vitamines et de tranquillisants que les autres femmes (figure 7.7).

figure **7.7**

CONSOMMATION DE CERTAINS MÉDICAMENTS ET MÉNOPAUSE

femmes de 15 à 54 ans, Québec, 1987

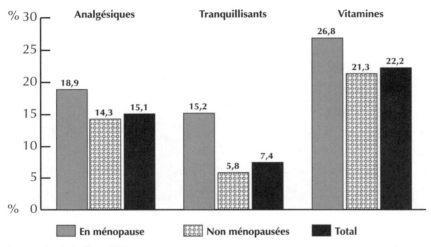

Source : Santé Québec 1987.

La consommation de tranquillisants est trois fois plus élevée pendant la période de ménopause ; il est intéressant de constater qu'elle reflète la situation des femmes âgées de 35 à 54 ans. Avant 35 ans, aucune des femmes interrogées en situation de ménopause n'a déclaré faire usage de tranquillisants. À partir de 55 ans, la consommation de ces médicaments est le fait de 18 % des femmes, qu'elles soient ou non en ménopause.

Il ressort de ces quelques données recueillies sur le terrain que la ménopause reste la plupart du temps une période difficile, quel que soit le niveau socio-économique des femmes concernées. Cette difficulté peut se manifester par la présence de problèmes et de symptômes physiques, mais c'est surtout l'augmentation de la détresse psychologique et la perception négative de sa santé qui attirent l'attention. Durant cette période, les femmes consultent plus souvent les professionnels de la santé et consomment plus de médicaments, dont des tranquillisants obtenus sur prescription. Il n'est pas possible de dire si la situation actuelle est pire ou meilleure qu'il y a 10 ou 20 ans, faute de données comparatives, mais on possède maintenant une base de renseignements valables qui incite à raffiner les analyses en vue de faire ressortir d'autres caractéristiques reliées à la ménopause, particulièrement en ce qui concerne les habitudes de vie et l'évaluation des différents modes d'intervention. Ensuite, il sera important de suivre dans le temps les indicateurs sociosanitaires mis au point avec Santé Québec et de prévoir des études particulières sur la question de la ménopause.

En ce qui a trait à l'intervention, les résultats sont suffisamment explicites pour considérer la ménopause comme une période comportant des risques par rapport à certains problèmes de santé et pour que l'on se préoccupe de façon particulière des femmes qui la vivent. En ce domaine tout particulièrement, il y a place au développement de la prévention.

FAITS saillants

Grossesse et prise d'anovulants

• Les deux tiers des femmes enceintes ont un emploi rémunéré.

• Une femme enceinte sur quatre est une fumeuse régulière ; par ailleurs, 80 % ne consomment pas d'alcool.

• Plus de la moitié des jeunes femmes de 18-19 ans et le tiers des adolescentes de 15-17 ans prennent des anovulants.

• Plus d'une jeune femme sur dix consommant des anovulants n'a jamais eu de test de Pap.

Ménopause (1987)

• 17 % des Québécoises âgées de 15 ans et plus sont en période de ménopause ; la grande majorité se situe entre 45 et 54 ans.

• 90 % d'entre elles déclarent souffrir de symptômes reliés à la ménopause.

• Les femmes en période de ménopause ont un niveau de détresse psychologique plus élevé que les autres femmes, particulièrement si la ménopause est précoce.

• 36 % d'entre elles consomment des hormones liées à la ménopause ou à d'autres problèmes ; elles se voient prescrire trois fois plus de tranquillisants que les autres femmes.

8 LES FEMMES ET LE TRAVAIL

Travail invisible, problèmes invisibles

La plupart des modèles théoriques visant à établir des relations entre le travail, le stress et la santé ont été conçus pour des populations masculines et testés auprès d'elles, puis généralisés à des populations féminines. Cette pratique a été dénoncée par les chercheuses préoccupées de la santé des femmes puisque, d'une part, les hommes et les femmes ne sont pas nécessairement exposés aux mêmes agents stressants potentiels et que, d'autre part, il existe des différences entre les sexes quant à la façon de réagir à ces agents stressants potentiels (Kushnir et Kason, 1992 ; Piechowski, 1992 ; Gervais, 1993). Karen Messing (Guyon et Messing, 1996) situe l'origine de cette situation dans le fait que le développement de la discipline de la santé au travail s'est opéré à partir d'études portant sur des secteurs d'emplois où il y avait une concentration d'hommes. Par la suite, les problèmes de santé des travailleuses sont longtemps demeurés invisibles parce que la définition même de ces problèmes était surtout associée aux notions de risque (découlant principalement des accidents du travail) et de pathologies (maladies professionnelles). *« Les recherches féministes en santé au travail ont mis en évidence des problèmes qui ne correspondent pas nécessairement à des pathologies mais qui diminuent le bien-être. »* (Messing et coll., 1995) Considérant que la reconnaissance des problèmes de santé des travailleuses ne peut se faire par une simple démonstration statistique, ces chercheuses ont montré l'importance de mettre au point des indicateurs qui rendent compte des situations vécues par les femmes et ont favorisé des méthodes de recherche de type qualitatif.

Les femmes occupent des emplois différents de ceux des hommes, habituellement dans des positions hiérarchiques inférieures. Elles travaillent plus souvent à temps partiel et la majorité d'entre elles sont confinées à des emplois comportant des tâches répétitives (David, 1989 ; Kempeneers, 1992 ; Messing, 1991 ; Vézina et coll., 1992). Elles reçoivent des salaires moins élevés, les avantages sociaux sont moins importants et les possibilités d'avancement dans leur travail sont plus limitées (Barnett, Biener et Baruch, 1987 ; LaCroix et Haynes, 1987 ; Messing, 1991). Comparativement aux hommes, les femmes occupent plus souvent des emplois où elles rencontrent des exigences de travail élevées, combinées à une faible latitude décisionnelle (Braun et Hollander, 1988).

Dans son analyse des résultats de l'enquête Santé Québec de 1987, Michèle Gervais (1993) fait ressortir une prévalence de problèmes chroniques plus élevée chez les femmes que chez les hommes ; chez les femmes, ces problèmes sont surtout des migraines (11,5 %), des troubles ou des douleurs ostéo-articulaires (9,9 %), ainsi que des allergies (8 % à 9 %). Par ailleurs, elle note « *une hausse de l'incidence des accidents du travail assez grave avec l'âge, parmi les sous-groupes de travailleuses les plus touchées par les accidents du travail (ouvrières, infirmières)* » (Gervais, 1993, p. vi). Elle signale enfin que ce sont les travailleuses des services (principalement les concierges et les travailleuses des services personnels) qui présentent le plus grand nombre de problèmes de santé.

On sait également que les femmes qui travaillent à l'extérieur du foyer demeurent les premières responsables des soins à donner aux enfants ainsi que des tâches ménagères (Mercier, 1990 ; Ross et Mirowsky, 1988). La question de la conciliation des rôles de mère et de travailleuse a fait l'objet de recherches au Québec, notamment en ce qui concerne les stratégies des femmes pour y faire face.

Le travail et la santé mentale

Les recherches traitant de l'association entre le travail et la santé mentale des femmes insistent sur la notion de multiplicité des rôles. En effet, plusieurs auteurs considèrent qu'il est important de tenir compte de l'ensemble des rôles des femmes (conjointe, mère et travailleuse) pour prédire le risque que celles-ci ont de développer des symptômes affectant leur santé mentale (Russo, 1990 ; Baruch, Biener et Barnett, 1989 ; Kushnir et Kasan, 1993 ; Streit et Tanguay, 1993). Deux modèles reliés à la multiplicité des rôles coexistent, l'un proposant l'hypothèse de l'expansion, et l'autre suggérant l'hypothèse des ressources limitées. Selon l'hypothèse de l'expansion, le cumul de plusieurs rôles facilite l'accès à de nouvelles sources de stimulation et de gratification. Le travail diminuerait les problèmes de santé mentale puisque, contrairement au fait de rester à la maison, cette activité procurerait une amélioration de l'estime de soi, une indépendance financière, plus de prestige et de soutien social (Gove et Geerken, 1977). L'hypothèse des ressources limitées (Coser, 1974 ; Goode, 1960 ; Slater, 1963) suggère plutôt que les individus disposent d'un temps et d'une énergie limités. Le cumul des rôles et responsabilités créerait des tensions entre des demandes et des exigences multiples. Les personnes connaissent rapidement une surcharge de travail et font l'expérience des conflits de rôles. Par ailleurs, certains auteurs ont mis en évi-

dence l'importance de considérer non seulement le nombre de rôles, mais également l'expérience subjective des rôles assumés en termes de gratifications et de préoccupations (Barnett et Baruch, 1985 ; Kotler et Wingrad, 1989 ; McBride, 1989).

De façon générale, l'ajout du rôle non traditionnel de travailleuse rémunérée semble avoir un impact positif sur la santé mentale des femmes (Froberg *et al.*, 1986 ; Barnett et Baruch, 1985 ; Verbrugge, 1989). Cette hypothèse s'avérerait exacte dans la mesure où les femmes disposent des ressources nécessaires pour contrer les agents stressants potentiels découlant du cumul des rôles (McBride, 1990 ; Streit et Tanguay, 1993).

Les travailleuses jouiraient d'une meilleure santé mentale que les femmes qui ne travaillent pas à l'extérieur du foyer lorsqu'elles ont accès à des services de gardiennage (Ross et Mirowsky, 1988), lorsque le partage des tâches familiales avec le conjoint est satisfaisant (Kessler et McCrae, 1982 ; Gray *et al.*, 1990 ; Lewis et Cooper, 1987 ; Streit et Tanguay, 1993) et en l'absence d'attitudes négatives du conjoint envers le travail de sa compagne (Hirsch et Rapkin, 1986a et 1986b ; Streit et Tanguay, 1993 ; Ulbrich, 1988). Les résultats de Streit et Tanguay (1993) ont par ailleurs mis en évidence qu'un niveau de symptomatologie moins élevé va de pair avec le fait d'avoir eu soi-même une mère qui combinait le travail à la maternité.

Les données de l'enquête Santé Québec ne permettent pas de tenir compte de l'ensemble des variables susceptibles d'influencer la relation entre le travail et la santé mentale des femmes. Certaines associations peuvent cependant être explorées.

Le statut d'activité et
la détresse psychologique*

Le taux d'activité est défini dans ce chapitre comme la proportion de la population âgée de 15 ans et plus qui est sur le marché du travail. La population active est composée des personnes qui travaillent à temps partiel ou à temps plein ou qui reçoivent des prestations d'assurance-chômage.

Les résultats de l'ESS de 1992-1993 sur le statut d'activité habituel au cours des 12 derniers mois montrent que 31 % des travailleuses ont un niveau élevé de détresse psychologique, ce qui correspond à la proportion moyenne de la population féminine se situant dans cette catégorie (tableau 8.1). Ce sont les femmes sans emploi qui affichent la plus forte proportion (45 %) de détresse psychologique, suivies de près par les étudiantes (39 %). Celles qui tenaient maison se rapprochent davantage des

figure **8.1**

PROPORTION DE LA POPULATION AYANT OBTENU UN SCORE ÉLEVÉ DE DÉTRESSE PSYCHOLOGIQUE

au cours des 12 derniers mois, selon le statut d'activité et le sexe, Québec, 1992

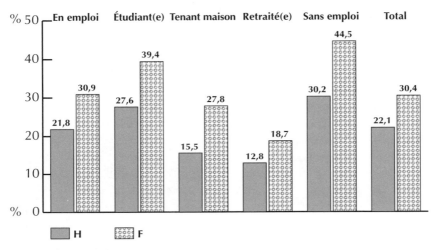

Source : ESS 1992-1993

travailleuses avec un taux de 28 %. Les retraitées, principalement des femmes âgées de 65 ans et plus, sont celles chez qui on observe la plus faible proportion (19 %)[20].

Par ailleurs, le fait de travailler ou non va influencer différemment les femmes selon les autres rôles qu'elles assument. Le travail ne semble pas affecter le niveau de détresse psychologique des femmes qui vivent en couple sans avoir d'enfants (figure 8.2 et tableau 8.2, en annexe). Le travail aurait un effet protecteur pour les femmes qui vivent seules ou les mères chefs de familles monoparentales. Quant aux femmes qui vivent avec un conjoint et qui ont des enfants, la proportion de celles qui présentent un niveau élevé de détresse psychologique est significativement* plus

20. L'âge étant fortement associé au statut d'activité et à la détresse psychologique, on doit tenir compte de cette variable pour faire une appréciation plus juste de la situation, particulièrement dans le cas des étudiantes (détresse élevée chez les jeunes) et des retraitées (détresse faible chez les femmes plus âgées). Lorsqu'on examine les associations entre le statut d'activité et la détresse psychologique par groupe d'âge, on observe peu d'écarts significatifs entre les proportions de femmes se situant dans la catégorie élevée de détresse psychologique.

figure **8.2**

SCORE ÉLEVÉ DE DÉTRESSE PSYCHOLOGIQUE
selon les rôles sociaux, femmes de 15 ans et plus, Québec, 1992-1993

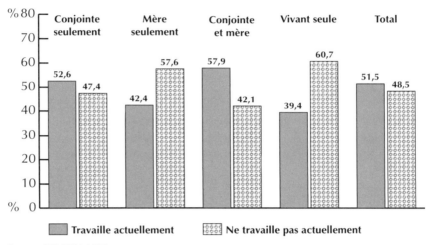

Source : ESS 1992-1993.

élevée parmi les travailleuses (58 %) que parmi celles qui ne travaillent pas à l'extérieur du foyer (42 %). Ces observations sont en contradiction avec l'hypothèse de l'expansion des rôles.

Malgré leur intérêt, ces résultats restent en deçà des attentes qu'on aurait pu avoir. Il est vrai que les données de l'ESS ne rendent compte que d'une partie de la relation des femmes avec le travail rémunéré ; tout le champ de la conciliation *travail/famille* est à peine esquissé, en particulier le partage des tâches entre les conjoints et la perception du statut d'emploi. Plusieurs questions qui pourraient teinter l'interprétation des résultats de l'enquête restent en suspens. Par exemple, est-ce que c'est l'équité entre les époux quant à la participation au travail rémunéré et au travail domestique qui sera déterminante dans la réduction de la dépression ou, plus simplement, est-ce la somme de travail fourni (particulièrement le travail domestique culturellement dévalorisé) qui fait augmenter la dépression ? Les effets du temps alloué au travail domestique sont-ils différents de ceux du travail rémunéré ? Certaines caractéristiques du travail auront-elles plus d'effet que d'autres sur la dépression ? La situation est-elle la même chez les deux conjoints, ou plutôt les hommes seraient-ils affectés par les variables du travail rémunéré et les femmes par celles du travail domestique ? Quelle est la meilleure façon de concevoir l'équité : par des mesures objectives ou par la perception subjective de la division des tâches ?

L'autonomie décisionnelle au travail

Selon l'enquête sociale et de santé, « *l'autonomie décisionnelle au travail concerne deux aspects de la vie professionnelle [...] soit la possibilité de choisir comment faire son travail et de participer aux décisions qui s'y rattachent, et la capacité d'utiliser ses compétences et d'en développer de nouvelles* » (Santé Québec, 1995, p. 153). Un indice d'autonomie décisionnelle au travail a été élaboré par les auteurs du chapitre 9 de l'enquête, à partir d'une série de questions touchant l'autorité décisionnelle au travail et l'utilisation des qualifications.

De façon générale, les femmes sont significativement* plus nombreuses que les hommes (57 % comparativement à 46 %) à déclarer qu'elles ont peu d'autonomie décisionnelle dans leur travail. Cette affirmation tient pour tous les groupes d'âge, particulièrement pour les jeunes de 15 à 24 ans, qui forment d'ailleurs le groupe où l'autonomie décisionnelle au travail est la plus faible : 74 % des jeunes femmes et 69 % des jeunes hommes rapportent un faible niveau d'autonomie décisionnelle au travail. Cette autonomie s'accroît avec l'âge mais les différences entre les sexes demeurent (figure 8.3 et tableau 8.3, en annexe).

Le niveau de scolarité semble influencer l'autonomie décisionnelle au travail figure 8.3), puisque plus de 65 % des femmes moins scolarisées (66 % : 1er quintile et 70 % : 2e quintile) déclarent avoir un faible niveau d'autonomie, comparativement à 43 % des plus scolarisées ; il en est de même chez les hommes, mais dans des proportions moindres. Ces différences sont toutes significatives.

L'autonomie sera différente selon la catégorie professionnelle. « *Environ deux fois plus d'ouvriers qualifiés que de professionnels et de cadres supérieurs ont un faible niveau d'autonomie décisionnelle au travail. Il y a significativement plus de femmes que d'hommes ayant un faible niveau d'autonomie tant chez les cadres intermédiaires, les semi-professionnels et les techniciens que chez les employés de bureau, de commerce et des services...* » (Santé Québec, 1995, tome I, p. 157)

figure **8.3**

PROPORTION DES PERSONNES QUI ONT PEU D'AUTONOMIE DÉCISIONNELLE AU TRAVAIL

selon le sexe, la scolarité et le groupe d'âge, Québec, 1992-1993

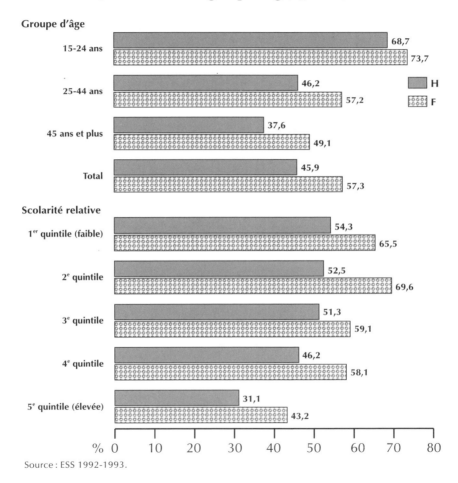

Source : ESS 1992-1993.

FAITS saillants

• Les femmes et les hommes sans emploi présentent des niveaux de détresse psychologique plus élevés que les autres personnes ; chez les femmes sans emploi, un haut niveau de détresse psychologique a été observé dans 45 % des cas.

• Parmi les femmes qui vivent avec un conjoint et des enfants, les travailleuses ont des niveaux de détresse plus élevés que les autres femmes.

• Les femmes ont moins d'autonomie décisionnelle au travail que les hommes (57 % contre 46 %).

9 LA VIOLENCE

par May Clarkson,
agente de recherche au Service des études et analyses du MSSS

Introduction
Définition de la violence

Ce chapitre aborde un thème qui a été longtemps occulté, voire nié dans la société québécoise comme dans bien d'autres : celui de la violence faite aux femmes, dans un contexte socioculturel spécifique qui conditionne les rapports sociaux entre les sexes (*gender relations*). On ne parle donc pas de la violence fortuite (telle la violence exercée au cours d'un cambriolage), mais bien de celle qui est employée plus spécifiquement contre des victimes de sexe féminin, et qu'on peut définir de la façon suivante : « *la force physique ou verbale, la coercition ou la négligence exercées à l'égard d'une personne de sexe féminin, de façon à lui occasionner des problèmes de santé physique ou psychologique, de l'humiliation ou une privation arbitraire de liberté, et de façon à perpétuer la subordination féminine* » (Heise, 1993, traduction libre).

On s'intéresse donc ici, d'une part, à la violence exercée envers une femme par un ou des inconnus, *parce qu'elle est une femme* ; on peut penser par exemple au harcèlement sexuel, à l'agression sexuelle, voire à des cas aussi extrêmes que celui du massacre de jeunes femmes à l'École polytechnique de Montréal en décembre 1989. D'autre part, on s'intéresse également à la violence physique, sexuelle ou psychologique exercée par des connaissances ou des proches, et, bien souvent, par un conjoint, un partenaire de vie ou un amoureux[21].

MacLeod (1987) décrit ainsi la femme victime de violence conjugale : « *Celle qui a perdu sa dignité, son autonomie et sa sécurité, qui se sent prisonnière et sans défense parce qu'elle subit constamment ou de façon répétée des violences physiques, psychologiques, économiques, sexuelles ou verbales.* » (p. 8)

Une telle description s'inspire principalement des témoignages de femmes violentées, et ne préjuge pas des intentions de l'agresseur. L'*Ontario Medical Review* (1986) va plus loin, en définissant la violence conjugale envers les femmes comme « *l'abus physique ou psychologique infligé par un homme à sa partenaire, afin de la contrôler ou de l'intimider* ».

---

21. Des hommes peuvent également être victimes de violence conjugale ou d'agression sexuelle ; toutefois, il semble, selon la documentation scientifique et l'avis de la plupart des intervenants, que la violence exercée par une femme à l'égard d'un conjoint non violent constitue un phénomène plutôt rare. Quant aux agressions sexuelles, on verra qu'elles touchent deux fois plus de femmes que d'hommes, et que l'agresseur est presque toujours de sexe masculin.

Quant aux agressions à caractère sexuel, Khouzam et Rousseau (1993) en donnent la définition générale suivante : « *Une agression à caractère sexuel est un acte de domination, d'humiliation, de violence. Elle se produit dès qu'on impose à une personne, contre sa volonté, des attitudes, des paroles, des gestes à connotation sexuelle, en utilisant l'intimidation, le chantage, la violence verbale, physique ou psychologique.* » (p. 839)

Une prise de conscience difficile

La prise de conscience du problème de la violence faite aux femmes a été longue et difficile. Au Québec, les premières maisons d'hébergement et de transition pour femmes violentées sont apparues au début des années soixante-dix, grâce à l'action de groupes de femmes sensibilisées à la question, et le premier centre spécialisé dans l'aide aux victimes d'agression sexuelle a vu le jour en 1975. En 1985, le ministère de la Santé et des Services sociaux a manifesté, par sa *Politique d'aide aux femmes violentées*, sa volonté d'intervenir face à un tel problème et en 1986, les ministères de la Justice et du Solliciteur général (devenu depuis ministère de la Sécurité publique) publiaient à leur tour leur *Politique d'intervention en matière de violence conjugale*. Il n'en reste pas moins que c'est l'effort des groupes de femmes qui a finalement alerté l'opinion publique et amené les gouvernements à légiférer dans ce domaine.

Malgré les progrès réalisés dans la reconnaissance du problème, il reste encore plusieurs étapes à franchir. À titre d'exemple, on se heurte parfois à la réaction suivante : « Oui, d'accord, la violence envers les femmes existe... mais dans notre milieu, dans notre pays, c'est un phénomène plutôt rare, pour ne pas dire extrêmement marginal ! »

Évaluer la prévalence de la violence

Jusqu'à tout récemment, on disposait de peu de données permettant d'évaluer la prévalence des diverses formes de violence faite aux femmes, et les quelques efforts en ce sens se heurtaient à une forte dose de scepticisme : les groupes ou les personnes qui dénonçaient, chiffres à l'appui, la violence faite aux femmes, étaient accusés de crier au loup trop fort et trop souvent. Si on obtient des prévalences élevées, entendait-on, c'est parce qu'on manque de rigueur scientifique... la méthodologie d'enquête est défectueuse... ou encore, parce qu'on définit la violence de façon trop large, jusqu'à y inclure des comportements bénins !

L'enquête sur la violence envers les femmes, menée par Statistique Canada en 1993, constitue donc à cet égard un apport précieux. D'une part, comme le souligne l'organisme, il s'agit de la première enquête du genre, dans le monde entier, à être réalisée. D'autre part, « *l'enquête portait uniquement sur les actes considérés comme une infraction en vertu du Code criminel du Canada* » (Statistique Canada, 1993, p. 2).

Compte tenu de l'excellente réputation nationale et internationale de l'organisme, dont la rigueur scientifique n'est généralement pas mise en doute, les chercheurs et les intervenants en matière de violence auraient plutôt tendance à se sentir soulagés... Enfin, des renseignements « crédibles », se dit-on, sur la prévalence du problème, et une définition qui devrait être acceptable pour tous, puisqu'on ne tient compte que des comportements pouvant être sanctionnés par les lois du pays ! La présentation des sources de données et de la méthodologie utilisée (que l'on trouvera en annexe) dans les diverses enquêtes devrait permettre à la lectrice ou au lecteur de se faire une idée juste de la rigueur de la démarche.

Violence et santé des femmes

Selon Heise (1993, 1994), bien que la violence liée au sexe soit une cause importante de morbidité et de mortalité féminines dans le monde, elle n'est encore que rarement considérée comme un problème de santé publique. Pourtant, selon la même auteure, la Banque mondiale estimait récemment que chez les femmes en âge de se reproduire, dans les pays industrialisés, 20 % des années potentielles de vie en bonne santé perdues[22] seraient directement attribuables à cette forme de victimisation.

La violence conjugale

La violence dans les relations intimes peut être létale. Les statistiques canadiennes sur l'homicide révèlent que plus du tiers des homicides, au Canada, mettent en cause des membres de la famille immédiate ; de fait, près de 20 % des homicides sont le fait d'époux qui s'en prennent à leur conjoint et, dans la majorité des cas, il s'agit de maris qui tuent leur femme (Statistique Canada, 1988, 1989, 1994b).

Sans nécessairement aller jusqu'à l'homicide, la violence conjugale revêt plusieurs formes : intimidation, humiliation, coups, blessures, brûlures ou

22. Il s'agit de la « *Disability Adjusted Life Year* » (DALY), une mesure des années de vie en bonne santé perdues en raison de la morbidité ou des décès prématurés. Chaque année de vie perdue en raison d'un décès compte pour 1 DALY, et chaque année de maladie ou d'incapacité compte pour une fraction de 1 DALY, calculée en fonction du niveau d'incapacité.

agressions sexuelles. Parmi les séquelles physiques relativement courantes, on peut mentionner les hématomes, les fractures, les hémorragies internes et la perforation du tympan. En outre, on constate souvent une escalade de la violence pendant la grossesse ; les seins, la poitrine et l'abdomen deviennent alors fréquemment la cible des coups, ce qui peut parfois provoquer une fausse couche, une naissance prématurée ou d'autres complications. Quant aux conséquences psychologiques, elles couvrent un vaste éventail, depuis les maux de tête, l'insomnie, la fatigue générale, jusqu'à la dépression, les pensées suicidaires, voire le suicide.

Deux études réalisées au Québec permettent d'évaluer la prévalence de divers problèmes de santé chez les femmes violentées. Selon la première, menée auprès de 130 femmes de la région de Montréal ayant trouvé refuge dans une maison d'hébergement (Kérouac, Taggart et Lescop, 1986), 83 % de ces femmes auraient subi de la violence physique, et la presque totalité d'entre elles auraient été victimes de violence verbale. Plus de la moitié des femmes violentées physiquement auraient présenté des ecchymoses, et plus du tiers auraient subi d'autres types de blessures (coupures, fractures et brûlures). Toutes les femmes de l'étude présentaient des symptômes de dépression et d'anxiété.

Il s'agit là de l'état de santé de femmes en situation de crise, au moment où elles trouvent refuge en maison d'hébergement. Mais qu'en est-il à plus long terme ? Afin de le savoir, Chénard, Cadrin et Loiselle (1990) ont étudié l'état de santé de femmes de la région de Rimouski victimes de violence conjugale, mais, cette fois, au moins un an après leur séjour en maison d'hébergement ; l'état de santé de ces femmes a été comparé à celui d'une population de référence. Les femmes violentées étaient près de cinq fois plus nombreuses à présenter des problèmes de santé mentale tels que : périodes de grande nervosité, d'irritabilité, de dépression, de confusion et de perte de mémoire. En outre, 13 % d'entre elles, comparativement à 4 % des femmes du groupe de référence, disaient avoir déjà songé à se suicider. On observait également chez les femmes violentées une plus grande prévalence de divers troubles de santé chroniques tels que des maux de tête, de l'arthrite ou du rhumatisme, des maux de dos, des troubles digestifs, et ainsi de suite.

Ces deux études, l'une réalisée en milieu urbain et l'autre en milieu semi-rural, documentent bien l'impact, à court et moyen terme, de la violence subie sur l'état de santé des femmes.

Les agressions sexuelles

Dans le cadre de son étude sur les infractions sexuelles à l'égard des enfants, le comité Badgley a fait réaliser un sondage national sur les infractions d'ordre sexuel. Ce sondage, entrepris en février 1983, touchait un échantillon statistiquement* représentatif de 2 008 Canadiens de 18 ans et plus, et visait à obtenir d'eux des renseignements sur leur expérience en tant que victimes ou non d'infractions d'ordre sexuel, pendant leur enfance ou leur vie adulte. D'après les résultats du sondage :

« Lorsqu'on considère chaque catégorie d'actes sexuels non désirés [...] le rapport entre les hommes et les femmes, en ce qui concerne la proportion des victimes, reste constant et se situe à environ deux contre un. [...] En réponse à la question relative au viol ou aux agressions sexuelles, environ une femme sur cinq (22,1 %) et un homme sur dix (10,6 %) ont déclaré avoir été victimes de tels actes. » (Comité sur les infractions sexuelles à l'égard des enfants, 1984, p. 194-195)

Selon la même source, « si l'on rassemble les résultats des sondages nationaux quant au sexe des agresseurs, on constate que 98,8 % des suspects étaient de sexe masculin contre 1,2 % du sexe féminin » (p. 233). Quel peut être l'impact d'une agression sexuelle sur la victime ? Selon Khouzam et Rousseau (1993), « les victimes les plus atteintes physiquement sont celles qui sont agressées par leur conjoint ou ex-conjoint ou, dans quelques cas, par un individu extrêmement violent » (p. 841). Même en l'absence de blessures ou de lésions, les victimes d'agression sexuelle peuvent avoir contracté une MTS ou vivre une grossesse non désirée. Toutefois, toujours selon Khouzam et Rousseau, « l'essence de ce que vit une victime d'agression à caractère sexuel est un état de stress post-traumatique tel que décrit dans le DSM III-R[23], c'est-à-dire une maladie de la terreur incontrôlable » (p. 838).

Voyons maintenant ce qui se produit dans une situation d'inceste. Selon une spécialiste de l'intervention auprès de victimes d'agression sexuelle[24], ce qui fait le plus peur à une victime d'agression, c'est la répétition du traumatisme ; or c'est justement ce qui se produit dans l'inceste, puisque l'enfant, « captive » de sa famille, ne peut fuir son agresseur. On voit alors se développer un syndrome de traumatisme chronique, dans lequel les symptômes de l'état de stress post-traumatique sont tous présents, exacerbés, et ne diminuent pas avec le temps. À moyen ou à long terme, on retrouve chez les victimes divers problèmes de santé mentale : troubles phobiques, dépression, anxiété, automutilation, toxicomanies, anorexie, tentatives de suicide, troubles de la

---

23. *Manuel diagnostique et statistique des troubles mentaux*, publié par l'Association des psychiatres américains et largement utilisé dans le monde.
24. D[re] Danielle Rousseau, communication personnelle (1994).

personnalité pouvant aller jusqu'à la dissociation (personnalité multiple). On relève également fréquemment des difficultés dans les relations interpersonnelles, des problèmes sexuels et de la somatisation (Rouyer, 1993).

Jusqu'ici, on a surtout cherché à démontrer l'impact de la violence subie par les femmes sur leur état de santé. On explorera maintenant les données de deux enquêtes récentes : l'une, celle de Statistique Canada, menée en 1993, permet d'évaluer la prévalence de diverses formes de violence faite aux femmes, tant au Québec qu'ailleurs au Canada ; l'autre, celle de Santé Québec, réalisée en 1992-1993, permet d'établir une corrélation entre le fait d'avoir vécu ou non de la violence conjugale, et diverses composantes de l'état de santé.

L'enquête canadienne sur la violence envers les femmes

L'enquête fédérale sur la violence envers les femmes, réalisée par Statistique Canada en 1993, a rejoint plus de 12 000 femmes, dont 1 921 Québécoises (voir annexes méthodologiques).

Dans un premier temps, on a voulu voir comment le Québec se situe, en ce qui concerne la prévalence de diverses formes de violence faite aux femmes, par rapport aux autres provinces canadiennes.

Selon les données de l'enquête, 52 % des Canadiennes de 18 ans et plus disent avoir déjà été, depuis l'âge de 16 ans, victimes de violence masculine (figure 9.1) ; chez les Québécoises, cette proportion se situe légèrement en deça (47 %). Si l'on considère la prévalence au cours des 12 mois précédant l'enquête, 9,8 % des Canadiennes, comparativement à 6,9 % des Québécoises, auraient subi au moins un acte de violence de la part d'un homme, connu ou inconnu.

figure **9.1**

POURCENTAGE DES FEMMES AYANT SUBI DE LA VIOLENCE
**par région canadienne et pour le Canada dans son ensemble,
population de 18 ans et plus, 1993**

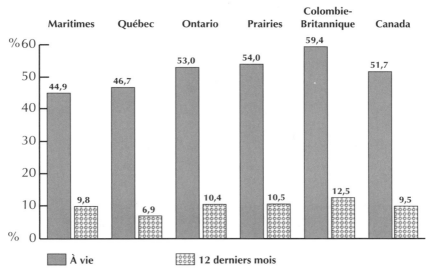

Source : Statistique Canada, 1993.

D'une province canadienne à l'autre, on observe des différences importantes dans le pourcentage des femmes qui ont été victimes de violence
(figure 9.2) ; c'est à Terre-Neuve qu'on en retrouve la proportion la plus
faible (33 %), alors que l'Alberta (58 %) et la Colombie-Britannique
(59 %) affichent les pourcentages les plus élevés.

Parmi les femmes québécoises, 25 % ont déjà subi de la violence de la part
d'un conjoint ou d'un ex-conjoint, comparativement à 29 % pour le
Canada dans son ensemble[25], et 21 % des Québécoises, comparativement
à 24 % de l'ensemble des Canadiennes, disent avoir déjà subi une attaque
sexuelle brutale[26] au moins une fois depuis l'âge de 16 ans.

---

25. Ces pourcentages ne tiennent compte que des femmes qui, au moment de l'enquête, avaient un conjoint
ou en avaient déjà eu un.

26. Par quiconque, y compris le conjoint ; cette variable n'inclut pas les attouchements sexuels.

La violence

figure **9.2**

POURCENTAGE DES FEMMES AYANT DÉJÀ SUBI DE LA VIOLENCE

par province, population de 18 ans et plus, 1993

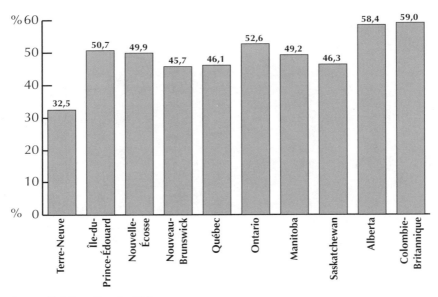

Source : Statistique Canada, 1993.

Par ailleurs, le pourcentage des femmes québécoises victimes de violence varie selon le groupe d'âge auquel elles appartiennent, et selon qu'elles vivent en milieu rural ou urbain. Telle que définie ici, la « violence » comprend : les agressions sexuelles ou physiques par un inconnu, une connaissance ou un amoureux et la violence conjugale physique ou sexuelle.

On voit au tableau 9.1 que les femmes vivant en milieu urbain sont proportionnellement plus nombreuses à déclarer avoir subi de la violence que les femmes en milieu rural, et ce, tant au cours des 12 mois précédant l'enquête (7,6 % contre 3,8 %) qu'au cours de leur vie[27] (49 % contre 36 %).

27. C'est-à-dire de la violence subie depuis l'âge de 16 ans jusqu'au moment de l'enquête.

tableau **9.1**

POURCENTAGE DES QUÉBÉCOISES QUI ONT SUBI DE LA VIOLENCE

selon qu'elles vivent en milieu urbain ou rural, population de 18 ans et plus, Québec, 1993

EXPÉRIENCE DE VIOLENCE	MILIEU URBAIN N = 2 126 275 (100 %)	MILIEU RURAL N = 561 656 (100 %)	TOTAL N = 2 687 931 (100 %)
Oui, au cours des 12 derniers mois	7,6	3,8	**6,8**
Oui, pas au cours des 12 derniers mois	40,3	30,4	**38,2**
Oui, ne sait pas si au cours des 12 derniers mois	0,9	1,8	**1,1**
Pas de violence	49,9	62,4	**52,5**
Ne sait pas	0,2	—	**0,2**
Pas de réponse	1,1	1,6	**1,2**

Source : Statistique Canada, 1993.

Par ailleurs, comme on le voit au tableau 9.2, plus les femmes sont jeunes, plus elles sont nombreuses à déclarer avoir subi de la violence au cours des 12 mois précédant l'enquête ; par contre, si l'on considère l'ensemble des expériences de violence (c'est-à-dire non seulement au cours des 12 mois précédant l'enquête, mais depuis l'âge de 16 ans), on observe peu de différences d'un groupe d'âge à l'autre, si ce n'est chez les femmes de 65 ans et plus qui sont proportionnellement moins nombreuses à dire qu'elles ont été victimes de violence.

tableau **9.2**

POURCENTAGE DES QUÉBÉCOISES QUI ONT SUBI DE LA VIOLENCE

selon le groupe d'âge, Québec, 1993

EXPÉRIENCE DE VIOLENCE	18-24 ANS N = 311 203 (100 %)	25-29 ANS N = 272 315 (100 %)	30-39 ANS N = 628 729 (100 %)	40-49 ANS N = 522 815 (100 %)	50-64 ANS N = 519 644 (100 %)	65 ANS ET PLUS N = 433 225 (100 %)
Oui, au cours des 12 derniers mois	21,8	11,2	5,4	7,0	2,5	0,3
Oui, pas au cours des 12 derniers mois	25,9	40,6	47,1	40,5	43,2	23,9
Oui, ne sait pas si au cours des 12 derniers mois	0,3	0,3	0,3	1,8	2,0	1,6
Aucune violence	50,2	47,9	46,9	49,8	50,4	71,0
Ne sait pas	—	—	0,3	0,4	0,3	—
Pas de réponse	1,8	—	—	0,6	1,6	3,3

Source : Statistique Canada, 1993.

Qu'en est-il du harcèlement sexuel, qui n'est pas inclus dans la violence telle que définie plus haut ? La plupart des Québécoises (87 %) disent en avoir été victimes au moins une fois depuis l'âge de 16 ans, et 35 % d'entre elles disent avoir été harcelées sexuellement au cours des 12 mois précédant l'enquête (tableau 9.3). Bien que le harcèlement s'adresse surtout aux jeunes femmes (trois femmes de 18 à 24 ans sur quatre disent en avoir été victimes dans l'année précédant l'enquête), les femmes plus âgées ne sont pas épargnées non plus, puisque 17 % des femmes de 50 à 64 ans et 7,7 % des femmes de 65 ans et plus disent avoir subi du harcèlement sexuel au cours de la même période. Remarquons toutefois qu'il s'agit ici d'un regroupement qui inclut, outre le harcèlement sexuel par des personnes connues ou inconnues, les appels téléphoniques obscènes, l'exhibitionnisme indécent et le fait pour une femme d'avoir été suivie, dans la rue, par un inconnu, d'une manière qui lui a fait peur. On peut donc parler de harcèlement sexuel « au sens large ».

tableau **9.3**

POURCENTAGE DES QUÉBÉCOISES QUI ONT ÉTÉ HARCELÉES SEXUELLEMENT
selon le groupe d'âge, Québec, 1993

HARCÈLEMENT SEXUEL	18-24 ANS N = 311 203 (100 %)	25-29 ANS N = 272 315 (100 %)	30-39 ANS N = 628 729 (100 %)	40-49 ANS N = 522 815 (100 %)	50-64 ANS N = 519 644 (100 %)	65 ANS ET PLUS N = 433 225 (100 %)	TOTAL N = 2 687 931 (100 %)
Oui, au cours des 12 derniers mois	72,5	62,9	44,4	28,9	17,1	7,7	**35,3**
Oui, pas au cours des12 derniers mois	22,0	32,3	44,7	56,9	62,5	52,8	**47,9**
Oui, ne sait pas si au cours des 12 derniers mois	1,5	0,3	3,5	5,2	4,2	7,4	**4,0**
Non	4,0	4,5	7,5	9,0	16,2	32,1	**12,7**

Source : Statistique Canada, 1993.

Le harcèlement sexuel (au sens strict du terme, soit celui sanctionné par la *Loi canadienne sur les droits de la personne* ou le *Code canadien du travail*) semble être environ 2,5 fois plus souvent le fait de personnes inconnues que de connaissances de la victime, comme on pourra le constater au tableau 9.4, et ce, pour tous les groupes d'âge. En outre, une Québécoise sur trois (chez les femmes de 18 à 24 ans, une sur deux) dit avoir déjà été suivie par un homme d'une manière qui lui a fait peur.

On voit jusqu'à maintenant que les très jeunes femmes semblent particulièrement vulnérables à la violence masculine. Non seulement sont-elles plus nombreuses à mentionner en avoir été victimes au cours des 12 mois précédant l'enquête, ce qui, en soi, serait déjà inquiétant, mais si l'on considère l'ensemble des incidents comportant de la violence subis depuis l'âge de 16 ans, on observe également un effet de génération ; en d'autres termes, les femmes plus âgées seraient moins nombreuses que leurs cadettes à avoir vécu, au cours de leur vie, des incidents comportant de la violence. Autre phénomène inquiétant, les très jeunes femmes sont également plus nombreuses à avoir subi une agression physique au cours de

tableau **9.4**

POURCENTAGE DES QUÉBÉCOISES HARCELÉES SEXUELLEMENT PAR UN INCONNU OU PAR UNE CONNAISSANCE AU COURS DES 12 MOIS PRÉCÉDANT L'ENQUÊTE

selon le groupe d'âge, Québec, 1993

HARCÈLEMENT SEXUEL AU COURS DES 12 DERNIERS MOIS	18-24 ANS N = 311 203 (100 %)	25-29 ANS N = 272 315 (100 %)	30-39 ANS N = 628 729 (100 %)	40-49 ANS N = 522 815 (100 %)	50-64 ANS N = 519 644 (100 %)	65 ANS ET PLUS N = 433 225 (100 %)	TOTAL N = 2 687 931 (100 %)
Par un inconnu	62,2	52,4	33,9	18,7	8,1	0,9	**25,8**
Par une connaissance	25,8	20,6	11,1	9,4	3,8	0,3	**10,3**

Source : Statistique Canada, 1993.

rendez-vous amicaux ou amoureux, comme on peut le voir au tableau 9.5. Quant aux agressions sexuelles dans le même contexte, 8 % des Québécoises de tous âges disent en avoir déjà été victimes ; on n'observe pas de différence significative sur ce plan d'un groupe d'âge à l'autre, si ce n'est chez les femmes de 65 ans et plus, dont 3 % seulement disent avoir déjà subi une telle agression.

Si l'on considère la violence conjugale, on constate qu'une Québécoise sur quatre, parmi celles ayant vécu avec un conjoint, affirme avoir déjà été victime de violence physique ou psychologique, et 3,4 % d'entre elles disent en avoir été victimes au cours des 12 mois précédant l'enquête (tableau 9.6). Encore une fois, c'est chez les très jeunes femmes qu'on observe les pourcentages les plus élevés, puisque 18 % des Québécoises de 18 à 24 ans ayant vécu avec un conjoint ont subi la violence conjugale au cours de l'année précédant l'enquête.

Parmi les Québécoises qui ont déjà quitté un conjoint, 40 % disent avoir été victimes de violence physique, et 54 % de violence psychologique, de la part de l'ex-conjoint. Bien qu'on ne puisse établir de lien direct de cause à effet, le fait qu'une telle proportion de femmes ait quitté un conjoint violent semble aller à l'encontre de l'opinion répandue voulant que les femmes violentées soient des femmes passives et masochistes.

tableau **9.5**

POURCENTAGE DES QUÉBÉCOISES AYANT SUBI UNE AGRESSION PHYSIQUE PENDANT UN RENDEZ-VOUS AMOUREUX

selon le groupe d'âge, Québec, 1993

AGRESSION PHYSIQUE	18-24 ANS N = 311 203 (100 %)	25-29 ANS N = 272 315 (100 %)	30-49 ANS N = 628 729 (100 %)	40-49 ANS N = 522 815 (100 %)	50-64 ANS N = 519 644 (100 %)	65 ANS ET PLUS N = 433 225 (100 %)	TOTAL N = 2 687 931 (100 %)
Oui, au cours des 12 derniers mois	3,0	1,0	—	—	—	—	**0,4**
Oui, pas au cours des 12 derniers mois	10,4	8,6	3,8	3,8	2,9	2,2	**4,5**
Aucune agression physique	86,6	90,4	96,2	96,3	97,1	97,8	**94,9**

Source : Statistique Canada, 1993.

tableau **9.6**

POURCENTAGE DES QUÉBÉCOISES AYANT SUBI DE LA VIOLENCE DE LA PART D'UN CONJOINT ACTUEL OU D'UN EX-CONJOINT

selon le groupe d'âge, population de 18 ans et plus, Québec, 1993 (base : Québécoises ayant vécu avec un conjoint)

VIOLENCE CONJUGALE	18-24 ANS N = 140 777 (100 %)	25-29 ANS N = 223 189 (100 %)	30-39 ANS N = 599 301 (100 %)	40-49 ANS N = 502 489 (100 %)	50-64 ANS N = 504 637 (100 %)	65 ANS OU PLUS N = 398 981 (100 %)	TOTAL N = 2 369 374 (100 %)
Oui, au cours des 12 derniers mois	17,6	7,1	1,9	3,2	2,1	0,3	**3,4**
Oui, pas au cours des 12 derniers mois	19,0	20,5	23,2	23,8	22,5	16,1	**21,5**
Oui, ne sait pas si au cours des 12 derniers mois	0,7	—	0,1	0,2	1,3	0,4	**0,4**
Aucune violence	58,7	72,2	74,2	72,1	71,2	79,2	**72,9**
Pas de réponse	4,0	0,3	0,6	0,8	2,9	4,0	**1,9**

Source : Statistique Canada, 1993.

Pour la plupart (93 %), ces femmes ont subi la violence de l'ex-conjoint au cours du mariage ou de l'union libre (tableau 9.7) ; il n'en reste pas moins que 7 % n'ont pas subi de violence au cours de l'union. Par ailleurs, 15 % de ces femmes ont subi la violence de l'ex-conjoint après la séparation, et 13 % disent avoir été violentées avant même le mariage ou l'union libre. Cette dernière donnée soulève des questions : pourquoi choisit-on d'aller vivre avec un homme qui a déjà fait preuve de violence ? Est-on portée à l'excuser (en estimant qu'il s'agit d'un acte isolé, qu'on l'a provoqué...), ou encore s'imagine-t-on qu'on peut arriver à le transformer ? Ces questions sont autant de pistes de recherche pour une exploitation plus en profondeur des données de cette enquête.

tableau **9.7**

POURCENTAGE DES QUÉBÉCOISES AYANT SUBI DE LA VIOLENCE DE LA PART D'UN EX-CONJOINT

selon le moment où elles ont subi cette violence, Québec, 1993

MOMENT OÙ UNE FEMME A SUBI LA VIOLENCE DE L'EX-CONJOINT	N = 402 953 (100 %)
Pendant le mariage ou l'union libre	
oui	93,4
non	6,6
Après la séparation	
oui	14,9
non	79,9
il n'y a pas eu séparation (le conjoint est décédé)	5,1
Avant le mariage ou l'union libre	
oui	12,7
non	86,9
ne sait pas	0,4

Source : Statistique Canada, 1993.

À la figure 9.3, on constate que 12 % des femmes qui ont actuellement un conjoint disent avoir subi de la violence physique, et 13 % de la violence psychologique, de la part de ce conjoint. Encore une fois, les Québécoises de 18 à 24 ans sont proportionnellement plus nombreuses que leurs aînées à mentionner avoir subi de la violence dans leur situation conjugale actuelle.

figure **9.3**

PROPORTION DES FEMMES AYANT SUBI DE LA VIOLENCE PHYSIQUE OU PSYCHOLOGIQUE DE LA PART DE LEUR CONJOINT ACTUEL

selon l'âge, Québec 1993

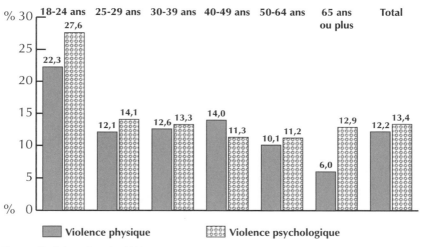

Source : Statistique Canada, 1993.

Bien que ce ne soit pas l'objectif visé, quelques questions de l'enquête fédérale permettent de mettre en relation la violence conjugale et l'état de santé. On observe par exemple que 17 % des femmes qui ont subi de la violence psychologique de la part de leur conjoint actuel perçoivent leur état de santé comme « passable » ou « mauvais », comparativement à 9,5 % seulement des femmes qui n'ont pas subi cette forme de violence ; de la même façon, 16 % des femmes qui ont subi de la violence physique dans leur union actuelle, comparativement à 9,9 % de celles qui n'en ont pas subi, trouvent leur état de santé « passable » ou « mauvais ». Dans les deux cas, les différences sont significatives.

Par ailleurs, 22 % des femmes qui se disent limitées dans leurs activités en raison d'une affection ou d'un problème de santé chronique ont subi de la violence psychologique dans leur union actuelle, comparativement à 12 % des femmes qui n'ont pas une telle limitation. De la même façon, 19 % des femmes dont les activités sont limitées, comparativement à 11 % des autres femmes, auraient subi de la violence physique dans leur union actuelle. Ceci semble confirmer certaines perceptions selon lesquelles les femmes handicapées présenteraient une vulnérabilité accrue à la violence conjugale.

Parmi les femmes violentées, environ trois sur quatre mentionnent l'incident vécu à quelqu'un de leur entourage ; dans 14 % des cas, la police est mise au courant de l'incident et, enfin, 9 % des femmes demandent de l'aide auprès de diverses ressources telles que les maisons d'hébergement, les centres d'aide et de lutte contre les agressions à caractère sexuel, les centres locaux de services communautaires (CLSC), ou d'autres encore. On voit à la figure 9.4 la proportion des femmes violentées qui se sont adressées à la police, et, à la figure 9.5, la proportion de celles qui ont eu recours à des services sociaux ou communautaires, selon le type ou la source de la violence subie. Les femmes sont relativement peu nombreuses à demander de l'aide, et ce, particulièrement en ce qui concerne les agressions à caractère sexuel, peut-être perçues comme une source d'opprobre dans une société qui tend encore à « blâmer la victime ».

figure **9.4**

PROPORTION DES FEMMES VIOLENTÉES
QUI ONT EU RECOURS AUX SERVICES POLICIERS
selon le type ou la source de la violence subie, Québec, 1993

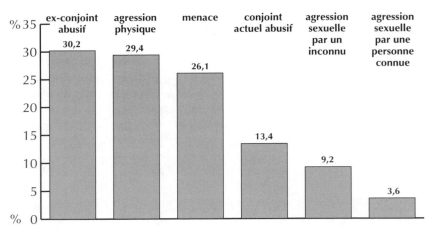

Source : Statistique Canada, 1993.

figure **9.5**

PROPORTION DES FEMMES VIOLENTÉES QUI ONT EU RECOURS À DES SERVICES SOCIAUX OU COMMUNAUTAIRES

selon le type ou la source de la violence subie, Québec, 1993

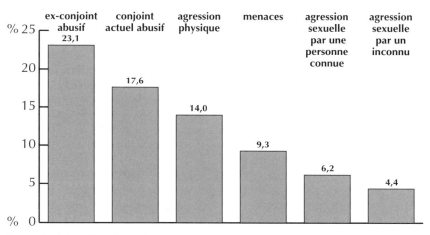

Source : Statistique Canada, 1993.

L'enquête québécoise sur la résolution de conflits entre conjoints

Malgré tout l'intérêt qu'elle présente, l'enquête fédérale sur la violence faite aux femmes s'est peu penchée, on vient de le voir, sur le lien entre la violence vécue et l'état de santé des femmes violentées. L'enquête sociale et de santé de 1992-1993 (Santé Québec), qui comportait un volet sur la résolution de conflits entre conjoints, a permis d'explorer quelque peu cette dimension.

Le questionnaire sur la résolution de conflits reprenait un instrument conçu et validé aux États-Unis, la *Conflict Tactics Scale* (CTS), utilisée dans plusieurs enquêtes américaines (Straus, Gelles et Steinmetz, 1978 ; Straus et Gelles, 1986). Ce questionnaire a été administré à un sous-échantillon des femmes identifiées comme répondantes principales lors de l'entrevue à domicile, et vivant (ou ayant vécu au cours des 12 mois précédant l'enquête) avec un conjoint. Afin d'assurer la confidentialité de l'entrevue et, le cas échéant, la sécurité de la femme, l'intervieweur ne devait lui remettre le questionnaire que si elle était la seule personne du ménage présente dans la pièce, ou s'il lui était possible de s'isoler. Au total, 1 823 femmes ont répondu à ce volet de l'enquête. En raison du mode de sélection de l'échantillon, et après comparaison des répondantes aux non-répondantes, ce sous-ensemble ne peut être considéré comme représentatif de l'ensemble des femmes du Québec et ne permet par conséquent pas d'évaluer la prévalence de la violence conjugale dans la population québécoise. On peut toutefois comparer entre elles les femmes *faisant partie de l'échantillon*.

Dans la publication de Santé Québec, les auteures (Riou, Chamberland et Rinfret-Raynor, 1996) ont établi la prévalence annuelle des conduites à caractère violent, verbales ou physiques, selon diverses caractéristiques de l'état de santé des femmes (tableau 9.8). Les résultats obtenus montrent que les taux de violence *physique* sont nettement plus élevés chez les femmes qui ont une perception moins favorable de leur état de santé. En outre, on observe une relation significative entre les taux de conduites vio-

tableau **9.8**

PRÉVALENCE ANNUELLE DES CONDUITES
À CARACTÈRE VIOLENT VERBALES OU PHYSIQUES

selon l'état de santé des femmes, Québec, 1992-1993

CARACTÉRISTIQUES DE L'ÉTAT DE SANTÉ DES FEMMES	VIOLENCE VERBALE/SYMBOLIQUE %	VIOLENCE PHYSIQUE %
Perception de l'état de santé		
excellente/très bonne	57,0	4,4
bonne/moyenne	59,7	7,5
mauvaise	56,0	12,0
Indice de détresse psychologique		
faible	52,3	3,3
élevé	73,9	12,4
Idées suicidaires		
présence	56,4	4,6
absence	85,5	23,6
Limitation des activités à long terme		
non	57,9	5,7
oui	85,7	25,0

Source : Riou, Chamberland et Rinfret-Raynor, 1996, p. 110.

lentes, *verbales ou physiques*, et la détresse psychologique, les idées suicidaires et les limitations d'activités à long terme.

Une autre approche, différente de celle retenue par Riou *et al.* (1996), consiste à comparer les femmes de l'échantillon qui ont subi des conduites à
caractère violent de la part de leur conjoint ou ex-conjoint à celles qui n'en
ont pas subi. Parmi les femmes de l'échantillon, 59 % ont subi au moins
un comportement violent, de la part du conjoint ou de l'ex-conjoint, au
cours de l'année ayant précédé l'enquête ; il faut préciser, toutefois, que ceci
inclut aussi bien les comportements de type verbal ou symbolique (inju-
rier, menacer, casser des objets...) que la violence physique.

Plus les femmes sont jeunes, plus elles sont susceptibles d'avoir subi des
conduites à caractère violent au cours de l'année précédant l'enquête. En
effet, chez les femmes de moins de 25 ans, 84 % ont vécu au moins un
épisode violent, comparativement à 68 % chez les femmes de 25 à 34 ans,
à 56 % chez celles de 35 à 44 ans et à 47 % chez les femmes de 45 à
64 ans.

Parmi les femmes qui ont vécu au moins un épisode violent, 70 % déclarent avoir un faible soutien social et 14 % se disent insatisfaites de leur
vie sociale (contre 57 % et 5 % respectivement pour les femmes qui
n'ont subi aucune conduite à caractère violent). Ces données confirment
l'existence d'un lien entre la violence conjugale et l'isolement social,
qui peut agir comme un facteur prédisposant à la violence, mais qui
peut tout aussi bien constituer une conséquence de cette violence (Riou *et
al.*, 1996).

Considérons maintenant quelques indicateurs de l'état de santé
(tableau 9.9). On constate que 37 % des femmes qui ont vécu au moins un
épisode violent ont un niveau de détresse psychologique élevé, comparativement à 18 % des autres femmes ; elles sont également plus nombreuses à avoir eu des idées suicidaires (6 % contre 1,4 %), à avoir des
activités limitées à long terme (2,3 % contre 0,5 %), et plus nombreuses
à fumer la cigarette (41 % contre 35 %).

Comme on le voit, les données observées dans cet échantillon tiré de la
population générale confirment ce qu'on observe chez les femmes en
situation de crise (Kérouac *et al.*, 1986), ainsi que chez les femmes
ex-hébergées (Chénard *et al.*, 1990), c'est-à-dire l'impact de la violence sur
l'état de santé physique et mentale des femmes violentées par leur conjoint.
On sait qu'il s'agit là, en général, de personnes qui subissent des trau-

tableau **9.9**

QUELQUES CARACTÉRISTIQUES DE L'ÉTAT DE SANTÉ

**selon que les femmes ont subi ou non des conduites
à caractère violent de la part d'un conjoint ou d'un ex-conjoint
au cours de l'année ayant précédé l'enquête, Québec, 1992-1993**

CARACTÉRISTIQUES DE L'ÉTAT DE SANTÉ	ONT SUBI DES CONDUITES À CARACTÈRE VIOLENT	N'ONT PAS SUBI DE CONDUITES À CARACTÈRE VIOLENT
Indice de détresse psychologique		
bas à moyen	62,9	81,9
élevé	37,1	18,1
Présence d'idées suicidaires		
oui	5,7	1,4
non	94,3	98,6
Limitation d'activités à long terme		
oui	2,3	0,5
non	97,7	99,5
Consommation de tabac (régulière ou occasionnelle)		
oui	40,7	34,7
non	59,3	65,3

Source : ESS 1992-1993.

matismes répétés, comme c'est le cas également des victimes d'inceste ou des enfants maltraités dans leur milieu familial ; rappelons qu'il s'agit d'une charge de souffrance parfaitement évitable, si la société dans son ensemble rejette cette violence et investit dans la prévention.

FAITS saillants

- Parmi les Québécoises de 18 ans ou plus, 47 % disent avoir déjà été victimes de violence masculine depuis l'âge de 16 ans, et 7 % en ont été victimes au cours des 12 derniers mois.

- Les femmes vivant en milieu urbain sont proportionnellement plus nombreuses à déclarer avoir subi de la violence que les femmes de milieu rural.

- Plus les femmes sont jeunes, plus elles sont nombreuses à déclarer avoir subi de la violence au cours des 12 derniers mois.

- La plupart des Québécoises (87 %) disent avoir déjà été victimes de harcèlement sexuel ; ce type de harcèlement serait 2,5 fois plus souvent le fait d'inconnus que de personnes connues de la victime.

- Les très jeunes femmes (18 à 24 ans) semblent particulièrement vulnérables à la violence masculine. Elles sont en particulier plus nombreuses à avoir déjà subi une agression physique au cours de rendez-vous amicaux ou amoureux.

- Si l'on considère la violence conjugale, une Québécoise sur quatre, parmi celles ayant vécu avec un conjoint, affirme avoir déjà été victime de violence physique et psychologique, et 3 % d'entre elles en auraient été victimes au cours des 12 derniers mois. C'est encore chez les très jeunes femmes qu'on observe les pourcentages les plus élevés (18 % au cours des 12 derniers mois).

- Les femmes violentées sont relativement peu nombreuses à demander de l'aide, et ce, particulièrement en ce qui concerne les agressions à caractère sexuel.

• Toutes les données d'enquête mettant en relation la violence subie et l'état de santé des femmes vont dans le même sens : la violence a un impact marqué, que ce soit à court, moyen et parfois long terme, sur l'état de santé physique et mentale de ces femmes.

10 LES QUÉBÉCOISES, LEUR SANTÉ, LEURS CONDITIONS ET LEURS HABITUDES DE VIE :

CONCLUSION À LA PREMIÈRE PARTIE

Les femmes et les hommes diffèrent sensiblement quant à leur état de santé et à leurs attitudes et comportements sanitaires et psychosociaux. La spécificité biologique et la socialisation des rôles sexuels sont les deux grands axes explicatifs que l'on a souvent invoqués pour tenter de comprendre ces différences. Mais il semble bien qu'il faille rajouter, et avec autant de poids, toute la configuration sociale et culturelle dans laquelle se posent les gestes liés à la santé et se vivent les souffrances. Les femmes sont, dans l'ensemble, plus pauvres que les hommes ; cette réalité explique en grande partie les différences qui sont observées sur différents points. Les femmes ont également de leur santé et de leur corps une image particulière et cette perception joue un rôle de première importance.

Malgré un état de santé déclaré plus détérioré, elles vivent plus longtemps que les hommes et toutes les raisons invoquées jusqu'à présent n'ont pas réussi à lever complètement le mystère sur ce paradoxe. Elles sont, dans l'ensemble, plus préoccupées qu'eux par le maintien de saines habitudes de vie, pour elles et leurs proches, mais sont plus sédentaires et les plus jeunes d'entre elles fument et boivent davantage d'alcool que leurs aînées. Et, surtout, certaines d'entre elles font face à des conditions de vie difficiles qui viennent contrebalancer les progrès récents dans les domaines sociosanitaire et biomédical.

Ces constats ne sont pas nouveaux, d'autres études avaient souligné ces paradoxes et tenté d'y trouver une signification. Les résultats présentés viennent en réaffirmer la persistance en s'appuyant sur des données recueillies sur le terrain. Comment, par ailleurs, situer ces résultats dans la poursuite des réflexions sur leur interprétation ? On a vu, avec les enquêtes de Santé Québec, que les femmes déclarent plus de symptômes pour des problèmes de santé mineurs que les hommes, et ceci va dans le même sens que les études faites dans d'autres pays (Popay *et al.*, 1993). Par ailleurs, elles présentent également des taux plus élevés pour un certain nombre de problèmes chroniques ou d'incapacité sévère, et ce, à partir de l'âge de 15 ans. Il y a là plus qu'une sensibilité aux manifestations précoces de la maladie, et ce dernier résultat va de pair avec les plus récentes études de Gijsbers van Wilk (1995) auprès des femmes des Pays-Bas. L'impact des conditions sociales et économiques constitue toujours une piste de recherche valable, compte tenu des résultats découlant de l'analyse des différentes enquêtes transversales utilisées.

Que s'est-il passé depuis 1987 ? La population québécoise a pris de l'âge, surtout à cause de la diminution de la proportion de ses jeunes gens. Les femmes et les hommes ont vu leur espérance de vie à la naissance augmenter ; toutefois, ils font aussi face à un plus grand nombre d'années à vivre avec une perte d'autonomie fonctionnelle, et les femmes âgées en sont particulièrement touchées. Les femmes ont consulté un peu plus les services sociaux et de santé et ont consommé plus de médicaments en 1992-1993. La détresse psychologique s'est accrue, particulièrement chez les jeunes. La consommation d'alcool a diminué légèrement, bien que la tolérance sociale face à cette consommation semble s'être considérablement amoindrie. Le tabagisme a continué à baisser, quoique l'on remarque une récente remontée de ce problème chez les adolescentes. La consommation générale d'anovulants a diminué sensiblement, sauf chez les adolescentes. Ces dernières auraient connu une augmentation des grossesses et des interruptions volontaires de grossesse. Par ailleurs, les différences entre les hommes et les femmes semblent s'être amenuisées sur certains points, particulièrement en ce qui a trait aux habitudes de vie des jeunes, qui ont tendance à se ressembler de plus en plus ; la montée de la détresse psychologique chez les jeunes hommes a de plus réduit l'écart entre les sexes à ce chapitre.

Si l'on se tourne vers les prochaines années, il est probable que les femmes ne connaîtront plus de gains importants dans leurs années de vie. Leur qualité de vie continuera d'être affectée par les problèmes de santé dont elles souffrent : maladies ostéo-articulaires et hypertensives, conditions chroniques pour lesquelles on n'a pas encore trouvé de véritables solutions. Les conditions et les styles de vie qui sont les leurs depuis quelques années, caractérisés par une participation accrue au marché du travail combinée avec une difficile conciliation « travail-famille », la consommation de tabac, d'alcool et de médicaments (hormones et psychotropes), jouent un rôle non négligeable dans la montée de certaines maladies : cancer du poumon et problèmes de santé mentale. La proportion des femmes vivant dans la pauvreté, particulièrement des mères seules et des femmes âgées, risque d'augmenter dans le contexte de récession économique qui est le nôtre actuellement.

Les personnes, organismes ou groupes préoccupés de la santé des femmes devront porter une attention accrue à ces questions ; pour chacun des problèmes détectés, il y a possibilité de soulager et de prévenir. C'est également en fonction d'eux qu'on pourra définir des objectifs prioritaires en ce qui a trait aux femmes dans l'organisation des services et dans l'orientation des activités de recherche.

L'enquête nous apprend en même temps que les femmes sont très préoccupées de leur santé : comparativement aux hommes, elles ont de meilleures habitudes de vie et posent plus de gestes en vue d'améliorer leur santé. Le savoir des femmes en matière de santé, trop souvent occulté dans le discours scientifique, émerge ainsi à travers les résultats des enquêtes. C'est une constatation importante, bien que peu exploitée encore, et on ne peut que souhaiter que la recherche se poursuive sur ces questions. On a vu aussi que, dans l'ensemble, les femmes sont plus sensibles à la prévention et collaborent volontiers à des actions ou programmes de santé. Par ailleurs, on ignore si elles ont à leur disposition suffisamment de connaissances sur les structures et les politiques de santé et de bien-être, et de moyens pour mieux gérer le devenir de leur santé. On peut se demander aussi si les conditions de vie qui sont les leurs, et qui le seront encore dans les prochaines années, leur permettront de faire les bons choix sur le plan de la santé et comment pourront se faire ces choix.

DEUXIÈME PARTIE
LE POIDS DE LA DIFFÉRENCE

INTRODUCTION

La réalité des femmes est multiple : loin de former un groupe mono-lithique, elles viennent de milieux différents sur les plans économique et social, elles ont souvent des valeurs différentes et, surtout, elles présentent un éventail de situations et d'expériences très diverses. Certaines d'entre elles sont en contact quotidien avec les réalités de la maladie et de la souffrance ; d'autres font face à des situations précaires sur le plan socio-économique ; d'autres enfin adoptent des attitudes et des comportements qui, à long terme, risquent de compromettre leur santé.

À des degrés divers, elles partagent une destinée caractérisée par les conditions qui ont été abordées dans les chapitres précédents. Mais ce partage est inégal, la part de chacune étant aussi fonction de sa situation actuelle, de son passé et de l'univers dans lequel tout cela s'est inséré. C'est pourquoi on abordera maintenant les conditions particulières de certaines catégories de femmes quant à l'état de santé, la maladie et les comportements qui y sont reliés : **les jeunes femmes**, les **femmes âgées**, les **femmes défavorisées**, les **femmes en situation de monoparentalité** ainsi que les **femmes cries et inuites**.

Le choix de ces groupes a été arrêté en tenant compte des connaissances déjà acquises sur certaines situations, du besoin de les approfondir par des données empiriques et des possibilités offertes par les enquêtes de popula-tion. De plus, comme il a déjà été mentionné, les femmes de ces groupes paraissaient plus susceptibles de recevoir une attention particulière en santé publique à cause d'un plus grand nombre de problèmes de santé physique (c'est le cas particulièrement des femmes âgées et défavorisées) et psycholo-gique (adolescentes), de situations plus difficiles (femmes chefs de familles monoparentales et femmes de milieux défavorisés), d'accès aux services (ado-lescentes), ou encore d'un milieu physique et social spécifique (femmes autochtones). Pour les mêmes raisons, ces femmes correspondent également à des groupes considérés comme prioritaires dans la *Politique de la santé et du bien-être* du ministère de la Santé et des Services sociaux (MSSS, 1992, p. 165-166)[28].

28. Deux autres sous-groupes devaient faire partie de cette publication : les femmes des régions éloignées et les femmes vivant dans des ménages où l'on compte une personne en perte d'autonomie. À cause de contraintes d'ordre technique et méthodologique, il n'a pas été possible de compléter l'analyse de ces deux derniers groupes. Cependant, l'intérêt à leur égard demeure toujours présent et les chercheurs et les chercheuses devraient reprendre l'étude des données de l'enquête à leur sujet. Par ailleurs, dans le volume 3 du Rapport de l'Enquête sociale et de santé, consacré aux variations géographiques de la santé (Santé Québec : Pampalon *et al.*, 1995), les auteurs spécifient que l'analyse comparée des hommes et des femmes ne modifie pas les profils régionaux qu'ils ont obtenus : « En général, les taux statistiquement différents pour l'ensemble de la population le demeurent pour les hommes et pour les femmes, ou pour l'un et l'autre sexe. » (p. 21) Quelques différences sont notées, mais l'ensemble ne justifie pas une analyse spécifique. Des analyses régionales ont été faites par les régies régionales de la santé et des services sociaux de chacune des régions du Québec. On pourra consulter les rapports qui en seront faits pour des analyses plus poussées.

En 1987, une section de notre étude était consacrée aux femmes des **communautés culturelles**. Ce choix était particulièrement justifié par le fait qu'on ne savait alors à peu près rien sur elles, particulièrement sur leur état de santé et leurs habitudes de vie. Or, dans la monographie de Santé Québec traitant des *communautés culturelles* (Cousineau, 1989), les données n'avaient révélé à peu près aucune différence entre les femmes des communautés culturelles et les Québécoises d'origine sur les aspects traités par l'enquête. Cette apparente homogénéité a été interprétée alors, non pas comme la démonstration de l'assimilation de ce groupe de femmes, mais plutôt comme la résultante d'un artefact méthodologique. En effet, sous l'appellation « communautés culturelles » se trouvaient réunies un grand nombre d'origines ethniques différentes, tant par leur patrimoine génétique que par leurs modes de vie et leur attitude face à la santé et au statut des femmes. Le petit nombre de répondantes de chacun de ces groupes ethniques ne permettait pas de les traiter séparément ; on a donc choisi de traiter l'ensemble des femmes, quelle que soit leur origine, ce qui rendait difficile toute analyse spécifique. De plus, on doit garder à l'esprit que seules les femmes qui parlent et lisent l'une des deux langues officielles ont pu répondre au questionnaire, ce qui limitait encore la couverture de l'ensemble des femmes des communautés culturelles du Québec. On peut également poser l'hypothèse que celles qui ne possèdent pas l'usage de l'une de ces langues sont plus isolées et, par conséquent, ont plus difficilement accès aux soins et aux services.

Une telle situation constituait un défi pour la recherche, mais également pour les intervenants et les intervenantes qui reçoivent des femmes d'origines diverses. Les choses n'ont à peu près pas changé depuis cinq ans et il est évident que la répétition de l'enquête n'apportera pas de données ou de précisions nouvelles par rapport aux constats de 1987. Seule la tenue d'une enquête spécialisée auprès des communautés culturelles permettra de préciser la spécificité des questions qui touchent leur santé et leurs conditions de vie. L'organisation d'une telle enquête est d'ailleurs en cours actuellement, à Santé Québec, de sorte qu'à très court terme, on disposera d'un ensemble de données sur la santé, les habitudes et les conditions de vie des Québécoises d'origines culturelles diverses. Pour toutes ces raisons, on ne trouvera pas, dans la deuxième partie, de section traitant des femmes des communautés culturelles. Par ailleurs, des tableaux présentant certaines données sociodémographiques, la perception de la santé et les comportements préventifs de ces populations peuvent être consultés en annexe.

D'autres sous-groupes sur lesquels on possède très peu d'informations et qui pourraient bénéficier d'une attention particulière, telles les femmes itinérantes, les femmes incarcérées ou celles qui vivent avec une grave incapacité, sont également exclus de cette étude. Les enquêtes de Santé Québec ayant été faites auprès des ménages privés, elles n'incluent pas les personnes sans domicile et celles qui vivent en institution. Rejoindre ces groupes impliquait le recours à des techniques et à des instruments différents qui ne faisaient pas partie de ces enquêtes (Santé Québec, 1995). Si la situation des femmes cries et inuites a pu être analysée au moyen des enquêtes particulières qui ont été menées dans les régions nordiques (Baie-James et Nunavik), il n'en est pas de même cependant pour les femmes des autres communautés autochtones.

Dans les analyses qui suivent, les thèmes retenus varient selon les différents groupes. Par exemple, dans le cas des femmes âgées, on s'attardera à la situation économique et à l'état de santé, alors que chez les jeunes femmes, on privilégiera les habitudes de vie et les comportements face à la santé. On ne retrouvera donc pas, pour chaque sous-groupe, l'ensemble des données de l'enquête, ce qui risquerait d'être répétitif et parfois sans intérêt manifeste, mais plutôt les résultats qui correspondent aux caractéristiques particulières de chacun.

Toutefois, il restera encore des zones grises, c'est-à-dire que bien des aspects dignes d'intérêt ne sont pas inclus dans cette étude. Le volume des banques de données de Santé Québec et, surtout, les immenses possibilités de croisements, permettent autant de monographies qu'il y a de sujets. On suggérera ou indiquera cependant quelles sont les analyses qui restent à faire en cours de route, selon les possibilités offertes par ces banques de données. À d'autres moments, on parlera de l'intérêt de certains croisements, impossibles à effectuer en raison de la taille de l'échantillon. C'est le cas de certaines situations plus rares pour lesquelles les nombres risquent d'être trop faibles, par exemple si l'on cherche à trouver des différences significatives dans le recours aux médecines douces entre les femmes défavorisées et les plus riches, selon les groupes d'âge.

11 LES JEUNES FEMMES

La littérature scientifique sur les adolescentes est abondante, mais beaucoup plus spécifique que globale, en ce sens que les études portent sur des aspects très précis, comme la contraception, l'image corporelle, les maladies transmissibles sexuellement (MTS), le tabagisme ou la détresse psychologique. Par contre, la situation des jeunes femmes est moins documentée et cela est probablement dû au fait qu'il s'agit d'un groupe moins défini ; dans certaines études, elles sont comprises avec les adolescentes, alors que d'autres les incluent dans une catégorie plus large (par exemple les femmes de 20 à 44 ans). Il sera ici question des femmes âgées de 15 à 24 ans et, comme ce groupe comporte à la fois des adolescentes et des jeunes adultes, les données seront présentées en séparant les 15-19 ans et les 20-24 ans. Afin de bien démarquer les particularités des jeunes, des comparaisons seront établies avec les femmes de 25 ans et plus.

Les adolescentes et les jeunes femmes se disent généralement en bonne santé physique ; par contre, elles manifestent plus de problèmes d'ordre psychologique que leurs aînées. Elles sont également à une période de leur vie où elles adoptent des attitudes et des comportements qui auront des effets à long terme sur leur santé. C'est pourquoi trois problématiques sont abordées dans ce chapitre : les habitudes de vie à partir de l'usage du tabac, de la consommation d'alcool et du poids corporel, les attitudes et les comportements face aux MTS et au sida et, finalement, la santé psychologique.

L'usage du tabac, abandon ou regain ?

Si, de tout temps, les hommes ont fumé plus que les femmes, depuis quelques années, les jeunes femmes ont renversé la tendance et se sont révélées de plus grandes fumeuses que les jeunes hommes. Les études sur le tabagisme, au Québec et au Canada, ont largement fait état de cette situation et surtout du fait que les jeunes femmes constituaient le seul groupe resté imperméable aux campagnes antitabac. Les jeunes Québécoises étaient les plus nombreuses à fumer régulièrement la cigarette et contribuaient pour la plus large part à l'augmentation du tabagisme chez les jeunes au Canada. Qu'en est-il en 1992-1993, alors que le mouvement antitabac accentue ses représentations et que les risques associés à l'habitude de fumer sont de mieux en mieux documentés ?

figure 11.1

TYPES DE FUMEURS

selon l'âge et le sexe, Québec, 1992-1993

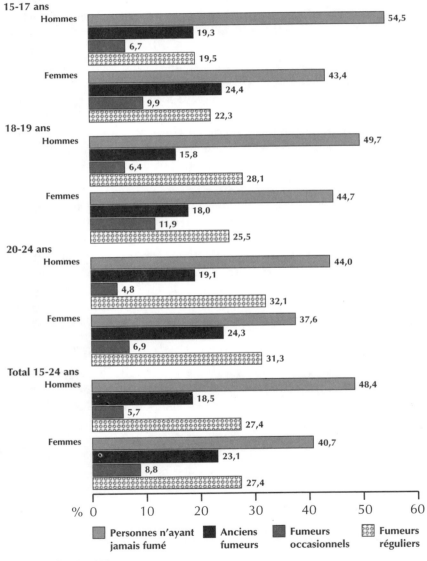

Source : ESS 1992-1993.

DERRIÈRE LES APPARENCES

Au moment de l'enquête, plus du quart des jeunes femmes et des jeunes hommes admettaient fumer régulièrement la cigarette (figure 11.1 et tableau 11.8, en annexe). À l'opposé, 41 % des jeunes femmes déclaraient n'avoir jamais fumé, 9 % le faisaient de façon occasionnelle et 23 % avaient abandonné l'usage du tabac. Cette dernière pratique est surtout le fait des 15-17 ans, puisque la proportion d'anciennes fumeuses est passée, chez elles, de 17 % à 24 % entre les deux enquêtes (voir tableau 11.9, en annexe, pour la situation de 1987). On peut poser l'hypothèse que l'augmentation du coût des cigarettes aura joué un rôle plus important que les campagnes de prévention, puisqu'on ne note pas de différences significatives* dans la catégorie « jamais fumé ». Autrement dit, la proportion des jeunes femmes qui n'ont pas commencé à fumer n'a pas augmenté entre 1987 et 1992-1993, comme on aurait pu s'y attendre.

Entre 1987 et 1992, l'usage régulier de la cigarette a sensiblement diminué chez les 15-24 ans ; cette baisse est particulièrement significative parmi les femmes de 20 à 24 ans chez qui la proportion de fumeuses régulières est passée de 42 % à 31 % (on pourra consulter le tableau 11.6, en annexe, pour la situation de 1987). Durant la même période, l'écart entre les hommes et les femmes a diminué à tous les âges, écart qui est imputable en grande partie à la diminution du tabagisme chez les jeunes femmes. C'est ainsi qu'en 1992-1993, la proportion des jeunes qui fumaient régulièrement était la même chez les jeunes femmes et les jeunes hommes, soit 27 % (figure 11.2 et tableau 11.10A, en annexe).

On note également une évolution quant au nombre de cigarettes fumées quotidiennement chez les fumeurs (figure 11.3 et tableau 11.10B, en annexe). En effet, la proportion de fumeuses qui consommaient plus de 26 cigarettes par jour est passée de 4,7 % à 1,6 % entre les deux enquêtes. En contrepartie, le pourcentage de celles qui fumaient des petites quantités (une à dix cigarettes) a sensiblement augmenté (33 % à 45 %). La baisse du tabagisme, chez les jeunes femmes, s'est donc opérée à deux points de vue : l'abandon de la cigarette et la diminution de la consommation quotidienne.

Par ailleurs, la proportion de fumeuses régulières est toujours significativement plus élevée chez les jeunes femmes des milieux pauvres et très pauvres. Parmi elles, quatre femmes sur dix sont des fumeuses régulières, comparativement à deux sur dix chez celles qui sont plus favorisées économiquement.

figure 11.2

FUMEURS RÉGULIERS

selon l'âge et le sexe, Québec, 1987 et 1992-1993

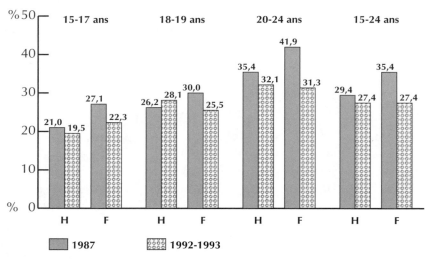

Source : Santé Québec 1987 et ESS 1992-1993.

Bref, un peu plus d'une jeune femme sur quatre est une fumeuse régulière. Une grande attention a été portée à cette consommation dans les médias et les milieux de la santé publique. Et pourtant, elles fument moins que leurs consœurs plus âgées (25 à 44 ans) et autant que les hommes de leur âge. Il est vrai qu'au cours des dernières décennies, la consommation quotidienne des jeunes femmes avait particulièrement augmenté. Peut-on affirmer que c'est maintenant chose du passé ? Puisqu'elles ont rejoint la consommation des hommes du même âge, doit-on encore en faire une priorité dans les campagnes publiques de promotion de la santé ?

Dans son rapport sur l'ESS (1995), Santé Québec fait la remarque suivante : « *L'enquête sociale et de santé 1992-1993 a été menée au moment où la société québécoise était le plus divisée sur la question du bien-fondé de l'imposition de taxes élevées sur les produits du tabac. Les groupes de pression pour maintenir les taxes n'ont pas fait le poids face au lobby des groupes d'intérêt et aux combattants de la contrebande. Ainsi, le 9 février 1994, le gouvernement fédéral a décidé de diminuer les taxes sur le tabac. Dans quelques années, il pourra être intéressant de mesurer l'impact de cette décision.* » En effet, il faut du temps

figure **11.3**

FUMEURS RÉGULIERS

selon le nombre de cigarettes fumées quotidiennement et le sexe, population de 15 à 24 ans, Québec, 1987 et1992-1993

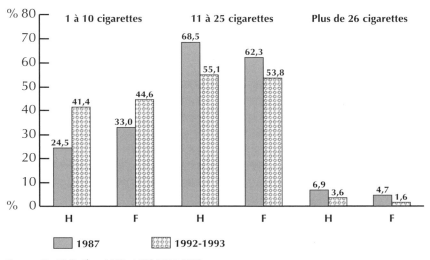

Source : Santé Québec 1987 et ESS 1992-1993.

pour mesurer la portée de telles décisions politiques ; cependant, l'enquête sur le tabagisme au Canada (Santé Canada, 1994) conclut : « *L'incidence du tabagisme chez les femmes a baissé depuis 1981. La baisse la plus importante s'est manifestée chez les adolescentes de 15 à 19 ans et les jeunes femmes de 20 à 24 ans, quoique la majeure partie de cette baisse se soit produite avant 1986. La présente enquête menée en mai 1994 indique un changement dans cette tendance et une hausse de l'incidence pour ces deux groupes d'âge depuis 1991 […] Neuf pour cent des femmes ont dit fumer plus en mai qu'en janvier 1994, dont neuf pour cent en raison de la baisse des prix. C'est chez les adolescentes que l'on retrouve le plus souvent cette attitude.* » La même enquête souligne que c'est au Québec que l'on retrouve la plus forte proportion de fumeuses régulières. À la lumière de ces derniers résultats, une augmentation du tabagisme serait en cours chez les très jeunes femmes ; s'agit-il d'un indicateur du moment ou d'un réel mouvement vers une augmentation de la consommation de la cigarette chez elles ? C'est, bien sûr, une tendance qu'il conviendra de suivre attentivement dans les prochaines années, compte tenu des effets du tabac sur la santé.

Contraceptifs oraux et tabagisme

Si le tabagisme à lui seul constitue un risque pour la santé, il peut se créer un facteur de synergie qui va faire augmenter considérablement le risque lorsqu'il est combiné à d'autres habitudes. Ainsi, la combinaison tabac-anovulants est considérée maintenant comme présentant un risque accru de maladies de l'appareil circulatoire (ex. : thromboses cérébrovasculaires ou cardiovasculaires). De façon générale, on estime que les décès attribuables aux contraceptifs oraux sont causés, six fois sur dix, par la consommation concomitante de tabac (Santé Québec, 1995, vol. 1, p. 178). Cette information est, en principe, largement diffusée auprès de la population par les campagnes d'information publiques, les organismes de prévention, les médias et les professionnels de la santé. Qu'en est-il du comportement des jeunes femmes ?

Quarante-cinq pour cent des femmes âgées de 15 à 24 ans prennent régulièrement des anovulants. Si cette consommation a baissé depuis 1987 pour l'ensemble des femmes en âge de procréer, elle a connu une augmentation chez les adolescentes (elle est actuellement de 32 % chez les 15-17 ans et de 57 % chez les 18-19 ans) (tableau 11.1). Plus du quart (29 %) des consommatrices d'anovulants âgées de 15 à 24 ans sont aussi des fumeuses régulières ; cette proportion est particulièrement élevée

tableau 11.1

CONSOMMATION D'ANOVULANTS
selon l'âge, Québec, 1987 et 1992-1993

GROUPE D'ÂGE	1987 %	1992-1993 %	1992-1993 POPULATION ESTIMÉE
15-17 ans	28,5	32,2	45 115
18-19 ans	54,8	56,7	49 451
20-24 ans	58,0	49,2	113 205
25-34 ans	30,0	23,4	142 205
35-44ans	4,6	2,9 *	17 864
Total	**27,5**	**21,9**	**367 840**

* Coefficient de variation entre 15 % et 25 % ; interpréter avec prudence.
Source : Santé Québec, *Et la santé, ça va en 1992-1993*, tome 1, chapitre 10, p. 179.

dans le groupe des 15-17 ans (36 %) et l'association anovulants-cigarette est significative* chez elles, ce qui n'est pas le cas des jeunes femmes de 18 ans et plus.

Par ailleurs, la situation s'est sensiblement améliorée depuis 1987, puisque l'on constate une baisse du tabagisme chez les utilisatrices d'anovulants. Cette baisse est particulièrement marquée chez les femmes âgées de 18 et 19 ans, qui sont également les plus grandes utilisatrices d'anovulants (tableau 11.2).

Même si le risque associé au tandem anovulants-tabac est plus accentué après l'âge de 35 ans, le fait qu'un nombre aussi important de jeunes femmes s'engagent dans des habitudes de vie qui peuvent compromettre leur santé et leur vie de façon précoce devrait nous alerter. Cette constatation est importante car elle suscite d'autres questions : cette consommation de cigarettes va-t-elle continuer toute leur vie ou s'agit-il d'un effet de génération ? On peut s'interroger aussi sur l'accord tacite des milieux professionnels et de la société[29] pour qui le risque des grossesses à l'adolescence prime sur tous les autres. A-t-on véritablement cherché d'autres

tableau **11.2**

PROPORTION DE FUMEUSES PARMI LES FEMMES
QUI PRENNENT OU NON DES ANOVULANTS

population féminine de 15 à 24 ans, Québec, 1987 et 1992

GROUPE D'ÂGE		PREND DES ANOVULANTS		NE PREND PAS D'ANOVULANTS	
		%	[I.C.]	%	[I.C.]
15-17 ans	1992	35,5	[22,1-48,9][c]	15,9	[8,8-23,0][d]
	1987	50,0	[33,4-66,6][c]	18,2	[10,0-26,4][d]
18-19 ans	1992	24,2	[12,7-35,7][d]	27,6	[14,0-41,2][d]
	1987	41,3	[26,4-56,2][c]	15,8	[4,0-27,6][e]
20-24 ans	1992	31,4	[23,2-39,6][c]	30,3	[22,3-38,3][c]
	1987	48,1	[39,5-56,7][b]	32,7	[23,1-42,3][c]

Sources : Santé Québec 1987 et ESS 1992-1993.

---

29. La pilule anovulante est aussi le choix des jeunes femmes qui semblent la préférer à d'autres moyens contraceptifs (étude faite à Montréal en 1995 et citée dans *La Presse* du 18 février 1996).

solutions à la contraception chez les adolescentes ? Doit-on chercher d'abord à agir sur l'habitude de fumer ? Ce sont là des questions sur lesquelles il faut se pencher sérieusement et, face à la montée des maladies sexuellement transmissibles et du sida, les enjeux deviennent plus complexes. Ils mettent en perspective des conflits entre des objectifs de santé publique et des systèmes de valeurs en mutation. Mais on oublie trop souvent que l'enjeu ultime peut être la santé des jeunes femmes. La recherche devra, de toute évidence, étudier l'ensemble de ces questions afin d'apporter des solutions pertinentes et réalistes aux jeunes femmes ainsi qu'à celles et ceux qui interviennent auprès d'elles.

Pour élaborer des pratiques d'intervention, il sera intéressant de mieux connaître les caractéristiques des jeunes filles et des jeunes femmes qui fument de façon régulière et surtout leurs motivations quant à la décision de s'engager dans le tabagisme et d'y persister. Quels sont les liens que l'on peut établir entre le fait de fumer et l'image de soi ? La montée du tabagisme chez les femmes a souvent été associée à une modification de l'image et du rôle des femmes : le fait de fumer a déjà été considéré comme un symbole de libération. Est-ce encore le cas aujourd'hui ? Si l'on ajoute à cela la crainte de prendre du poids, associée à l'arrêt de l'usage de la cigarette (de nombreuses jeunes femmes décident même de commencer à fumer en espérant que cela les aidera à maigrir ou à rester minces), on comprendra que la tendance au tabagisme reste très forte chez les femmes de cet âge (Santé et Bien-être social Canada, 1988). Toute activité sanitaire destinée à réduire l'usage de la cigarette chez elles devra nécessairement tenir compte de ces réalités. L'importance du tabagisme chez les jeunes filles de milieux défavorisés est aussi un élément d'information à considérer dans les programmes de santé publique qui visent ces populations.

L'alcool et la drogue, une affaire de jeunes ?

Au chapitre 6, qui porte sur la consommation d'alcool et de drogue, il a été fait mention des modes de consommation des jeunes de 15 à 24 ans en comparaison de ceux des plus âgés. À l'instar de l'ensemble de la population, quatre jeunes sur cinq (83 %) consomment de l'alcool de façon régulière et il n'y a pas de différences significatives* entre les sexes (tableau 11.3). Depuis 1987, la proportion des buveuses habituelles a légèrement diminué, mais cela est dû à la consommation des 18-24 ans ; la consommation régulière d'alcool a légèrement augmenté chez les adolescentes et les adolescents (15-17 ans).

tableau **11.3**

BUVEURS ACTUELS

selon l'âge et le sexe, Québec, 1987 et 1992-1993

SEXE	GROUPE D'ÂGE	1987 %	1992-1993 %	P.E.
Hommes				
	15-17 ans	67,2	76,2	113 819
	18-19 ans	91,4	85,6	77 226
	20-24 ans	90,9	90,6	215 100
	Total	**83,8**	**85,1**	**406 145**
Femmes				
	15-17 ans	69,8	73,3	103 695
	18-19 ans	89,7	84,2	74 107
	20-24 ans	90,4	83,9	194 037
	Total	**84,3**	**80,7**	**371 839**
Sexes réunis				
	15-17 ans	68,5	74,8	217 514
	18-19 ans	90,6	84,9	151 333
	20-24 ans	90,6	87,3	409 137
	Total	**84,0**	**83,0**	**777 984**

P.E. : population estimée.
Source : Santé Québec 1995, tome 1, tableau 3.6, p. 47.

Les femmes boivent moins que les hommes et c'est un phénomène que l'on retrouve à tous les âges ; par contre, le boire des jeunes filles se distingue de celui des autres femmes par une plus grande proportion d'épisodes de forte consommation (nombre de fois où l'on a bu cinq consommations ou plus en une seule occasion) (tableau 11.4).

Au cours de l'année précédant l'enquête, parmi les jeunes femmes qui ont bu de façon régulière, 27 % ont bu cinq consommations ou plus, et ce, cinq fois ou plus, ce qui les place dans une catégorie comportant des risques ; ces risques ont principalement trait aux intoxications et aux accidents. Les jeunes hommes sont deux fois plus nombreux à adopter ce mode de consommation d'alcool et, jusqu'à 45 ans, les taux des buveurs vont demeurer élevés (entre 40 % et 50 %), alors que les jeunes femmes vont rapidement abandonner cette façon de consommer à partir de 25 ans. Il y a probablement là un effet d'âge, c'est-à-dire que le fait de consommer de grandes quantités d'alcool au cours de la même occasion est un com-

tableau 11.4

NOMBRE DE FOIS OÙ UNE PERSONNE A PRIS CINQ CONSOMMATIONS OU PLUS EN UNE SEULE OCCASION AU COURS DES 12 MOIS AYANT PRÉCÉDÉ L'ENQUÊTE

selon l'âge et le sexe, Québec, 1992-1993

SEXE	GROUPE D'ÂGE	AUCUNE %	1-2 FOIS %	3-4 FOIS %	5 FOIS ET PLUS %
Hommes					
	15-24 ans	19,7	19,5	11,1	49,7
	25-44 ans	27,5	20,7	11,4	40,4
	45-64 ans	43,7	15,2	9,8	31,3
	65 ans et plus	67,2	13,8	4,8*	14,3
	Total	**33,5**	**18,5**	**10,4**	**37,6**
Femmes					
	15-24 ans	33,0	29,0	11,2	26,9
	25-44 ans	55,0	21,4	8,1	15,5
	45-64 ans	72,1	12,7	5,7	9,5
	65 ans et plus	87,4	6,9**	2,7**	3,0**
	Total	**57,6**	**19,6**	**7,7**	**15,2**
Sexes réunis					
	15-24 ans	26,1	24,0	11,1	38,7
	25-44 ans	41,0	21,0	9,8	28,2
	45-64 ans	57,1	14,0	7,8	21,1
	65 ans et plus	76,2	10,7	3,8*	9,2*
	Total %	**45,1**	**19,0**	**9,1**	**26,8**
	P.E.	1 898 178	800 228	381 785	1 130 284

P.E. : population estimée.
* Coefficient de variation entre 15 % et 25 % ; interpréter avec prudence ;
** Coefficient de variation > 25 % ; estimation imprécise fournie à titre indicatif seulement.
Source : Santé Québec 1995, tome 2, tableau 4.4, p. 94.

portement plus souvent associé au jeune âge. Par ailleurs, dans le cas des jeunes femmes, il y a probablement un effet de génération qui s'y rajoute. Cette situation se retrouve dans la plupart des enquêtes portant sur la consommation d'alcool, particulièrement en Amérique du Nord. Wilsnack et Wilsnack (1991) parlent d'une « convergence » entre les modes de consommation des jeunes hommes et des jeunes femmes. Ils relient cette situation à des changements observés pour ces générations dans les contextes et les partenaires de consommation, ainsi que dans les situations familiales et professionnelles. Ils suggèrent que les prochaines enquêtes nationales, américaines et canadiennes continuent à suivre de près les modifications dans le boire excessif des jeunes femmes.

Par ailleurs, l'*Enquête sur la consommation d'alcool et de drogues chez les jeunes Québécois âgés entre 15 et 29 ans* (Santé Québec, 1991) fait ressortir une association entre la consommation d'alcool et le vécu sexuel. L'initiation aux boissons alcoolisées précéderait l'initiation à la vie sexuelle et une plus grande consommation serait associée à une plus grande précocité des activités sexuelles. De plus, la consommation d'alcool (ou d'une autre drogue) lors de la première relation sexuelle aurait un effet négatif sur l'utilisation du condom (tableau 11.5).

tableau **11.5**

UTILISATION DU CONDOM

selon la consommation d'alcool et/ou d'autres drogues lors de la première relation sexuelle, Québec, 1991

CONSOMMATION D'ALCOOL ET/OU D'AUTRES DROGUES À LA PREMIÈRE RELATION SEXUELLE	N = 2 281	POPULATION ESTIMÉE	CONDOM À LA PREMIÈRE RELATION SEXUELLE	
			OUI %	NON %
Oui	262 12,2 %	159 696	26,3	73,7
Non	2 019 87,7 %	1 134 993	44,5	55,5
Total	**2 281 100 %**	**1 294 689**	**42,3**	**57,7**

Source : Santé Québec 1992, tableau 22, p. 82.

Selon l'auteure de cette étude, près de 155 000 adolescents, adolescentes et jeunes adultes (âgés de 15 à 29 ans) auraient vécu leur première relation sexuelle sans protection ; c'est parmi les buveurs et les buveuses que l'on retrouve la plus grande proportion de jeunes dont les comportements sexuels comportent des *risques élevés*[30], soit 24 %. Ces résultats valent pour l'ensemble des jeunes et n'ont malheureusement pas été

---

30. Le risque est élevé lorsque les jeunes n'ont pas utilisé le condom lors de relations avec un partenaire occasionnel peu connu, un partenaire utilisateur de drogues intraveineuses, ou lors de relations anales.

analysés en tenant compte du sexe. Cependant, l'établissement de risques associés aux comportements sexuels, en relation avec la consommation de substances psychoactives*, apporte un éclairage particulier sur l'interprétation des résultats de l'enquête sociale et de santé de 1992-1993.

Une image de soi hypocalorique

Les hommes et les femmes ont des perceptions sensiblement différentes de leur image corporelle, on l'a vu au chapitre 6. Pour les uns comme pour les autres, une attitude négative face à son corps est associée à une faible estime de soi, mais cette relation est significativement* plus forte chez les femmes que chez les hommes (Connor-Greene, 1988 ; Mintz et Betz, 1986). Elles accorderaient plus d'importance qu'eux à l'apparence physique et seraient plus portées à adopter une grande variété de stratégies pour perdre du poids, incluant des moyens reconnus comme dangereux pour leur santé[31] (Klesges, Mizes et Klesges, 1987). Par ailleurs, selon Garner et al. (1985), de fréquents changements de poids corporel peuvent constituer un plus grand risque pour la santé que l'obésité. Les recherches portant sur les pressions sociales et culturelles et l'apparence physique ont montré que, dès l'enfance, les femmes sont encouragées à être délicates et minces (Freedman, 1984). Les adolescentes considèrent que la minceur est une condition essentielle à leur réussite sociale et même professionnelle (Connor-Greene, 1988).

Les résultats de l'ESS montrent qu'à l'instar de l'ensemble de la population, les jeunes femmes se situent en majorité dans la catégorie « poids santé[32] ». Par ailleurs, on retrouve chez elles les plus fortes proportions d'insuffisance de poids (20 % entre 15 et 19 ans et 30 % entre 20 et 24 ans). Elles se distinguent ainsi des femmes plus âgées, mais également des jeunes hommes, ce qui vient confirmer leur souci de contrôler leur poids (figure 11.4 et tableau 11.11, en annexe).

---

31. Chez les adolescentes, les laxatifs et les vomissements provoqués sont utilisés comme méthodes de contrôle du poids, ce qui est très rare chez les adolescents (Connor-Greene, 1988).

32. L'analyse des données de l'enquête présente généralement quatre catégories de poids (poids insuffisant, poids santé, début d'excès de poids et surpoids). Ces quatre catégories ne sont cependant pas utilisables pour les 15-19 ans et les 65 ans et plus, étant donné que l'indice de Quételet* n'est considéré comme fiable et valide que pour les 20-64 ans. Pour reconstruire les tableaux en y incluant les 15-19 ans et les 20-24 ans, on doit se restreindre à trois catégories.

figure **11.4**

CATÉGORIES DE POIDS
selon le sexe, population de 15 à 24 ans, Québec, 1992-1993

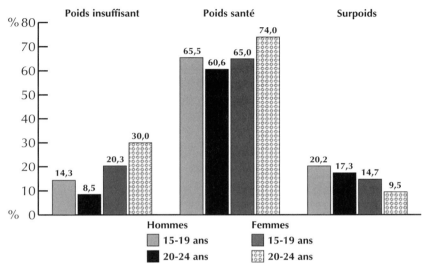

Source : ESS 1992-1993.

Ces résultats remettent en question la pertinence des politiques et des programmes de santé publique qui mettent l'accent sur les problèmes d'excès de poids et d'obésité. Même si ces problèmes sont associés à une série de pathologies et présentent des risques pour la santé[33], la possibilité que l'on occulte ainsi les risques liés à l'insuffisance de poids doit être envisagée, particulièrement si celle-ci présente un idéal chez les jeunes femmes, comme semblent l'indiquer les données du tableau 11.6.

On a vu dans la première partie qu'entre 20 et 64 ans, plus de trois femmes sur quatre désirent perdre du poids comparativement à 59 % des hommes (chapitre 6). Les adolescentes ont, à cet égard, des comportements très semblables à ceux de leurs aînées, alors que les jeunes hommes du même âge (15-19 ans) sont beaucoup moins nombreux à désirer perdre du poids. En fait, ces derniers souhaitent plutôt une augmentation de leur

33. Selon des études américaines, l'obésité est en augmentation actuellement et de nombreux risques pour la santé ont été associés à l'embonpoint durant l'adolescence : hypertension, maladies respiratoires, problèmes orthopédiques, diabète et maladies lipidiques (Gortmaker et al., 1993 et 1990 ; Ross et al., 1987 ; Shear et al., 1988).

tableau 11.6

DÉSIR DE MAIGRIR CHEZ LES PERSONNES
DONT LE POIDS ACTUEL EST NORMAL OU INSUFFISANT
selon l'âge et le sexe, Québec, 1992-1993

DÉSIR DE MAIGRIR	POIDS ACTUEL			
	INSUFFISANT		NORMAL	
	HOMMES	FEMMES	HOMMES	FEMMES
Diminution légère				
15-19 ans	2,1 [-][e]	20,2 [8,4-32,0][e]	13,2 [8,0-18,4][d]	54,8 [46,9-62,7][b]
20-24 ans	0,4 [-][e]	37,3 [25,8-48,8][c]	25,5 [19,1-31,9][b]	47,9 [39,5-56,3][b]
Forte diminution				
15-19 ans	1,1 [-][e]	5,2 [-][e]	4,9 [1,6-8,2][e]	29,7 [22,4-37,0][b]
20-24 ans	0,0	4,0 [-][e]	3,6 [0,9-6,3][e]	41,8 [33,5-50,1][b]

Source : ESS 1992-1993.

masse corporelle (c'est le souhait de 48 % d'entre eux), ce qui correspond également aux normes de l'idéal corporel masculin qui tend vers un développement musculaire important.

Certains résultats sont particulièrement éloquents ; par exemple, 25 % des adolescentes qui ont déjà un poids insuffisant désirent maigrir, et c'est le cas également de 41 % des jeunes femmes âgées de 20 à 24 ans. Peut-on alors parler d'anorexie ? Selon certaines recherches, la combinaison « insuffisance de poids + désir de maigrir » serait une indication suffisante. Une recherche sur l'anorexie à partir des données de Santé Québec 1987 (Gagnon, 1989) délimitait trois groupes vulnérables : les personnes de poids insuffisant qui désirent maigrir, celles qui ont un poids normal et qui désirent atteindre un poids insuffisant, et enfin celles qui ont un poids insuffisant et qui souhaitent conserver ce poids. Dans chacune des catégories, on notait une forte représentation de jeunes femmes. Les mises en garde quant à l'utilisation de l'indice de masse corporelle* chez les adolescentes incitent à user de prudence dans l'application de telles catégories à partir des données de l'enquête. Sans poser un jugement *diagnostique*, on peut toutefois considérer que les jeunes femmes qui présentent à la fois une insuffisance de poids et qui manifestent le désir de maigrir sont plus à risque de développer de l'anorexie.

La projection de l'image de soi semble jouer un rôle capital à cette période de la vie, même si cela risque de se faire au détriment de la santé. Le besoin de se conformer à des comportements partagés par les pairs (habitude de la cigarette, consommation d'alcool, comportements sexuels, image corporelle) vient interférer avec les messages sur le lien entre la santé et les habitudes de vie auxquels cette génération de femmes a pourtant été exposée plus que toute autre. La littérature scientifique montre que chez les jeunes femmes anorexiques, le sentiment d'être inadéquates, la recherche de la perfection et du contrôle sur leur corps ont été reconnus comme des facteurs jouant sur les comportements alimentaires (Swartz, 1985 ; Koff et Rierdan, 1991 ; Levinson, Powell et Steelman, 1986). Dans sa revue de la recherche sur l'attitude des enfants face aux questions de poids et d'apparence physique, Carla Rice (1993) insiste sur le fait que ces attitudes risquent d'entraîner des conséquences sérieuses au regard de la santé publique et conclut : « *Il est donc essentiel que les adultes contribuent à démanteler les stéréotypes sexuels destructeurs en aidant les filles à développer leurs compétences et leurs aptitudes, en les amenant à accorder de l'importance à leurs réalisations, à leurs talents et leur personnalité.* » (p. 66)

Il y a aussi les MTS et le sida

Si, à ses débuts au Canada, le sida a semblé toucher surtout les communautés homosexuelles, il est clair aujourd'hui qu'il frappe sans égard à l'orientation sexuelle ou au sexe. En effet, le contact hétérosexuel avec une personne infectée et l'utilisation de drogues injectables se signalent maintenant comme des modes de transmission importants qui viennent s'ajouter à la transmission par contact homosexuel. C'est notamment vrai au Québec, où le taux de transmission hétérosexuelle est près de cinq fois plus élevé que dans les autres provinces (Centre fédéral sur le sida, 1991). Les jeunes sont particulièrement exposés, compte tenu du fait qu'ils pratiquent la monogamie sériée durant cette période de leur vie (Sorenson, 1973). Tout comme le soulignent Bowie et Ford (1989), la fréquence la plus élevée du changement de partenaires se trouve au début de la vie active.

Le questionnaire de l'enquête sociale et de santé 1992-1993 ne comportait pas de données sur les MTS et le sida. L'enquête québécoise de 1991 auprès des jeunes a cependant permis de recueillir des données auprès d'un échantillon composé de 3 000 répondants représentatifs de la population générale québécoise âgée de 15 à 29 ans (Santé Québec, 1991).

De façon générale, les jeunes de 15 à 29 ans connaissent bien les comportements qui augmentent le risque de contracter le VIH. Entre 94 % et 97 % des jeunes hommes et des jeunes femmes ont répondu correctement aux énoncés se rapportant aux moyens de prévention. Leur connaissance des énoncés techniques ou cliniques[34] est cependant plus faible, puisque la proportion des réponses adéquates sur ce sujet varie entre 78 % et 89 %. Il importe de souligner que 22 % des jeunes croient que l'on peut guérir du sida si on se fait soigner très tôt. Cette croyance relativement répandue est assez alarmante car elle peut facilement entraîner l'adoption de comportements risqués.

Vécu amoureux

L'enquête sur les MTS et le sida aborde également des attitudes et des comportements associés aux relations amoureuses. La notion de « vécu amoureux » y est abordée par la question : « Avez-vous présentement un "chum ou une blonde", un(e) conjoint(e) ou partenaire régulier ? » Les auteurs de l'étude ont insisté sur l'aspect subjectif de la notion de « partenaire régulier », qui n'a pas nécessairement la même signification, notamment en ce qui concerne la durée, pour un jeune de 15 ans que pour une personne approchant la trentaine.

Dans l'ensemble, les femmes (73 %) plus que les hommes (62 %) déclarent avoir un partenaire amoureux stable. Chez les 15-17 ans, par contre, autant de garçons que de filles ont un partenaire amoureux et plus de filles disent n'en avoir jamais eu. Les jeunes femmes ont, en moyenne, un partenaire amoureux « régulier » depuis plus longtemps que les jeunes hommes. Cette situation se manifeste de façon plus marquée chez les femmes de 25 à 29 ans, pour lesquelles la durée moyenne d'une relation est 1,4 fois plus élevée que chez les hommes. Les hommes étaient deux fois plus nombreux à entreprendre une nouvelle relation amoureuse (deux mois et moins au moment de l'enquête).

Aborder le sujet de la contraception est encore « une affaire de filles », puisque l'enquête démontre que parmi les jeunes qui ont ou qui ont déjà eu un partenaire « régulier », les femmes discutent davantage de méthodes contraceptives que ne le font les hommes. On constate que la proportion de jeunes, indépendamment du sexe, qui discutent de contraception augmente avec l'âge quoique les différences entre les sexes demeurent relativement constantes pour les divers groupes d'âge. Les écarts sont légère-

---

34. Par exemple : « On peut être infecté par le virus du sida sans avoir de symptômes de la maladie. » Vrai ou faux ?

ment plus élevés pour le groupe des 25-29 ans (femmes : 93 % ; hommes : 88 %), alors qu'ils sont plus accentués chez les 15-17 ans (femmes : 74 % ; hommes 65 %). Par ailleurs, les discussions sur la prévention du sida et des autres MTS semblent intéresser également les femmes et les hommes, puisque près des trois quarts déclarent aborder ces sujets avec leur partenaire régulier. Ce sont les plus jeunes qui hésitent le plus à en discuter.

Il ne faut pas oublier que le fait de discuter de sexualité avec son partenaire n'est pas nécessairement un prédicteur de conduites préventives. Les résultats de l'étude menée par Santé Québec ne nous permettent pas de tirer des conclusions concernant cette question.

Les comportements sexuels à risque

Parmi les adolescentes et les adolescents (15 à 19 ans), 60 % ont déclaré avoir déjà eu des relations sexuelles, comparativement à 90 % chez les jeunes de 20 à 24 ans et à 96 % chez ceux de 25 à 29 ans. Quel que soit l'âge, il n'y a pas de différence entre les sexes. L'âge moyen à la première relation sexuelle est de 16,6 ans (hommes : 16,4 ans ; femmes : 16,9 ans).

Un indice de *risque relatif* a été élaboré à partir de questions portant sur quatre types de relations sexuelles sans utilisation du condom : 1) relation avec un ou des partenaires occasionnels connus ; 2) relation avec un ou des partenaires occasionnels peu connus ; 3) relation avec un ou des partenaires utilisateurs de drogues par injection ; et 4) pratique de relations anales. Les résultats montrent que les conduites à risque sont plus répandues chez les jeunes hommes : 29 % d'entre eux sont dans la catégorie comportant un risque élevé, comparativement à 18 % des filles. Alors que la proportion des hommes dont le comportement présente un risque élevé augmente progressivement de 12 % à 37 % entre l'âge de 15 et 29 ans, la proportion des femmes dans la même situation demeure relativement constante, passant de 16 % à 18 % entre l'âge de 15 et 29 ans.

Par ailleurs, 11 % des jeunes femmes auraient déjà contracté au moins une MTS, ce qui est aussi le cas de 9 % des jeunes hommes (la différence n'est cependant pas significative*), bien que les hommes estiment qu'il y a plus de danger pour eux que pour les femmes de contracter le sida ou une autre MTS. Ce dernier résultat peut sembler paradoxal, mais il se peut que le fait de consulter plus souvent, pour la contraception par exemple, ait pour conséquence que les jeunes femmes soient dépistées plus rapidement, particulièrement parce que ces maladies sont plus souvent asymptomatiques* chez elles que chez les jeunes hommes.

Ainsi qu'on l'a mentionné précédemment, l'âge moyen à la première relation sexuelle se situe à 16 ans chez les jeunes, ce qui correspond en général à un niveau scolaire de 3ᵉ ou 4ᵉ secondaire (Santé Québec, 1991). Au moment où l'enquête était menée, les campagnes de prévention et de promotion étaient axées sur les clientèles de 5ᵉ secondaire et de niveau collégial, ce qui incitait les auteurs du rapport de Santé Québec à conclure : « *Il y a lieu de s'interroger sur la nécessité d'amorcer plus tôt la transmission des connaissances en regard de la sexualité et des risques de MTS avant même le début de la vie sexuelle.* » Ces campagnes de prévention ont été jusqu'ici pensées en fonction de la notion de « risque pour la santé » ; or, on se rend compte de plus en plus que cette notion, qui est généralement bien comprise chez les adultes, est beaucoup plus floue à l'adolescence. La progression des connaissances sur les MTS et le sida, ainsi que sur la vulnérabilité au virus, n'entraîneront pas nécessairement un changement de comportement (AIDS Task Force, 1991 ; Fisher et Misovich, 1990 ; Drolet, 1989 ; Ishii Kuntz, 1988 ; Clift et Stears, 1988). L'inadéquation entre un niveau de connaissance élevé et le maintien de comportements à risque soulève ainsi un certain nombre d'interrogations. Le goût du risque, associé à la pensée magique[35], fait aussi partie de l'univers des jeunes et l'information qui leur est transmise doit tenir compte de ces aspects. Et il apparaît de plus en plus nécessaire d'introduire dans l'éducation sexuelle les questions de plaisir, de richesse de son potentiel de fertilité, d'estime de soi et d'amélioration des rapports entre les hommes et les femmes.

La difficulté de vivre
La détresse psychologique

On a vu précédemment que les femmes présentent, plus souvent que les hommes, des niveaux élevés de détresse psychologique, particulièrement les jeunes femmes. En 1987 (Guyon, 1990), on faisait remarquer que les écarts entre les hommes et les femmes étaient plus marqués à l'adolescence, et c'est toujours le cas en 1992-1993, même si le niveau de détresse des jeunes hommes a considérablement augmenté (18 % en 1987 et 30 % en 1992-1993). Toutefois, des différences importantes et significatives* s'observent à tous les âges, comme en fait foi la figure 11.5. (tableau 11.12, en annexe).

---

35. Certains jeunes sont persuadés qu'à la suite d'une première relation non protégée sans conséquence fâcheuse, ils deviennent invulnérables. Ou encore, bien des jeunes adolescentes vont croire que le fait d'être amoureuses et monogames constitue une protection assurée contre les MTS.

figure **11.5**

NIVEAU ÉLEVÉ DE DÉTRESSE PSYCHOLOGIQUE
selon l'âge et le sexe, Québec, 1992-1993

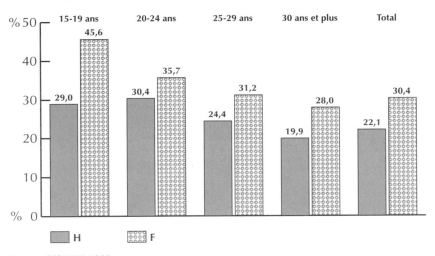

Source : ESS 1992-1993.

La détresse psychologique des adolescentes est frappante : en 1992-1993, près d'une adolescente sur deux (46 %) se retrouve au niveau le plus élevé de l'indice. Déjà, en 1987, la situation des 15-19 ans avait attiré l'attention (Ayotte et Ferland, 1988 ; Guyon, 1990) et la croissance des taux de détresse entre les deux enquêtes est préoccupante (1987 : 37 % ; 1992-1993 : 46 %). Dans la recherche d'une explication à une telle augmentation, on pourra invoquer la conjoncture socio-économique entourant la période de l'enquête, particulièrement le désarroi des jeunes face à l'incertitude de leur avenir professionnel, l'impact des ruptures d'unions de leurs parents (selon Santé Québec, 20 % d'entre eux auraient vécu une telle expérience avant l'âge de 12 ans) ou les pressions générées par le souci de la réussite scolaire.

On pourra également se questionner sur la signification de la mesure d'un indicateur tel que la détresse psychologique chez les adolescentes. Le passage entre l'enfance et l'âge adulte comporte des périodes de déséquilibre pour la plupart d'entre elles ; ces périodes seront plus ou moins intenses selon la personnalité, les événements de l'enfance ou encore la situation familiale et sociale. Le sentiment de n'avoir aucun contrôle sur sa vie, ainsi que l'émotivité entourant les aléas des relations affectives et amoureuses et le début de la vie sexuelle, font souvent partie de la vie des adolescentes. L'impact de ces phénomènes sur la détresse psychologique, telle que définie par l'indice de Santé Québec, est difficile à évaluer. Cela ne signifie pas qu'il faille minimiser l'importance de cette détresse, mais plutôt poser l'hypothèse qu'elle serait d'une nature différente de celle que l'on retrouve dans les autres groupes d'âge. C'est, il importe de le souligner, une hypothèse, mais elle indique aussi que les recherches futures devront se pencher sur ces questions : une adolescente de 15 à 19 ans sur deux présente un niveau élevé de détresse psychologique, voilà qui devrait nous alerter.

Par ailleurs, ces résultats s'inscrivent en continuité avec ceux de l'enquête sur la santé mentale des jeunes menée au Québec entre février et juillet 1992 (Valla *et al.*, 1993). On y apprend que les jeunes filles âgées de 11 à 14 ans présentent la prévalence la plus élevée de troubles mentaux, soit 22 % : « *C'est deux fois plus que les garçons du même âge et cependant, pour les troubles qu'elles identifient, elles reçoivent deux fois moins de services* .» Elles rapportent quatre fois plus de troubles intériorisés (phobies simples, hyperanxiété et anxiété généralisée, dépression majeure* et dysthymie*), se révèlent six fois plus déprimées et présentent deux fois plus d'idées suicidaires que les jeunes garçons. La même étude révèle que les parents sous-estiment les troubles mentaux de leurs adolescentes (24 % de ces troubles sont rapportés par les adolescentes elles-mêmes contre 20 % par leurs parents) et surestiment ceux de leurs adolescents (11 % par les adolescents et 15 % par les parents).

Les pensées et les gestes suicidaires

On a vu, au chapitre 5, que les pensées et les gestes suicidaires sont plus prévalents chez les jeunes et qu'ils ont tendance à diminuer avec l'âge. Par ailleurs, bien que les taux soient plus élevés chez les femmes, on ne note pas de différences significatives* entre les sexes. En 1992-1993, 13 % des jeunes femmes de 15 à 24 ans ont déclaré avoir déjà pensé sérieusement à se suicider au cours de leur vie et 8 % au cours de l'année précédant l'enquête. Près de 8 % (tableau 11.7) ont déjà fait une tentative de suicide, ce qui correspond à 30 500 jeunes femmes et adolescentes.

tableau **11.7**

PENSÉES ET GESTES SUICIDAIRES AU COURS DE LA VIE ET AU COURS DES 12 MOIS AYANT PRÉCÉDÉ L'ENQUÊTE

selon le sexe, population de 15 à 24 ans, Québec, 1987 et 1992-1993

SEXE/ANNÉE	IDÉES AU COURS DE LA VIE	IDÉES 12 DERNIERS MOIS	GESTES AU COURS DE LA VIE	GESTES 12 DERNIERS MOIS
Hommes				
1987	10,1	5,6	4,0	1,8
1992-1993	10,9	7,5	4,5 *	1,9 **
Femmes				
1987	13,7	6,2	5,9	2,4
1992-1993	12,9	8,4	7,6	1,7 *
Sexes réunis				
1987	11,9	5,9	4,9	2,1
1992-1993	11,9	8,0	6,9	1,8 *

* Coefficient de variation entre 15 % et 25 % ; interpréter avec prudence.
** Coefficient de variation ; estimation imprécise, fournie à titre indicatif seulement.
Source : ESS 1992-1993, chapitre 12.

FAITS saillants

• Le tabagisme est en diminution chez les jeunes femmes, tant du point de vue de l'abandon de la cigarette que de la diminution de la consommation quotidienne ; un peu plus d'une jeune femme sur quatre est maintenant une fumeuse régulière. Par ailleurs, en milieu défavorisé, 40 % des jeunes femmes s'adonnent régulièrement au tabagisme.

• Une adolescente sur trois prend des anovulants et le tiers d'entre elles sont des fumeuses régulières.

• Plus du quart des jeunes femmes ont des comportements à risque face à la consommation d'alcool.

• Le tiers des jeunes femmes âgées de 20 à 24 ans ont un poids insuffisant et parmi elles, 40 % souhaitent maigrir davantage.

• Une adolescente sur deux présente un niveau de détresse psychologique élevé ; 8 % des jeunes femmes ont déjà fait une tentative de suicide au cours de leur vie.

• 18 % des jeunes femmes auraient des comportements sexuels à risque pour leur santé, comparativement à 29 % des jeunes hommes ; 11 % des jeunes femmes auraient déjà contracté au moins une MTS.

Compte tenu de l'importance des problèmes présentés par les adolescentes, il serait justifié d'inclure dans la prochaine enquête générale de Santé Québec les adolescentes de 12 à 14 ans. Plusieurs des résultats de l'enquête sociale et de santé montrent que dès 15 ans, certains comportements ou certains symptômes sont déjà installés dans la vie des jeunes femmes. C'est le cas, par exemple, du tabagisme, de la consommation d'alcool, du contrôle excessif du poids corporel et de la détresse psychologique. On a vu que l'enquête sur la santé mentale des enfants et des adolescents montrait bien la chronologie d'apparition de la dépression et de la détresse des adolescentes. Agir sur ces aspects implique que l'on en ait une meilleure connaissance dès leur apparition, sinon avant.

12 LES FEMMES ÂGÉES

En 1994, il y avait au Québec 506 200 femmes âgées de 65 ans et plus, soit 14 % de la population féminine et 7 % de l'ensemble de la population québécoise (Duchesne, 1995). On prévoit qu'en 2031, elles seront plus de 900 000 et formeront alors la grande majorité des personnes du troisième âge, puisque l'on comptera seulement 65 hommes pour 100 femmes chez les 65 ans et plus. Les femmes âgées de 75 ans et plus (218 100 en 1994) représenteront alors près de 50 % des femmes âgées. Cette croissance importante en proportion et en nombre justifierait à elle seule le choix d'inclure la population des femmes âgées dans cette monographie. Mais c'est surtout l'importance des problèmes de santé physique et psychologique et la précarité des conditions socio-économiques d'un grand nombre d'entre elles qui ont présidé à ce choix. En fait, toutes les études qui ont été menées sur les femmes âgées dans les sociétés occidentales font ressortir deux éléments principaux : la présence de maladies chroniques et l'appauvrissement (Smeeding, 1991 ; Hardy et Hazelrigg, 1993).

Vivre ou survivre... une question de qualité de vie

La première chose qui vient à l'esprit lorsqu'il est question des femmes âgées est la notion de *survivance*. En effet, la génération des Québécoises qui forment aujourd'hui la population âgée est née autour des années vingt. En termes d'espérance de vie*, elles disposent de six fois plus d'années de vieillesse que leurs aïeules (Asselin *et al.*, 1994). Elles survivent également à leurs compagnons et on a vu que ces années sont des années difficiles pour un certain nombre d'entre elles, à cause des problèmes de santé et d'incapacité liés au vieillissement (voir le chapitre 2, qui porte sur l'espérance de vie), mais aussi à cause de la baisse de leurs revenus et d'une plus grande solitude à mesure que les témoins de leur génération disparaissent. On prévoit que « *le temps vécu au-delà du 65ᵉ anniversaire croîtra encore de génération en génération pendant des décennies* » (Asselin et al., 1994, p. 221) et que les femmes continueront à dominer démographiquement ce groupe d'âge.

La précarité de la situation d'un bon nombre de femmes âgées a fait l'objet de plusieurs travaux de recherche au cours des dernières années. Et ceci venait combler un vide face aux travaux antérieurs qui hésitaient à donner un sexe à la population du troisième âge, occultant ainsi les problèmes spécifiques des femmes âgées, particulièrement les problèmes de pauvreté qu'elles vivaient. En moyenne, le salaire des femmes est beaucoup moins élevé que celui des hommes (Morgan, 1991). La distribution du revenu en fonction du sexe n'est cependant pas le seul élément qui contribue à la féminisation de la pauvreté. L'absence de sécurité d'emploi et d'avantages sociaux, ainsi que l'impossibilité de bénéficier d'autres formes de revenus à cause d'une base salariale insuffisante, forment un ensemble qui caractérise davantage la réalité des femmes que celle des hommes. Ainsi, les femmes sont plus vulnérables que les hommes à l'appauvrissement parce qu'elles ont moins de revenus, parce qu'elles épuisent rapidement un capital moins élevé, alors que leurs besoins sur le plan de la santé sont plus importants et qu'elles vivent plus longtemps que les hommes (Hardy et Hazelrigg, 1993). Les différences entre les hommes et les femmes quant au risque de pauvreté s'expliquent d'une part par la discrimination reliée au sexe qui s'est manifestée à des étapes antérieures de leur vie (par exemple l'accès à l'éducation et les possibilités de travail). D'autre part, certains événements qui se produisent à un âge plus avancé (par exemple le décès du conjoint) ont un impact différent selon qu'on soit un homme ou une femme (Hardy et Hazelrigg, 1993).

La poussée démographique d'une génération de femmes qui avaient vécu leurs années actives en dehors du marché du travail et qui se retrouvaient *mises à la retraite* sans les avantages financiers habituellement associés à cet état a attiré l'attention des chercheurs (David et Pinard, 1994 ; Charpentier, 1995 ; McDaniel, 1989). Les plus optimistes d'entre eux posent l'hypothèse que les prochaines générations de femmes âgées devraient connaître un meilleur sort parce qu'elles auront participé à la vie active et à ses bénéfices (Marcil-Gratton et Légaré, 1987). Cette prospective se base sur l'hypothèse que la pauvreté des femmes âgées est due au seul fait qu'elles n'ont pas suffisamment *travaillé* pour se prévaloir des prestations de remplacement de revenus d'emploi. Ce que contestent Hélène David et Rolande Pinard dans une analyse critique des travaux consacrés aux femmes vieillissantes au travail et à la retraite depuis les 15 dernières années. Selon elles, la présence des femmes sur le marché du travail a été plus importante que ce qui est rapporté dans la plupart des études : « il y a donc une occultation *complète des conditions qui sont faites aux femmes sur le marché du travail ; on sait pourtant qu'elles sont concentrées dans un faible nombre d'emplois dévalorisés et sous-payés ; cette situation, ainsi que des avantages sociaux moindres et des interruptions d'emplois plus fréquentes, n'est pas sans affecter leur passage et leur vie à la retraite »* (David et Pinard, 1994, p. 9).

Selon l'enquête sociale et de santé, près de 40 % des femmes de 65 ans et plus vivent seules ; elles sont alors séparées, divorcées, veuves ou célibataires (figure 12.1 et tableau 12.2, en annexe). Cette situation leur est particulière, puisque seulement 19 % des hommes du même âge vivent cette solitude. Par ailleurs, plus des deux tiers (68 %) des femmes âgées qui vivent seules se déclarent heureuses et même très heureuses de cette situation. Ces derniers résultats vont probablement surprendre, d'autant plus que, parmi l'ensemble des personnes qui vivent seules, ce sont les femmes âgées qui semblent s'en accomoder le mieux (Santé Québec, 1995, volume 1, p. 135). D'un côté, on pourra se réjouir du fait qu'une situation présumée négative (le fait de vivre seule) soit perçue positivement par un plus grand nombre de femmes. Par ailleurs, on pourra s'interroger sur le sens de cette affirmation ; ces femmes sont-elles heureuses de vivre seules parce que cela leur convient particulièrement ou est-ce vu en comparaison avec d'autres femmes du même âge qui vivent en institution — situation considérée habituellement comme la moins désirable ? Les données de l'enquête ne nous apprennent rien de plus sur cette question, mais on peut y voir une piste de recherche : il serait particulièrement pertinent de pousser plus à fond l'étude de la perception que les femmes âgées ont de leur vie, en fonction de leur situation sociale et économique. Pour les femmes, les meilleurs prédicteurs du maintien des habiletés fonctionnelles sont le fait de sortir au moins trois fois par semaine, les contacts sociaux, l'état de santé perçue et un sentiment de contrôle sur sa santé (Strawbridge *et al.*, 1993).

La pauvreté est également le lot d'un plus grand nombre des femmes âgées de 65 ans et plus : plus du tiers d'entre elles (38 %) sont pauvres ou très pauvres, comparativement au quart de la population masculine du même groupe d'âge (27 %) (figure 12.1). On retrouve des résultats semblables dans l'étude canadienne sur la pauvreté (Conseil national du bien-être social, 1995), avec un taux de pauvreté de 34 % chez les Québécoises de 65 ans et plus (le taux masculin est de 21 %). Ce taux grimpe à 47 % chez les femmes seules (hommes seuls : 32 %).

Vivre autonome et en santé

L'association entre la mauvaise santé et la pauvreté est particulièrement forte chez les femmes âgées. À elles seules, elles cumulent les deux principales conditions préalables à un mauvais état de santé : le vieillissement et la pauvreté. Elles sont plus nombreuses que les hommes à être plus vieilles et à être plus pauvres. On ne sera pas surpris de constater que près

figure 12.1

POURCENTAGE DE LA POPULATION ÂGÉE DE 65 ANS ET PLUS

selon l'état matrimonial et la suffisance du revenu, Québec, 1992-1993

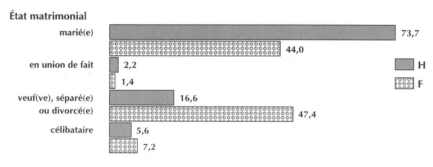

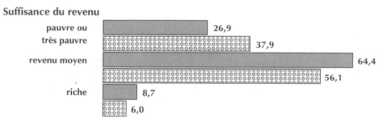

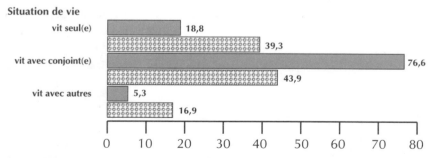

Source : ESS 1992-1993.

d'une femme âgée sur quatre (24 %) s'estime en moyenne ou en mauvaise santé. Résultat plus surprenant, les hommes du même groupe d'âge obtiennent des résultats assez semblables, puisqu'un peu plus d'un homme sur cinq (21 %) considère que sa santé est de qualité moyenne ou mauvaise.

Autonomie fonctionnelle

Mais tout n'est pas négatif dans la vie des femmes âgées, puisque près de quatre femmes sur cinq (79 %) âgées entre 65 et 74 ans et vivant à domicile déclarent conserver leur pleine autonomie fonctionnelle, ce qui est également le cas de deux femmes sur trois après 75 ans. Elles n'ont besoin d'aucune aide pour accomplir les activités de la vie quotidienne et considèrent qu'elles ne sont pas limitées dans celles-ci. Les hommes sont un peu plus nombreux à conserver cette autonomie (82 % entre 65 et 74 ans et 78 % après 75 ans), mais les différences entre les sexes ne sont pas significatives*.

À partir de 65 ans, deux fois plus de femmes que d'hommes ont besoin d'aide pour les soins instrumentaux (s'occuper de ses affaires, faire l'entretien ménager quotidien, faire ses courses ou se déplacer à l'extérieur). Les proportions sont respectivement de 30 % chez les femmes et de 13 % chez les hommes. Il s'agit en fait de la seule sphère d'activité qui distingue, de façon significative, les femmes des hommes pour ce qui est de l'autonomie fonctionnelle, les autres niveaux (soins personnels, activité principale et autres limitations) ne présentant pas de différences entre les hommes et les femmes de ce groupe d'âge. Encore une fois, il convient de replacer ces résultats dans le contexte de la division sexuelle du travail de la génération des personnes qui ont aujourd'hui plus de 65 ans. Pour la plupart d'entre elles, les tâches domestiques étaient assumées par les femmes et le sont encore. On peut poser l'hypothèse que si les femmes âgées mentionnent plus souvent leur besoin d'aide pour les soins instrumentaux (dont plusieurs sont des tâches domestiques), c'est que ces soins faisaient auparavant partie de leur travail quotidien. À l'inverse, pour les hommes, ces tâches ayant de tout temps été assumées par les femmes, ils ne sentiront pas le besoin d'en faire mention, même s'ils reçoivent une telle aide de leur entourage.

Peu de femmes sont confinées au domicile pour des raisons de santé. À partir de 65 ans, 3,7 % des femmes ne se déplacent plus à l'extérieur. Ce pourcentage grimpe à 6,3 % lorsqu'on ne considère que les femmes de 75 ans et plus. Les différences entre le groupe (65 ans et plus) et le sous-groupe (75 ans et plus) sont significatives. Le confinement au lit dénote un état de santé plus détérioré. C'est pourtant la réalité de plus d'une femme sur 20 vivant à domicile à partir de l'âge de 65 ans (5,9 %).

Journées d'incapacité

Les journées d'incapacité traduisent des limitations d'activités. On estime que l'incapacité est « sévère » si la personne est obligée de garder le lit toute la journée ou presque. L'incapacité est « modérée » si la personne est incapable d'assumer les tâches qui découlent de son activité principale (par exemple, aller travailler ou tenir maison). Enfin, l'incapacité est « légère » si la personne doit modérer certaines de ses activités. En moyenne, les femmes de 65 à 74 ans ont signalé 32 jours d'incapacité dans l'année précédant l'enquête, alors que leurs consœurs plus âgées (75 ans et plus) ont déclaré 40 jours d'incapacité au cours de la même période (tableau 12.1). Plus de la moitié des journées dénombrées sont dues à des incapacités légères, et ce, dans les deux groupes d'âge concernés. Les femmes de 65 à 74 ans connaissent un peu plus de journées d'incapacité que les hommes du même âge, alors qu'on observe la situation inverse à partir de 75 ans. Contrairement aux femmes, les hommes de 75 ans et plus signalent autant de journées d'incapacité modérée que de journées d'incapacité légère.

Une femme âgée sur cinq a déclaré une limitation dans ses activités au cours des deux semaines précédant l'enquête. Les causes les plus fréquentes de limitation sont les maladies ostéo-articulaires et cardiovasculaires,

tableau **12.1**

NOMBRE DE JOURNÉES D'INCAPACITÉ AU COURS DES 12 DERNIERS MOIS,

population de 65 ans et plus, Québec, 1992

		NOMBRE DE JOURNÉES D'INCAPACITÉ AU COURS DES 12 DERNIERS MOIS			
		TYPE D'INCAPACITÉ			TOTAL
GROUPE D'ÂGE/SEXE		SÉVÈRE (ALITEMENT)	MODÉRÉE (ACTIVITÉ PRINCIPALE)	LÉGÈRE (AUTRES ACTIVITÉS)	
65-74 ans	H	5,3	5,6	14,8	**25,7**
	F	6,4	7,3	18,6	**32,3**
75 ans et plus	H	9,2	16,3	17,5	**43,0**
	F	7,6	10,6	21,5	**39,7**

touchant respectivement 28 % et 20 % des femmes âgées vivant avec ces limitations. Quoique les hommes du même groupe d'âge déclarent un peu moins souvent être limités dans leurs activités (17 %), les différences observées entre les hommes et les femmes ne sont pas significatives*. Chez les hommes, ce sont surtout les maladies cardiovasculaires qui sont invoquées et beaucoup moins souvent les problèmes ostéo-articulaires. Enfin, ainsi qu'on peut le voir au chapitre 3 (tableau 3.5), sur l'ensemble de la population, près de 2 % des femmes de 65 à 74 ans et 14 % des femmes de 75 ans et plus se retrouvent en centre de soins de longue durée.

Quand le moral nous lâche...

Les problèmes de santé mentale des personnes âgées sont rarement diagnostiqués et traités par des équipes spécialisées en santé mentale (Strawbridge *et al.*, 1993). En plus de cette accessibilité réduite aux services de santé mentale, les personnes âgées sont souvent réfractaires à l'idée d'y avoir recours. Dans la littérature, les taux de prévalence de la dépression dans la communauté âgée sont très variables, en raison de la diversité des instruments de mesure et des procédures que l'on utilise pour établir les scores. Ces taux peuvent varier de 2 % à 34 % selon les études (Gurland et Toner, 1982). L'enquête Santé Québec de 1987 estimait à 2,8 % la prévalence de la dépression sévère chez les femmes âgées de 65 ans et plus, comparativement à 1,8 % chez les hommes du même âge.

La dépression

L'identification d'états dépressifs chez les personnes âgées présente certaines difficultés. Leurs symptômes dépressifs ne sont pas identiques à ceux que l'on retrouve dans d'autres groupes d'âge. Les personnes âgées dépressives sont plus apathiques et se dévalorisent davantage (Epstein, 1976). Le sentiment d'inutilité, la tristesse, la fatigue, le pessimisme et la difficulté à dormir accompagneraient davantage leurs états dépressifs (Blazer, 1982). De plus, la somatisation (traduction d'un conflit psychique en affection physique) est plus fréquente chez les personnes âgées (Auso-Gutierrez, 1983 ; Blumenthal, 1980). Certaines affections physiques, telles les maladies cardiovasculaires, le cancer et les pertes auditives ou visuelles peuvent également entraîner des problèmes de santé mentale (Grau, 1989). Enfin, certaines médications peuvent aggraver des symtômes dépressifs existants ou même en provoquer qui s'apparentent à des états dépressifs (Blazer, 1982). À ces problèmes, on peut rajouter l'incertitude quant à sa situation financière et la crainte de se retrouver dans des situations violentes, fréquentes à cet âge.

La détresse psychologique

En 1987, les femmes de 65 ans et plus arrivaient au second rang des groupes ayant un indice élevé de détresse psychologique, les adolescentes présentant le niveau le plus élevé. Cette situation a évolué depuis cinq ans, puisqu'en 1992, les femmes âgées sont celles qui obtiennent les scores de détresse psychologique les plus faibles[36]. Une femme âgée sur cinq se retrouve dans la catégorie élevée de l'indice de détresse psychologique ; c'est deux fois plus que les hommes appartenant au même groupe d'âge (9 %). Les femmes âgées se comparent maintenant avantageusement à l'ensemble de la population féminine où, en moyenne, 30 % des femmes obtiennent un score élevé de détresse psychologique. Finalement, près du tiers des femmes âgées se disent « très heureuses » et plus de 55 % s'estiment « plutôt heureuses ».

La vie sociale

Au cours de la dernière décennie, de nombreuse études épidémiologiques ont été réalisées en vue de mettre en lumière les relations entre le réseau social et différents indicateurs de santé, tels les taux de morbidité et de mortalité. De façon générale, la littérature indique que les liens sociaux exercent un effet protecteur sur la santé. Seeman *et al.* (1993) mentionnent 16 études sur le sujet. Ces associations pourraient cependant varier en fonction de l'âge et du sexe des répondants. Par exemple, la littérature suggère que l'effet protecteur du soutien social serait plus prépondérant chez les hommes que chez les femmes (Seeman *et al.*, 1987 ; Schoenbach *et al.*, 1986 ; Berkman et Syme, 1979 ; House, Robbins et Metzner, 1982 ; Shumaker et Hill, 1990). Quoique moins nombreuses, les données disponibles sur les différents groupes d'âge indiquent que le soutien social exerce une influence sur les risques pour la santé parmi les individus d'âge plus avancé (Seeman *et al.*, 1987 ; Schoenbach *et al.*, 1986). La littérature suggère que les contacts sociaux sont des prédicteurs de la mortalité, de l'institutionnalisation (Seeman *et al.*, 1987 ; Steinbach, 1992) et du maintien des capacités fontionnelles des personnes âgées, et que cette influence s'exerce chez les hommes comme chez les femmes (Strawbridge *et al.*, 1993).

Les données de l'enquête sociale et de santé nous apprennent qu'une femme âgée sur sept (15 %) vivant à domicile passe la majorité de ses temps libres seule, ce qui semble une amélioration notable par rapport à 1987, alors que plus du quart se retrouvaient dans cette situation. À cet

---

36. On se rappellera toutefois qu'en 1987, l'indice de détresse psychologique se basait sur une série de 29 questions qui ont été ramenées à 14 en 1992-1993.

égard, la situation des femmes ne diffère pas significativement* de celle des hommes.

Les petites pilules qui promettent gros...

Près des deux tiers des Québécoises de tous âges (61 %) ont déclaré consommer au moins un médicament au moment de l'enquête. Cette proportion augmente à 87 % chez les femmes de 65 ans et plus. La plupart de ces médicaments sont prescrits. Les femmes de 65 ans et plus constituent le groupe qui fait le plus grand usage de médicaments, comparativement à 72 % chez les hommes du même âge. En fait, plus de trois femmes sur quatre (76 %) appartenant à ce groupe d'âge consomment des médicaments sur recommandation médicale, comparativement à 64 % des hommes du même âge, et cette différence est significative* (figure 12.2 et tableau 12.3, en annexe).

Les femmes âgées prennent principalement des médicaments pour le cœur (47 %), des vitamines (33 %), des analgésiques (27 %) et des tranquillisants (22 %) ; ces médicaments sont prescrits dans la très grande majorité des cas, à l'exception des vitamines (figure 12.3 et tableau 12.4, en annexe).

figure **12.2**

PROPORTION DE LA POPULATION DE 65 ANS ET PLUS QUI CONSOMME DES MÉDICAMENTS

selon le type de consommation et le sexe, Québec, 1992-1993

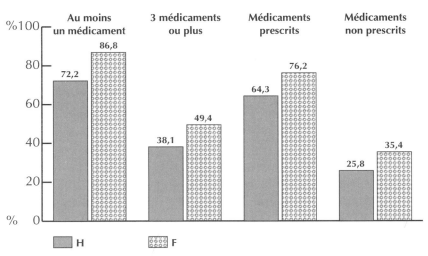

Source : ESS 1992-1993.

figure **12.3**

CONSOMMATION DE MÉDICAMENTS
CHEZ LES PERSONNES DE 65 ANS ET PLUS

selon la classe de médicament et le sexe, Québec, 1992-1993

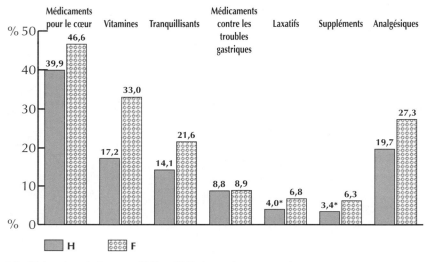

* Coefficient de variation entre 15 % et 25 % ; interpréter avec prudence.
Source : ESS 1992-1993.

En 1992-1993, tout comme c'était le cas en 1987, plus d'une femme âgée sur cinq (22 %) a reçu une prescription de tranquillisants alors qu'on n'a prescrit ce même type de médicament qu'à 14 % des hommes du même groupe d'âge. Les différences entre les sexes sont statistiquement significatives. Les femmes âgées constituent toujours le groupe de femmes à qui l'on prescrit le plus de tranquillisants : en effet, on constate que les proportions triplent entre les 25-44 ans et les 45-64 ans, pour encore doubler après 65 ans (figure 12.4 et tableau 12.5 en annexe).

Par ailleurs, alors que la détresse psychologique des femmes diminue avec l'âge, leur consommation de tranquillisants augmente (Santé Québec, 1995, chapitre 16). Ces résultats entrent en contradiction avec l'association générale que l'enquête montre entre la détresse psychologique élevée et la prise de tranquillisants. Peut-on poser l'hypothèse d'un lien de cause à effet ? Autrement dit, la prise de tranquillisants ferait diminuer sensiblement la détresse chez les femmes âgées. Elle contribuerait à endormir cette détresse, mais en aura-t-on pour autant touché les causes ? Et si c'était le cas ici, comment expliquer que l'association soit différente dans les autres groupes d'âge ? On peut aussi supposer que les tranquillisants sont souvent prescrits aux femmes âgées pour des raisons autres que la détresse psychologique : par exemple pour des troubles du sommeil ou des symptômes d'angoisse. Il est possible également que l'habitude de prescrire ces médicaments aux femmes âgées soit devenue routinière chez une bonne partie des praticiens. Ce sont là des hypothèses et cette première lecture des données de l'enquête ne permet pas encore de les confirmer. Cependant, elles soulèvent un questionnement majeur et il sera important de déterminer si la détresse psychologique de ces femmes est réellement en diminution et d'évaluer la pertinence de leur niveau de consommation de tranquillisants.

On peut s'interroger sur les ressources et les modes d'intervention mis à la disposition des femmes âgées. La perspective du vieillissement inéluctable, l'accroissement de la perte d'autonomie fonctionnelle et des

figure **12.4**

CONSOMMATION DE TRANQUILLISANTS ET DÉTRESSE PSYCHOLOGIQUE
selon l'âge et le sexe, Québec, 1992

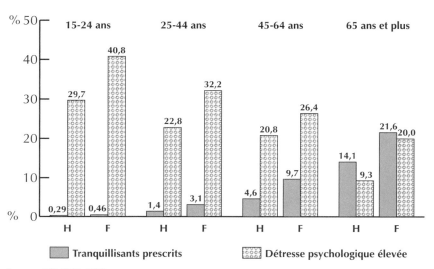

Source : ESS 1992-1993.

problèmes de santé, la baisse du revenu, le veuvage, tout cela fait partie de la réalité du grand âge et contribue certainement à la détresse chez un certain nombre de ces femmes. Le médicament est-il perçu, par le professionnel de la santé et par sa cliente, comme la solution à long terme plutôt que comme une aide passagère ? Quelles sont les solutions de rechange aux problèmes de solitude et d'angoisse des femmes âgées ? Cette question n'est pas nouvelle pour les personnes qui interviennent auprès des personnées âgées. Mise en parallèle avec l'augmentation prévue du nombre des femmes âgées (mais aussi d'hommes âgés) dans les prochaines décennies (voir chapitre 1), elle devra être posée à l'ensemble de la société.

FAITS saillants

• La proportion des femmes âgées continue à augmenter au sein de la population ; en 1994, elles constituaient 14 % de l'ensemble des femmes.

• 40 % des femmes âgées vivent seules, mais la plupart se déclarent satisfaites de cette situation.

• Une femme âgée sur trois vit dans la pauvreté.

• La majorité des personnes âgées sont en bonne santé ; une sur cinq vit avec une forme quelconque d'incapacité ; après 75 ans, c'est le cas d'une femme sur trois.

• Le niveau de détresse psychologique des femmes âgées est plus faible que celui des autres femmes ; cependant, elles consomment des tranquillisants en plus grande quantité (22 %).

13 LES FEMMES DE MILIEU DÉFAVORISÉ

L'appartenance à un milieu socio-économique particulier est un déterminant majeur dans le devenir des individus quant à leur santé. On le sait depuis longtemps : les plus pauvres meurent plus tôt (Wilkinson, 1992 ; Wilkins, 1990), sont plus malades, ils ont de moins bonnes habitudes de santé et vivent dans des conditions sanitaires plus détériorées. Les inégalités face à la santé et à la maladie constituent l'un des plus grands problèmes de notre système de soins et de services, et leur persistance, malgré l'accès universel aux soins, sera l'un des principaux défis des prochaines années (Evans, 1994).

Lorsqu'on parle de la pauvreté, on la présente souvent selon les lieux géographiques, les régions ou les secteurs de pauvreté. On parlera aussi de groupes socioprofessionnels ou culturels. On est moins porté à lui attribuer un sexe, et pourtant, si l'on considère chacun de ces sous-groupes, on se rend compte que parmi les défavorisés il y a des « plus défavorisés » et que, parmi eux, on retrouve plus souvent des femmes. Dans chaque catégorie socio-économique étudiée, les femmes sont généralement plus pauvres (ou moins riches) que les hommes, elles ont des salaires plus bas, elles ont moins accès à l'emploi et à la syndicalisation, elles ont moins de sources de revenus.

Le Conseil national du bien-être social, dans son rapport sur le *Profil de la pauvreté 1993* (1995), signale que le taux de pauvreté est en augmentation dans toutes les provinces du Canada. Au Québec, il est de 21 % (45 % chez les personnes seules et 18 % pour les familles). Par ordre d'importance, ce sont d'abord les mères seules (prévalence de 60 %), les femmes seules âgées de 65 ans et plus (47 %) et les femmes seules âgées de moins de 65 ans (38 %) qui arrivent aux premiers rangs des indices canadiens de pauvreté. Depuis 1980, le rapport entre les taux de pauvreté des hommes et des femmes varie entre 1,46 et 1,33 et ce sont ces trois groupes de femmes qui contribuent à maintenir les écarts entre les taux masculins et féminins. Le rapport ajoute : « *Dans les familles plus jeunes comprenant époux et épouses, il faut souligner le rôle que jouent les femmes lorsqu'il s'agit de préserver leur famille de la pauvreté. Même si elles gagnent moins en moyenne que les hommes et même si elles se heurtent à un certain nombre d'obstacles qui les empêchent de participer équitablement à la population active rémunérée, leur contribution est essentielle au maintien de faibles taux de pauvreté.* » (p. 74)

Dans les enquêtes, on attribue habituellement aux femmes mariées qui restent à la maison le niveau de revenu du conjoint, et pourtant, bon nombre d'entre elles n'ont pas accès directement à l'argent du ménage, elles ne sont pas propriétaires de la maison familiale, n'ont pas de régime de retraite et, parfois, même pas de compte bancaire. Dans l'analyse de l'enquête sociale et de santé, les niveaux socio-économiques ont été calculés à partir des revenus personnels et de ceux des ménages, et même dans ces derniers, les femmes restent significativement* plus pauvres que les hommes. On peut penser que c'est surtout à cause des niveaux de revenus des femmes seules, particulièrement des plus âgées, et des chefs de familles monoparentales.

À propos de revenus personnels

Le revenu annuel personnel[37] est équivalent aux sommes d'argent gagnées ou reçues annuellement par un individu, sans tenir compte du revenu des autres personnes du ménage. Il s'agit évidemment uniquement du revenu déclaré. Le revenu annuel personnel moyen (brut) des femmes se chiffre à 16 660 $. Celui des hommes est près de deux fois plus élevé (1,7 fois), représentant la somme de 28 893 $.

Quel que soit le groupe d'âge considéré, les revenus personnels des hommes sont toujours plus élevés que ceux des femmes. Les écarts les plus importants s'observent dans la catégorie des 45-64 ans (tableau 13.1). En moyenne, les hommes font à cet âge deux fois plus d'argent que les femmes. Les écarts sont de 62 % et de 65 % pour les 25-44 ans et les 65 ans et plus respectivement, toujours à l'avantage des hommes. Lorsqu'on examine les revenus personnels des femmes par groupe d'âge, on constate que comparativement à leurs consœurs plus jeunes, le revenu des femmes triple lorsqu'elles ont entre 25 et 44 ans. C'est d'ailleurs à cet âge que les femmes bénéficient en moyenne des revenus les plus élevés, contrairement aux hommes qui voient leur revenu annuel augmenter régulièrement jusqu'à l'âge de la retraite (l'augmentation du revenu moyen est beaucoup plus marquée chez les hommes, puisque leur revenu annuel moyen quintuple entre 15-24 ans et 25-44 ans). Les femmes commencent à s'appauvrir à partir de 45 ans et, à 65 ans, elles reçoivent en moyenne un peu moins de 13 000 $ par an. On peut penser que les prochaines générations de femmes suivront un cheminement semblable à celui des hommes, si les mesures prévues pour rétablir une meilleure équité des emplois et des salaires sont consolidées.

37. Dans les analyses de l'enquête sociale et de santé, il est question du revenu brut.

tableau **13.1**

REVENU ANNUEL PERSONNEL MOYEN
selon l'âge et le sexe, Québec, 1992-1993

GROUPE D'ÂGE	HOMMES MOYENNE	HOMMES ÉCART TYPE	FEMMES MOYENNE	FEMMES ÉCART TYPE
15-24 ans	7 885 $	6 515 $	6 128 $	5 235 $
25-44 ans	33 415 $	15 480 $	20 680 $	11 597 $
45-64 ans	37 257 $	16 803 $	18 114 $	12 322 $
65 ans et plus	22 375 $	12 290 $	12 791 $	7 265 $

Source : ESS 1992-1993.

Quand le revenu n'est plus suffisant

La suffisance du revenu est établie à partir du revenu total du ménage et des normes concernant les seuils de faible revenu selon la taille des ménages (Statistique Canada, 1992). Les seuils de faible revenu représentent les sommes d'argent nécessaires aux dépenses liées à la subsistance. Encore une fois, il s'agit des revenus déclarés.

Être pauvre ou très pauvre est plus souvent la réalité des femmes âgées de 65 ans et plus. Un pourcentage plus élevé d'entre elles vivent dans la pauvreté ou l'extrême pauvreté (38 %), comparativement à la moyenne des femmes (22 %). Le seul groupe dont elles ne diffèrent pas significativement* est constitué des jeunes de 15 à 24 ans[38]. Les femmes âgées sont en fait deux fois plus nombreuses que les 25-64 ans à vivre dans la pauvreté (tableau 13.2).

Ce sont là des indices dits « objectifs » ; peut-on penser qu'ils correspondent également à la perception qu'ont les femmes de leur propre situation ? Santé Québec a conçu une variable de perception subjective de la situation financière personnelle (Santé Québec, 1995, tome 2, chapitre 5) qui, selon les auteurs, prend en considération certains éléments comme l'endettement, l'entraide, le troc, le travail au noir et l'évasion fiscale (tableau 13.3).

---

38. La comparaison est difficile avec les jeunes femmes quant au revenu personnel, car un bon nombre d'entre elles sont encore dépendantes financièrement de leurs parents.

tableau **13.2**

DISTRIBUTION DE LA POPULATION

selon la suffisance du revenu, l'âge et le sexe, Québec, 1992-1993

SUFFISANCE DU REVENU PAR GROUPE D'ÂGE	HOMMES %	[I.C.]	FEMMES %	[I.C.]
15-24 ans				
très pauvre	7,1	[2,8-11,3][e]	10,5	[5,4-15,7][d]
pauvre	12,7	[7,2-18,2][d]	13,8	[8,0-19,6][d]
moyen inférieur	32,9	[25,1-40,7][b]	29,9	[22,2-37,6][b]
moyen supérieur	35,3	[27,4-43,2][b]	35,0	[27,0-43,0][b]
supérieur	12,1	[6,7-17,4][d]	10,8	[5,6-16,0][d]
25-44 ans				
très pauvre	5,6	[3,2-7,9][d]	6,4	[3,8-8,9][c]
Pauvre	10,1	[7,0-13,2][c]	11,3	[8,0-14,5][c]
moyen inférieur	29,3	[24,6-33,9][b]	29,8	[25,0-34,5][b]
moyen supérieur	42,8	[37,8-47,9][a]	40,0	[35,0-45,1][a]
supérieur	12,3	[8,9-15,7][c]	12,6	[9,2-16,0][c]
45-64 ans				
très pauvre	6,6	[3,3-9,8][d]	8,3	[4,7-11,8][d]
pauvre	8,8	[5,1-12,5][d]	10,4	[6,4-14,3][c]
moyen inférieur	25,2	[19,5-30,9][b]	26,6	[20,8-32,2][b]
moyen supérieur	41,5	[35,0-48,0][b]	39,8	[33,4-46,1][b]
supérieur	17,9	[12,9-23,0][c]	15,0	[10,3-19,6][c]
65 ans et plus				
très pauvre	7,4	[2,0-12,9][e]	14,6	[8,4-20,8][c]
pauvre	19,5	[11,3-27,7][d]	23,2	[15,9-30,8][c]
moyen inférieur	38,2	[28,1-48,2][c]	35,7	[27,3-44,2][b]
moyen supérieur	26,2	[17,1-35,3][c]	20,3	[13,2-27,4][c]
supérieur	8,7	[2,9-14,6][e]	6,0	[1,8-10,2][e]
Total				
très pauvre	6,4	[4,9-7,9][b]	8,4	[6,7-10,1][b]
pauvre	11,9	[10,0-13,9][b]	13,7	[11,6-15,7][b]
moyen inférieur	30,8	[28,0-33,6][a]	30,6	[27,8-33,4][a]
moyen supérieur	38,3	[35,3-41,2][a]	35,8	[32,9-38,7][a]
supérieur	12,6	[10,6-14,6][b]	11,5	[9,6-13,5][b]

Source : ESS 1992-1993.

tableau **13.3**

DIFFÉRENTS INDICES DU STATUT SOCIO-ÉCONOMIQUE
selon le sexe, population de 15 ans et plus, Québec, 1992-1993

INDICES	HOMMES %	FEMMES %
Perception de sa situation financière		
à l'aise	18,7	16,5
suffisante	57,4	57,9
pauvre	20,4	22,3
très pauvre	3,6	3,3
Durée de la pauvreté		
moins d'un an	15,1	14,3
1 à 4 ans	41,0	36,5
5 ans et plus	43,9	49,2
Patrimoine du ménage		
supérieur	51,1	47,7
moyen	32,1	33,8
inférieur	16,8	18,5
Exclusion du marché du travail		
n'a pas travaillé depuis un an	14,1	26,6
au moins une interruption	17,1	17,1
a travaillé toute l'année	68,8	56,3
Répartition des adultes inscrits à la sécurité du revenu, selon le type de ménage*		
personnes seules	70,2	42,9
couples sans enfants	9,7	9,1
familles monoparentales	2,6	31,5
couples avec enfants	17,3	16,3
conjoints d'étudiants	0,1	0,2

Source : Santé Québec 1995, volume 2, chapitre 5.

* D'après les données de 1993 du ministère de la Sécurité du revenu citées dans Motard et Desrochers, 1995.

Le peu de différence entre la perception qu'ont les femmes et les hommes de leur situation financière suggère aux auteurs que les femmes « *pourraient avoir tenu compte de l'apport financier de leur conjoint* » (p. 128). Par ailleurs, les résultats démontrent que les personnes seules et les ménages mono-parentaux sont ceux qui se perçoivent comme les plus pauvres. On se rap-pellera que les femmes et les mères seules sont également les plus pauvres, selon le Conseil national du bien-être social. Quant au niveau d'exclusion du marché du travail, il est plus élevé chez les femmes, particulièrement chez les chefs de familles monoparentales.

Un peu plus de la moitié des adultes inscrits à l'aide sociale sont des femmes (52 %), ce qui représente 270 597 femmes âgées de 18 ans et plus. Si la majorité des hommes inscrits sont des personnes seules (70 %), les femmes présentent des situations familiales plus variées, puisque 32 % sont responsables d'une famille monoparentale, que 43 % vivent seules et que 16 % vivent en couple avec des enfants. Dans l'ensemble, plus de la moitié d'entre elles sont âgées de 25 à 44 ans ; par contre, celles qui vivent seules sont plus âgées (49 % se retrouvent dans la catégorie des 45 ans et plus) (Motard et Desrochers, 1995).

Être pauvre, malade et... femme

Une des constatations les plus frappantes de l'analyse des résultats de Santé Québec 1987 était l'association constante entre la pauvreté et la détérioration de la santé. L'indice de santé globale* est probablement l'une des meilleures façons d'illustrer les différences entre les groupes socio-économiques, car il tient compte à la fois de l'incapacité, des conditions chroniques, des problèmes de santé et des symptômes de toutes sortes. On se rappellera que plus cet indice est élevé, moins bonne est la santé.

Quel que soit l'âge, les deux catégories de femmes défavorisées ont un indice de santé globale moins bon que l'ensemble des femmes ; les très défavorisées ont un indice nettement au-dessus de la moyenne (ce qui correspond à une moins bonne santé). Les plus grands écarts entre les niveaux de richesse se retrouvent entre 45 et 64 ans, tandis que vers 65 ans, les scores tendent à se rapprocher. Les auteurs d'une monographie sur les personnes défavorisées (Colin et al., 1989) parlent d'un vieillissement prématuré des femmes des milieux défavorisés. « *Ces personnes seraient soumises à des conditions de vie et à des stress qui touchent à leur santé en la détériorant précocement. Souvent elles présentent des indices de santé comparables à ceux des personnes âgées de 65 ans et plus des groupes moyens et favorisés.* » (p. 51-52) Les données de Santé Québec montrent que ces écarts entre groupes socio-économiques sont accentués chez les femmes, particulièrement entre 45 et 64 ans (figure 13.1).

À la seule exception des hommes âgés de 65 ans et plus du groupe « défavorisé », les femmes ont des indices moins bons que leurs compagnons, quel que soit leur niveau socio-économique. On remarque que les écarts entre les sexes sont plus grands chez les plus défavorisés. Quels sont les

figure **13.1**

INDICE DE SANTÉ GLOBALE CHEZ LES PERSONNES TRÈS DÉFAVORISÉES ET FAVORISÉES

selon l'âge et le sexe, Québec, 1987

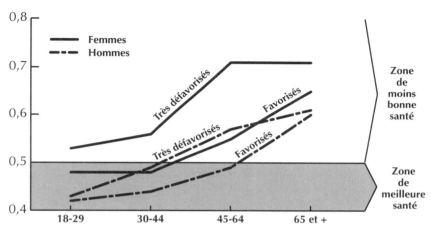

Source : Guyon, 1990, p. 98

problèmes de santé qui affectent particulièrement les femmes de milieux défavorisés ? On retrouve chez elles une prévalence* plus élevée de troubles mentaux, d'arthrite et de rhumatisme, de maladies cardiaques, d'hypertension et d'accidents (figure 13.3). Il a également été fait état plus tôt (voir le chapitre 3) du plus grand nombre de journées d'incapacité chez les femmes très pauvres (moyenne de 27 jours par an comparativement à 14 jours chez les femmes ayant un revenu supérieur).

La perception de son état de santé

Parmi les femmes très pauvres, une sur quatre (24 %) considère que sa santé est moyenne ou mauvaise (tableau 13.4). C'est quatre fois plus que chez celles qui jouissent d'un revenu supérieur (6,0 %). La comparaison des proportions concernant les femmes qui se perçoivent en excellente ou très bonne santé va dans le même sens : deux fois moins de femmes très pauvres déclarent être en excellente ou très bonne santé (34 %), comparativement aux femmes dont le revenu est le plus élevé (64 %).

figure **13.2**

PRINCIPAUX PROBLÈMES DE SANTÉ CHEZ LES FEMMES
selon deux groupes socio-économiques,
population de 18 ans et plus, Québec, 1987

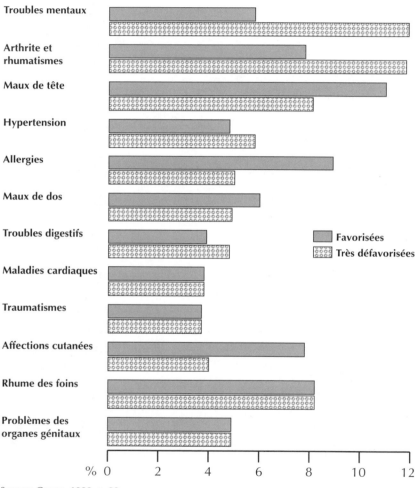

Source : Guyon, 1990, p. 99

tableau **13.4**

DISTRIBUTION DE LA POPULATION FÉMININE
DE 15 ANS ET PLUS

selon la suffisance du revenu et la perception de son état de santé, Québec, 1992–1993

SUFFISANCE DU REVENU	SANTÉ PERÇUE		
	EXCELLENTE OU TRÈS BONNE	BONNE	MOYENNE OU MAUVAISE
Très pauvre	34,4 [28,7-40,0][b]	41,4 [35,5-47,3][b]	24,3 [19,1-29,4][b]
Pauvre	39,6 [34,8-44,4][a]	41,7 [36,9-46,6][a]	18,7 [14,9-22,5][b]
Moyen inférieur	47,6 [44,4-50,8][a]	32,2 [29,6-34,8][a]	11,3 [9,3-13,4][b]
Moyen supérieur	54,4 [51,5-57,2][a]	37,7 [34,9-40,6][a]	7,9 [6,3-9,4][b]
Supérieur	64,3 [59,4-69,1][a]	29,8 [25,1-34,4][b]	5,9 [3,5-8,3][d]
Total	**49,9** [48,1-51,6][a]	**38,6** [36,9-40,3][a]	**11,5** [10,4-12,6][a]

Source : ESS 1992-1993.

La santé mentale
La détresse psychologique

À mesure que les femmes s'appauvrissent, leur niveau de détresse psychologique augmente. Les femmes très pauvres se distinguent particulièrement de celles qui ont un revenu moyen ou supérieur, les pourcentages de détresse psychologique atteignant respectivement 39 %, 30 % et 25 % pour chacune des catégories de niveau socio-économique mentionnées (figure 13.3 et tableau 13.9, en annexe).

Ce lien entre la pauvreté et la détresse psychologique est à son maximum entre 15 et 44 ans ; par la suite, la détresse va diminuer à mesure que l'âge augmente (tableau 13.10, en annexe).

Les pensées suicidaires

Le niveau de revenu n'est pas statistiquement associé à la prévalence des pensées suicidaires des femmes. Lorsqu'on considère l'ensemble de la population, quel que soit le sexe des répondants, les résultats indiquent pourtant que la suffisance du revenu semble inversement associée aux idées survenues au cours des 12 derniers mois : les personnes très pauvres

figure **13.3**

PROPORTION DE LA POPULATION AYANT OBTENU UN SCORE ÉLEVÉ À L'ÉCHELLE DE DÉTRESSE PSYCHOLOGIQUE

selon le niveau socio-économique et le sexe, population de 15 ans et plus, Québec, 1992-1993

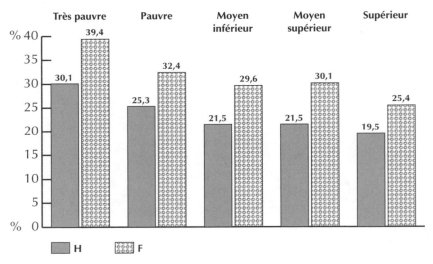

Source : ESS 1992-1993.

rapportent alors deux fois plus d'idées suicidaires que les personnes se situant dans les catégories de revenu moyen supérieur et supérieur. Ces différences cependant ne sont pas significatives*, probablement à cause de la petite taille des échantillons.

Le recours aux services et la consommation de médicaments

Si l'on considère l'ensemble des consultations, les femmes de milieux défavorisés ne consultent pas plus que les autres femmes. On observe par ailleurs une association entre le nombre de médicaments consommés, qu'ils soient prescrits ou non, et le niveau socio-économique (tableau 13.5). Pour l'ensemble de la population féminine âgée de 15 ans et plus, la proportion de femmes très pauvres qui consomment trois médicaments ou plus (31 %) est significativement* plus élevée que la proportion de femmes ayant le même comportement, mais disposant d'une revenu moyen inférieur (21 %), moyen supérieur (19 %) ou supérieur (18 %). Les écarts de proportions quant à celles qui consomment trois médicaments ou plus sont également significatifs entre les femmes pauvres (26 %) et celles qui disposent d'un revenu moyen supérieur (19 %). On retrouve des écarts de proportions significatifs entre les mêmes catégories de revenus en ce qui a trait à la consommation de médicaments prescrits : les femmes de milieux défavorisés sont proportionnellement plus nombreuses à consommer des médicaments sur recommandation du médecin. On n'observe par ailleurs aucune association entre la consommation de médicaments non prescrits et le niveau socio-économique, les proportions de femmes ayant pris des médicaments sans recommandation variant tout au plus de 5 % entre les différentes catégories de revenus. L'association entre le nombre de médicaments et la pauvreté est particulièrement significative chez les femmes âgées de 45 à 64 ans.

tableau **13.5**

PROPORTION DE LA POPULATION FÉMININE CONSOMMANT DES MÉDICAMENTS

selon la suffisance du revenu, population de 15 ans et plus, Québec, 1992-1993

CONSOMMATION DE MÉDICAMENTS SELON LA SUFFISANCE DU REVENU	%	[I.C.]
3 médicaments ou plus		
très pauvre	30,5	[25,4-35,7][b]
pauvre	25,8	[21,8-29,8][b]
moyen inférieur	20,9	[18,4-23,2][a]
moyen supérieur	18,5	[16,3-20,6][a]
supérieur	18,2	[14,5-21,9][b]
Consommation de médicaments prescrits		
très pauvre	57,1	[51,6-62,6][a]
pauvre	52,0	[47,5-56,5][a]
moyen inférieur	45,9	[42,9-48,9][a]
moyen supérieur	44,1	[41,4-46,8][a]
supérieur	43,6	[38,8-48,3][a]
Consommation de médicaments non prescrits		
très pauvre	37,8	[32,4-43,2][b]
pauvre	35,1	[30,7-39,4][a]
moyen inférieur	35,2	[32,2-38,0][a]
moyen supérieur	36,5	[33,9-39,2][a]
supérieur	39,6	[34,9-44,2][a]

Source : ESS 1992-1993.

Si l'on tient compte du nombre de médicaments (trois médicaments ou plus), on peut constater que le pourcentage va augmenter avec l'appauvrissement. En moyenne, 31 % des femmes très pauvres et 26 % des femmes pauvres consomment trois médicaments ou plus, comparativement à 18 % des femmes plus favorisées, et les différences sont significatives. Chez les femmes défavorisées, la consommation de trois médicaments ou plus augmente avec l'âge (tableau 13.6) et, à partir de 25 ans, les écarts de proportions entre les groupes d'âge sont significatifs.

La consommation de médicaments sur recommandation du médecin est significativement plus élevée chez les femmes très pauvres (57 %) que chez celles de niveaux moyen et supérieur. Par ailleurs, lorsqu'il s'agit de médicaments non prescrits, on ne note pas de différences entre les niveaux socio-économiques.

De façon générale, les femmes pauvres ou très pauvres consomment plus de médicaments non prescrits que les hommes vivant dans les mêmes conditions socio-économiques (tableau 13.6). Des différences significatives persistent uniquement pour les femmes et les hommes âgés entre 45 et 64 ans. On enregistre aussi des écarts de proportions significatifs entre les hommes et les femmes concernant la consommation de trois médicaments ou plus. Dans ce cas-ci cependant, les tailles des échantillons ne nous permettent pas de détecter des différences entre les sexes par groupe d'âge. Les femmes de milieux défavorisés se voient toujours prescrire plus de médicaments que les hommes vivant dans les mêmes conditions socio-économiques, et ce, quel que soit le groupe d'âge. Une femme sur deux (54 %) déclare consommer au moins un médicament prescrit comparativement à un homme sur trois (29 %). Les écarts observés entre les proportions d'hommes et de femmes à qui on prescrit des médicaments sont toujours significatifs. Ils s'amoindrissent avec l'âge, mais sont vraiment plus importants entre 15 et 24 ans ; on se rappellera toutefois que la moitié des jeunes femmes prennent des anovulants, ce qui peut expliquer une bonne partie des différences entre les sexes à cet âge (voir le chapitre 7, tableau 7.2).

Certaines études américaines (Cooperstock, 1982 ; Cafferata, 1983) avaient émis l'hypothèse que les hommes qui se retrouvaient dans une situation sociale semblable à celle d'un grand nombre de femmes, c'est-à-dire sans travail rémunéré et sans revenu, étaient plus susceptibles de se voir prescrire des médicaments, particulièrement des psychotropes. Les données de l'ESS ne permettent cependant pas de vérifier cette hypothèse à cause

tableau **13.6**

CONSOMMATION DE MÉDICAMENTS
CHEZ LES PERSONNES PAUVRES OU TRÈS PAUVRES
selon l'âge et le sexe, Québec, 1992-1993

CONSOMMATION DE MÉDICAMENTS PAR GROUPE D'ÂGE	HOMMES %	[I.C.]	FEMMES %	[I.C.]
3 médicaments ou plus				
15-24 ans	2,8	[0,0-5,8][e]	10,2	[5,1-15,2][d]
25-44 ans	7,5	[4,1-10,8][d]	13,5	[9,4-17,6][c]
45-64 ans	23,4	[16,5-30,4][c]	36,4	[29,3-43,4][b]
65 ans et plus	39,5	[30,0-49,0][b]	51,4	[44,4-58,4][b]
Total	**15,8**	**[12,9-18,7]**[b]	**27,8**	**[24,6-30,9]**[a]
Consommation de médicaments prescrits				
15-24 ans	9,8	[4,4-15,1][e]	47,1	[38,7-55,4][b]
25-44 ans	16,6	[11,9-21,3][c]	36,4	[30,7-42,2][b]
45-64 ans	41,2	[33,2-49,3][b]	58,3	[51,1-65,5][a]
65 ans et plus	60,7	[51,2-70,2][b]	79,1	[73,4-84,8][a]
Total	**28,6**	**[25,0-32,2]**[a]	**54,1**	**[50,6-57,6]**[a]
Consommation de médicaments non prescrits				
15-24 ans	19,0	[11,8-26,1][c]	33,3	[25,4-41,1][b]
25-44 ans	25,9	[20,3-31,4][b]	43,3	[28,6-40,0][b]
45-64 ans	23,3	[16,4-30,2][c]	40,1	[32,9-47,3][b]
65 ans et plus	22,8	[14,6-30,9][c]	37,1	[30,4-43,9][b]
Total	**23,4**	**[20,0-26,8]**[b]	**36,2**	**[32,8-39,5]**[a]

Source : ESS 1992-1993.

du petit nombre d'hommes qui sont à la fois dans la catégorie « très défavorisés » et qui consomment des médicaments.

La prise d'anovulants

Dans l'ensemble, à l'exception des femmes très pauvres, il y a peu de différences entre les divers groupes quant à la consommation de pilules anovulantes : les pourcentages varient entre 19 % et 23 %. Par contre, les femmes des milieux défavorisés (30 %), particulièrement les plus jeunes (55 %), en font une consommation significativement* plus élevée que les autres femmes (tableau 13.7).

tableau 13.7

PROPORTION DE LA POPULATION FÉMININE
UTILISANT DES ANOVULANTS

selon l'âge et le revenu, Québec, 1992-1993

SUFFISANCE DU REVENU	15-24 ANS	GROUPE D'ÂGE 25-44 ANS	TOTAL 15-44 ANS
Très pauvre	55,2 [41,4-68,9][b]	14,2 [6,7-21,8][e]	29,8 [22,0-37,6][c]
Pauvre	34,7 [23,1-46,2][c]	12,0 [6,7-17,4][d]	19,1 [13,8-24,5][c]
Moyen inférieur	43,6 [35,6-51,5][b]	11,7 [8,5-14,8][c]	20,3 [17,0-23,7][b]
Moyen supérieur	47,9 [40,7-55,2][b]	14,6 [11,6-17,6][b]	23,0 [20,0-26,1][b]
Supérieur	46,1 [32,5-59,6][c]	12,0 [7,1-16,8][d]	20,0 [14,7-25,2][c]
Total	45,4 [41,1-49,8][a]	13,1 [11,3-14,9][b]	21,9 [16,2-27,6][c]

Source : ESS 1992-1993.

Entre 25 et 44 ans, les femmes provenant de différents milieux socio-économiques semblent utiliser les anovulants dans des proportions semblables. Même si les différences ne sont pas significatives, les jeunes femmes très pauvres utilisent davantage les anovulants que celles qui viennent de groupes plus favorisés économiquement : plus de la moitié (55 %) des jeunes femmes très pauvres prennent des anovulants en comparaison de 46 % dans les milieux moyen supérieur ou supérieur. L'accès aux anovulants est associé au niveau socio-économique de diverses manières : les jeunes femmes des niveaux moyen et supérieur ont probablement les moyens financiers qui leur permettent de se procurer ces produits. C'est ainsi que 44 % à 48 % d'entre elles déclarent les utiliser. Par ailleurs, les jeunes femmes des milieux très pauvres bénéficient des programmes de gratuité des médicaments, et cela pourrait expliquer le taux élevé d'utilisatrices d'anovulants parmi elles (55 %). Ce sont les jeunes femmes pauvres, qui n'ont ni les moyens financiers personnels ni l'accès aux programmes de gratuité, qui présentent le taux le plus faible, soit 35 %.

Ces données font naître certaines questions : les pratiques contraceptives sont-elles différentes selon l'appartenance socio-économique ? On peut également se questionner sur les ressources et les services en contraception dans les milieux défavorisés. L'ouverture à d'autres méthodes contraceptives serait-elle moins grande que dans les autres milieux, et pourquoi ? En fait, tout se passe comme si les femmes assistées sociales avaient un choix réduit quant aux moyens de contraception, puisque seuls la pilule et le stérilet sont remboursés par les programmes d'aide sociale. Ces méthodes sont aussi celles qui comportent le plus d'effets nuisibles possibles pour la santé ; on se rappellera que les femmes les plus défavorisées sont aussi celles qui fument le plus. La combinaison tabac-anovulants constitue ainsi un risque plus élevé chez elles. L'hypothèse voulant que l'activité sexuelle soit plus précoce chez les jeunes femmes de milieux défavorisés peut également être invoquée. On peut d'ailleurs constater, au tableau 13.8, que les jeunes femmes très pauvres sont plus nombreuses à avoir eu un examen de dépistage du cancer du col de l'utérus. Or, on sait qu'habituellement, le premier test de Pap va suivre le début de la vie sexuelle.

Y a-t-il une place pour la prévention ?
Dépistage du cancer du col de l'utérus

La grande majorité des femmes québécoises ont déclaré avoir déjà subi un test de dépistage du cancer du col de l'utérus (test de Pap) ; un grand nombre d'entre elles subissent cet examen de façon régulière. Par ailleurs, les femmes venant de milieux défavorisés semblent se distinguer à certains égards (tableau 13.8).

Bien qu'on ne discerne pas de différence significative* selon le niveau socio-économique, chez les jeunes femmes, on observe une tendance : les jeunes femmes très pauvres semblent avoir eu recours à cet examen préventif au cours de leur vie plus souvent que les autres, puisque 22 % seulement d'entre elles n'ont jamais subi ce test, comparativement à 36 % chez les plus favorisées. Le lien avec la prise d'anovulants, plus répandue chez les jeunes femmes pauvres, a déjà été mentionné à la section précédente et peut expliquer une partie de ce résultat. Cependant, l'imprécision des données disponibles ne permet pas de conclure de façon formelle à ce sujet.

La proportion de femmes n'ayant jamais eu un test de Pap chute de manière spectaculaire après 25 ans, passant en moyenne de 33 % à 5 %. Les différences entre les classes socio-économiques sont ici frappantes, bien qu'encore une fois on ne décèle aucune différence significative : la proportion de femmes très pauvres n'ayant jamais subi le test de Pap passe de

tableau **13.8**

PROPORTION DE FEMMES N'AYANT JAMAIS SUBI UN TEST DE PAP
selon l'âge et la suffisance du revenu, Québec, 1992-1993

SUFFISANCE DU REVENU	15-24 ANS	GROUPE D'ÂGE 25-64 ANS	65 ANS ET PLUS
Très pauvre	22,3 [10,8-33,7][d]	10,2 [5,4-15,0][d]	18,0 [8,4-27,6][e]
Pauvre	33,3 [21,8-44,7][c]	8,5 [4,4-11,7][d]	14,8 [7,9-21,7][d]
Moyen inférieur	32,8 [25,3-40,3][b]	4,9 [3,2-6,6][c]	15,4 [9,9-21,0][c]
Moyen supérieur	33,7 [26,9-40,6][b]	3,0 [1,8-4,1][c]	19,0 [10,3-27,6][d]
Supérieur	36,1 [22,9-49,2][c]	4,0 [1,8-6,3][e]	26,9 [9,5-44,4][e]
Total	**32,5** [28,3-36,6][a]	**4,7** [3,8-5,6][b]	**17,0** [13,4-20,5][b]

Source : ESS 1992-1993.

22 % à 10 % entre les deux groupes d'âge, alors qu'elle passe de 36 % à 4,0 % chez les femmes à revenu supérieur. Entre 25 et 64 ans, on remarque que les femmes de milieux défavorisés sont désavantagées au chapitre des soins préventifs, situation qu'on observe pour de nombreuses variables reliées à la santé : les femmes de milieux plus défavorisés sont proportionnellement plus nombreuses à n'avoir jamais subi un test de Pap au cours de leur vie. Ces résultats doivent retenir notre attention puisque, selon une revue des écrits nord-américains (Brinton et Fraumeni, 1986), le cancer du col de l'utérus affecte cinq fois plus souvent les femmes des niveaux socio-économiques faibles que celles des niveaux supérieurs.

Après 65 ans, par contre, les différences sont beaucoup moins prononcées et, encore une fois, statistiquement difficiles à interpréter. Il est probable qu'ici un effet de génération se mêle aux différences socio-économiques ; on peut penser qu'à cet âge, les différences de milieux s'amenuisent, d'autant plus que la mortalité différentielle aura favorisé une plus grande survie chez les plus riches. Autrement dit, les femmes les plus pauvres vont plus souvent mourir avant d'atteindre ce groupe d'âge et les autres femmes vont connaître une baisse sensible de leur niveau socio-économique, avec pour résultante une plus grande homogénéisation des situations. Toutefois, dans la conclusion du chapitre consacré à certains comportements de santé propres aux femmes, Lise Dunnigan (Santé Québec, 1995) écrit : « *Parmi les groupes vers lesquels des efforts plus importants de prévention et de dépistage devraient être déployés dans la lutte contre le cancer du col de l'utérus, il importe de mentionner, d'une part, les femmes pauvres, en particulier celles de 65 ans et plus qui n'ont jamais bénéficié de dépistage ou qui n'ont pas été examinées depuis plusieurs années [...] et, d'autre part, les femmes de 15 à 24 ans sexuellement actives qui ne consomment pas d'anovulants.* » (p. 182)

Dépistage précoce du cancer du sein

Les examens des seins, qu'ils soient faits par un professionnel de la santé ou par auto-examen, sont pratiqués bien plus souvent parmi les femmes de niveaux socio-économique supérieurs. À mesure que le niveau économique s'élève, la proportion de celles qui n'ont jamais eu ou pratiqué de tels examens s'amenuise (figure 13.4 et tableaux 13.11 et 13.12, en annexe), et les différences sont significatives* entre les plus pauvres et les

figure **13.4**

PROPORTION DE FEMMES N'AYANT JAMAIS EU D'EXAMEN DES SEINS PAR UN PROFESSIONNEL DE LA SANTÉ ET / OU N'AYANT JAMAIS PRATIQUÉ L'AUTO-EXAMEN DES SEINS

selon le niveau socio-économique, population de 15 ans et plus, Québec, 1992-1993

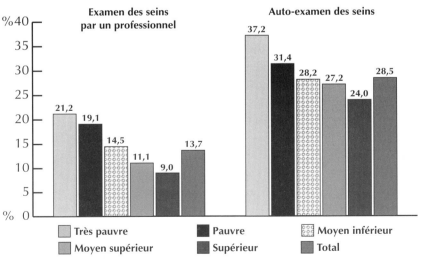

Source : ESS 1992-1993

plus riches. Les femmes les plus pauvres sont deux fois plus nombreuses que les plus riches à n'avoir jamais bénéficié d'un examen préventif du cancer du sein fait par un professionnel de la santé et 37 % d'entre elles n'ont jamais fait un auto-examen.

La pauvreté, un monde à part

La situation des femmes des milieux défavorisés présente une double configuration : un état de santé nettement moins bon tant au point de vue physique qu'au point de vue psychologique, et des relations particulières avec la santé, c'est-à-dire face à la prévention, aux recours professionnels ou à l'organisation du système de soins. Les femmes pauvres vivent moins longtemps (Wilkins, Adams et brankner, 1990) ; Santé Québec montre qu'elles sont atteintes plus tôt par la maladie et l'incapacité, qu'elles présentent des scores de détresse psychologique particulièrement élevés et posent significativement* plus de gestes suicidaires. On a aussi constaté, dans la première partie, qu'elles consomment plus de cigarettes et qu'elles présentent une prévalence d'obésité très élevée. On a vu également, à la section sur les jeunes femmes, que près de 50 % des adolescentes de milieux très défavorisés ont un score élevé de détresse psychologique.

C'est un bilan très lourd. Peut-être nous permettra-t-il de mieux comprendre pourquoi les femmes de ces milieux semblent moins préoccupées par les mesures préventives ? Les problèmes qu'elles ont à résoudre et les conditions difficiles dans lesquelles elles vivent leur dictent des priorités différentes. Quand le quotidien comporte autant d'éléments négatifs, il reste finalement moins de place pour la prévention, pour ce qui « risque d'arriver ». Cela peut-il aussi expliquer les modes d'intervention des professionnels de la santé ? Face à une cliente qui présente de multiples problèmes, on aura peut-être moins de temps pour proposer un examen préventif ou un atelier antitabac.

Ces considérations sont majeures. Notre système de santé, par la force des choses, semble réagir selon des modes d'intervention différents aux besoins des mieux nanties et à ceux des pauvres. Les plus démunis dans notre société demanderaient, et recevraient, des services axés sur l'immédiat, sur l'urgence, alors que la prévention et la promotion de la santé n'atteindraient que les groupes plus favorisés. On peut craindre alors que les écarts entre les deux groupes ne s'élargissent davantage au cours des prochaines années. Les prochaines recherches sur ces aspects devraient s'attarder aux modes de consultation des femmes des milieux défavorisés ; dans quelles circonstances consultent-elles ? qui voient-elles, et où ? y a-t-il une continuité dans les services qu'elles reçoivent ?

FAITS saillants

• On retrouve plus de femmes, et en particulier de femmes âgées, dans les groupes défavorisés.

• Les femmes de milieu défavorisé ont plus de problèmes de santé physique et psychologique que les autres femmes et que les hommes de même niveau socio-économique ; elles connaîtraient un vieillissement précoce, particulièrement entre 45 et 64 ans.

• Une adolescente sur deux venant de milieu très défavorisé présente un niveau élevé de détresse psychologique.

• Les femmes de milieu défavorisé consomment plus de médicaments prescrits. Les jeunes femmes très pauvres utilisent plus la pilule anovulante et, chez elles, la combinaison anovulants-tabagisme est particulièrement fréquente.

• La pratique du test de dépistage du cancer du col de l'utérus semble plus répandue chez les femmes de milieux défavorisés ; ces femmes subissent sensiblement moins d'examens de dépistage du cancer du sein par les professionnels et pratiquent moins l'auto-examen des seins.

14 LES FEMMES EN SITUATION DE MONOPARENTALITÉ

Entre les recensements de 1971 et de 1986, le nombre de familles mono-parentales au Québec a augmenté de 67 %, comparativement à 10 % chez les familles biparentales. En 1991, parmi les familles où l'on retrouve un ou plusieurs enfants, une sur cinq est monoparentale ; c'est donc dire que la proportion de ces familles a doublé depuis 1971 (Bernier *et al.*, 1994 ; Statistique Canada, 1992). Des changements importants avaient marqué les modes de vie familiaux québécois au cours des années soixante-dix, le plus marquant étant l'augmentation des ruptures d'unions, suivi de loin par les naissances hors mariage (Dandurand, 1987 ; Le Bourdais et Rose, 1986). Autrefois résultante de la situation de veuvage, les familles monoparentales sont aujourd'hui plus jeunes comparativement, tant par l'âge du parent responsable que par celui des enfants, et elles sont plus souvent sous responsabilité féminine (Dandurand, 1982).

Ces modifications aux structures familiales ont été lourdes de con-séquences, particulièrement pour les femmes et leurs enfants qui se sont retrouvés, dans la plupart des cas, dans des situations économiques pré-caires. Par exemple, selon une étude faite auprès des familles mono-parentales, en 1987, les femmes chefs de familles monoparentales étaient moins scolarisées, touchaient des revenus deux fois moins élevés et se retrouvaient, plus souvent que les autres mères, dépendantes de l'aide sociale : quatre fois sur cinq dans le cas des mères célibataires et deux fois sur cinq chez les séparées et les divorcées (Jutras *et al*,. 1989). La mono-graphie sur les familles monoparentales, faite à partir des résultats de l'en-quête Santé Québec 1987 (Bellerose *et al.*, (1989) montrait que les femmes chefs de familles monoparentales étaient plus pauvres, se perce-vaient en moins bonne santé et présentaient des indices de santé physique et psychologique plus détériorés que les autres femmes. Le rapport du Conseil national du bien-être social (1995) insiste sur la pauvreté des mères seules (60 % d'entre elles seraient pauvres) et de leurs enfants (64 % de pauvreté) ; ces familles se classent au premier rang des familles les plus pauvres, bien avant les femmes âgées vivant seules.

Par ailleurs, dans leur introduction à la monographie de Santé Québec con-sacrée aux familles québécoises, les auteurs signalent : « *La hausse des ruptures d'union, jointe à la progression des unions libres, a également favorisé, dans un deuxième temps,* la montée d'un autre type de famille, les familles recomposées, dont les statistiques officielles du recensement camouflent, encore aujourd'hui, l'existence parmi l'univers plus large des familles biparentales. » (Bernier et al., 1994, p. 4) (Desrosiers et al., 1993) Ces deux formes de familles (monoparentales et recomposées) ont certains points en commun : elles résultent des ruptures d'unions antérieures, elles comprennent plus souvent des enfants en bas âge, elles sont organisées autour de la mère et de ses enfants et impliquent la présence plus ou moins régulière du père biologique dans la vie des enfants (Dandurand, 1994).

Dans sa revue de la littérature sur les problèmes sociaux associés à la monoparentalité, Dandurand (1994) insiste sur le fait que la monoparentalité n'a pas un visage unique : « *Tous les foyers monoparentaux ne vivent pas des problèmes sociaux et, quand ils connaissent des situations problématiques, ce n'est ni avec la même intensité ni de la même manière qu'ils les vivent.* » (p. 522) Et l'auteure arrive à la conclusion suivante : « *L'origine des problèmes sociaux que vivent une partie des foyers contemporains dirigés par un parent seul réside moins dans la structure familiale comme telle, la famille monoparentale, que dans le fait que cette structure familiale soit encore mal adaptée à la société dans laquelle elle s'est pourtant développée.* » (p. 541)

L'enquête sociale et de santé (1992-1993) a adopté une typologie des familles qui permet de dégager les nouvelles formes d'organisation des familles québécoises. La situation des mères monoparentales peut ainsi être mise en relation, de façon plus précise, avec celle des mères des familles biparentales, qu'elles soient « intactes » ou « recomposées » (figure 14.1).

Les familles monoparentales et les autres...

En 1992-1993, l'ensemble des familles québécoises représentait 73 % de la totalité des ménages, ce qui constitue une baisse par rapport à 1987 (76 %) ; on attribue cette baisse à l'accroissement de la proportion des personnes vivant seules (qui est passée de 19 % à 23 %). Parmi les familles comptant au moins un enfant mineur (tableau 14.1), près de trois sur quatre sont des familles intactes, 18 % des familles monoparentales et 8 % des familles recomposées.

On estime à 175 858 le nombre de familles monoparentales ; 86 %, soit 151,813 familles, sont sous responsabilité féminine, ce qui correspond aux résultats de l'enquête précédente (88 %). En considérant l'ensemble des mères d'enfants mineurs, on constate que 16 % des femmes qui ont au moins un enfant de moins de 18 ans vivent en situation de monoparentalité, comparativement à 2,9 % des hommes qui ont eux aussi des enfants mineurs.

figure **14.1**

TYPOLOGIE DES FAMILLES AVEC ENFANTS MINEURS
Québec, 1992–1993

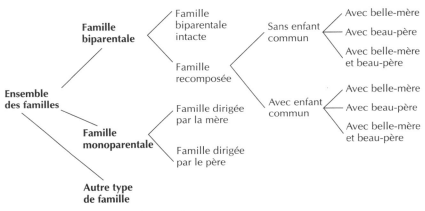

Source : Santé Québec 1995, volume 2, chapitre 2, p. 18.

tableau **14.1**

FAMILLES COMPTANT AU MOINS UN ENFANT MINEUR
selon le type, Québec, 1987 et 1992–1993

TYPE DE FAMILLE	1987 %	1992-1993 (%)	1992-1993 (N)
Biparentale intacte	79,7	73,3	723 698
Recomposée	5,4	8,4	82 459
Monoparentale	14,2	17,8	175 858
parent féminin	(88,0)	(86,3)	151 813
parent masculin	(12,0)	(13,7)	24 045
Autres	0,7	0,6**	5 566

** Coefficient de variation >25 % ; estimation imprécise fournie à titre indicatif seulement.
Source : Santé Québec 1995, volume 2, tableau 2.2, p. 21.

Bien que les hommes assument généralement un rôle parental à un âge plus avancé que les femmes, les différences d'âge sont encore plus marquées entre les sexes lorsqu'il s'agit des familles monoparentales : 42 % des femmes monoparentales ont moins de 35 ans, alors que seulement 18 % des hommes monoparentaux se retrouvent dans le même groupe d'âge. En moyenne, les pères monoparentaux ont 5,6 ans de plus que les mères monoparentales.

Les enfants de familles biparentales ont en moyenne un an de moins que les enfants de familles monoparentales (âges moyens respectifs de 8,5 ans et 9,5 ans). Par ailleurs, les différences sont plus marquées si l'on compare l'âge moyen des enfants des mères monoparentales (9,3 ans) à celui des enfants des pères monoparentaux (11,3 ans).

Le nombre moyen d'enfants tend à être moins élevé chez les mères de familles monoparentales (1,6 contre 1,8 pour les familles biparentales), mais les différences entre les types de familles ne sont pas significatives*. Par ailleurs, ce sont les pères monoparentaux qui déclarent le nombre moyen le plus faible (1,4).

La situation économique des mères monoparentales est particulièrement difficile : plus de la moitié d'entre elles (54 %) se situent aux niveaux de revenu faible ou très faible, comparativement à 20 % des pères monoparentaux. Elles se perçoivent également dans une situation de grande précarité (figure 14.2 et tableau 14.5, en annexe). Plus de la moitié des mères chefs de familles monoparentales (53 %) s'estiment pauvres ou très pauvres. Comparativement aux mères de familles biparentales, elles sont trois fois plus nombreuses à se percevoir ainsi. Les mères de familles recomposées occupent une position intermédiaire : de façon générale, elles ont l'impression que leur situation financière est meilleure que celle des mères monoparentales, mais moins enviable que celles des mères de familles biparentales.

Si l'on tient compte du revenu personnel, les résultats sont particulièrement éloquents : les hommes chefs de familles monoparentales sont beaucoup plus à l'aise financièrement. Près des deux tiers des mères monoparentales (64 %) gagnent moins de 20 000 $ par année, alors que seulement 20 % des hommes monoparentaux sont dans la même situation (tableau 14.2).

Si on les compare aux autres mères, les femmes monoparentales sont en majorité séparées ou divorcées (53 %) (tableau 14.3) ; par ailleurs, 40 % sont célibataires, ce qui montre qu'elles se sont trouvées en situation de monoparentalité plus souvent à la suite d'une rupture d'union que par le fait d'une

figure **14.2**

STATUT ÉCONOMIQUE PERÇU DES MÈRES
selon le type de famille, Québec, 1992-1993

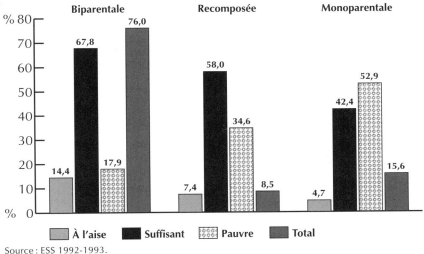

Source : ESS 1992-1993.

tableau **14.2**

DISTRIBUTION DES FAMILLES MONOPARENTALES
selon le revenu personnel annuel et le sexe, Québec, 1992-1993

REVENU PERSONNEL ANNUEL	MÈRES %	% CUMULÉ	PÈRES %	% CUMULÉ
Aucun revenu	5,0	5,0	2,3	2,3
0 $-999 $	1,7	6,7	0,0	2,3
1 000 $-5 999 $	2,2	8,9	0,4	2,7
6 000 $-11 999 $	34,3	43,2	5,6	8,3
12 000 $-19 999 $	21,2	64,3	13,5	21,8
20 000 $-29 999 $	16,3	80,7	22,4	44,2
30 000 $-39 999	11,7	92,4	16,2	60,4
40 000 $-49 000 $	5,1	97,5	18,0	78,3
50 000 $ et plus	2,5	100	21,7	100

Source : ESS 1992-1993.

naissance hors mariage. Seulement 20 % des hommes chefs de familles monoparentales se sont déclarés célibataires, mais 80 % ont indiqué être veufs, séparés ou divorcés (Santé Québec 1995, tome 2, chapitre 2). Les mères monoparentales sont moins scolarisées que celles qui vivent dans des familles biparentales intactes, mais ce qui les caractérise particulièrement, c'est leur plus faible participation à la main-d'œuvre active (50 % comparativement à 58 % chez les mères de familles intactes et à 63 % chez les mères de familles recomposées). Selon l'ESS, les pères monoparentaux se retrouvent sur le marché du travail dans une proportion de 71 % (tableau 14.6, en annexe).

 tableau **14.3**

DISTRIBUTION DES MÈRES

selon le type de famille et certaines caractéristiques sociodémographiques, Québec, 1992-1993

CARACTÉRISTIQUES SOCIODÉMOGRAPHIQUES	TYPE DE FAMILLE		
	INTACTE	RECOMPOSÉE	MONOPARENTALE
% des mères âgées de 25 à 44 ans	81,6	89,7	79,4
Séparées/divorcées	—	5,7	53,2
Perception de la pauvreté	17,9	34,6	52,9
Peu scolarisées	21,2	27,8	28,4
En emploi	57,9	62,8	49,7
Sans emploi	4,7	7,9	12,2
Un seul enfant	31,2	35,4	50,5

Source : ESS 1992-1993.

La santé physique et psychologique

La plupart des études sur les familles monoparentales, et Santé Québec le confirme, font état des nombreuses difficultés que plusieurs d'entre elles ont à rencontrer. Intimement liée au changement de statut, à l'échec de la vie familiale, à la baisse du niveau socio-économique, la vie affective trouve aussi son compte de bouleversements et de revers. Les femmes monoparentales perçoivent leur santé de façon négative plus souvent que les autres mères, se déclarent moins heureuses, et leur niveau de détresse psychologique est particulièrement élevé (46 % contre 29 % chez les mères de familles biparentales) (tableau 14.6).

figure **14.3**

DISTRIBUTION DES MÈRES

selon certaines caractéristiques sociosanitaires et psychosociales et selon le type de famille, Québec, 1992-1993

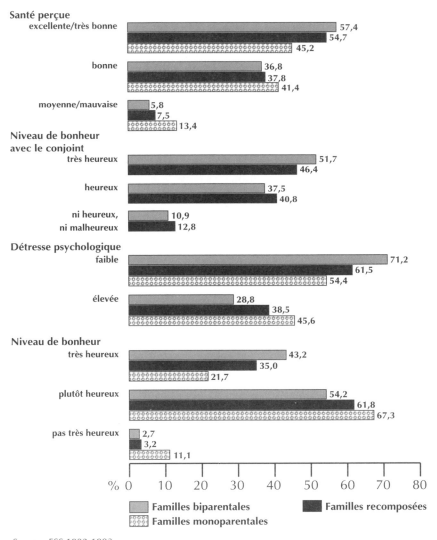

Santé perçue
excellente/très bonne : 57,4 / 54,7 / 45,2
bonne : 36,8 / 37,8 / 41,4
moyenne/mauvaise : 5,8 / 7,5 / 13,4

Niveau de bonheur avec le conjoint
très heureux : 51,7 / 46,4
heureux : 37,5 / 40,8
ni heureux, ni malheureux : 10,9 / 12,8

Détresse psychologique
faible : 71,2 / 61,5 / 54,4
élevée : 28,8 / 38,5 / 45,6

Niveau de bonheur
très heureux : 43,2 / 35,0 / 21,7
plutôt heureux : 54,2 / 61,8 / 67,3
pas très heureux : 2,7 / 3,2 / 11,1

% 0 10 20 30 40 50 60 70 80

Familles biparentales   Familles recomposées
Familles monoparentales

Source : ESS 1992-1993.

Selon Bernier *et al.*, (1994), la perception de l'état de santé des mères seules est associée à la situation financière de leur famille : en effet, celles qui jouissent d'un revenu supérieur se déclarent en majorité en excellente ou très bonne santé (57 %), ce qui n'est le cas que de 37 % des plus pauvres (p. 49). La présence d'un réseau social est également une variable : « *Les deux tiers des femmes qui peuvent compter sur un soutien social* élevé ne connaissent pas de problème de détresse psychologique, alors que c'est le lot de plus de 60 % des mères en situation de monoparentalité qui se retrouvent isolées.* » (p. 51) Pour un grand nombre de femmes, la monoparentalité est perçue comme un échec important (Dandurand, 1989), et ceci vient renforcer la détresse associée à des conditions de vie difficiles. De leur côté, les hommes monoparentaux ont également des niveaux de détresse psychologique (28 %) plus élevés que la moyenne des hommes, à l'exception de ceux qui font partie d'une famille recomposée (32 %).

Consultation de professionnels et consommation de médicaments

Une enquête auprès de 300 familles monoparentales québécoises, menée en 1987 (Renaud, Jutras et Bouchard, 1987), arrivait à la conclusion que pour l'ensemble, les chefs de familles monoparentales utilisaient les services de santé de la même façon et dans les mêmes proportions que ceux des autres familles. Santé Québec 1987 parvenait à des résultats identiques en faisant remarquer que les femmes chefs de familles monoparentales consultaient un peu moins les professionnels de la santé pour des soins préventifs (ce qui est une caractéristique des femmes défavorisées), quoique les différences entre les deux types de familles n'étaient pas significatives*.

Les deux enquêtes constataient cependant que les familles monoparentales utilisent nettement plus les services sociaux. Les données de 1992-1993 ne révèlent pas de différences significatives chez les mères, quel que soit le type de famille (tableau 14.4). Par contre, les femmes chefs de familles monoparentales auraient davantage consulté un psychologue ou un travailleur social (4,6 %) que les autres mères (1,4 % et 2,0 %), ou même que les pères monoparentaux (2,2 %). L'étude de Renaud *et al.* (1987) rajoutait que plus des deux tiers des femmes monoparentales recevaient de l'aide de personnes de leur entourage : membres de la famille, amis ou amies, autres familles monoparentales...

Les mères monoparentales consomment également plus de médicaments ; 15 % d'entre elles avaient pris trois médicaments ou plus au cours des deux jours précédant l'enquête, ce qui est particulièrement élevé compte tenu de leur âge. L'enquête de 1992-1993 révèle que les enfants des mères monoparentales consultent plus que les autres et consomment également plus de médicaments. Cependant, ces dernières données ne sont pas significatives et ne sont fournies qu'à titre indicatif.

tableau **14.4**

CONSULTATION DE PROFESSIONNELS DES SERVICES SOCIAUX OU DE LA SANTÉ ET CONSOMMATION DE MÉDICAMENTS

selon le type de famille (avec enfants mineurs) et le sexe du parent, Québec, 1992-1993

PROFESSIONNEL CONSULTÉ ET MÉDICAMENTS CONSOMMÉS	TYPE DE FAMILLE		
	BIPARENTALE	RECOMPOSÉE	MONOPARENTALE
Services sociaux ou de santé			
hommes	17,7	16,9	20,5*
femmes	28,2	26,5	33,8
Médecin			
hommes	8,7	7,8*	11,5*
femmes	16,1	16,1	18,3
Psychologue ou travailleur social			
hommes	1,1*	1,0**	2,2**
femmes	1,4*	2,0**	4,6*
Aucun médicament			
hommes	64,8	68,2	56,4
femmes	45,2	47,4	38,3
1 ou 2 médicaments			
hommes	30,3	26,6	34,4*
femmes	45,6	42,7	46,8
3 médicaments ou plus			
hommes	4,9	5,2*	9,2**
femmes	9,3	10,0*	15,0

*   Coefficient de variation entre 15 % et 25 % ; interpréter avec prudence.
** Coefficient de variation > 25 % ; estimation imprécise fournie à titre indicatif seulement.
Source : Santé Québec 1995, volume 2, chapitre 2, tableau 2.10, p. 32.

Des citoyennes de seconde classe ?

Les familles monoparentales sont les parents pauvres de notre société. À elles seules, elles regroupent les caractéristiques de plusieurs groupes plus vulnérables (ou « à risque », selon les termes de la santé publique) : plus de femmes, plus de pauvres et un plus grand isolement. À cela s'ajoute le fait que les mères assument seules les responsabilités familiales. Les données de Santé Québec apportent ainsi de nouvelles précisions sur la situation socio-économique et la santé psychologique des femmes chefs de familles monoparentales. On pourra, lors d'études ultérieures, pousser plus loin l'analyse de l'état de santé de leurs enfants ainsi que des relations entre les mères et ces derniers.

Le nombre et la précarité de la situation socio-économique des femmes en situation de monoparentalité justifient la nécessité de les désigner comme clientèle de premier plan, particulièrement en ce qui a trait aux mesures de soutien pour les aider à faire face aux multiples défis de leur situation actuelle. La *Politique de la santé et du bien-être* met l'accent sur la prévention et suggère que les familles monoparentales à faible revenu puissent bénéficier de programmes de soutien et d'entraide aux familles.

Peut-on penser qu'il y aura de plus en plus de femmes assumant seules de grandes responsabilités familiales, avec des moyens financiers et des possibilités d'avenir limités ? Avec l'arrivée des nouvelles formes d'unions et la plus grande diversité des familles à parent unique, il est difficile de trancher actuellement. La monographie consacrée au profil des familles québécoises (Bernier *et al.*, 1994) conclut que les efforts visant à faciliter l'intégration et le maintien des mères seules en emploi devraient être accentués. Des solutions comme un meilleur accès à des services de garde, une fiscalité adaptée à la condition de ces femmes, ainsi que des mesures assurant le paiement des pensions alimentaires, sont également suggérées. On pourra conclure avec Renée Dandurand : « *Pour en venir à un tel engagement collectif, il importe d'abord de convenir que le divorce et la monoparentalité ne sont plus des phénomènes marginaux […] Dans cette perspective, n'est-il pas temps que nos pouvoirs publics cessent d'hésiter entre, d'une part, la nécessité de soutenir collectivement les foyers monoparentaux, surtout matricentriques, et, d'autre part, la crainte d'inciter, par ce soutien collectif, à la séparation conjugale ?* » (Dandurand, 1994, p. 542)

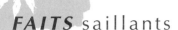

FAITS saillants

• En 1992-1993, les familles monoparentales constituaient 18 % de l'ensemble des familles comportant au moins un enfant mineur ; 86 % d'entre elles étaient sous responsabilité féminine.

• Plus de la moitié des mères chefs de familles monoparentales vivent dans la pauvreté.

• Les femmes monoparentales se déclarent moins heureuses que les autres mères et leur niveau de détresse psychologique est particulièrement élevé (46 %).

• Les femmes en situation de monoparentalité consultent plus souvent des psychologues ou des travailleurs sociaux pour elles ou pour leurs enfants et prennent plus de médicaments que les autres mères.

15 LES FEMMES CRIES ET INUITES DU NORD QUÉBÉCOIS

par Claudette Lavallée,
coordonnatrice de projet, Santé Québec.

NOTE : Le chapitre qui suit diffère des précédents par sa forme et la somme des informations présentées. Comme il s'agit en quelque sorte d'une première, soit la présentation conjuguée des résultats d'enquêtes sur la santé des femmes autochtones, on a choisi d'inclure un plus grand nombre de données. La valeur accordée, tout au long de ce livre, à l'impact du milieu sur la santé et les conditions de vie, a aussi joué dans ce choix : la compréhension et l'analyse des résultats ne peuvent se faire qu'à la lumière de l'histoire, de la situation géographique et de la situation socioculturelle actuelle des femmes cries et inuites.

Font l'objet du présent chapitre les femmes cries et inuites habitant la région la plus septentrionale du Québec. Ces populations sont dispersées sur un vaste territoire situé entre le 49ᵉ et le 55ᵉ parallèle pour les Cris et au nord de ce dernier pour la population inuite. Comme l'illustre la carte ci-jointe, la population crie, d'environ 9 300 personnes, est répartie en neuf bandes dont les effectifs varient entre 400 et 2 400 habitants ; 64 % des Cris font partie des communautés de la côte de la baie James et de la baie d'Hudson, tandis que les autres résident dans les villages situés à l'intérieur des terres, au bord de lacs et de rivières. La population couverte par l'enquête inuite est estimée à 7 078 personnes dispersées dans 14 villages comptant entre 100 et 1 100 personnes. Soixante pour cent de la population réside sur la côte de la baie d'Hudson et 40 % sur celle de la baie d'Ungava.

Évolution des modes de vie

Les recherches archéologiques menées dans le Nord québécois suggèrent l'existence d'une occupation préhistorique de ce territoire dès 4 000 à 5 000 ans avant Jésus-Christ (Santé Québec et Jetté, 1994 ; Bobbish-Atkinson et Magonet, 1990). Traditionnellement, les Cris et les Inuits étaient des chasseurs et des trappeurs nomades vivant des produits de la chasse et de la pêche. À partir du dix-septième siècle, les bandes familiales ajoutent au produit de la chasse et de la trappe les produits du troc effectué avec les comptoirs commerciaux et obtenus en échange de leurs fourrures. On peut alors observer l'introduction progressive d'une nouvelle forme d'économie.

Le début du vingtième siècle fut marqué par la famine et les ravages de nouvelles maladies apportées par des contacts de plus en plus fréquents avec des gens de l'extérieur. Par ailleurs, des services de santé furent peu à peu implantés dans le Nord par le gouvernement fédéral et, à partir du début des années cinquante, les Cris et les Inuits se sont regroupés en

figure **15.1**

SANTÉ QUÉBEC

du sud à la baie James et au Nunavik

Source : Santé Québec (1994), Enquête Santé Québec auprès des Inuits du Nunavik, 1992.

bandes et sédentarisés. Ces mutations ont eu des répercussions sur l'organisation sociale des communautés et ont entraîné des perturbations rapides et profondes des conditions et des habitudes de vie, de l'état de santé des individus et de l'organisation des services de santé. Ainsi, en 1978, à la suite de l'entente de la Baie James et du Nord québécois, les conseils cri et Kativik de la santé et des services sociaux ont été créés et intégrés au réseau général de la santé du Québec.

Situation particulière des femmes

Les femmes autochtones sont aujourd'hui partagées entre les valeurs traditionnelles et les modes de vie actuels. Chez la majorité des peuples aborigènes du Québec, le rapport entre les sexes en était jadis un d'égalité et de complémentarité. Cependant, l'éclatement de la société traditionnelle, ainsi que la transformation des habitudes de vie et des relations familiales, ont engendré des comportements abusifs ou violents et la perte de l'estime de soi. Mais les femmes autochtones réagissent et on assiste aujourd'hui à un réveil que Richer (1993) décrit ainsi : « *Elles deviennent chefs de bande et chefs de nation, sortent peu à peu du carcan de la violence, tiennent tête à l'establishment autochtone, veulent retrouver l'estime de soi. On commence à entendre la voix des femmes autochtones, une voix qui porte.* »

Mais qu'en est-il de leur santé et des facteurs qui lui sont associés en 1991-1992 ? Le propos du présent chapitre consiste à tracer un profil sommaire des femmes cries et inuites, à les situer dans leur cadre géographique et socio-économique, à décrire certains aspects de leur santé et à aborder leurs conditions de vie ainsi que les habitudes qui agissent sur leur santé.

Profil socio-économique
Structure par âge et par sexe

Les populations crie et inuite présentent des structures par âge beaucoup plus jeunes que celles de l'ensemble du Québec. L'âge médian des Inuits est de 18 ans et celle des Cris de 20,8, ans comparativement à 34,2 ans pour l'ensemble des Québécois. Les enfants de moins de 15 ans sont plus nombreux chez les Inuits (41 %) et chez les Cris (35 %) que parmi l'ensemble des Québécois (20 %). À l'inverse, l'importance relative des personnes de 65 ans et plus est de 2 % au Nunavik, 5 % à la Baie James et 11 % chez les Québécois. Cette proportion de personnes âgées comporte autant d'hommes que de femmes inuits (2,1 % contre 2,4 %) et légèrement plus de femmes chez les Cris (5,1 % contre 6,2 %).

DISTRIBUTION DES ÂGES

femmes cries (1991), inuites (1992) et québécoises (1991)

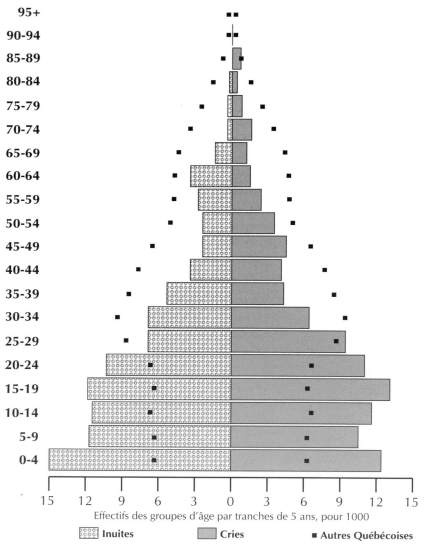

Effectifs des groupes d'âge par tranches de 5 ans, pour 1000

⬚ Inuites   ▨ Cries   ■ Autres Québécoises

Source : Statistique Canada, recensement de 1991.

La fécondité des femmes du Grand Nord québécois est nettement supérieure à celle des autres Québécoises, puisqu'on dénombre 72 enfants de 0 à 4 ans pour 100 femmes inuites de 15 à 44 ans, considérées comme étant en âge de procréer, et 50 enfants pour 100 femmes cries, contre seulement 27 enfants pour 100 femmes québécoises du même âge. De plus, les femmes cries et inuites ont leurs enfants beaucoup plus tôt que les autres Québécoises. Le fichier des naissances du Bureau de la statistique du Québec montre en effet que 26 % des naissances chez les Inuites et 27 % des naissances chez les Cries ont lieu chez des mères de moins de 20 ans, alors que cette proportion s'établit à 4,2 % pour l'ensemble du Québec.

Composition des ménages cris et inuits

Des différences importantes ont été notées dans la composition et la structure des ménages nordiques par rapport à ceux de l'ensemble de la société québécoise. Ainsi, le nombre moyen de personnes par ménage privé est de 5 personnes chez les Inuits, 5,6 personnes chez les Cris et de seulement 2,5 personnes chez l'ensemble des Québécois. Les ménages multifamiliaux sont plus nombreux dans le Québec nordique, puisque 28 % des ménages inuits et 34 % des ménages cris correspondent à des familles étendues, alors que, pour l'ensemble du Québec, cette proportion n'atteint pas 1 %. Peut-on alors supposer qu'on trouverait moins de femmes seules dans les communautés nordiques qu'ailleurs au Québec ?

La situation se présente différemment chez les Cries et chez les Inuites, puisque les familles monoparentales forment 23 % des ménages unifamiliaux au Nunavik et seulement 3,8 % chez les Cris (14 % au Québec). L'écart observé à la Baie James semble dû au fait que quatre familles monoparentales sur cinq font là-bas partie d'un ménage multifamilial. Dans le Québec nordique comme ailleurs au Québec, environ neuf familles monoparentales sur dix sont dirigées par des femmes (91 % chez les Cris, 86 % chez les Inuits et ailleurs au Québec). Traditionnellement, la famille élargie constituait chez les Autochtones un réseau d'échange communautaire et social important favorisant l'entraide et contrant l'isolement de ces femmes (Lamothe, 1987). La description des familles avec enfants mineurs nous en apprend davantage sur la charge parentale des femmes. En effet, alors que seulement 42 % des ménages québécois comptent au moins un enfant mineur, la très grande majorité des ménages inuits (88 %) et cris (83 %) en comprennent.

Le portrait des familles nordiques ne pourrait être complet s'il n'y était fait mention de l'adoption, qui représente un phénomène social important chez les Inuits, où plus du cinquième de la population de 15 ans et plus déclare avoir été adoptée (23 %). Les Inuits ayant adopté ou donné un ou des enfants en adoption sont plus âgés, ont moins de scolarité formelle et sont plus nombreux à parler seulement l'inuktitut. Ces renseignements laissent entrevoir des structures familiales en transformation où les traditions sont encore présentes, mais seraient l'apanage des générations plus âgées.

Caractéristiques culturelles

Le maintien de leur identité culturelle semble être une priorité pour ces deux peuples nordiques. Ainsi, presque tous les habitants du Nunavik (96 %) ont déclaré l'inuktitut comme langue maternelle et le parlent habituellement à la maison (94 %). Chez les Cris, la même proportion de la population déclare le cri comme langue maternelle et, parmi ces personnes, 97 % l'utilisent à la maison. Environ un Inuit sur cinq et la même proportion de Cris ne parlent que leur langue maternelle ; les autres connaissent soit le français, soit l'anglais. La majorité des personnes connaissant l'une ou l'autre des langues officielles sont âgées de moins de 45 ans.

L'enseignement scolaire ayant été implanté récemment dans les villages nordiques, la scolarité formelle y est encore peu élevée. Quatre Inuits sur dix et 35 % des Cris n'ont pas dépassé le niveau primaire et cette proportion augmente avec l'âge, puisque rares sont les personnes de 65 ans et plus qui ont dépassé ce niveau. La presque totalité des jeunes d'âge scolaire fréquentent maintenant l'école.

Travail et main-d'œuvre

Près de la moitié des femmes inuites (47 %) et 56 % des Cries ont un travail salarié ou sont inscrites à un programme de revenu garanti pour chasseurs ou trappeurs. Ce programme est beaucoup plus largement utilisé à la Baie James où une personne sur cinq et 18 % des femmes séjournent dans le bois au moins quatre mois par année. Seulement 2 % des Inuits de 15 ans et plus étaient, au moment de l'enquête, inscrits au programme d'aide aux chasseurs.

Un peu plus de femmes inuites (15 %) que d'hommes (11 %) et autant de femmes cries (9 %) que d'hommes (9 %) sont professionnels ou cadres, tandis que la proportion de cols blancs est deux fois plus élevée chez les femmes inuites (28 %) ou cries (28 %) que chez les hommes (17 % et 15 %). La très grande majorité des emplois salariés au Nord du Québec se retrouvent dans le secteur tertiaire : 90 % des emplois chez les Inuits et 78 % chez les Cris. Le plus souvent, les femmes occupent des emplois de cols blancs (28 % parmi chacune des deux populations) ou tiennent maison (21 % des Inuites et 23 % des Cries).

FAITS saillants

• Les populations nordiques sont beaucoup plus jeunes que les autres Québécois.

• La fécondité des femmes y est nettement supérieure.

• Les ménages multifamiliaux y sont plus fréquents et les familles plus nombreuses.

• La très grande majorité des ménages inuits (88 %) et cris (83 %) comptent au moins un enfant mineur.

• Environ une femme crie sur cinq séjourne au moins quatre mois par année dans le bois pour la chasse et la pêche.

État de santé
Espérance de vie et mortalité

Si les conditions de vie des Autochtones se sont nettement améliorées au cours des dernières décennies, Hull écrivait en 1991 que leur état de santé reste inférieur à celui de l'ensemble de la population (Santé et bien-être social Canada). L'espérance de vie à la naissance est un des indicateurs permettant d'illustrer cet écart.

Au début des années quatre-vingt-dix, les Inuits du Nord québécois vivaient en moyenne une dizaine d'années de moins que l'ensemble des Québécois (67 ans contre 77 ans), et l'espérance de vie des Cris se situait entre les deux (figure 15.3). Les hommes cris pouvaient espérer vivre jusqu'à 70 ans et les femmes jusqu'à 74 ans (Choinière *et al.*, à paraître). L'écart entre les sexes était beaucoup plus marqué chez les Inuits, où les femmes pouvaient espérer vivre jusqu'à 69 ans contre 62 ans pour les hommes, écart comparable à celui qu'on pouvait observer au Québec à la même période, où l'espérance de vie chez les femmes atteignait 81 ans, alors qu'elle se situait à 74 ans chez les hommes.

figure **15.3**

ESPÉRANCE DE VIE À LA NAISSANCE
selon le sexe, populations crie, inuite et québécoise, 1990-1992

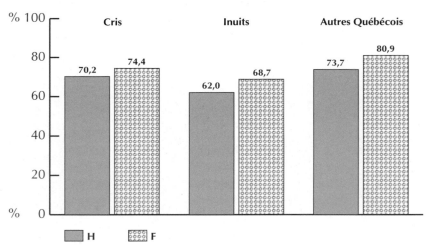

Source : Choinière *et al.*, à paraître.

L'écart entre les autochtones du Nord et l'ensemble des Québécois peut s'expliquer en partie par le taux encore élevé de mortalité infantile, qui se situait à 31,1 pour 1 000 chez les Inuits et à 12,9 chez les Cris, alors qu'il était de 5,9 pour l'ensemble des Québécois en 1990-1992 (Choinière *et al.*, à paraître). Les morts accidentelles sont aussi en grande partie responsables des différences notées entre ces peuples nordiques et l'ensemble des Québécois. Choinière *et al.*, (1993) observaient récemment que les taux de mortalité par traumatisme étaient beaucoup plus élevés dans la région Kativik qu'ailleurs au Québec, alors que Damestoy (1994) a documenté une importante surmortalité par noyade chez les Cris au cours des années 1982 à 1991.

Santé physique

Santé perçue

Plus des trois quarts des femmes cries se considèrent en bonne ou en très bonne santé (76 %) et cette proportion diminue légèrement chez celles de 45 ans et plus (68 %) (figure 15.4). Par ailleurs, les femmes inuites sont beaucoup moins nombreuses que les Cries à se percevoir en bonne santé, puisque moins de la moitié (48 %) d'entre elles évaluent positivement leur état de santé. On remarque aussi parmi les Inuites les plus âgées une tendance à se percevoir en moins bonne santé.

figure **15.4**

ÉTAT DE SANTÉ PERÇU COMME ÉTANT BON OU TRÈS BON
selon l'âge, femmes cries (1991) et inuites (1992)

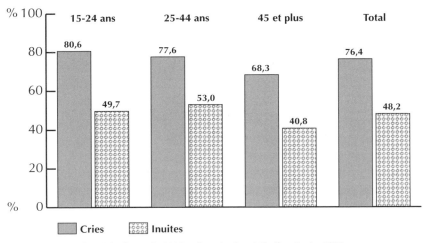

Sources : Enquête Santé Québec crie 1991 et Enquête Santé Québec inuite 1992.

Globalement, les hommes et les femmes, qu'ils soient Cris ou Inuits, apprécient leur état de santé de façon similaire, et l'âge ne semble pas influencer de façon importante cette perception.

Problèmes de santé déclarés

Tant chez les Cris que chez les Inuits, les femmes sont plus nombreuses que les hommes (49 % contre 39 % et 49 % contre 40 %) à déclarer au moins un problème de santé et, dans les deux populations, cette proportion augmente avec l'âge (figure 15.5). Les femmes cries et inuites signalaient un problème de santé ou plus dans une proportion moindre que les femmes québécoises en 1987 (55 %).

Le tableau 15.1 indique que, parmi les problèmes de santé les plus fréquemment rapportés, tant par les femmes cries que par les Inuites, figurent les maux de tête, les allergies, les affections respiratoires et l'hypertension. Les problèmes d'arthrite et de rhumatisme et le diabète sont également rapportés par plus de 5 % des Cries, alors que les femmes inuites sont plus nombreuses à mentionner des troubles mentaux et des troubles de l'audition.

figure **15.5**

DÉCLARATION D'UN PROBLÈME DE SANTÉ OU PLUS
selon l'âge, femmes cries (1991) et inuites (1992)

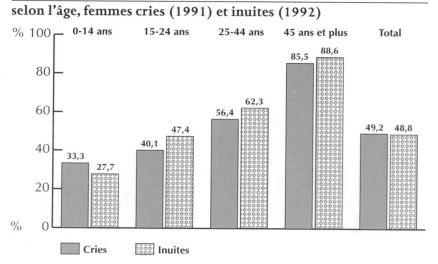

Sources : Enquête Santé Québec crie 1991 et Enquête Santé Québec inuite 1992.

tableau **15.1**

OCCURRENCE DES SIX PROBLÈMES DE SANTÉ DÉCLARÉS LE PLUS SOUVENT

par les femmes cries (1991) et inuites (1992) de 15 ans et plus

FEMMES CRIES	%	FEMMES INUITES	%
Maux de tête	9,4	Troubles mentaux	12,6
Arthrite et rhumatisme	7,6	Maux de tête	11,1
Allergies	7,2	Troubles de l'audition	10,7
Hypertension	6,6	Affections respiratoires	9,1
Diabète	5,5	Allergies	7,0
Affections respiratoires	4,7	Hypertension	6,9

Sources : Enquête Santé Québec crie 1991 et Enquête Santé Québec inuite 1992.

Facteurs de risque de maladies cardiovasculaires

Trois types de problèmes chroniques représentant des facteurs de risque importants de maladies cardiovasculaires seront présentés ici. Les données proviennent de mesures physiologiques effectuées en clinique et n'ont été recueillies qu'auprès des personnes de 18 à 74 ans. Elles seront comparées aux résultats de l'enquête québécoise sur la santé cardiovasculaire effectuée en 1990.

La prévalence* d'une valeur de cholestérol sérique total supérieure ou égale à 6,2 mmol/L est de 5 % chez les femmes cries, alors qu'elle atteint presque 15 % chez les Inuites et 18 % chez le reste des Québécoises. Même une fois ajustée en fonction de l'âge, la valeur chez les Cries demeure nettement inférieure à celle des deux autres populations. La prévalence de ce facteur de risque augmente avec l'âge, mais diffère peu selon le sexe.

La prévalence de l'hypertension artérielle dans la population crie de 18 à 74 ans s'établit à environ 13 %, et ce, tant chez les femmes que chez les hommes (figure 15.6). Cette proportion est semblable à celle qui prévaut au Québec, alors qu'elle représente le double de celle observée chez les Inuits (6 %). Les femmes cries sont particulièrement désavantagées en ce

tableau **15.2**

PRÉVALENCE D'UN TAUX DE CHOLESTÉROL
TOTAL ≥ 6,2 MMOL/L

selon l'âge, femmes cries (1991), inuites (1992) et québécoises (1990)

GROUPE D'ÂGE	CRIES %	INUITES %	AUTRES QUÉBÉCOISES %
18-34 ans	2,2	n.d.	4,9
35-64 ans	8,9	n.d.	20,7
65-74 ans	10,0	n.d.	50,5
Total	**5,1**	**14,6**	**17,7**

Sources : Enquête Santé Québec crie 1991, Enquête Santé Québec inuite 1992 et Enquête québécoise sur la santé cardiovasculaire 1990.

figure **15.6**

PRÉVALENCE DE L'HYPERTENSION ARTÉRIELLE

selon le sexe, population crie (1991), inuite (1992) et québécoise (1990) de 18 à 74 ans

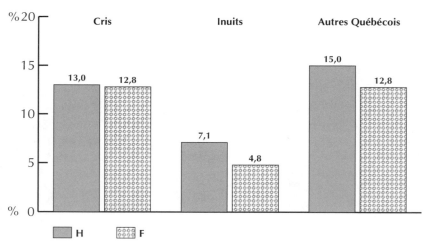

Sources : Enquête Santé Québec crie 1991, Enquête Santé Québec inuite 1992 et Enquête québécoise sur la santé cardiovasculaire 1990.

qui a trait à l'hypertension puisque, une fois ajustée en fonction de l'âge, la prévalence de cette affection demeure environ 50 % plus élevée chez elles que chez les Québécoises du Sud (I.C. = 1.45). Elle est particulièrement élevée chez les femmes cries de 35 à 64 ans.

Une valeur de glycémie supérieure ou égale à 7,8 mmol/L indique la possibilité d'un état diabétique. La figure 15.7 illustre une prévalence du diabète nettement supérieure chez les femmes cries par rapport aux hommes cris, aux Inuits et aux autres Québécois des deux sexes. Cette tendance était déjà présente dans les résultats de l'enquête Plasannouq effectuée en 1983-1984 auprès des deux mêmes populations nordiques (Thouez *et al.*, 1990). À ce moment-là, 4,4 % des femmes cries et 1,2 % des hommes avaient une glycémie compatible avec un état diabétique. La prévalence du diabète chez les Cris a été documentée plus avant par Brassard *et al.*, (1993).

figure **15.7**

PRÉVALENCE D'UNE VALEUR DE GLYCÉMIE ≤ 7.8 MMOL/L
selon le sexe, population crie (1991) et inuite (1992) de 18 à 74 ans

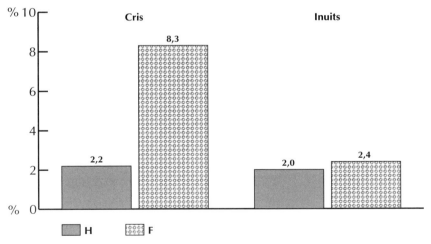

Sources : Enquête Santé Québec crie 1991 et Enquête Santé Québec inuite 1992.

Traumatismes

Une surmortalité par traumatisme a fréquemment été observée dans les populations autochtones, et ce, pour tous les groupes d'âge (Young, 1988) ; le Nord québécois n'échappe pas à ce phénomène (Choinière, 1988 ; Courteau, 1989). Cette situation est particulièrement alarmante chez les Inuits, où Choinière *et al.*, (1993) ont observé un taux de mortalité par traumatisme de 258,8 pour 100 000 habitants, contre 53,6 pour l'ensemble du Québec. Les enquêtes de Santé Québec ont permis d'obtenir les taux de traumatismes ayant entraîné une restriction des activités habituelles, survenus au cours de l'année ayant précédé chacune des enquêtes. Les taux présentés au tableau 15.3 sont assez semblables chez les hommes cris, inuits et québécois. Ils semblent toutefois légèrement inférieurs chez les femmes nordiques. La comparaison porte toutefois sur des taux bruts et ne tient pas compte de la structure par âge de ces populations.

tableau **15.3**

TAUX BRUTS DE TRAUMATISMES AYANT CAUSÉ UNE RESTRICTION D'ACTIVITÉS POUR 1 000 HABITANTS PAR ANNÉE

selon le sexe, population crie (1991), inuite (1992) et québécoise (1987)

	CRIS %	INUITS %	AUTRES QUÉBÉCOIS 1987* %
Hommes	53	45	59
Femmes	25	26	36
Total	**39**	**36**	**47**

* Les données ne sont pas comparables à celles de l'ESS 1992-1993.
Sources : Enquête Santé Québec crie 1991, Enquête Santé Québec inuite 1992 et Enquête Santé Québec 1987.

Aucune information n'est disponible sur le lieu comme tel des accidents dans le Nord, mais les circonstances dans lesquelles ils se sont produits sont connues. Ainsi, le transport terrestre regroupe le plus grand nombre de traumatismes, avec un taux de 12,0 pour 1 000 chez les Cris et de 12,8 chez les Inuits. Les accidents de voiture sont rares à cause de l'absence de ce moyen de transport dans les communautés inuites et de sa rareté chez les Cris. Les accidents de motoneige ou de véhicule tout terrain sont toutefois plus courants, particulièrement chez les Inuits. Des taux d'environ 7 pour 1 000 sont également rapportés pour des traumatismes entraînés par une chute ou subis en jouant.

Incapacités

La mesure des incapacités donne une image de l'impact des maladies et des traumatismes dans une population pour ce qui est de la perte d'autonomie fonctionnelle. Au total, 7 % des Inuits et 5 % des Cris ont souffert d'incapacité au cours des deux semaines ayant précédé chacune des enquêtes. La moyenne annuelle des journées d'incapacité à court terme est de 8,2 journées chez les Inuits et de 6,8 jours chez les Cris. Cette différence peut être due, en partie du moins, au fait que l'enquête crie a eu lieu l'été, alors que celle des Inuits s'est déroulée à la fin de l'automne, période où l'incidence de certains problèmes de santé peut être plus élevée. La moyenne varie peu en fonction du sexe chez les Inuits, alors qu'elle est nettement plus élevée chez les femmes que chez les hommes cris (9,8 contre 3,8). Cet écart peut être associé à la prévalence élevée de maladies chroniques parmi ces femmes.

tableau **15.4**

MOYENNE ANNUELLE DES JOURNÉES D'INCAPACITÉ
selon le sexe, population crie (1991) et inuite (1992)

	MOYENNE ANNUELLE DE JOURNÉES D'INCAPACITÉ	
	CRIS	**INUITS**
Hommes	3,8	7,8
Femmes	9,8	8,6
Total	**6,8**	**8,2**

Sources : Enquête Santé Québec crie 1991 et Enquête Santé Québec inuite 1992.

Environ 2 % des Inuits ont déclaré des pertes d'autonomie à long terme causées par leur état de santé. Chez les Cris, cette proportion était de 0,3 %, tandis qu'elle s'élevait à 0,5 % chez les Québécois en 1987. La prévalence encore élevée de maladies graves en bas âge, comme la méningite, peut expliquer en partie cet écart chez les Inuits.

FAITS saillants

• Plus on monte vers le Nord, plus courte est l'espérance de vie des femmes (81 ans chez les Québécoises, 74 ans chez les Cries et 69 ans chez les Inuites).

• La présence d'un taux de cholestérol élevé est plus rare chez les femmes cries (5 %) qu'ailleurs au Québec (18 %).

• L'hypertension artérielle et le diabète sont plus fréquents chez les femmes cries que parmi les Inuites ou les autres Québécoises.

• On observe un taux de mortalité par traumatisme beaucoup plus élevé chez les Inuits (258,8 pour 100 000) que pour l'ensemble du Québec (53,6).

Santé mentale

Cette section fera état de la santé mentale des femmes cries et inuites à l'aide de deux indicateurs : la détresse psychologique* et les idées et gestes suicidaires.

Détresse psychologique

Les données de l'enquête crie n'ont pas permis de mettre en évidence des différences significatives* entre les niveaux de détresse psychologique observés chez les hommes et chez les femmes en général. Elles indiquent toutefois des variations selon l'âge, puisque les 15-44 ans des deux sexes sont proportionnellement beaucoup plus nombreux que leurs aînés à présenter un niveau élevé de détresse psychologique (tableau 15.5), et ceci est particulièrement marqué chez les jeunes femmes de 15 à 24 ans (33 %).

Au sein de la population inuite, plus de femmes que d'hommes (26 % contre 14 %) manifestent un niveau élevé de détresse psychologique. Le niveau de détresse varie également avec l'âge. Les jeunes Inuites de 15 à 24 ans présentent un niveau élevé de détresse psychologique trois fois plus souvent (38 %) que leurs aînées de 45 ans et plus (12 %).

tableau **15.5**

NIVEAU ÉLEVÉ À L'INDICE DE DÉTRESSE PSYCHOLOGIQUE
selon l'âge et le sexe, population crie (1991) et inuite (1992)

| GROUPE D'ÂGE | CRIS | | INUITS | |
	HOMMES %	FEMMES %	HOMMES %	FEMMES %
15-24 ans	21,8	32,5	17,7	38,4
25-44 ans	20,7	20,8	14,5	20,3
45 ans et plus	2,7	5,1	6,6	12,1
Total	**16,3**	**21,0**	**14,2**	**25,5**

Sources : Enquête Santé Québec crie 1991 et Enquête Santé Québec inuite 1992.

Aucune comparaison systématique ne sera effectuée avec le reste du Québec à cause de la complexité des facteurs culturels qui peuvent influencer la façon de ressentir et d'exprimer des symptômes d'ordre psychologique. Ainsi, par exemple, la question « Combien de fois vous êtes-vous senti seul(e) ? », moins pertinente dans un milieu où les familles sont nombreuses, a été remplacée par « Combien de fois avez-vous ressenti le besoin de vous isoler ? ». Les résultats obtenus dans les communautés nordiques vont toutefois dans le même sens que ceux observés ailleurs au Québec en 1992-1993 puisque, au sein des trois populations étudiées, les jeunes, et particulièrement les jeunes femmes, semblent particulièrement vulnérables à cette forme de détresse.

Idées et gestes suicidaires

Les femmes inuites rapportent avoir eu des idées suicidaires au cours des 12 mois ayant précédé l'enquête (figure 15.8) significativement plus souvent (9 %) que les femmes cries ou québécoises (4 % respective-

figure **15.8**

IDÉES ET TENTATIVES DE SUICIDE AU COURS DES 12 MOIS AYANT PRÉCÉDÉ LES ENQUÊTES

femmes cries (1991), inuites (1992) et québécoises (1992-1993) de 15 ans et plus

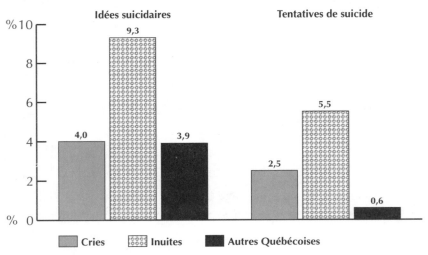

Sources : Enquête Santé Québec crie 1991, Enquête Santé Québec inuite 1992 et ESS 1992-1993.

ment). Cette prévalence est particulièrement élevée chez les jeunes femmes inuites de 15 à 24 ans, soit 17 %, ce qui dépasse largement celle observée chez les hommes inuits du même âge (5 %). Cet écart entre les sexes est beaucoup plus prononcé que chez les Cris ou ailleurs au Québec.

Au cours de la même période, chez les Inuits, 6 % des femmes et 8 % des hommes auraient posé un geste suicidaire alors que chez les Cris, 2,5 % des femmes et 1,5 % des hommes auraient posé un tel geste. Parmi les autres Québécois, 0,6 % des femmes et la même proportion des hommes auraient fait de même. Au sein des trois populations étudiées, les tentatives de suicide sont plus fréquentes chez les jeunes, mais c'est chez les Inuits que les écarts sont les plus marqués, puisque les jeunes présentent un taux de tentatives de suicide de 18 % contre 3 % parmi les personnes de 25 à 44 ans, et de 0 % chez les 45 ans et plus. Ce phénomène s'observe autant chez les jeunes hommes (20 %) que chez les jeunes femmes (16 %).

Notons que les idées et les tentatives de suicide sont significativement plus fréquentes chez les personnes présentant un niveau élevé de détresse psychologique que parmi celles qui manifestent un degré moindre de détresse, tant chez les Inuits que chez les Cris ou les Québécois.

FAITS saillants

• Les jeunes femmes cries et inuites présentent un niveau élevé de détresse psychologique plus souvent que leurs aînées.

• Les problèmes de suicide sont particulièrement fréquents parmi les Inuits de 15 à 24 ans des deux sexes.

Milieu social
Soutien social

Dans un milieu où les familles sont nombreuses et les ménages multi-familiaux répandus, qu'en est-il du soutien social dont peuvent jouir les femmes ? Son importance sera présentée en fonction des éléments suivants : la taille du cercle d'amis, le nombre de personnes sur qui l'on peut compter en cas de besoin et l'importance de la religion.

Tant chez les Cris que chez les Inuits, les femmes sont moins nombreuses que les hommes à estimer avoir beaucoup d'amis. De même, 46 % des hommes cris et 53 % des hommes inuits indiquent qu'ils peuvent compter sur cinq personnes ou plus de leur entourage s'ils ont besoin d'aide, alors que seulement 35 % des femmes cries et 30 % des femmes inuites peuvent en dire autant (tableau 15.6). Parmi les deux populations, le cercle d'amis est plus restreint chez les personnes de 45 ans et plus. Peut-on faire ici un lien entre la taille de la maisonnée, dont les femmes autochtones sont le pivot, et le soutien social sur lequel elles peuvent compter à l'extérieur de chez elles ?

L'église peut constituer un lieu privilégié favorisant l'établissement de liens sociaux et apportant un soutien à l'individu. Pour la grande majorité des femmes cries (73 %) et des femmes inuites (79 %), la religion est très importante et cette proportion augmente avec l'âge, pour atteindre 93 % parmi les Cries de 45 ans et plus et 98 % chez les Inuites du même âge.

tableau **15.6**

PERSONNES ESTIMANT POUVOIR COMPTER SUR CINQ PERSONNES OU PLUS SI ELLES ONT BESOIN D'AIDE
selon l'âge et le sexe, population crie (1991) et inuite (1992)

GROUPE D'ÂGE	CRIS		INUITS	
	HOMMES	FEMMES	HOMMES	FEMMES
15-44 ans	48,3	36,3	55,3	32,6
45 ans et plus	39,5	30,5	38,3	21,7
Total	**46,2**	**34,8**	**53,3**	**30,1**

Source : Enquête Santé Québec crie 1991 et Enquête Santé Québec inuite 1992.

Problèmes sociaux perçus

Certains ouvrages ont mis en évidence le « mal-être » des communautés autochtones qui fait suite aux changements sociaux accélérés qui s'y produisent (Pelletier, 1993 ; Petawabano *et al.*, 1994). À partir des données présentées ici, il n'est pas possible d'établir des prévalences, mais il s'agit plutôt de documenter la perception qu'en ont les femmes cries et inuites. Le tableau 15.7 montre que la majorité des femmes des deux populations étudiées considèrent tous les problèmes sociaux mentionnés comme étant « sérieux » ou « très sérieux ». Les femmes des deux groupes se montrent particulièrement inquiètes du manque de respect envers les aînés, de la délinquance chez les jeunes et de l'abus d'alcool, alors que les femmes cries sont plus sensibilisées aux problèmes que représentent la consommation de drogue, les batailles publiques, les enfants négligés et la violence conjugale. Cependant, ces problèmes ne sont pas nécessairement plus aigus chez les Cris ; les Inuits sont peut-être moins sensibilisés à la présence de ces difficultés au sein de leur communauté ou peuvent être plus réticents à en admettre la gravité (Santé Québec et Jetté, 1994).

tableau **15.7**

DIVERS PROBLÈMES SOCIAUX DANS LA COMMUNAUTÉ PERÇUS COMME SÉRIEUX

femmes cries (1991) et inuites (1992) de 15 ans et plus

PROBLÈME SOCIAL	FEMMES CRIES	FEMMES INUITES
Consommation de drogue	87,0	77,1
Abus d'alcool	86,5	80,6
Délinquance chez les jeunes	85,6	82,9
Manque de respect envers les aînés	85,4	84,2
Batailles publiques	77,7	68,1
Enfants négligés	77,0	73,7
Violence conjugale	72,6	61,9

Sources : Enquête Santé Québec crie 1991 et Enquête Santé Québec inuite 1992.

Violence faite aux femmes

On assiste depuis quelques années à une prise de conscience collective de la violence et des abus sexuels dans les milieux autochtones et l'Association des femmes autochtones du Québec n'est pas étrangère à cet éveil, elle qui s'est engagée depuis 1989 dans un processus de sensibilisation à ce problème et de soutien aux intervenantes du milieu (Pelletier, 1993). Une situation socio-économique difficile, l'oisiveté due au chômage et au manque d'activités communautaires, un bouleversement des rôles sexuels, une perte d'identité culturelle et une grande promiscuité au sein de familles élargies sont autant de facteurs qui peuvent favoriser l'expression de la violence. Petawabano *et al.* (1994) rapportent des données inquiétantes colligées par la Sûreté du Québec et selon lesquelles les cas de violence physique conjugale rapportés ont augmenté dans une proportion de 83 % de 1987 à 1992 dans les communautés amérindiennes et les délits de violence familiale triplé entre 1989 et 1992 dans les 14 municipalités inuites. Et on sait pertinemment que les victimes de violence conjugale sont principalement les femmes. Un aîné d'une bande indienne de la Côte Ouest disait devant la Commission royale sur les peuples autochtones : «Nous glorifions notre mère la Terre tout en méprisant nos femmes» (rapporté par Petawabano *et al.*, 1994).

L'enquête Santé Québec auprès des Cris ne comporte aucune information sur la violence, si ce n'est l'importance accordée à ce problème dans les communautés dont nous venons de faire état. L'enquête Santé Québec auprès des Inuits a toutefois tenté d'estimer la fréquence des abus sexuels parmi les personnes de 15 ans et plus. Deux femmes sur cinq (41 %) et près de 20 % des hommes déclarent avoir été contraints à des activités sexuelles au moins une fois dans leur vie. L'ampleur des cas d'abus sexuels semble relativement récente, puisque 16 % des personnes âgées de 45 ans et plus ont indiqué en avoir été victimes, alors que les proportions grimpent à 37 % pour la cohorte des jeunes de moins de 25 ans.

FAITS saillants

• Les femmes cries et inuites de 45 ans et plus sont moins nombreuses que les hommes et que les femmes plus jeunes à estimer avoir beaucoup d'amis ; la presque totalité d'entre elles trouvent toutefois un appui important dans la religion.

• Les cas de violence familiale augmentent de façon inquiétante dans les communautés autochtones.

• Il en est de même des cas d'abus sexuels chez les Inuites.

Habitudes qui agissent sur la santé

Usage du tabac

Les taux nationaux de consommation du tabac cachent des variations considérables d'un groupe ethnique à l'autre et, au Canada, les taux les plus élevés sont observés chez les autochtones, puisque 59 % d'entre eux sont des fumeurs habituels (réguliers ou occasionnels) (Millar, 1992). Les prévalences observées en 1985 parmi les Inuits étaient particulièrement élevées puisque, dans les Territoires du Nord-Ouest, 66 % des hommes inuits et 77 % des femmes étaient des fumeurs habituels. En 1991, la situation avait peu évolué, puisqu'on pouvait encore observer un taux de 72 % parmi la population inuite du Canada (Stephens, 1994). Les taux observés avaient ceci de particulier que ceux des femmes dépassaient ceux des hommes. Cette situation est particulièrement préoccupante quand on sait que l'augmentation rapide de la fréquence du cancer du poumon chez la femme porte certains auteurs à croire que celui-ci pourrait supplanter éventuellement le cancer du sein comme type de cancer le plus fréquent parmi la population féminine (Wigle *et al.*, 1986), et que l'usage du tabac durant la grossesse peut affecter la santé du fœtus (Millar, 1992).

Dans le Québec nordique, la situation est très différente selon que l'on parle des Cris ou des Inuits. La figure 15.7 illustre le statut tabagique des femmes cries, inuites et québécoises. Il montre qu'environ une femme crie ou inuite sur dix n'a jamais fumé, tandis qu'environ trois fois plus de femmes québécoises se déclarent abstinentes à vie. On observe aussi que seulement 14 % des Inuites ont cessé de fumer, alors qu'environ le tiers des Cries ou des Québécoises ont abandonné l'usage de la cigarette. Les femmes cries sont proportionnellement les plus nombreuses à ne fumer qu'occasionnellement (12 % contre 6 % et 4 %), alors que 71 % des Inuites fument au moins une cigarette tous les jours, comparativement à 37 % des Cries et à 29 % des Québécoises.

Parce que la structure d'âge des trois populations étudiées est fort différente, les femmes nordiques étant beaucoup plus jeunes, les taux bruts de tabagisme sont difficilement comparables. Afin de tenir compte de ce facteur, les taux spécifiques par âge sont présentés à la figure 15.10. Ils mettent en évidence les taux particulièrement élevés chez les jeunes femmes autochtones, puisque 80 % des femmes inuites de 15 à 24 ans fument régulièrement, alors que 58 % des jeunes Cries et 27 % des Québécoises du même âge en font autant. Ces résultats confirment ceux

figure **15.9**

STATUT TABAGIQUE
des femmes cries (1991), inuites (1992) et québécoises (1992-1993) de 15 ans et plus

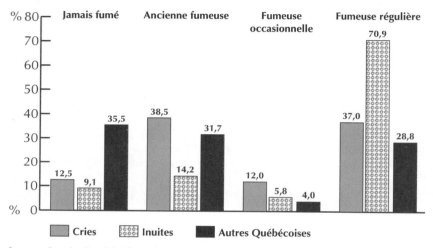

Sources : Enquête Santé Québec crie 1991, Enquête Santé Québec inuite 1992 et ESS 1992-1993.

obtenus par Santé et Bien-être social Canada (1990), selon lesquels près de 80 % des femmes de l'Hudson/Ungava fumaient durant leur grossesse. Parmi les trois populations étudiées, seules les femmes inuites sont aussi nombreuses que les hommes à fumer régulièrement (données non présentées).

Par ailleurs, la quantité quotidienne de cigarettes fumées par les femmes des communautés nordiques est nettement moindre que celle consommée par les Québécoises, puisqu'environ la moitié des fumeuses inuites (51 %) et plus des trois quarts des Cries (80 %) déclarent fumer entre une et dix cigarettes par jour, alors que seulement 27 % des Québécoises en font autant (données non présentées).

Ces résultats révèlent un gradient Nord-Sud dans l'usage de la cigarette chez les femmes québécoises qu'on retrouve ailleurs au Canada. Les femmes autochtones du Nord québécois fument toutefois un moins grand nombre de cigarettes que les autres Québécoises.

figure **15.10**

FUMEUSES RÉGULIÈRES

selon l'âge, femmes cries (1991), inuites (1992) et québécoises (1992-1993)

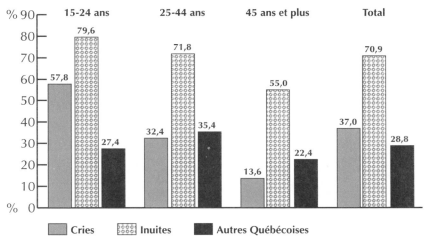

Sources : Enquête Santé Québec crie 1991, Enquête Santé Québec inuite 1992 et ESS 1992-1993.

Consommation d'alcool et de drogues
Consommation d'alcool

Nous avons vu précédemment que l'abus d'alcool et la consommation de drogues sont les deux problèmes sociaux les plus souvent considérés comme « sérieux » dans leur communauté par les femmes cries et inuites. Les enquêtes de Santé Québec comportent plusieurs questions sur ce thème. Afin de prévenir la réticence des Autochtones provenant de localités où la vente d'alcool est prohibée ou sa consommation réprouvée à répondre au questionnaire, une procédure permettant de respecter le caractère confidentiel de l'information recueillie a été adoptée.

Alors qu'ailleurs au Québec, les trois quarts des femmes ont consommé de l'alcool au cours de l'année ayant précédé l'enquête, 52 % des Inuites et 42 % des Cries en ont fait autant. Ces écarts se reflètent plus particulièrement dans la proportion de femmes ayant cessé de boire, puisque seulement 5 % des Québécoises sont d'anciennes buveuses, contre 21 % des Inuites et 29 % des Cries. Dans les trois populations, les hommes sont

tableau **15.8**

TYPES DE BUVEURS

**selon le sexe, population crie (1991), inuite (1992)
et québécoise (1992-1993) de 15 ans et plus**

TYPE DE BUVEURS	CRIS		INUITS		AUTRES QUÉBÉCOIS	
	HOMMES %	FEMMES %	HOMMES %	FEMMES %	HOMMES %	FEMMES %
Abstinents	16,7	29,2	16,0	27,1	9,7	20,4
Anciens buveurs	27,1	29,3	15,1	21,0	6,6	4,8
Buveurs actuels	56,2	41,5	68,9	52,0	83,7	74,8

Sources : Enquête Santé Québec crie 1991, Enquête Santé Québec inuite 1992 et ESS 1992-1993.

plus souvent des buveurs actuels que les femmes, alors que les personnes n'ayant jamais bu (abstinents) sont plus souvent des femmes.

L'analyse selon l'âge montre que la proportion d'abstinentes augmente régulièrement avec l'âge chez les Cries (20 % à 41 %) et s'avère particulièrement élevée chez les Inuites de 45 ans et plus (55 %), tandis que la proportion de femmes ayant cessé de boire augmente avec l'âge chez les Cries (16 % à 41 %), mais demeure stable chez les Inuites (21 %). Par ailleurs, les Cries de 15 à 24 ans se déclarent buveuses actuelles dans une plus grande proportion (65 %) que leurs aînées, tandis que chez les Inuites, cette proportion ne diminue qu'à partir de 45 ans (tableau 15.9).

Parmi les deux populations, la consommation d'alcool semble aller de pair avec le tabagisme. Chez les Cris des deux sexes, 70 % des buveurs actuels sont également des fumeurs réguliers, alors que chez les Inuits, on observe la même chose parmi 77 % des buveurs. Fait à noter, la moitié des Cris et 29 % des Inuits ayant arrêté de boire ont également cessé de fumer (données non présentées).

Au sein des deux populations nordiques, environ les deux tiers des buveurs actuels boivent, en moyenne, cinq consommations et plus les journées où ils consomment. Cette proportion est significativement plus élevée chez les hommes cris (74 %) que chez les femmes (58 %), alors

tableau **15.9**

TYPES DE BUVEUSES
selon l'âge, femmes cries (1991) et inuites (1992)

TYPES DE BUVEUSES	15-24 ANS		25-44 ANS		45 ANS ET PLUS	
	CRIES %	INUITES %	CRIES %	INUITES %	CRIES %	INUITES %
Abstinentes	19,5	17,4	30,1	20,6	41,3	54,8
Anciennes buveuses	16,0	21,3	34,2	20,7	40,9	21,1
Buveuses actuelles	64,5	61,3	35,8	58,7	17,7	24,1

Sources : Enquête Santé Québec crie 1991 et Enquête Santé Québec inuite 1992.

qu'on observe peu de différence selon le sexe chez les Inuits (66 % contre 61 %). Fait à noter, aucune femme crie de 65 ans et plus n'a rapporté un tel comportement. Cette information n'est pas comparable au reste du Québec.

À cause de difficultés d'ordre culturel dans l'interprétation de l'indice de problèmes liés à l'alcool (CAGE), un indice modifié de dépendance à l'alcool a été établi pour les communautés nordiques. Il tient compte des problèmes liés à une consommation excessive, mais non d'un sentiment de culpabilité ou d'une volonté de réduire sa consommation qui semblent liés étroitement au rejet, par la culture, de toute consommation d'alcool. Selon cet indice, qui devra toutefois être validé, 15 % de la population crie et 14 % des Inuits risqueraient de présenter des problèmes liés à l'alcool. Les femmes cries sont moins nombreuses que les hommes dans cette situation (10 % contre 21 %), alors qu'aucune différence n'est notée selon le sexe chez les Inuits.

Consommation de drogues

La consommation de drogues, de plus en plus répandue dans les pays occidentaux, est devenue une préoccupation majeure en matière de santé et de sécurité publique. Les communautés nordiques, dont les contacts avec le « Sud » sont de plus en plus fréquents, ne sont pas épargnées par le phénomène. Ainsi, chez les Cris, un homme sur deux et une femme sur trois ont rapporté avoir consommé au moins une drogue illicite ou un solvant au cours de leur vie, tandis que chez les Inuits, 66 % des hommes et 45 % des femmes en ont fait l'expérience. Les questions n'étant pas les mêmes, ces prévalences* ne sont pas comparables au reste du Québec. On sait toutefois que l'enquête sociale et de santé 1992-1993 révèle que 34 % des Québécois et 29 % des Québécoises ont déclaré avoir déjà consommé de telles substances.

Mais que consomment donc les femmes du Nord ? Au cours des 12 mois ayant précédé chacune des enquêtes, la marijuana et le haschich sont de loin les drogues les plus souvent consommées par les femmes ; en effet, 10 % des Cries et 30 % des Inuites ont rapporté en avoir pris, tandis que moins de 3 % d'entre elles ont consommé soit de la cocaïne, soit du crack, soit des substances de type solvant ou d'autres drogues. Au total, 11 % des femmes cries et 35 % des Inuites ont pris l'une ou l'autre de ces drogues. Dans les deux populations, les jeunes femmes de 15 à 24 ans sont plus nombreuses que les plus âgées à avoir vécu ce type d'expérience (figure 15.11).

figure **15.11**

TYPE DE DROGUES CONSOMMÉES AU COURS DES 12 MOIS AYANT PRÉCÉDÉ LES ENQUÊTES
femmes cries (1991) et inuites (1992) de 15 ans et plus

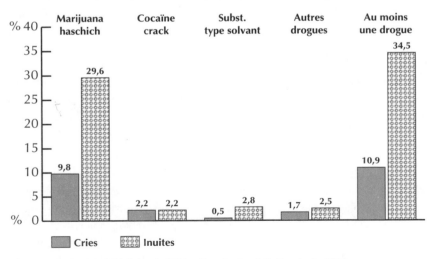

Sources : Enquête Santé Québec crie 1991 et Enquête Santé Québec inuite 1992.

Une comparaison visuelle de ces résultats avec ceux d'autres enquêtes révèle que les Inuites semblent proportionnellement plus nombreuses à faire usage de marijuana et de haschich que les autres Québécoises ou les Canadiennes en général (Santé Québec et Jetté, 1994). La consommation de cocaïne ne varie toutefois pas entre les trois sous-groupes de Québécoises.

Alimentation, activité physique et poids corporel

L'alimentation et l'activité physique sont des éléments du mode de vie qui, indépendamment ou non de l'obésité, modulent le risque de certaines maladies chroniques. Dans de nombreuses populations aborigènes à travers le monde, les changements de modes de vie liés à l'urbanisation, à la modernisation ou à l'acculturation seraient responsables d'une prévalence croissante d'obésité, de diabète et d'affections cardiovasculaires (OMS, 1990). Ainsi, au Québec, comme ailleurs en Amérique du Nord, les modes de vie traditionnels des premières nations se sont fortement modifiés avec l'intensification des contacts avec les populations d'ascendance européenne.

Alimentation

Chez les Cris comme chez les Inuits, l'alimentation traditionnelle, basée sur les produits de la chasse et de la pêche, revêt une importance capitale tant pour ce qui est de la santé et du bien-être physique que de l'identité socioculturelle (Adelson, 1991 ; Kuhnlein, 1990). En dépit de son peu de diversité, cette alimentation était autrefois apte à satisfaire les besoins nutritifs, en raison notamment de l'utilisation judicieuse des organes et des viscères des animaux, ainsi que de la consommation saisonnière de végétaux de cueillette (Santé Québec et Jetté, 1994). La rupture du système alimentaire traditionnel au Nord, observée depuis quelques décennies, tient à de nombreux facteurs que Kuhnlein (1990) résume ainsi : « *Outre une pression démographique accrue sur les ressources territoriales de gibier et de poisson, la progression du travail salarié a contribué à réduire tant le temps disponible pour la chasse et la pêche que la dépendance à l'endroit de ces activités traditionnelles, puisqu'on dispose alors d'un revenu pour acheter des aliments du commerce.* »

Les connaissances et les croyances pouvant influencer les habitudes alimentaires, les enquêtes nordiques ont permis d'observer que les deux tiers des Cris et plus de la moitié des Inuits croient que les aliments commerciaux ne sont pas aussi sains ni aussi nourrissants que les aliments traditionnels. Ces convictions se reflètent dans les comportements, puisque l'alimentation traditionnelle est encore très répandue. La préparation de la bannique (un pain traditionnel souvent cuit dans la graisse) est une pratique courante chez les Cris, puisque 94 % des cuisinières en préparent, alors que 73 % des Inuites en font autant. Par ailleurs, le rappel alimentaire de 24 heures a confirmé l'importance des aliments traditionnels, qui représentent une source importante de nutriments chez les femmes inuites qui consomment surtout le béluga, le phoque, le caribou et l'omble chevalier, et chez les femmes cries qui consomment surtout l'outarde, l'orignal et le corégone (poisson blanc). L'importance des aliments traditionnels dans la diète des femmes du Nord québécois augmente significativement avec l'âge.

Par ailleurs, environ quatre personnes cries sur cinq et la moitié des Inuits sont d'avis que la quantité de gras consommé augmente le risque de maladie cardiaque ; et pourtant, les femmes cries et inuites font un usage abondant de matières grasses, tant pour la cuisson que sur leurs aliments. Les cuisinières cries et inuites utilisent souvent le lard ou le saindoux pour la cuisson et la grande friture. L'addition de gras sur la bannique et les légumes, ainsi que la consommation de graisse d'oie, sont observées fréquemment. En outre, la consommation de graisses crues demeure une pratique traditionnelle courante chez les Inuits.

Les légumes achetés le plus régulièrement par les femmes cries et inuites sont les pommes de terre et les oignons (plus de quatre ménages sur cinq) ; des légumes comme le chou-fleur et le brocoli ne sont achetés que par environ 20 % des ménages nordiques. Les raisons pour lesquelles les Cries et les Inuites n'achètent pas davantage de légumes frais sont liées au goût, à la disponibilité et au coût de ces aliments dans ces communautés éloignées.

Activité physique

On observe également une sédentarisation rapide des modes de vie dans les communautés nordiques. Cette situation est illustrée par les résultats observés puisqu'un peu plus de la moitié (55 %) des adultes cris de 18 à 74 ans et la moitié des Inuits du même âge déclarent avoir, durant leurs loisirs, participé à au moins une activité physique ou sportive de plus de vingt minutes au cours des trois mois ayant précédé chacune des enquêtes. Pour leur part, les Québécois (Santé Québec, Daveluy et al., 1994) ont rapporté, dans une proportion de 77 %, au moins une de ces activités au cours des quatre mois ayant précédé l'enquête de 1990. Une telle pratique est significativement plus répandue chez les hommes cris et inuits que chez les femmes ; ces dernières, souvent à la tête de grosses familles, sont sans doute retenues à la maison avec les enfants.

Il faut souligner aussi le caractère culturel associé à la perception de l'exercice physique parmi ces populations où le concept d'activité physique associée aux loisirs n'est pas familier et où les comportements qui s'y rattachent sont encore peu répandus. Pour cette raison, et étant donné le caractère exigeant et la fréquence des activités de chasse et de pêche dans les communautés nordiques, un indicateur mesurant l'activité physique dans la vie quotidienne a été emprunté à l'enquête Santé Québec 1987. Sont ainsi considérées comme sédentaires les femmes ayant répondu : « Je suis habituellement assise durant la journée et je n'ai pas à me déplacer souvent. » Environ une femme crie ou inuite sur 20 est sédentaire quand elle séjourne dans le bois ou dans la toundra, contre 14 % des femmes cries et 20 % des femmes inuites lorsqu'elles sont dans le village. Il semble que les femmes nordiques, où qu'elles séjournent, soient moins sédentaires dans leur vie quotidienne que les autres Québécoises (25 %) (Lavallée et Robinson, 1991).

Poids corporel

En plus d'être un important facteur de risque de maladies cardiovasculaires, le poids peut être un facteur favorisant le développement du diabète chez les personnes obèses ou du diabète gestationnel chez les femmes enceintes. Dans les deux enquêtes nordiques, les données sur le poids sont basées sur des mesures prises par un examinateur selon un protocole standardisé. Pour cette raison, elles sont comparées aux résultats de l'enquête québécoise sur la santé cardiovasculaire de 1990. L'obésité est définie comme étant un indice de masse corporelle (IMC)* de 30 ou plus. Au tableau 15.10, on observe que 57 % des femmes cries seraient obèses, contre 24 % des Inuites et 13 % des Québécoises. On note également que les femmes cries et inuites sont significativement plus nombreuses que les hommes à présenter des problèmes d'obésité, alors que cette proportion ne varie pas selon le sexe ailleurs au Québec.

Ces résultats sont confirmés par le rapport taille/hanches qui indique un excès de graisse abdominale chez 92 % des femmes cries et 79 % des femmes inuites ; notons que ce problème est significativement plus fréquent que chez les hommes. En revanche, la situation est moins inquiétante chez les autres Québécois (41 %) où elle se trouve inversée, puisque c'est chez les hommes qu'on retrouve plus souvent cette caractéristique.

Les opinions sur l'obésité exprimées par les populations nordiques sont révélatrices. En effet, alors que 94 % des Québécois croient que les personnes ayant de l'embonpoint risquent davantage d'avoir des problèmes de

tableau **15.10**

OBÉSITÉ FRANCHE (IMC ≥ 30)
selon le sexe, population crie (1991), inuite (1992) et québécoise (1990) de 18 à 74 ans

	CRIS %	INUITS %	AUTRES QUÉBÉCOIS %
Hommes	38,4	14,8	12,6
Femmes	56,9	23,9	12,9

Sources : Enquête Santé Québec crie 1991, Enquête Santé Québec inuite 1992 et Enquête québécoise sur la santé cardiovasculaire 1990.

santé, 77 % des Cris et 55 % des Inuits en sont convaincus. Par ailleurs, un peu plus du tiers des Cris et des Inuits sont d'avis qu'une bonne couche de gras les protège contre le froid.

Vie reproductive
Comportements préventifs propres aux femmes

La figure 15.12 indique que les femmes cries sont moins nombreuses (44 %) que les autres à avoir subi un test de Pap au cours des deux années ayant précédé l'enquête, tandis que la proportion des Inuites (66 %) se rapproche de celle des autres Québécoises (76 %). Ces résultats soulignent les efforts investis par les services de santé du Nunavik dans le dépistage du cancer du col de l'utérus et des MTS chez les femmes inuites. Les proportions de femmes du Nord ayant rapporté un examen clinique ou un auto-examen des seins sont toutefois considérablement inférieures à celles des autres Québécoises. Tant chez les Cries que chez les Inuites, la majorité des femmes ne pratiquant pas l'auto-examen disent qu'elles ne savent pas comment procéder.

Au moment des enquêtes nordiques, seulement 9 % des femmes cries de 15 ans et plus et 2 % des femmes inuites prenaient des anovulants oraux comme mode de contraception ou de régulation hormonale. Ces proportions semblent nettement inférieures à celles observées ailleurs au Québec (22 % chez les femmes de 15 à 44 ans). La pilule reste pour les femmes inuites, semble-t-il, un produit chimique pouvant causer la stérilité à plus ou moins brève échéance (Santé Québec et Jetté, 1994).

figure **15.12**

TEST DE PAP, EXAMEN CLINIQUE
ET AUTO-EXAMEN DES SEINS
femmes cries (1991), inuites (1992) et québécoises (1992-1993) de 15 ans et plus

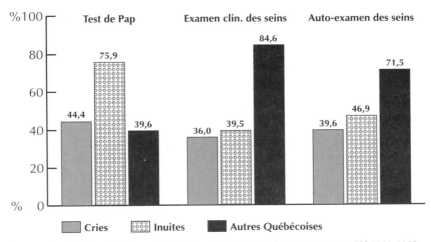

Sources : Enquête Santé Québec crie 1991, Enquête Santé Québec inuite 1992 et ESS 1992-1993.

Allaitement

La proportion de femmes cries (65 %) et inuites (61 %) ayant allaité leur dernier enfant est plus élevée que celle enregistrée en 1987 pour le reste du Québec (26 %). Par contre, les populations nordiques affichent un taux moins élevé d'allaitement dans le groupe d'âge le plus jeune (58 % et 55 %), ce qui peut laisser présager que l'on assiste à un ralentissement de cette pratique. Par ailleurs, le coût très élevé du lait maternisé dans ces régions éloignées, ainsi que des campagnes de promotion de l'allaitement maternel, favorisent le maintien de cet usage.

Grossesses à l'adolescence

Les taux de grossesses à l'adolescence dans les régions crie et Kativik sont nettement plus élevés qu'ailleurs au Québec. Ces taux témoignent d'une tradition de grossesses précoces et atteignent 143,7 pour 1 000 chez les Inuites et 101,1 chez les Cries, comparativement à 19,9 pour 1 000 pour l'ensemble du Québec (Rochon, 1995) (données non présentées). Ce phénomène se traduit par le taux le plus élevé d'interruptions de grossesse chez les Inuites (30,7 pour 1 000) et le plus haut taux de fausses-couches chez les Cries (7,0 pour 1 000). Ces données doivent toutefois être mises en perspective par le fait que, pour cent grossesses d'adolescentes, ce sont les régions crie et Kativik qui, parmi toutes les régions, présentent le recours le plus faible à l'avortement, soit 21,4 % chez les Inuites et 15,1 % chez les Cries, comparativement à 64,2 % pour l'ensemble du Québec.

FAITS saillants

• Un gradient Nord-Sud est observé dans l'usage de la cigarette parmi les femmes québécoises. Chez les jeunes de 15 à 24 ans, 80 % des Inuites fument régulièrement, contre 58 % des Cries et 27 % des autres Québécoises.

• *Alors que les trois quarts des autres Québécoises ont consommé de l'alcool au cours de l'année ayant précédé l'enquête, 52 % des Inuites et 42 % des Cries en ont fait autant.*

• Environ une femme crie sur dix et 35 % des femmes inuites ont consommé de la drogue au cours de l'année ayant précédé l'enquête.

• *L'activité physique associée aux loisirs n'est pas encore très répandue dans les communautés nordiques.*

• La prévalence de l'obésité est particulièrement élevée parmi les femmes cries qui atteignent un taux de 57 % comparativement à 24 % des Inuites et à 13 % des Québécoises.

• *C'est chez les Cries et les Inuites que les taux de grossesse à l'adolescence sont les plus élevés au Québec.*

En bref

Les populations féminines crie et inuite étant plus jeunes que les femmes québécoises en général, elles rencontrent des problèmes de santé différents qui, à leur tour, suscitent des besoins spécifiques. Ainsi, les programmes de santé maternelle et infantile revêtent une importance capitale dans les communautés nordiques alors que les besoins des personnes âgées, même s'ils sont croissants, ne présentent pas le caractère d'urgence qu'ils peuvent avoir ailleurs au Québec. Le besoin de services liés à la grossesse et à l'accouchement, déjà supérieur dans ces communautés à cause de l'importante proportion de femmes en âge de procréer, est encore plus élevé en raison des taux de fécondité supérieurs chez les femmes cries et inuites. Un programme de formation de sages-femmes autochtones, instauré il y a quelques années en réponse à ce besoin, permet aux femmes inuites dont la grossesse ne présente pas de risque particulier d'accoucher dans leur milieu.

Des programmes visant à sensibiliser les femmes du Nord à l'importance d'une saine alimentation, à la pratique régulière d'activités physiques et aux dangers de l'usage du tabac et de l'alcool, surtout pendant la grossesse, demeurent des priorités dans ces régions nordiques. En ce qui a trait au tabagisme, dont la prévalence est alarmante parmi les Inuites, et particulièrement parmi celles de moins de 45 ans, il semble prioritaire d'élaborer des stratégies d'intervention qui tiennent compte de l'importance traditionnelle du tabac, qui serait aux Autochtones ce que le vin est aux Européens, partie intégrante de leur culture et de leur spiritualité (Picard, 1989).

L'augmentation inquiétante de l'obésité, de l'hypertension artérielle et du diabète, observée plus particulièrement chez les Cries, est aussi le fait de plusieurs populations autochtones et semble être liée à l'évolution rapide des modes de vie (Young, 1988). La sédentarisation accélérée et l'évolution non moins rapide des habitudes alimentaires ont entraîné une transition épidémiologique illustrée par un recul des maladies infectieuses et une hausse des maladies chroniques dites de civilisation.

La consommation courante d'alcool est moins répandue dans les communautés nordiques qu'ailleurs au Québec. La proportion de personnes qui boivent de grandes quantités par occasion y est toutefois très élevée. Il importe donc de sensibiliser les jeunes aux problèmes de toxicomanie, qui sont d'autant plus importants qu'on peut soupçonner qu'un grand nombre de décès par accident sont liés à la consommation d'alcool et qu'une bonne partie des problèmes de violence familiale le sont aussi.

La détresse psychologique et le suicide, particulièrement fréquents chez les jeunes femmes cries et inuites, peuvent être reliés aux transformations sociales profondes vécues récemment par les peuples nordiques. Une réponse adéquate à ces problèmes exige une approche systémique et holistique qui tienne compte du milieu de vie de ces peuples, une démarche globale que doit s'approprier le milieu lui-même (Petawabano et al., 1994).

16 LES FEMMES ET LA SANTÉ, MORCELLEMENT OU HOMOGÉNÉITÉ ?

CONCLUSION À LA DEUXIÈME PARTIE

Les femmes qui viennent d'être décrites partagent plusieurs traits communs : elles vivent au Québec, elles participent au même système de soins et services, aux mêmes régimes d'allocations et, à l'exception des femmes cries et inuites, sont soumises aux mêmes lois et aux mêmes contraintes socioculturelles, du moins en principe. Pourtant, leur état de santé varie considérablement d'un groupe à l'autre, et leurs attitudes et comportements ne sont pas les mêmes. Plus encore, leur rapport avec le système de dispensation de soins se présente différemment selon la place qu'elles occupent dans la société. L'âge, le niveau socio-économique, la structure familiale, l'appartenance culturelle sont autant de balises qui vont soit restreindre, soit faciliter l'accès à de meilleurs indices de santé.

Si le fait d'être une femme peut signifier plus de problèmes de santé ou de détresse psychologique, le fait d'être âgée, défavorisée ou chef de famille monoparentale multiplie les risques. L'enquête permet-elle de faire la part entre ces deux réalités, c'est-à-dire entre la spécificité féminine et l'appartenance à un sous-groupe qui comporte plus de risques ? On a pu voir, dans certaines situations, que la variable sexe venait amplifier le risque face à la maladie (c'est le cas des femmes pauvres ou âgées) ou à la souffrance psychologique (c'est le cas des adolescentes). On a aussi constaté que là où certains facteurs sociaux ou environnementaux n'arrivaient pas, avec suffisamment de certitude, à expliquer des différences apparentes, l'appartenance à un sexe restait souvent le facteur le plus significatif. On peut donc affirmer qu'il existe un « destin commun » à l'ensemble des femmes, dans la mesure où elles partagent certaines expériences, mais on se doit d'ajouter que l'expression concrète de cette destinée reste encore conjuguée à l'influence de milieux disparates.

À mesure que nos connaissances progressent, il nous est plus facile d'orienter nos actions. Les chapitres que nous venons de parcourir nous ont montré que certains groupes de femmes connaissent des conditions de vie et de santé nettement plus néfastes que d'autres, soit dans leur ensemble, soit dans certains aspects qui leur sont plus particuliers. L'analyse permet de supposer que certaines situations risquent de perdurer ou de s'amplifier au cours des prochaines années. On devra porter une attention particulière aux adolescentes et à leurs habitudes de vie, surtout à celles qui ont un lien avec le corps, de même qu'à leur santé psychologique. Les femmes défavorisées sont vulnérables à presque tous les points de vue (état de santé général, conditions de vie, comportements sanitaires) et rien ne laisse présager une amélioration pour l'avenir. Le nombre et la proportion de femmes en situation de monoparentalité continuent à progresser, ce qui entraîne une augmentation de la pauvreté chez les femmes adultes et leurs enfants. La situation des femmes cries et inuites, que l'on commence à peine à connaître, soulève l'importance de soutenir une structure de ressources plus adaptées et surtout créées à partir du savoir et de l'expérience que ces femmes elles-mêmes ont su acquérir.

Enfin, la situation des femmes âgées soulève une série de questions assez complexes : si, aujourd'hui, le vieillissement s'accompagne très souvent de pauvreté, de solitude et d'incapacité, qu'en sera-t-il de la prochaine génération ? Les données actuelles indiquent que les femmes âgées seront plus nombreuses, particulièrement dans le groupe des 75 ans et plus, mais on ne peut prédire une amélioration de leurs indices de santé et même de leurs conditions socio-économiques. Elles auront connu un style de vie très différent de celui de leurs aînées, caractérisé par une fécondité réduite, une plus grande participation au marché du travail, une plus forte consommation de tabac, d'alcool et d'hormones, et probablement une vie plus stressante.

Pour les personnes et les organismes engagés dans l'étude des données sociosanitaires et dans l'amélioration de l'état de santé des Québécoises, ces résultats présentent un double visage. D'un côté, ils apportent de nouvelles informations ou viennent confirmer des hypothèses déjà formulées : il y a alors amélioration des connaissances et les possibilités d'action ne pourront qu'être mieux définies. Mais, en même temps, ils soulignent encore une fois l'influence de l'environnement sur la santé, particulièrement de l'environnement social, ce qui soulève une fois de plus la nécessité d'agir sur plusieurs facteurs de façon simultanée. Enfin, la concrétisation d'une telle approche constitue l'un des plus grands défis posés au système québécois, autant en matière de recouvrement de la santé, de prévention que de dispensation de services sociaux, voire même au-delà du secteur sociosanitaire d'intervention.

17 DERRIÈRE LES APPARENCES : SANTÉ ET CONDITIONS DE VIE DES FEMMES

Que nous apprennent les enquêtes sociales et de santé sur la santé des femmes ? Au-delà d'une confirmation de ce qui était déjà estimé ou supposé à la lecture des statistiques officielles, les données d'enquête permettent de mieux connaître les mécanismes qui jouent sur la santé des femmes et de dégager des pistes intéressantes pour la recherche et l'action.

Comme groupe distinct, les femmes partagent des caractéristiques qui teintent leur état de santé de façon particulière : d'abord, une plus grande longévité, mais une probabilité accrue d'incapacité ; ensuite, de meilleures habitudes de vie, mais l'adoption de pratiques en rapport avec l'image du corps comportant des risques sérieux pour leur santé ; enfin, l'exercice de la prévention, mais aussi une acceptation tacite de la médicalisation et, surtout, une exposition plus grande à la souffrance psychologique.

Mais ce qui ressort plus significativement de ces enquêtes, c'est d'abord l'impact de la situation sociale ou économique sur la santé. Les femmes pauvres, celles qui sont en situation de monoparentalité, celles qui vieillissent seules sont lourdement hypothéquées, et ce, dans plusieurs aspects de leur santé. Certains passages de la vie, l'adolescence et le plus grand âge, semblent également plus difficiles et plus chargés de souffrance chez les femmes. Ce sont aussi, et encore plus peut-être, les nombreux liens entre le rôle social, l'état de santé et les comportements qui ont un effet sur la santé. Les femmes ont des parcours de vie qui s'inscrivent souvent comme une suite de lignes brisées : les études, le travail rémunéré, les périodes intenses de maternité et de soin des enfants, le travail domestique, le veuvage et la retraite vont se succéder, *dans l'ordre ou le désordre*, ou se superposer, et ce phénomène qui leur est particulier a des conséquences profondes sur leur santé et la perception qu'elles ont de leur vie. Lorsque les meilleures conditions sont réunies, cet enchevêtrement de rôles et d'expériences peut constituer une richesse et même une protection contre les éléments qui peuvent porter atteinte à la santé. Dans les autres cas, on verra augmenter le stress, la détresse psychologique et la symptomatologie physique, et ce, à des degrés divers. Il ne s'agit plus d'un modèle linéaire simple comme on avait pu le croire antérieurement, alors que les femmes se répartissaient, pour la plupart, entre les *femmes au foyer* et celles qui travaillaient *à l'extérieur*.

Le portrait présenté dans les pages que nous venons de parcourir, sans être alarmant, devrait nous inciter à agir. Il correspond à des situations réelles, qui ont été rapportées par les femmes interrogées sur ce qu'elles vivent ou ressentent. Mais c'est aussi un portrait incomplet, car les données présentées ne décrivent pas l'ensemble de la vie des femmes. C'est un portrait partiel, car il s'attache à des aspects choisis de la santé des femmes : ceux qui se prêtent à l'amélioration et pour lesquels des actions peuvent être menées à court ou à long terme. On se gardera, à partir de ces éléments, de tirer des conclusions globales sur la situation sanitaire des femmes québécoises. Mais on pourra, avec plus de certitude et surtout de meilleures perspectives, déchiffrer l'apparente complexité des divers indicateurs de santé qui les caractérisent et trouver des solutions aux problèmes qui les touchent.

Il importe ici de bien comprendre les divers mécanismes qui vont jouer de façon concurrente, car si l'on tire des conclusions trop hâtives, on risque de mal orienter les actions futures. Considérer l'ensemble des femmes comme un groupe comportant des risques ne peut que diluer la problématique, et l'on conviendra qu'elles présentent aussi un grand nombre d'aspects positifs, tant dans leurs comportements (importance accordée à la prévention, meilleures habitudes de vie) que dans leur état de santé (espérance de vie). Par ailleurs, penser qu'en améliorant les conditions de vie on aura réglé l'essentiel est également un leurre. L'état de santé des femmes est relié à leur particularité biologique en même temps qu'il est influencé par leurs attitudes et leurs histoires de vie. Il est aussi fonction des relations qu'elles entretiennent avec les autres : les proches, les dépendants, les professionnels et intervenants divers. Il s'insère dans un système de valeurs qui définit ce qui est jugé « normal » et ce qui ne l'est pas. Pour améliorer la santé des femmes, il faudra jouer sur tous ces aspects ; il faudra surtout assurer la transmission des connaissances par des moyens économiques et accessibles.

C'est un portrait qui nous ramène à des questions fondamentales. D'abord sur les actes que nous posons par rapport à notre santé et sur les valeurs qui les sous-tendent. Ensuite sur l'attention que nous accordons, collectivement, à certains aspects de la santé, à certaines clientèles, à certaines attitudes. Et, enfin, sur les modes de pratique, le choix des ressources, les politiques publiques dans les domaines touchant la santé. Si nous reconnaissons l'importance du lien entre l'environnement et la santé, nous devrons modeler le système de soins et de services en conséquence. La santé des femmes est largement tributaire des liens avec le milieu familial et socio-économique, et c'est aussi dans l'amélioration de ces milieux que l'on devra chercher les solutions.

La santé pour toutes est-elle une utopie ou une question de perspective ? L'étude de la situation actuelle nous laisse peu d'illusions sur l'égalité des personnes ou des groupes face à la santé et aux bonnes conditions de vie. Nous avons vu également que la santé du corps et de l'âme connaît des variations selon les périodes de la vie, selon aussi les choix individuels posés au fil du temps. Il devient alors difficile de viser des seuils de *normalité* qui seraient les mêmes pour toutes. La définition de la santé fait aussi partie de la vision que l'on a de soi et de ses propres limites ; c'est ce que l'on apprend lorsque la parole est donnée aux personnes plutôt qu'aux institutions. En quelque sorte, il nous faudra toujours accepter une certaine déviance par rapport à la *norme du moment*, tout en travaillant constamment à la diminution des disparités dans les conditions de vie et de santé des personnes.

D'autres analyses restent à faire qui viendront compléter les données présentes. Le matériel des enquêtes de santé exploité ici n'a pas tout révélé ; il offre une multitude de possibilités, particulièrement en ce qui concerne l'impact de l'état de santé sur la vie affective et les conditions de vie. Il y aurait lieu d'approfondir l'analyse sur la médicalisation et la consommation de médicaments en relation avec le milieu socio-économique. L'étude de la situation des adolescentes et de celle des femmes de milieu défavorisé mériterait d'être poursuivie. Les recherches futures devront aussi s'attacher à mettre au point des instruments de mesure propres aux situations vécues par les femmes ; les résultats que l'on vient d'analyser montrent bien les limites de certains indicateurs, particulièrement de ceux qui touchent à la santé mentale, à la consommation d'alcool et à la santé au travail.

La réflexion amorcée au début de ce livre sur le sens des différences fondamentales entre les hommes et les femmes quant aux liens entre la santé et les conditions de vie doit se poursuivre. L'impact de la *position socio-économique* des femmes sur leur santé ressort avec force de l'analyse des enquêtes, mais celui des *rôles sociaux* vient le nuancer tout en le renforçant. Nous devons chercher à comprendre pourquoi la pauvreté, l'image corporelle ou la conciliation entre le travail et la vie familiale semblent toucher différemment les hommes et les femmes et comment on peut relier cette réalité avec une plus grande prévalence de problèmes de santé physique et affective chez les femmes. Il n'y a pas de modèle linéaire, mais plutôt un faisceau de schèmes explicatifs dans lequel la socialisation des hommes et des femmes, ainsi que les conditions de leur environnement, jouent un rôle de premier plan. C'est à partir de cette compréhension qu'il sera possible d'innover grâce à des actions et à des approches adaptées aux problèmes que rencontrent les femmes, et l'analyse des résultats des enquêtes de santé doit être vue comme une étape vers cette réalisation.

18 LEXIQUE

Buveurs habituels : personnes qui consomment régulièrement de l'alcool, au moins une fois par mois, indépendamment de la quantité consommée.

CAGE : Indice permettant de définir les buveurs à risque à partir de quatre questions (voir le Cahier technique 87-03 de Santé Québec).

Céphalées : maux de tête.

Dépendance à l'alcool : indice déterminé à partir du mode de consommation pathologique et du handicap de fonctionnement professionnel ou social associé à la consommation excessive d'alcool. Il s'inspire de la définition diagnostique de la dépendance à l'alcool DSM III* utilisé en psychiatrie.

Détresse psychologique : voir « score de détresse psychologique ».

Dysthymie : trouble dépressif chronique qui dure au moins un an avec des symptômes similaires à ceux de la dépression majeure.

Dépression majeure : caractérisée soit par une humeur dépressive ou irritable, soit par une perte d'intérêt ou de plaisir, associées à d'autres symptômes et persistant pendant au moins deux semaines. Les autres symptômes incluent des troubles de l'appétit, des troubles du sommeil, de la culpabilité et des idées et tentatives de suicide.

Différences significatives : voir « significativement différent ».

DSM III et DSM IV : Diagnostic and Statistic Manual of Psychiatric Disorders, 3e et 4e éditions.

Échelle de stress : voir « indice d'événements stressants ».

Enquête transversale : type d'enquête qui vise à connaître, *à un moment donné*, les effectifs concernés.

Espérance de vie à la naissance : nombre moyen d'années que les personnes d'une même génération peuvent espérer vivre à compter de la naissance.

Espérance de vie en bonne santé : voir « espérance de vie sans incapacité ».

Espérance de vie sans incapacité : nombre moyen d'années qu'une personne peut espérer vivre sans aucune limitation de son activité, c'est-à-dire sans incapacité, transitoire ou permanente, et hors de toute institution.

État de santé global : voir « indice de santé globale ».

État de santé minimum : score le plus bas de l'indice de santé globale, caractérisé par la présence de problèmes de santé physique ou psychologique avec des difficultés fonctionnelles.

État de santé optimal : score le plus élevé de l'indice de santé globale, caractérisé par l'absence de problèmes de santé physique ou psychologique.

Fichier des tumeurs du Québec : banque de données qui contient les statistiques sur les cas de tumeurs répertoriés par les professionnels de la santé.

Groupe ethnoculturel (majoritaire, minoritaire) : indice d'appartenance ethnoculturelle basé sur la langue maternelle de la personne, son lieu de naissance ainsi que celui de ses parents.

HTA : tension artérielle diastolique égale ou supérieure à 90 mm Hg ou sous traitement.

Inactif : toute personne qui n'a pas d'emploi rémunéré au moment de l'enquête. Cette catégorie inclut les chômeurs en quête d'emploi.

Incidence : rapport entre le nombre de nouveaux cas (d'une maladie, d'un symptôme, etc.) survenus au cours de la période d'observation (habituellement 12 mois) et l'effectif de la population concernée.

Indicateur de santé : descripteur quantitatif d'un phénomène donné (fréquence d'un facteur de risque ou d'une maladie, par exemple). Il permet de mesurer le niveau ou les variations de l'état de santé des individus ou des collectivités. Il peut s'appliquer aussi bien à des personnes bien portantes qu'à des malades.

Indice global : mesure composite regroupant les données partielles de plusieurs indicateurs* (exemple : l'indice de santé globale qui regroupe des indicateurs d'incapacité, de problèmes chroniques, de symptômes, etc.).

Indice de masse corporelle (IMC) : aussi appelé *indice de Quételet*, il est considéré, dans les enquêtes sur la population, comme la mesure la plus appropriée pour déterminer l'excès de poids associé à divers risques pour la santé. Il est le résultat de la division du poids exprimé en kilogrammes par la taille en mètres, élevée au carré.

Indice de saines habitudes de vie : indice obtenu à partir de cinq habitudes de vie : consommation de cigarettes, d'alcool, exercice physique, habitudes de sommeil et poids corporel.

Indice d'événements stressants : indice obtenu à partir du nombre d'événements stressants survenus au cours des 12 derniers mois et de leur impact sur les individus en termes de stress ressenti. Cet indice, inspiré de l'échelle de Holmes et Rahe, a été créé à partir du questionnaire de Santé Québec.

Indice de santé globale : indice de santé obtenu à partir de réponses à différentes questions sur l'incapacité, la présence ou l'absence de problèmes de santé ou de symptômes. Cet indice a été adapté de la méthode dite des « ridits » mise au point par le Département de santé publique de l'État de Californie. La santé y est vue de façon globale et elle varie sur un continuum allant d'un état minimal à un état optimal. L'indice correspond à la probabilité pour chaque individu d'avoir un état de santé pire ou meilleur que celui des personnes de son groupe de référence (ex. : groupe d'âge, de niveau socio-économique).

Indice pondéral : voir « indice de masse corporelle ».

Indice synthétique de fécondité : nombre moyen d'enfants par femme dans une génération qui aurait les taux de fécondité d'une année donnée. C'est la somme des taux de fécondité par groupe d'âge, de 13 à 49 ans.

Intégration sociale : indice qui tient compte des contacts que les individus entretiennent avec d'autres personnes de leur entourage. Il se mesure par des indicateurs indirects (fréquence des rencontres avec des parents, amis ou connaissances, utilisation du temps libre, présence ou absence d'amis, de conjoint ou d'enfants et pratique religieuse.

Journées d'incapacité : journées comptées à partir du nombre de journées d'alitement, de journées d'incapacité par rapport à une activité principale et de journées de restriction des activités habituelles, déclarées pour les deux semaines ayant précédé l'enquête. Elles sont présentées sous forme d'une moyenne annuelle par personne, établie sur la base de l'ensemble de la population.

Limitation d'activités : ce qui restreint une personne dans le genre ou la quantité d'activités qu'elle peut faire à cause d'une maladie chronique, physique ou mentale, ou d'un problème de santé.

Mammographie : examen radiologique (rayons X) des seins, habituellement dans le but de dépister des tumeurs.

Morbidité : ensemble des maladies, qu'elles entraînent ou non la mort. On peut parler de morbidité générale ou de mortalité pour une cause spécifique.

Niveau de revenu : indice commun à tous les membres du ménage. Il est établi à partir du revenu total du ménage, du nombre de personnes composant ce ménage et de normes établissant les seuils de faible revenu selon la taille des ménages. Cet indice comporte une imputation des valeurs manquantes.

Niveau élevé de détresse psychologique : niveau le plus élevé du « score de détresse psychologique* », caractérisé par un plus grand nombre de symptômes psychologiques ou physiques que l'on pense être reliés à des désordres psychiatriques (voir le Cahier technique no 87-06 de Santé Québec).

Obésité abdominale : établie à partir du rapport tour de taille-tour de hanches.

Obésité pondérale : établie à partir de la distribution du poids corporel.

Psychotropes : médicaments agissant sur le système nerveux central, tels les tranquillisants.

Prévalence : rapport entre le nombre de cas d'une maladie donnée ou de personnes atteintes de cette maladie ou de tout autre événement morbide (accident ou suicide, par exemple) et de l'effectif de la population concernée, à un moment donné ou au cours d'une période donnée, sans distinction entre les nouveaux cas et les cas anciens.

Prévalence à vie : nombre de cas d'une maladie donnée ou de personnes atteintes de cette maladie, ou de tout autre événement morbide (accident ou suicide, par exemple) dans une population déterminée.

Problèmes psychologiques sévères : affections mentales chroniques qui génèrent des coûts sociaux importants : déficience mentale, troubles psychotiques sévères, dépression, confusion et perte de mémoire.

Problèmes reliés à l'alcool : indice définissant les risques reliés à la consommation d'alcool. Il s'obtient à partir de renseignements sur les comportements, les sentiments et les problèmes liés à une consommation excessive. Il a été créé dans le cadre de recherches cliniques en Angleterre et aux États-Unis et repris à partir de Santé Québec. Cet indice est aussi appelé CAGE*.

Quételet : aussi appelé *indice de masse corporelle*, il s'agit d'un indice pondéral basé sur le rapport entre le poids et le carré de la taille d'une personne ; c'est une mesure largement utilisée dans les enquêtes (Body Mass Index). Elle permet de définir quatre catégories : l'insuffisance de poids, le poids normal, l'excès de poids et l'obésité.

Risque pondéré : risque de développer des troubles coronariens ou d'avoir un accident cérébrovasculaire ; cette probabilité a été calculée grâce aux équations de risque multivariées élaborées pour l'étude de Framingham. Les variables utilisées sont l'âge, le sexe, la tension artérielle diastolique, le taux de cholestérol total, le diabète déclaré et le tabagisme.

Taux ou score de détresse psychologique : score obtenu à partir de réponses à une grille de 28 questions formulées par F.W. Ilfeld et adaptées au questionnaire de Santé Québec. La détresse psychologique est associée aux états dépressifs, aux états anxieux et à certains symptômes d'agressivité et de troubles cognitifs. Elle ne mesure pas de diagnostics précis, mais tente d'estimer le nombre de gens ayant des symptômes assez nombreux ou intenses pour se classer dans un groupe qui risque très probablement d'avoir un niveau de détresse psychologique qui nécessite une intervention.

Significativement différent (différences significatives) : l'objectif est de savoir s'il existe des différences entre groupes de sujets dans la population pour certaines variables, à partir de comparaisons effectuées sur les sujets inclus dans l'échantillon. À cause des fluctuations d'échantillonnage, il est impossible de répondre avec certitude à cette question, mais on peut faire des comparaisons et porter un jugement avec un certain *risque d'erreur*. Pour cela, on applique des tests statistiques qui reposent sur une règle de décision : au départ, on suppose que la différence (des proportions ou des moyennes) entre les groupes dans la population est nulle ; on évalue cette supposition et si elle est inférieure à une valeur fixée, appelée seuil de signification (ici fixé à 1 %), on rejette cette supposition. On parle alors de différences significatives à 1 %, ce qui signifie qu'on a 1 % de risque de se tromper lorsqu'on affirme qu'il y a des différences entre les groupes comparés, pour la variable étudiée.

Standardisation (taux standardisée) : opération par laquelle on élimine l'effet des différences entre populations à comparer pour la variable considérée (souvent l'âge) : on peut ainsi admettre que, si on constate une différence entre les taux obtenus, ce n'est pas le fait de cette variable.

Lexique

Substance psychoactive : toute substance (alcool, médicament, drogue) qui modifie certaines fonctions vitales à cause de sa structure chimique. Dans les cas des substances psychoactives, ces modifications s'opèrent au niveau du système nerveux central, entraînant des effets sur le psychisme.

Suffisance du revenu : voir « niveau de revenu ».

Support (ou soutien) social : un indice de soutien social a été établi à partir de sept questions ; il porte sur l'intégration sociale, la satisfaction quant aux rapports sociaux et la taille du réseau social. Les personnes ayant les scores les plus bas (quintile 1) sont considérées comme ayant un niveau de soutien social faible.

Taux : rapport entre le nombre des personnes présentant l'événement étudié (maladies, décès...) et l'effectif de la population concernée, et cela, pendant une certaine période de temps bien définie (souvent l'année).

19 BIBLIOGRAPHIE

ADELSON, N. (1991). « Being Alive Well ; The Praxis of Cree Health », dans B.D. Postl (éd.), *Circumpolar Health 90*, Winnipeg, University of Manitoba Press : 230-232.

AIDS TASK FORCE (1991). « AIDS-Related Knowledge and Behaviors Among Teenagers — Italy, 1990 », *Morbidity and Mortality Weekly Report*, 40 (13) : 214-221.

ANGUS, D.E., AUER, L., CLOUTIER, J.E., ALBERT, T. (1995). *Pour un système de soins de santé viable au Canada*, Ottawa, Projets de recherches économiques des Universités d'Ottawa et Queen's.

ASSELIN, S., DUCHESNE, L., GAUTHIER, H., JEAN, S., LACHAPELLE, J., LAROCHE, D., LAVOIE, Y., NOBERT, Y. (1994). *Les hommes et les femmes : une comparaison de leurs conditions de vie*, Québec, Les Publications du Québec : 301.

AUSO-GUTIERREZ, L. (1993). « Late Life Depression — Clinical and Therapeutic Aspects », dans J.M. Davis et Mass (éd.), *The Affective Disorders*, Washington D.C., The American Psychiatric Press.

AYOTTE, V., FERLAND, M. (1989). *Les jeunes adultes / Et la santé, ça va ?*, Québec, Les Publications du Québec.

BAGLEY, C., RAMSAY, R. (1985). « Research Problems and Priorities in Research of Suicidal Behaviors : An Overview with Canadian Implication », *Canadian Journal of Community Mental Health*, 4 (1) : 15-49.

BANDURA, A. (1982). « Self Efficacy Mechanisms in Human Agency », *American Psychologist*, 37 : 122-147.

BARNETT, R.C., BARUCH, G.K. (1985). « Women's Involvement in Multiple Roles and Psychological Distress », *Journal of Personality and Social Psychology*, 49 : 135-145.

BARNETT, R.C., MARSHALL, N.L. (1992). « Job Experiences Over Time, Multiple Roles and Women's Mental Health : A Longitudinal Study », *Journal of Personality and Social Psychology*, 62 (4) : 634-644.

BARNETT, R.C., MARSHALL, N.L. (1992). « Worker and Mother Roles, Spillover Effects and Psychological Distress », *Women and Health*, 18 (2) : 9-36.

BARNETT, R.C., MARSHALL, N.L. (1991). « The Relationship Between Women's Work and Family Roles and Subjective Well-Being and Psychological Distress », dans M. Frankenhaeuser, U. Lundberg et M. Chesney (éd.), *Women, Work and Stress*, New York : Plenum Press.

BARUCH, G.K., BARNETT, R.C. (1986). « Role Quality, Multiple Role Involvement, and Psychological Well-Being in Midlife Women », *Journal of Personality and Social Psychology*, 51 : 578-581.

BARUCH, G.K., BIENER, L. BARNETT, R.C. (1987). « Women and Gender in Research on Stress », *American Psychologist*, 42 : 130-136.

BEAUREGARD, M., DeKONINCK, M. (1991). « Savoir occulté, soins ignorés, institutions à redéfinir : un programme de recherches féministes en santé des femmes », *Recherches féministes*, 4 (1) : 1-10.

BÉLISLE, D., PINARD, Y. (1985). « De l'ouvrage des femmes québécoises », *Du travail et de l'amour*, Québec, Éditions Saint-Martin : 99-134.

BELLEROSE, C., CADIEUX, E., JOHNSON, E. (1989). *Les familles mono-parentales/Et la santé, ça va ?*, Québec, Les Publications du Québec.

BELLOTTI, E.G. (1974). *Du côté des petites filles*, Paris, Éditions des femmes.

BELLWARE, J.A., CHAREST, D. (1987). *Monoparentalité féminine et aide sociale. Étude monographique sur la situation des femmes responsables de familles monoparentales et bénéficiaires de l'aide sociale*, Québec, ministère de la Main-d'œuvre et de la Sécurité du revenu.

BERG CUTLER, W., GARCIA, C.R., EDWARDS, D.A. (1983). *Menopause*, W.W. Norton & Company.

BERKMAN, L.F., BRESLOW, L. (1983). *Health and Ways of Living : The Alameda County Study*, New York, Oxford University Press.

BERKMAN, L.F., SYMES, S.L. (1979). « Social Networks, Host Resistance and Mortality : a Nine Year Follow-Up Study of Alameda County Residents », *American Journal of Epidemiology*, 109 (2) : 186-204.

BERNARD, J. (1972). *The Future of Marriage*, New York, World Press.

BERNARD, M.C., FORTIN, L. (1988). *MTS et comportements préventifs chez les étudiants. La situation du Cégep de Shawinigan*, DSC-CHRM : 116 p.

BERNIER, L., DUFOUR, D., PÉRON, Y. (1989). *Les personnes vivant seules / Et la santé, ça va ?*, Québec, Les Publications du Québec.

BERNIER, M., DESROSIERS, H., LE BOURDAIS, C. (1994). *Un profil des familles québécoises*, monographie n° 1, Santé Québec, Enquête sociale et de santé 1992-1993.

BIBEAU, G. (1985). « Des pratiques différenciées de la santé », dans *Traité d'anthropologie médicale*, Québec, Presses de l'Université du Québec, Institut québécois de recherche sur la culture et Presses universitaires de Lyon : 1167-1189.

BLAZER, D.G. (1982). *Depression in Later Life*, Saint-Louis, C.V. Mosby.

BLAZER, D.G., HUGHES, GEORGE, L.K. (1987). « The Epidemiology of Depression in an Elderly Community Population », *The Gerontologist*, 27 : 3.

BLUMENTHAL, M.D. (1980). « Depressive Illness in Old Age : Getting Behind the Mark », *Geriatrics* (April) : 34-43.

BOBBISH-ATKINSON, H., MAGONET, G. (1990). *L'expérience de la Baie James : Guide pour les professionnels de la santé qui travaillent parmi les Cris du Nord québécois*, gouvernement du Québec, ministère de la Santé et des Services sociaux.

BORDO, S. (1993). *Unbearable Weight, Feminism, Western Culture and the Body*, Berkeley, University of California Press.

BOWEN, D.J., TOMOYASU, N., CAUCE, A.M. (1991). The Triple Treat : A Discussion of Gender, Class and Race Differences in Weight, *Women and Health*, 17 (4) : 123-143.

BOWIE, C., FORD, N. (1989). « Sexual Behavior of Young People and the Risk of HIV Infection », *Journal of Epidemiology and Community Health*, 43 : 61-65.

BRASSARD, P., ROBINSON, E., LAVALLÉE, C. (1993). « Prevalence of Diabetes Mellitus Among the James Bay Cree of Northern Quebec », *Canadian Medical Association Journal*, 149 (3) : 303-307.

BRAUN, S., HOLLANDER, R.B. (1988). « Work and Depression Among Women in the Federal Republic of Germany », *Women and Health*, 14 : 3-26.

BRIEN-DANDURAND, R. (1982). *Famille, monoparentalité et responsabilité maternelle : contribution à l'étude des rapports sociaux de sexe*, thèse de doctorat en anthropologie, Université de Montréal.

BRIEN-DANDURAND, R., ST-JEAN, L. (1988). *Des mères sans alliance*, Québec, Institut québécois de recherche sur la culture.

BRINTON, L.A., FRAUMENI, J.E. (1986). « Epidemiology of Uterine Cervical Cancer », *Journal of Chronical Disease*, 39 (12) : 1051-1065.

BROVERMAN, I.K., BROVERMAN, D.M., CLARKSON, F.E., ROSENKRANSZ, P.S., VOGEL, S.R. (1970) « Sex-Roles Stereotypes and Clinical Judgments of Mental Health », *Journal of Consulting and Clinical Psychology*, 34 : 1-7.

BROWN, G., HARRIS, T. (1989). *Life Events and Illness*, Londres, Unwin Hymand.

BROWN, G., HARRIS, T. (1978). *Social Origins of Depression : A Study of Psychiatric Disorders in Women*, Londres, Tavistock.

CADRIN, H. (1994). « Violence conjugale, une épidémie sociale », dans H. Bélanger, L. Charbonneau (éd.), *Précis pratique sur la santé des femmes*, Montréal, Édisem ; Paris, Maloine ; Fédération des omnipraticiens du Québec.

CAFFERATA, G.L., KASPER, J., BERSTEIN, A. (1983). « Family Roles, Structure and Stressors in Relation to Sex Differences in Obtaining Psychotropic Drugs », *Journal of Health and Social Behavior*, 24 : 132-143.

CAOUETTE, L., COURTEMANCHE, R., GODBOUT, M., LAPOINTE, F. (1994). *Enquête sociale et de santé 1992-1993. Méthodes statistiques*, Québec, Bureau de la statistique du Québec.

CAOUETTE, L., LAPOINTE, F. (1994). *Enquête sociale et de santé 1992-1993. Outils d'analyse*, Québec, Bureau de la statistique du Québec.

CASH, T.F., BROWN, T.A. (1989). « Gender and Body Image : Stereotypes and Realities », *Sex Roles*, 21 : 361-373.

CASH, T.F., HICKS, K.L. (1990). « Being Fat Versus Thinking Fat : Relationships With Body Image, Eating Behaviors and Well-Being », *Cognitive Therapy and Research*, 14 (3) : 327-341.

CHARPENTIER, M. (1995). *Condition féminine et vieillissement*, Les éditions du Remue-ménage.

CHÉNARD, L., CADRIN, H., LOISELLE, J. (1990). *État de santé des femmes et des enfants victimes de violence conjugale*, Département de santé communautaire, Centre hospitalier régional de Rimouski.

CHOINIÈRE, R., LAFONTAINE, P., FERLAND, P., PAGEAU, M., CHEVALIER, S., SAUVAGEAU, Y. (à paraître). *La mortalité au Québec ; évolution de 1975-1977 à 1990-1992 et disparités*, Québec, ministère de la Santé et des Services sociaux.

CHOINIÈRE, R., LEVASSEUR, M., ROBITAILLE, N. (1988). « La mortalité des Inuit du Nouveau-Québec de 1944 à 1983 : évolution selon l'âge et la cause de décès », *Recherche amérindienne au Québec*, 18 (1).

CHOINIÈRE, R., ROBITAILLE, Y., DORVAL, D., SAUVAGEAU, Y. (1993). *Profil des traumatismes au Québec : Disparités régionales et tendances de la mortalité (1976 à 1990) et des hospitalisations (1981 à 1991)*, ministère de la Santé et des Services sociaux, Direction générale de la santé publique.

CLARKSON, M. (1986). « Les agressions sexuelles au Québec : un problème sous-estimé ? » *Plaidoyer-Victimes*, 2 (4).

CLEARY, P.D., MECHANIC D. (1983). « Sex Differences in Psychological Distress Among Married People », *Journal of Health and Social Behavior*, 24 : 111-121.

CLEARY, P.D., MECHANIC, C., GREENLEY, J.R. (1982). « Sex Differences in Medical Care Utilisation : An Emperical Investigation », *Journal of Health and Social Behavior*, 23 : 106.

CLIFT, S., STEARS, D. (1988). « Beliefs and Attitudes Regarding AIDS Among British College Students : A Preliminary Study of Change Between November 1986 and May 1987 », *Health Education Research*, 3 (1) : 75-88.

COLIN, C., LAVOIE, J.P., POULIN, C. (1989). *Les personnes défavorisées / Et la santé, ça va ?*, Québec, Les publications du Québec.

COMITÉ CONSULTATIF FÉDÉRAL-PROVINCIAL-TERRITORIAL SUR LA SANTÉ DE LA POPULATION (1994). *Stratégies d'amélioration de la santé de la population. Investir dans la santé des Canadiens*, Conférence des ministres de la Santé, Halifax, Nouvelle-Écosse.

COMITÉ SUR LES INFRACTIONS SEXUELLES À L'ÉGARD DES ENFANTS (1984). *Infractions sexuelles à l'égard des enfants*, rapport du Comité (rapport Badgley), Ottawa, gouvernement du Canada.

CONNOR-GREENE, P.A. (1988). « Gender Differences in Body Weight Perception and Weight-Loss Strategies of College Students », *Women and Health*, 14 (2) : 27-42.

CONRAD, P. (1995). « Médicalisation et contrôle social », dans *Médicalisation et contrôle social*, sous la direction de L. Bouchard et D. Cohen, Montréal, Les Cahiers scientifiques de l'ACFAS : 9-31.

CONSEIL NATIONAL DU BIEN-ÊTRE SOCIAL (1995). *Profil de la pauvreté*, Ottawa, rapport du Conseil national du bien-être social : 80 p.

COOPERSTOCK, R. (1971). « Sex Differences in the Use of Mood-Modifying Drugs. An Explanatory Model », *Journal of Health and Social Behavior*, 12 : 238-244.

COOPERSTOCK, R., PARNELL, P. (1982). « Research in Psychotropic Drug Use : A Review of Findings and Methods », *Social Science and Medicine*, 16 : 1179-1196.

CORPORATION PROFESSIONNELLE DES MÉDECINS, FIRME JEAN JOLICŒUR, STATPLUS (1988). *Enquête sur la santé des québécoises de 45 à 54 ans. Rapport d'analyse*, Montréal.

COSER, L. (avec R. COSER) (1974). *Greedy Institutions*, New York, Free Press.

COURTEAU, J.P. (1989). *Mortality Among the James Bay Cree of Northern Quebec :* 1982-1986, M.Sc. thesis, Department of Epidemiology and Biostatistics, McGill University, Montreal : 121 p.

COURTEMANCHE, R., JEAN, L. (1992). *Énumération des logements d'une unité primaire d'échantillonnage (UPE) de l'enquête sociale et de santé. Instructions aux énumérateurs et aux coordonnateurs*, Québec, Bureau de la statistique du Québec.

COUSINEAU, D. (1989). *Les communautés culturelles / Et la santé, ça va ?*, Québec, Les Publications du Québec.

CROUTER, A.C. (1984). « Spillover from Family to Work : The Neglected Side of the Work-Family Interface », *Human Relations*, 37 (6) : 425-442.

DAMESTOY, N. (1994). *Injury Mortality Among the Cree of Northern Quebec*, 1982-1991, thesis submitted to the Faculty of Graduate Studies and Research, McGill University, Montréal.

DANDURAND, R. (1994). « Divorce et nouvelle monoparentalité », dans F. Dumont, S. Langlois, Y. Martin (dir.), *Traité des problèmes sociaux*, Québec, Institut québécois de recherche sur la culture : 519-544.

DAVELUY, C., LAVALLÉE, C., CLARKSON, M., ROBINSON, E. (1994). *Et la santé des Cris, ça va ? Rapport de l'enquête Santé Québec auprès des Cris de la Baie James 1991*, gouvernement du Québec, Santé Québec.

DAVID, H. (1989). *Femmes et Emploi*, Québec, Les Presses de l'Université du Québec.

DAVID, H., PINARD, R. (1994). *Les femmes vieillissantes au travail et à la retraite : une bibliographie analytique*, Montréal, Groupe de recherche sur les aspects sociaux de la santé et de la prévention.

DESROSIERS, H., LE BOURDAIS, C., LEHRHAUPT, K. (1993). *Monoparentalité et recomposition familiale chez les Québécoises*, gouvernement du Québec, Secrétariat à la famille, collection Études et Analyses.

DILLARD, S. (1983). *Durée ou qualité de vie ?*, Québec, CASF.

DOHRENWEND, BL., DOHRENWEND, B. (1976). « Sex Differences in Psychiatric Disorders », *American Journal of Sociology*, 81 : 1147-1154.

DROLET, M. (1989). « Les jeunes, leur sexualité et la prévention du SIDA : une problématique et un défi social », *Service social*, 38 (1) : 61-77.

DUCHESNE, L. (1995). *La situation démographique au Québec*, édition 1995, Québec, Les Publications du Québec : 240 pages.

DUCHESNE, L. (1994). *La situation démographique au Québec*, édition 1994, Québec, Bureau de la statistique du Québec, Les Publications du Québec : 224 pages.

EPSTEIN, L.M., (1976). « Depression in the Elderly », *Journal of Gerontology*, 31 : 271-282.

ETTORRE, E., RISKA, E. (1993). « Psychotropics, Sociology and Women : Are the " Halcyon Days " of the " Malestream " Over ? », *Sociology of Health and Illness*, 15 (4) : 503-524.

ETZION, D. (1984). « The Moderating Effect of Social Support on the Relationship of Stress and Burnout », *Journal of Applied Psychology*, 69 : 615-622.

EVANS, R.G. (1994) « Health and Care as a Threat to Health : Defense, Opulence, and the Social Environment », *Daedalus, Health and Wealth, Journal of the American Academy of Arts and Sciences* : 21-43.

EWAN, G. (1993). « La minceur. À quel prix ? », *Nutrition Actualité*, 17 (3) : 50-54.

FIDELL, L.S. (1979-1980). « Sex Role Stereotypes and the American Physician », *Psychology of Women Quarterly*, 4 : 313-331.

FORSTER, J.L., JEFFERY, R.W. (1986). « Gender Differences Related to Weight History, Eating Patterns, Efficacy Expectations, Self-Esteem, and Weight Loss Among Participants in a Weight Reduction Program », *Addictive Behaviors*, 11 : 141-147.

FRANK, J.W., MUSTARD, F. (1994). The Determinants of Health from a Historical Perspective », *Daedalus, Journal of the Academy of Arts and Sciences* : 1-21.

FREEDMAN, R.J. (1984). « Reflections on Beauty as it Relates to Health in Adolescent Females », *Women and Health*, 9 : 29-43.

FREIDSON, E. (1984). *La profession médicale*, Paris, Payot : 370 p.

FRIEDMAN, I.M. (1985). « Alcohol and Unnatural Deaths in San Francisco Youths », *Pediatrics*, 76 : 191-193.

FROBERG, D., GJERDINGEN, D., PRESTION, M. (1986). « Multiple Roles and Women's Mental and Physical Health : What Have we Learned ? », *Women and Health*, 11 (2) : 79-96.

GAGNON, G., KISHCHUK, N., BÉLISLE, D., LAURENDEAU, M.D. (1989). *Profil des Québécois désirant un poids insuffisant*, enquête Santé Québec 1987, Cahiers de recherche.

GARNER, D.M., ROCKERT, W., OLMSTEAD, M.P., JOHNSON, C., COSCINA, D.V. (1985). « Psychoeducational Principle in the Treatment of Bulimia and Anorexia Nervosa », dans D.M. Garner, D.M. Garfinkel (éd.), New York, *Handbook of Psychotherapy for Anorexia Nervosa and Bulimia*, Guilford Press : 513-572.

GERVAIS, M. (1993). *Bilan de santé des travailleurs québécois*, Montréal, Institut de recherche sur la santé et la sécurité au travail (IRSST) : 145 p.

GIJBERS VAN WIJK, M.T., KOLK, A.M., VAN DEN BOSCH, W.J.H.M., VAN DEN HOOGEN, H.J.M. (1995). « Male and Female Health Problems in General Practice : The Differential Impact of Social Position and Social Roles. Great Britain », *Social Science and Medicine*, 40 (5) : 597-611.

GIJSBERS VAN WIJK, M.T., VAN VLIET, K.P., KOLK, A.M., EVERAERD, W.T.A.M. (1991). « Symptom Sensitivity and Sex Differences in Physical Morbidity : A Review of Health Surveys in the United States and the Netherlands », *Women and Health*, 17 (1).

GLASS, J., FUJIMOTO, T. (1994). « Housework, Paid Work and Depression Among Husbands and Wives », *Journal of Health and Social Behavior*, 35 : 179-191.

GOLDBERG, M. (1985). *L'épidémiologie sans peine*, Paris, Diffusion Maloine.

GOODE, W.J. (1960). « A Theory of Role », *American Sociological Review*, 25 : 483-496.

GORE, S., MANGIONE, T.W. (1983). « Social Roles, Sex Roles and Psychological Distress : Additive and Interactive Models of Sex Differences », *Journal of Health and Social Behavior*, 24 : 300-312.

GORTMAKER, S.L., MUST, A., PERRIN, J.M., SOBOL, A.M., DIETZ, W.H. (1993). « Social and Economic Consequences of Overweight in Adolescence and Young Adulthood », *The New England Journal of Medicine*, 329 (14) : 1008-1012.

GORTMAKER, S.L., PERRIN, J., WEITZMAN M., HOMER, C.J., SOBOL, A.M. (1993). « An Unexpected Success Story : Transition to Adulthood in Youth with Chronic Physical Health Conditions », *Journal of Research Adolescence*, 3 : 317-336.

GOVE, W.R. (1972). « The Relationship Between Sex Roles, Marital Status and Mental Illness », *Social Roles*, 51 : 34-44.

GOVE, W.R., GEERKEN, M. (1977). « The Effects of Children and Employment on the Mental Health of Men and Women », *Social Forces*, 56 : 60-76.

GOVE, W.R., TUDOR, J. (1973). « Adult Sex Roles and Mental Illness », *American Journal of Sociology*, 78 : 812-835.

GRAU, L. (1989). « Mental Health and Older Women », *Women in the Later Years*, New York, The Haworth Press.

GRAY, E.B., LOVEJOY, M.C., PIOTRKOPWSKI, C.S., BOND, J.T. (1990). « Husband Supportiveness and the Well-Being of Employed Mothers of Infants », *Families in Society*, 71 : 332-341.

GURLAND, B., TONER, J.A. (1982). « Depression in the Elderly : A Review of Recently Published Studies », dans C. Eisdorfer (éd.), *Annual Review of Geriatrics and Gerontology*, 3 : 228-265.

GUYON, L. (1994). « Épidémiologie de la santé mentale », dans H. Bélanger, L. Charbonneau (éd.), *Précis pratique sur la santé des femmes*, Montréal, Édisem ; Paris, Maloine ; Fédération des omnipraticiens du Québec.

GUYON, L. (1991). « La perception qu'ont les femmes de leur santé mentale ou l'envers du diagnostic », *Les aspects psychosociaux de la santé des femmes*, Boucherville, Gaëtan Morin Éditeur : 9-19.

GUYON, L. (1990). *Quand les femmes parlent de leur santé*, Québec, Les Publications du Québec : 185 p.

GUYON, L. (1988). « La perception de la santé dans l'enquête Santé Québec », *Les cahiers québécois de démographie* : 195-212.

GUYON, L., LANDRY, M. (1995). « L'abus de substances psychoactives, un problème parmi d'autres ? Portrait d'une population en traitement », *Psychotropes*, 1 (2).

GUYON, L., LANDRY, M. (1993). *Analyse descriptive de la population en traitement de Domrémy-Montréal à partir de l'IGT, 1991/1992*, Montréal, Cahier de recherche du RISQ : 75 p.

GUYON, L., MESSING, K. (1996). « De l'inclusion à l'innovation : réflexions sur l'apport féministe à l'étude de la santé », dans H. Dagenais, *Contribution de la recherche féministe à la société québécoise. Bilan de deux décennies et perspectives*, Montréal, Éditions du Remue-ménage.

GUYON, L., NADEAU, L. (1990). « Le mouvement féministe et la santé mentale ; que reste-t-il de nos amours ? », *Santé mentale au Québec*, 15 (1) : 7-27.

GUYON, L., NADEAU, L., BOYER, R. (1993). *Avis concernant une étude préparatoire pour la concrétisation d'une ou des enquêtes épidémiologiques sur la toxicomanie*, rapport présenté au Comité aviseur sur la recherche et l'évaluation en toxicomanie, Montréal, ministère de la Santé et des Services sociaux (document miméographié).

GUYON, L., NADEAU, L., DEMERS, A., KISHCHUK, N. (1995). « Grande consommation d'alcool et problèmes connexes », *Santé Québec, Et la santé ça va en 1992-1993 ?*

GUYON, L., SIMARD, R., NADEAU, L. (1981). *Va te faire soigner, t'es malade*, Montréal, Éditions internationales Alain Stanké Ltée.

HARDY, M.A., HAZELRIGG, L.E. (1993). « The Gender of Poverty in an Aging Population », *Research on Aging*, 15 (3) : 243-278.

HARVEY, L., KINNON, D. (1993). *Le secteur des soins de santé et la violence faite aux femmes*, document de travail établi pour la Division de la prévention de la violence familiale de Santé Canada, gouvernement du Canada.

HEISE, L. (1994). « Gender-Based Abuse : The Global Epidemic », *Cadernos de Saúde Pública*, Rio de Janeiro, 10 (1) : 135-145.

HIRSCH, B.J., RAPKIN, B.D. (1986). « Multiple Roles, Social Networks and Women's Well-Being », *Journal of Personality and Social Psychology*, 51 : 1237-1247.

HOCHSCHILD, A. (1989). *The Second Shift*, Berkeley, University of California Press.

HOUSE, J.S., ROBBINS, C., METZNER, H.L. (1982). « The Association of Social Relationship and Activities With Mortality : Prospective Evidence from the Tecumseh Community Health Study », *American Journal of Epidemiology*, 116 : 123-140.

HOUSTON, D.E. (1984). « Evidence for the Risk of Pelvic Endometriosis by Age, Race and Socioeconomic Status », *Epidemiology Review*, 6 : 167-191.

ILFELD, F.W. (1976). « Further Validation of Psychiatric Symptom Index in a Normal Population », *Psychological Reports*, 39 : 1215-1228.

ISHII KUNTZ, M. (1988). « Acquired Immune Deficiency Syndrome and Sexual Behavior Changes in a College Student Sample », *Sociology and Social Research*, 73 (1) : 13-18.

JOHNSON, J.V., HALL, E.M. (1988). « Job Strain, Workplace Social Support and Cardiovascular Disease : A Cross-Sectional Study of a Random Sample of the Swedish Working Population », *American Journal of Public Health*, 78 : 1336-1342.

JUTRAS, S., GUYON, L., RENAUD, M., DANDURAND, R., BOUCHARD, P. (1990). « Comment les Québécois se tirent-ils d'affaire ? Un défi lancé aux chercheurs des sciences humaines », *Sciences sociales et santé* : 69-93.

KARASEK, R.A. (1979). « Job Demands, Job Decision Latitude and Mental Strain : Implications for Job Redesign », *Administrative Science Quarterly*, 24 : 285-308.

KARASEK, R., GARDELL, B., LIDELL, J. (1987). « Work and Non-Work Correlates of Illness and Behaviour in Male and Female Swedish White Collar Workers », *Journal of Occupational Medicine*, 8 : 198-207.

KEMPENEERS, M. (1992). *Le travail au féminin*, Montréal, Les Presses de l'Université de Montréal.

KÉROUAC, S., TAGGART, M.E., LESCOP, J. (1986). *Portrait de la santé de femmes violentées et de leurs enfants*, recherche subventionnée par le Conseil québécois de la recherche sociale (CQRS), Université de Montréal.

KESSLER, R.C., BROWN, R.L., BROMAN, C.I. (1981). « Sex Differences in Psychiatric Help-Seeking : Evidence from Four Large Scale Surveys », *Journal of Health and Social Behavior*, 22 : 49-64.

KESSLER, R.C., McRAE, J.A. (1982). « The Effect of Wive's Employment on the Mental Health of Married Men and Women », *American Sociological Review*, 47 : 27S-35S.

KHOUZAM, C., ROUSSEAU, D. (1993). « Agressions à caractère sexuel », dans H. Bélanger, L. Charbonneau (éds.), *La santé des femmes*, Montréal, Édisem ; Paris, Naloine ; Fédération des médecins omnipraticiens du Québec.

KLESGES, R.C., MIZES, J.S., KLESGES, L.M. (1987). « Self-Help Dieting Strategies in College Males and Females », *International Journal of Eating Disorders*, 6 : 409-417.

KOFF, E., RIERDAN, J. (1991). Perceptions of Weight and Attitudes Toward Eating in Early Adolescent Girls », *Journal of Adolescent Health*, 12 : 307-312.

KOTLER, P., WINGARD, D.L. (1989). « The Effect of Occupational, Marital and Parental Roles on Mortality : The Alameda County Study », *American Journal of Public Health*, 79 : 607-611.

KRAUSE, N. (1993). « Neighborhood Deterioration and Social Isolation in Later Life », *International Journal of Aging and Human Development*, 36 (1) : 9-38.

KUHNLEIN, H. (1991). « Nutrition of the Inuit : A Brief Overview », dans B.D. Postl *et al.*, *Circumpolar Health 90*, Winnipeg, University of Manitoba Press.

KUSHNIR, T., KASAN, R. (1993). « Major Sources of Stress Among Women Managers, Clerical Workers, and Working Single Mothers : Demands vs. Resources », *Public Health Review*, 20 : 215-229.

LALONDE, M. (1974). *Nouvelle perspective de la santé des Canadiens*, Ottawa, Santé et Bien-être social.

LAMOTHE, R. (1987). *Les femmes autochtones au Québec ; État de situation*, Québec, Secrétariat à la condition féminine.

LAMOUREUX, M. (1991). *La violence familiale dans les communautés autochtones*, gouvernement du Québec, ministère de la Santé et des Services sociaux en collaboration avec l'Association des femmes autochtones du Québec.

LAPIERRE, L. (1984). *Portrait des Canadiennes*, Ottawa, Statistique Canada (cat. 82-542f).

LAVALLÉE, C., ROBINSON, E. (1991). « Physical Activity, Smoking and Overweight Among the Cree of Eastern James Bay », dans B.D. Postl *et al.*, *Circumpolar Health 90*, Winnipeg, University of Manitoba Press.

LE BOURDAIS, C., ROSE, D. (1986). « Les familles monoparentales et la pauvreté », *Revue internationale d'action communautaire*, 16 (6) : 181-188.

LECAVALIER, M. (1991). *L'abus de drogues licites et de cocaïne chez les femmes en traitement : différences et similitudes dans les stratégies d'approvisionnement et dans les conséquences qui s'y rattachent ainsi que les antécédents personnels*, mémoire de maîtrise en service social, Université de Montréal.

LÉGARÉ, G. (1995). *La prévalence des troubles mentaux dans le Bas-Saint-Laurent. Faits saillants. Enquête santé mentale*, Direction générale de la santé publique du Bas-Saint-Laurent.

LENON, M.C. (1992). « Women and Mental Health : The Interaction of Job and Family Conditions », *Journal of Health and Social Behavior*, 33 : 316-327.

LENON, M.C. (1994). « Women, Work, and Well-Being : The Importance of Work Conditions », *Journal of Health and Social Behavior*, 35 : 235-247.

LEVINSON, R., POWELL, B.L., STEELMAN, L.C. (1986). « Social Location, Significant Others and Body Image Among Adolescents », *Social Psychology Quarterly*, 49 (4) : 330-327.

LINN, L., DAVIS, M.S. (1971). « The Use of Psychotherapeutic Drugs by Middle-Age Women », *Journal of Health and Social Behavior*, 12 : 331-340.

MACINTYRE, S. (1991). « Gender Differences in the Perceptions of Common Cold Symptoms », *Social Science and Medicine*, 36 (1) : 15-21.

MacLEOD, L. (1987). *Pour de vraies amours... Prévenir la violence conjugale*, Ottawa, Conseil consultatif canadien sur la situation de la femme : 191 p.

MADDOX, G.L., DOUGLASS, E.B. (1973). « Self-Assessment of Health : A Longitudinal Study of Elderly Subjects », *Journal of Health and Social Behavior*, 14 : 87-93.

MANGTANI, P., BOOTH, M. (1993). « Epidemiology of Endometriosis », *Journal of Epidemiology and Community Health*, 47 (2) : 84-88.

MARCIL-GRATTON, N. (1987). « Le recours précoce à la ligature des trompes au Québec : des suites indésirables ? », *Sociologie et Sociétés*, 19 (1) : 83-95.

MARMOT, M.G., KOGEVINAS, M.A., ELSTON, M. (1987). « Economic Status and Disease », *Annual Review of Public Health*, 8 : 111-135.

MARMOT, M.G., DAVEY-SMITH, G., STANSFELD, S., PATEL, C., NORTH, F., HEAD, J., WHITE, I., BRUNNET, E., FEENEY, A. (1991). « Health Inequalities Among British Civil Servants : The Whitehall II Study », *The Lancet*, 337 : 1387-1393.

MARSCHALL, N.L., BARNETT, R.C. (1993). « Work-Family Strains and Gains Among Two-Earner Couples », *Journal of Community Psychology*, 21 : 64-78.

McBRIDE, A.B. (1989). « Multiple Roles and Depression », *Health Values*, 13 (2) : 45-49.

McBRIDE, C., BOBET, E. (1990). *La santé des femmes indiennes*, Toronto, Affaires indiennes et du Nord Canada.

McDANIEL, S.A. (1989). « Women and Aging : a Sociological Perspective », *Journal of Women and Aging*, 1 (1,2,3) : 47-67.

McLURE, G. (1984). « Trends in Suicide Rate for England and Wales 1975-1980 », British Journal of Psychiatry, 144 : 119-126.

MESSING, K. (1991). Occupational Health and Safety Concerns of Canadian Women/Santé et sécurité des travailleuses : un document de base, Ottawa, Labour Canada.

MESSING, K. (1991). « Pour la reconnaissance du caractère pénible des emplois de femmes », Recherches féministes, 4 (1) : 87-102.

MESSING, K., NEIS, DUMAIS (1995). « Invisible : La santé des femmes au travail », Women's Occupational Health, Charlottetown, Gynergy Booke.

MILLAR, W.J. (1992). « Lieu de naissance et appartenance ethnique : facteurs associés à l'usage du tabac chez les Canadiens », Rapport sur la santé, Ottawa, Statistique Canada.

MILLAR, W.J., ADAMS, O. (1991). Accidents au Canada. Enquête sociale générale. Série analytique, Statistique Canada, Ottawa : 122 p.

MINISTÈRE DE LA SANTÉ ET DES SERVICES SOCIAUX (1992). La Politique de la santé et du bien-être, Québec, gouvernement du Québec : 192 p.

MINISTÈRE DE LA SANTÉ ET DES SERVICES SOCIAUX (1989). Pour améliorer la santé et le bien-être au Québec, Orientations, Québec.

MINTZ, L.B., BETZ, N.E. (1986). « Sex Differences in the Nature, Realism, and Correlates of Body Image », Sex Roles, 15 : 185-195.

MORGAN, L.A. (1991). After Marriage Ends, Newbury Park, CA, Sage.

MORRISSETTE, P. (1992). La solitude professionnelle et la consommation d'alcool et de médicaments psychotropes chez des femmes au travail, subvention de recherche du Conseil québécois de la recherche sociale.

MORRISSETTE, P. (1991). « L'alcoolisation à risque chez les femmes au travail. L'expression d'un mal-être professionnel », Recherches féministes, 4 (1) : 103-118.

MOTARD, L., DESROCHERS, L. (1995). Les Québécoises déchiffrées : portrait statistique, Québec, Les Publications du Québec : 181 pages.

MUSTANG, F.J., FRANK, J. (1991). The Determinants of Health, Canadian Institute for Advanced Research Publication, 5.

NADEAU, L. (1984). « Les caractéristiques psycho-sociales », dans L. Nadeau, C. Mercier, L. Bourgeois, *Les femmes et l'alcool au Québec et en Amérique du Nord*, Montréal, Les Presses de l'Université du Québec.

NADEAU, L., HARVEY, K. (1995). « Women's Alcoholic Intoxication : The Origins of the Double Standard in Canada », *Addiction Research*, 2 (3) : 279-290.

NOLEN-HOEKSEMA, S. (1987). « Sex Differences in Unipolar Depression : Evidence and Theory », *Psychological Bulletin*, 101 : 259-282.

OPPENHEIMER, V.K. (1973). « Demographic Influence of Female Employment and the Status of Women », dans J. Huber (éd.), *Changing Women in a Changing Society*, Chicago, University of Chicago Press : 184-199.

ORGANISATION MONDIALE DE LA SANTÉ (1990). *Diet, Nutrition and the Prevention of Chronic Diseases*, Genève, WHO, *Technical Report Series*, 797.

PARRY, H., CISIN, I., BALTER, M., MELLINGER, G., MANHEIMER, D. (1974). « Increasing Alcohol Intake as a Coping Mechanism for Psychic Distress », dans R. Cooperstock (éd.), *Social Aspects of the Medical Use of Psychotropic Drugs*, Toronto, Alcoolism and Drug Addiction Research Foundation of Ontario : 119-144.

PELLETIER, C. (1993). *État des lieux ; violence et santé mentale chez les Autochtones du Québec*, préparé pour l'Association des femmes autochtones du Québec.

PERRAULT, C. (1987). *Les mesures de santé mentale : possibilités et limites de la méthodologie utilisée*, Montréal, Santé Québec, Cahier technique n° 87 (06).

PETAWABANO, B.H., GOURDEAU, E., JOURDAIN, F., PALLISER-TULUGAK, A., COSSETTE, J., BOUCHARD, C. (1994). *La santé mentale et les Autochtones du Québec*, Gaëtan Morin Éditeur, Comité de la santé mentale du Québec.

PICARD, J. (1989). *Les déterminants de la santé mentale chez les Autochtones du Québec*, rapport présenté au Secrétariat du Comité de la santé mentale du Québec.

PIECHOWSKI, L.D. (1992) « Mental Health and Women's Multiple Roles », *The Journal of Contemporary Human Services*, 13 (3) : 131-142.

POIRIER, S. (1989). « La consommation de médicaments », *Santé Société*, 11 (1) : 50-53.

POLIVY, J., HERMAN, C.P. (1987). « Diagnosis and Treatment of Normal Eating », *Journal of Consulting and Clinical Psychology*, 55 : 635-644.

POPAY, J., BARTLEY, M., OWEN, C. (1993). « Gender Differences in Health : Social Position, Affective Disorders and Minor Physical Morbidity », *Social Science and Medicine*, 36 (21).

PRÉVILLE, M., BOYER, R., POTVIN, L., PERRAULT, C., LÉGARÉ, G. (1992). *La détresse psychologique ; détermination de la fiabilité et de la validité de la mesure utilisée dans l'enquête Santé Québec*, ministère de la Santé et des Services sociaux, enquête Santé Québec 1987, Les cahiers de recherche, 7 : 54 p.

PUGLIESI, K. (1992). « Women and Mental Health : Two Traditions of Feminist Research », *Women and Health*, 19 (2-3) : 43-68.

RADLOFF, L.S. (1977). « The CES-D Scale : A Self-Report Depression Scale for Research in the General Population », *Applied Psychological Measurements*, 1 : 381-389.

REED, B.G. (1985). « Drug Misuse and Dependency in Women : The Meaning and Implications of Being Considered a Special Population of Minority Group », *The International Journal of the Addictions*, 20 (1) : 13-62.

RENAUD, M., JUTRAS, S., BOUCHARD, P. (avec la collaboration de L. Guyon et R. Dandurand) (1987). *Les solutions qu'apportent les Québécois à leurs problèmes sociaux et sanitaires*, Québec, Les Publications du Québec.

RENAUD, M., BEAUCHEMIN, J., BERTHIAUME, S., LALONDE, C., POIRIER, H. (1980). « Practice Settings and Prescribing Profiles : The Stimulation of Tension Headaches to General Practitioners Working in Different Practice Settings in the Montreal Area », *American Journal of Public Health*, 70 (10) : 1068-1073.

RESKIN, B.A., COVERMAN, S. (1985). « Sex and Race in the Determinants of Psychological Distress : A Reappraisal of the Sex-Role Hypothesis », *Social Forces*, 63 (4) : 1038-1059.

RICE, C. (1993). « Libérons les générations futures. Comment éviter à nos enfants des problèmes d'alimentation et de poids », *Nutrition Actualité*, 17 (3) : 55-71.

RICHER, J. (1993). « Le réveil des femmes autochtones », *La Gazette des femmes*, Conseil du statut de la femme : 13-23.

RIOU, A., CHAMBERLAND, C., RINFRET-RAYNOR, M. (1996). « Conduites à caractère violent à l'endroit des conjointes », dans Santé Québec (sous la direction de C. Lavallée, M. Clarkson et L. Chénard), *Conduites à caractère violent dans la résolution de conflits entre proches*, monographie n° 2, enquête sociale et de santé 1992-1993, Montréal, ministère de la Santé et des Services sociaux.

ROBERTS, R., BRUNNER, E., WHITE, I., MARMOT, M. (1993). « Gender Differences in Occupational Mobility and Structure of Employment in the British Civil Service », *Social and Science Medicine*, 37 (12) : 1415-1425.

ROCHON, M. (1995). « Taux de grossesses à l'adolescence : Québec, 1980 à 1993, région sociosanitaire de résidence, 1992-1993 », note de service, Direction générale de la planification et de l'évaluation, ministère de la Santé et des Services sociaux.

ROCHON, M. (1991). « La fécondité des jeunes générations québécoises », *Femmes et questions démographiques. Un nouveau regard*, Québec, Les publications du Québec : 74-102.

ROCHON, M. (1986). *Stérilité et infertilité : deux concepts, deux réalités*, Québec, ministère de la Santé et des Services sociaux.

ROCHON, M., LAFONTAINE, P. (1994). « Nombre et taux de personnes hébergées dans un établissement du réseau de la santé et des services sociaux, Québec, 1987 et 1992-1993 », note de service, cité dans Santé Québec, *Et la santé, ça va en 1992-1993 ?*

RODIN, J., SILBERSTEIN, L.R., STRIEGEL-MOORE, R.H. (1985). « Women and Weight : A Normative Discontent », dans T.B. Sonderegger (éd.), Lincoln, University of Nebraska Press, Nebraska Symposium on Motivation, 32, *Psychology and Gender* : 267-307.

ROSENFIELD, S., MIROWSKY, J. (1988). « Child Care and Emotional Adjustment to Wive's Employment », *Journal of Health and Social Behavior*, 29 : 127-138.

ROSS, C.E., BIRD, C.E. (1994). « Sex Stratification and Health Lifestyle : Consequences for Men's and Women's Perceived Health », *Journal of Health and Social Behavior*, 35 : 161-178.

ROUYER, M. (1993). « La femme victime d'inceste — première partie : aspects cliniques », dans H. Bélanger et L. Charbonneau (éd.), *La santé des femmes*, Montréal, Fédération des médecins omnipraticiens du Québec.

RUSSO, N.F. (1990). « Forging Research Priorities for Women's Mental Health », *American Psychologist*, 35 : 368-373.

RUTLEDGE, R., MESSICK, W.J. (1992). « The Association of Trauma Death and Alcohol Use in a Rural State », *Journal of Trauma*, 33 : 737-742.

SAILLANT, F. (1991). « Les soins en péril : entre la nécessité et l'exclusion », *Recherches féministes*, 4 (1) : 11-29.

SANTÉ ET BIEN-ÊTRE SOCIAL CANADA (1991). *La santé des Indiens et des Inuit du Canada : Mise à jour de 1990*, Ottawa, Direction générale des services médicaux : 64 p.

SANTÉ ET BIEN-ÊTRE SOCIAL CANADA (1990). *Base nationale de données sur l'allaitement maternel chez les Indiennes et les Inuit*, sondage sur les pratiques d'alimentation des nourrissons de la naissance à six mois, Canada, 1988.

SANTÉ ET BIEN-ÊTRE SOCIAL CANADA (1988). *Le poids et la santé*, document de travail, Direction générale des services et de la promotion de la santé.

SANTÉ QUÉBEC (1995) [sous la direction de C. Bellerose, C. Lavallée, L. Chénard et M. Levasseur]. *Et la santé ça va en 1992-1993 ?*, rapport de l'enquête sociale et de santé 1992-1993, volume 1, Montréal, ministère de la Santé et des Services sociaux.

SANTÉ QUÉBEC (1995) [sous la direction de C. Lavallée, C. Bellerose, J. Camirand et P. Caris]. *Aspects sociaux reliés à la santé*, rapport de l'enquête sociale et de santé 1992-1993, volume 2, Montréal, ministère de la Santé et des Services sociaux.

SANTÉ QUÉBEC (1995) [sous la direction de R. Pampalon, L. Loslier, G. Raymond et P. Provencher]. *Variations géographiques de la santé*, rapport de l'enquête sociale et de santé 1992-1993, volume 3, Montréal, ministère de la Santé et des Services sociaux.

SANTÉ QUÉBEC (1995) [sous la direction de L. Bertrand]. *Les Québécoises et les Québécois mangent-ils mieux ?*, rapport de l'enquête québécoise sur la nutrition 1990, Montréal : 317 p.

SANTÉ QUÉBEC (1994) [sous la direction de C. Daveluy, C. Lavallée, M. Clarkson et E. Robinson]. *Et la santé des Cris, ça va ?*, rapport de l'enquête Santé Québec auprès des Cris de la Baie-James 1991, gouvernement du Québec.

SANTÉ QUÉBEC (1994) [sous la direction de C. Daveluy, L. Chénard, M. Levasseur et A. Émond]. *Et votre cœur, ça va?*, rapport de l'enquête québécoise sur la santé cardiovasculaire 1990, Montréal, ministère de la Santé et des Services sociaux : 159 p.

SANTÉ QUÉBEC (1994) [sous la direction de M. Jetté]. *Et la santé des Inuits, ça va?*, rapport de l'enquête Santé Québec auprès des Inuits du Nunavik 1992, tomes 1 et 2, gouvernement du Québec.

SANTÉ QUÉBEC (1991) [sous la direction de M. Jetté]. *Consommation d'alcool et de drogues chez les jeunes Québécois âgés entre 15 et 29 ans*, Québec, ministère de la Santé et des Services sociaux.

SANTÉ QUÉBEC (1991) [sous la direction de M. Jetté]. *Enquête québécoise sur les facteurs de risque associés au SIDA et aux autres MTS : la population des 15-29 ans*, Québec, ministère de la Santé et des Services sociaux.

SANTÉ QUÉBEC (1988). *Et la santé, ça va?*, tomes 1 et 2, Québec, Les Publications du Québec.

SCHOENBACH, V.J., KAPLAN, B.G., FREDMAN, L., KLEINBAUM, D.G., (1986). « Social Ties and Mortality in Evans County, Georgia », *American Journal of Epidemiology*, 123 : 577-591.

SECRÉTARIAT À LA CONDITION FÉMININE (1993) [sous la coordination de M. Gamache]. *La Politique en matière de condition féminine*, gouvernement du Québec : 173 p.

SECRÉTARIAT AUX AFFAIRES AUTOCHTONES (1991). *Les autochtones et le Québec : Le chemin parcouru*, gouvernement du Québec.

SEEMAN, T.E., KAPLAN, G.A., KNUDSEN, L., COHEN, R., GURALNIK, J. (1987). « Social Network Ties and Mortality Among the Elderly in the Alameda County Study », *American Journal of Epidemiology*, 126 : 714-723.

SEMAAN, S. (1993) « Income and Severity of Functional Impairment in the Elderly », *Behavior, Health and Aging*, 3 (1).

SEMPOS, C., COOPER, R., KOVAR, M.G., McMILLEN, M. (1988). « Divergence of the Recent Trends in Coronary Mortality for the Four Major Race-Sex Groups in the United States », *American Journal of Public Health*, 78 (11) : 1422-1427.

SHUMAKER, S.A., HILL, D.R. (1990) « Gender Differences in Social Support and Physical Health », Prepublication draft, dans Semaan, S. (1993).

SIEBER, S.D. (1974). « Toward a Theory of Role Accumulation », *American Sociological Review*, 39 : 567-578.

SIMON, R.W. (1992). « Parental Role Strains, Salience or Parental Identity and Gender Differences in Psychological Distress », *American Sociological Review*, 28 : 339-364.

SLATER, P. (1963). « On Social Regression », *American Sociological Review*, 28 : 339-364.

SMEEDING, T.M. (1991). « Cross-National Patterns of Retirement and Poverty Among Men and Women in the 1980's », Working paper no. 69, Luxembourg Income Study, Syracuse, NY, Syracuse University.

SOBAL, J., STUNKARD, A.J. (1989). « Socioeconomic Status and Obesity : A Review of the Literature », *Psychological Bulletin*, 105 : 260-275.

SORENSON, R.C. (1973). *Adolescent Sexuality in Contemporary America*, New York, World Publishing.

STATISTIQUE CANADA (1994). *Enquête sur la violence envers les femmes*, documentation sur le fichier de microdonnées à grande diffusion et guide de l'utilisateur.

STATISTIQUE CANADA (1994). « L'homicide au Canada — 1993 », *Juristat, Bulletin du Centre canadien de la statistique juridique*.

STATISTIQUE CANADA (1994). *Le Pays*, Ottawa, gouvernement du Canada, catalogue 93-310.

STATISTIQUE CANADA (1992). *Âge, sexe et état matrimonial*, recensement du Canada de 1991, Ottawa, gouvernement du Canada, catalogue 93-310.

STATISTIQUE CANADA (1992). *Familles : Nombre, genre et structure*, recensement 1991, Ottawa, Approvisionnements et Services Canada, catalogue 93-312.

STATISTIQUE CANADA (1989). *L'homicide au Canada, 1988 : Perspective statistique*, Ottawa, Centre canadien de la statistique juridique.

STATISTIQUE CANADA (1988). *L'homicide au Canada, 1987 : Perspective statistique*, Ottawa, Centre canadien de la statistique juridique.

STEPHENS, T. (1994). *Le tabagisme chez les autochtones du Canada en 1991*, Ottawa, Santé Canada.

STRAUS, M.A., GELLES, R.J. (1986). « Societal Change in Family Violence from 1975 to 1985 as Revealed by Two National Surveys », *Journal of Marriage and the Family*, 48 : 465-479.

STRAUS, M.A., GELLES, R.J., STEINMETZ, S.K. (1978). *Physical Violence in a Nationally Representative Sample of American Families*, document présenté lors du 9ᵉ congrès mondial de sociologie, Uppsala, Suède.

STRAWBRIDGE, W.M., CAMACHO, T.C., COHEN, R.D., KAPLAN, G.A. (1993). « Gender Differences in Factors Associated with Change in Physical Functioning in Old Age : A 6-Year Longitudinal Study », *The Gerontologist*, 33 (5) : 603-609.

STREIT, U., TANGUAY, Y. (1993). « Vécu dans les rôles féminins, soutien, conflit travail-famille et symptomatologie dépressive », *Santé mentale au Québec*, 18 (2) : 109-134.

STRIEGEL-MOORE, R.H., SILBERSTEIN, L.R., RODIN, J. (1986). « Toward an Understanding of Risk Factors of Bulimia », *American Psychologist*, 41 : 246-263.

SWARTZ, L. (1985). « Is Thin a Feminist Issue ? », *Women's Studies International Forum*, 8 (5).

SYER-SOLORUSH, D. (1987). *Suicide in Canada : Report of the National Task Force on Suicide in Canada*, Ottawa, ministère de la Santé et du Bien-être social.

TANGUAY, Y., STREIT, U. (1993). *Apport de la qualité des rôles de travailleuse et de mère, et du cumul des rôles à la santé mentale positive et négative d'un groupe de femmes*, rapport de recherche présenté au Conseil québécois de la recherche sociale : 99 p.

THOITS, P.A. (1983). « Multiple Identities and Psychological Well-Being. A Reformation and Test of the Social Isolation Hypothesis », *American Sociological Review*, 48 : 174-187.

THOUEZ, J.P., ÉKOÉ, J.M., FOGGIN, P.M., VERDY, M., NADEAU, M., LAROCHE, P., RANNOU, A., GHADIRIAN, P. (1990). « Obesity, Hypertension, Hyperuricemia and Diabetes Mellitus Among the Cree and Inuit of Northern Quebec », *Arctic Medical Research*, 49 : 180-188.

ULBRICK, P.M. (1988). « The Determinants of Depression in Two-Income Marriages », *Journal of Marriage and the Family*, 50 : 121-131.

VALLA, J.P., BRETON, J.J., BERGERON, L., GAUDET, N., BERTHIAUME, C., SAINT-GEORGES, M., DAVELUY, C., TREMBLAY, V., LAMBERT, J., HOUDE, L., LÉPINE, S. (1994). *Enquête québécoise sur la santé mentale des jeunes de 6 à 14 ans. Rapport de synthèse*, Hôpital Rivière-des-Prairies et Santé Québec, en collaboration avec le ministère de la Santé et des Services sociaux : 132 p.

VERBRUGGE, L.M. (1990). « Pathways of Health and Death », dans Rima D. Apple (éd.), *Women, Health, and Medicine in America : A Historical Handbook*, New York et Londres, Garland Publishing Inc.

VERBRUGGE, L.M. (1989). « The Twain Meet : Empirical Explanation of Sex Differences in Health and Mortality », *Journal of Health and Social Behavior*, 30 : 282-304.

VERBRUGGE, L.M. (1987). « Role Responsibilities, Role Burdens and Physical Health », dans F.J. Crosby (éd.), *Spouse, Parent, Worker : On Gender and Multiple Roles*, New Haven, CT, Yale University Press : 154-166.

VÉZINA, M., COUSINEAU, D., MERGLER, D., et al. (1992). *Pour donner un sens au travail : Bilan et orientations du Québec en santé mentale au travail*, Boucherville, Gaëtan Morin Éditeur.

VILLENEUVE, L., LEBEL, P., LAMBERT, J. (1992). « Importance du stress et du support social comme variables associées à la détresse psychologique dans une population âgée de la région de Montréal », *Revue canadienne de santé publique*, 83 (5) : 354-356.

VINES, G. (1993). « Have Periods, Will Seek Therapy », *New Scientist*.

WEISSMAN, M.M., KLERMAN, G.L. (1977). « Sex Difference and the Epidemiology of Depression », *Archives of General Psychiatry*, 34 : 98-111.

WIGLE, D.T., MAO, Y., SEMENCIW, R., MORRISON, H.I. (1986). « Cancer Patterns in Canada », *Canadian Medical Association Journal*, 134 : 231-235.

WILKINS, R., ADAMS, O. (1978). *Healthfulness of Life*, Montréal, Institute for Research on Public Policy.

WILKINS, R., ADAMS, O., BRANCKER, A. (1990). *Évolution de la mortalité selon le revenu dans les régions urbaines du Canada entre 1971 et 1986*, Ottawa, Statistique Canada, Rapports sur la santé : 137-174.

WILKINSON, R.G. (1992). « Income Distribution and Life Expectancy », *British Medical Journal*, 304 : 165-168.

WILSNACK, S.C., WILSNACK, R.W. (1991). « Epidemiology of Women's Drinking », *Journal of Substance Abuse*, 3 : 133-157.

YOUNG, R.F., KAHANA, E. (1993). « Gender, Recovery from Late Life Heart Attack and Medical Care », *Women and Health*, 20 (1) : 11-32.

YOUNG, T.K. (1988). « Are Subarctic Indians Undergoing the Epidemiologic Transition ? », *Social Science and Medicine*, 26 (6) : 659-671.

YOUNG, T.K. (1988). *Health Care and Cultural Change ; The Indian Experience in the Central Subarctic*, Toronto, University of Toronto Press.

ZEDOR, P.L. (1991). « Alcohol-Related Relative Risk of Fatal Driver Injuries in Relation to Driver Age and Sex », *Journal of Studies on Alcohol*, 52 : 302-310.

20 ANNEXE MÉTHODOLOGIQUE

Description des enquêtes Santé Québec
L'enquête Santé Québec 1987

L'enquête Santé Québec a été menée en 1987 dans le but de recueillir des données sur la santé de la population québécoise. C'était un projet conjoint du ministère de la Santé et des Services sociaux et des départements de santé communautaire qui voulaient, par ce moyen, se doter d'une banque de données qui servirait à la fois des objectifs liés à la planification, à la prise de décision et à la recherche. L'enquête a été « pensée » de telle façon que ses résultats, combinés avec les autres banques de données, permettent de déterminer des priorités en matière de santé et de services sociaux, de surveiller l'état de santé de la population, d'élaborer et de mettre en application des programmes de services et d'évaluer un certain nombre de mesures de prévention et d'intervention.

Comme il s'agit d'une enquête générale de santé, elle contient des informations sur un très grand nombre d'aspects décrivant l'état de santé des individus. La santé y est abordée non pas de façon linéaire, par exemple sous l'angle de la maladie ou de la recherche de soins, mais par une approche globale, suivant en cela la définition du rapport Lalonde (1974), qui la décrivait comme « un état de bien-être suffisant pour accomplir de façon adéquate un certain niveau d'activités physiques, mentales et sociales, en prenant l'âge en considération ».

Les thèmes retenus pour l'enquête se regroupent en trois grandes catégories :

1) les déterminants, qui sont des éléments de type comportemental ou environnemental qui affectent l'état de santé des personnes ;

2) l'état de santé proprement dit, dans ses aspects physiques et psychologiques, ainsi que certains problèmes sociaux ;

3) les conséquences, c'est-à-dire les effets de la bonne ou de la mauvaise santé sur les personnes elles-mêmes ou sur leurs comportements.

Santé Québec a été menée de janvier à décembre 1987, en huit périodes de collecte équivalentes, ce qui a permis de recueillir des données au cours d'une année complète, tout en tenant compte du biais potentiel de l'effet des saisons sur la santé. Elle a rejoint 32 003 personnes, dans 11 323 ménages privés répartis sur l'ensemble du territoire québécois. Le Nouveau-Québec et les réserves indiennes ont toutefois été exclus de l'échantillon pour des raisons techniques et méthodologiques.

La méthode d'échantillonnage est de type aréolaire (aires géographiques). Le territoire québécois a été découpé en 11 régions sociosanitaires, puis en 32 départements de santé communautaire. Pour chacune de ces unités, un nombre minimal de ménages à échantillonner a été fixé (960 pour une région et 320 pour un DSC). Les 32 régions-DSC ont ensuite été découpées en aires géographiques. L'échantillonnage s'est alors fait en deux temps pour chacune des huit périodes de collette : en premier lieu, un certain nombre d'aires géographiques (appelées ici unités primaires d'échantillonnage, ou UPE) étaient tirées au sort, puis, dans ces aires, un nombre de logements privés étaient à leur tour choisis au hasard. Le taux de réponse a été de 87 % (Santé Québec, Cahier technique n° 87-02).

Les données ont été recueillies selon deux modes :

1) Les questions sur l'état de santé, les problèmes sociaux et le recours aux services ont fait l'objet d'une entrevue au domicile sélectionné. Un intervieweur recueillait, auprès d'un informateur clé, les renseignements sur tous les membres du foyer. Cette personne devait être âgée d'au moins 18 ans et être en mesure de répondre pour les autres membres. Dans 70 % des cas, l'informateur clé a été une femme. Le questionnaire servant à recueillir les données est appelé le QRI, ou questionnaire rempli par l'intervieweur.

2) Les questions sur les habitudes de vie et la santé psychologique étaient regroupées dans un questionnaire auto-administré (QAA) qui était déposé par l'intervieweur lors de l'entrevue. Chaque membre du foyer âgé de 15 ans et plus était invité à remplir ce questionnaire et à le retourner dans la semaine qui suivait. Le taux de réponse à ce questionnaire a été de 81 %, soit 19 724 personnes (Santé Québec, Cahier technique n° 87-04).

L'ensemble des réponses à ces questionnaires constitue le fichier de Santé Québec. Ce fichier a été pondéré afin de corriger le biais introduit par le mode d'échantillonnage et c'est à partir de cette pondération que les analyses ont été produites.

L'échantillon de Santé Québec 1987 comprend 16 354 femmes (51,1 %) et 15 649 hommes (48,9 %). Cet échantillon est représentatif de la distribution de la population selon l'âge et le sexe. Dans les analyses, on a utilisé la plupart du temps cinq grands groupes d'âge qui correspondent à des périodes particulières de la vie du point de vue du développement biologique et de la santé.

L'enquête sociale et de santé 1992-1993

Cette deuxième enquête générale de Santé Québec reprend une bonne partie des thèmes de celle de 1987, bien qu'elle s'en démarque à plusieurs égards. Ce qui la caractérise particulièrement, c'est l'ajout de nouveaux thèmes reliés aux aspects sociaux de la santé ; par ailleurs, elle n'a repris ni les mesures physiologiques, ni les questions portant sur les problèmes de santé des répondants[39].

THÈMES RETENUS POUR L'ENQUÊTE SOCIALE ET DE SANTÉ 1992-1993

DÉTERMINANTS

Caractéristiques démographiques
- Âge, sexe
- Appartenance ethnoculturelle
- État matrimonial

Conditions de vie
- Scolarité
- Statut d'activité, profession
- Revenu
- Situation financière

Milieux de vie
- Soutien social, réseau familial et séparations avant 12 ans
- Autonomie décisionnelle au travail
- Composition des familles et des ménages
- Aide familiale

Habitudes de vie et comportements préventifs
- Consommation d'alcool
- Usage de tabac
- Consommation de drogues
- Abus de substances psychoactives
- Pratique de l'activité physique associée aux loisirs
- Poids corporel
- Comportements de santé spécifiques aux femmes

ÉTAT DE SANTÉ ET DE BIEN-ÊTRE

Santé physique
- Perception de la santé
- Accidents avec blessure
- Autonomie fonctionnelle

Santé mentale et psychosociale
- Détresse psychologique
- Idées suicidaires et parasuicides
- Conflits intrafamiliaux

CONSÉQUENCES

- Recours aux services sociosanitaires
- Consommation de médicaments

---

39. Ces indicateurs seront par contre réintroduits dans l'enquête de 1998, ce qui permettra d'en suivre l'évolution sur une période de dix ans.

De façon générale, cette deuxième enquête utilise le même mode de collecte des données, dans un souci de comparabilité des résultats. L'échantillon de 1992-1993 est de 13 266 ménages représentant 34 848 individus de tous âges, ce qui correspond à un taux de réponse global de 87,2 % ; en outre, 23 564 personnes de 15 ans et plus ont répondu au questionnaire auto-administré (taux de réponse de 74,1 %).

La banque de données constituée a subi plusieurs validations et pondérations afin de rendre l'échantillon représentatif de l'ensemble de la population. On pourra consulter le cahier technique de l'enquête pour plus de détails sur les opérations de validation et de traitement des données (Caouette *et al* ., 1994 ; Caouette et Lapointe, 1994 ; Courtemanche et Jean, 1992). Par ailleurs, il importe de souligner que la population visée par l'ESS est l'ensemble des ménages privés et qu'elle ne rejoint pas la population vivant dans des ménages collectifs (ex. : les établissements de santé), les régions cries et inuites et les réserves indiennes. Bien que l'ensemble de ces exclusions ne représente que 2,5 % de l'ensemble de la population du Québec, il convient d'en tenir compte dans l'interprétation de certaines données qui pourraient toucher plus spécifiquement les groupes exclus (ex. : les itinérants ou les personnes âgées invalides).

Méthodologie d'analyse[40]

L'objectif de cette annexe est de familiariser le lecteur non initié avec des notions statistiques de base. Des informations concernant la méthode et les outils statistiques utilisés dans le cadre de l'enquête sociale et de santé ont été volontairement omises pour simplifier cette présentation. Les personnes désirant approfondir certains aspects méthodologiques sont invitées à consulter les rapports techniques de l'enquête Santé Québec 1987 (disponibles à Santé Québec), ainsi que ceux de l'enquête sociale et de santé (à paraître en 1996).

Les proportions qu'on retrouve dans tous les tableaux figurant dans la présente monographie ont été calculées à partir d'échantillons tirés de la population du Québec. Un échantillon est toujours un sous-ensemble de la population qu'on veut étudier. L'utilisation d'un échantillon permet de réduire les coûts associés à la collecte des données. Un échantillon permettra d'obtenir des informations sur la population à l'étude s'il est représentatif, c'est-à-dire s'il a les mêmes caractéristiques que la population à l'étude.

---

40. Cette partie a été rédigée par Claire Robitaille.

Une certaine marge d'erreur est cependant associée aux données colligées à partir d'un échantillon. Par exemple, selon les données de l'enquête, 15,5 % des Québécoises se percevaient en excellente santé au moment de l'enquête. Cette proportion est une estimation de la proportion réelle, puisqu'une petite partie seulement de la population à l'étude a répondu à cette question. Si on avait interrogé l'ensemble de la population féminine québécoise, on aurait obtenu la proportion réelle des Québécoises se percevant en excellente santé. L'intervalle de confiance permet d'estimer les valeurs limites ou les bornes à l'intérieur desquelles on retrouvera la proportion réelle des Québécoises se percevant en excellente santé, en utilisant les données d'un échantillon. Essentiellement, trois facteurs déterminent les bornes de cet intervalle : la taille de l'échantillon, l'occurrence du phénomène à l'étude et le seuil statistique retenu.

Voyons plus en détail chacun de ces points. Supposons que la sélection des sujets se fasse au hasard. Dans ce cas, plus la taille de l'échantillon est grande ou plus l'échantillon constitue une proportion importante de la population à l'étude, mieux il représente cette population. Par exemple, si on veut estimer la grandeur moyenne des jeunes Montréalais âgés entre 15 et 19 ans et qu'on sélectionne au hasard 20 jeunes, la marge d'erreur associée à la valeur estimée, donc l'étendue de l'intervalle de confiance, sera beaucoup plus grande que si on sélectionne 200 jeunes.

Si le phénomène qu'on veut étudier se produit rarement dans la population à l'étude, la marge d'erreur sera également plus grande. Prenons l'exemple suivant : on utilise le même échantillon pour estimer la proportion des Québécoises ayant consommé au moins un médicament au cours des deux dernières semaines et pour estimer la proportion de Québécoises ayant fait une tentative de suicide au cours des 12 derniers mois. La marge d'erreur associée à la proportion estimée sera beaucoup plus petite dans le premier cas que dans le deuxième.

Enfin, le seuil statistique retenu détermine aussi l'étendue de l'intervalle de confiance. Le seuil statistique reflète la probabilité de retrouver la valeur réelle à l'intérieur de l'intervalle de confiance. Généralement, les chercheurs s'accommodent d'une marge d'erreur possible de 5 %. On calcule alors l'intervalle de confiance de façon à s'assurer que dans 95 % des cas, la valeur réelle se retrouvera à l'intérieur des bornes de l'intervalle de confiance. Les intervalles de confiance présentés dans les tableaux de ce livre ont cependant été calculés à un niveau de confiance de 99 % pour plus de rigueur statistique. Prenons l'exemple suivant : selon les données de l'enquête sociale et de santé, la proportion de jeunes femmes âgées entre 15 et 24 ans ayant obtenu un score élevé de détresse psychologique est de 40,8 %. Cette proportion a été obtenue à partir des réponses d'un échantillon formé de 1 128 jeunes femmes. Au seuil statistique de 99 %, l'intervalle de confiance est I.C. [36,5-45,1]. Ceci signifie que si on avait répété la procédure d'échantillonnage cent fois, en sélectionnant à chaque fois 1 128 jeunes femmes, on aurait obtenu une proportion moyenne variant entre 36,5 % et 45,1 % pour 99 des 100 échantillons. En admettant une plus grande marge d'erreur, l'intervalle de confiance se rétrécit.

Nous aborderons maintenant la question des différences statistiquement significatives entre deux proportions. Prenons l'exemple suivant : on désire savoir s'il existe des différences significatives entre les hommes et les femmes quant à la proportion de ceux et celles qui ont obtenu un score élevé de détresse psychologique. Si on examine le groupe des 15-24 ans, les résultats indiquent que 29,7 % des jeunes hommes ont obtenu un score élevé de détresse psychologique. L'intervalle de confiance est I.C. [25,7-33,6], à un seuil statistique de 99 %. C'est donc dire que la proportion réelle de jeunes hommes ayant obtenu un score élevé de détresse psychologique varie entre 25,7 % et 33,6 %. Autrement dit, si on avait interrogé l'ensemble des jeunes Québécois de 15 à 24 ans, la proportion obtenue aurait été incluse entre 25,7 % et 33,6 %. Par ailleurs, la proportion de jeunes femmes ayant obtenu un score élevé de détresse psychologique est de 40,8 % et l'intervalle de confiance est I.C. [36,5-45,1]. La proportion réelle de jeunes femmes ayant obtenu un score élevé de détresse psychologique varie donc entre ces deux bornes. Comme les valeurs limites des deux intervalles de confiance ne se chevauchent pas, on peut affirmer qu'il existe une différence significative entre les jeunes hommes et les jeunes femmes quant à la proportion de ceux et celles qui ont obtenu un score élevé de détresse psychologique. Dans d'autres cas, lorsque les intervalles de confiance se chevauchent, on ne peut affirmer qu'il existe des différences significatives, toujours au seuil statistique de 99 %.

Le coefficient de variation exprime quant à lui une mesure relative de la précision de l'estimation d'une proportion. Plus la marge d'erreur de la proportion est importante par rapport à la proportion elle-même, plus le coefficent de variation est élevé. On dit que l'estimation de la proportion est médiocre si le coefficient de variation représente plus de 15 % de la proportion estimée.

Le code suivant a été utilisé pour exprimer la qualité de la proportion estimée :

a) marge d'erreur plus petite ou équivalente à 5 % de la proportion estimée : excellent

b) marge d'erreur variant entre 5 % et 10 % de la proportion estimée : bon

c) marge d'erreur variant entre 10 % et 15 % de la proportion estimée : passable

d) marge d'erreur variant entre 15 % et 20 % de la proportion estimée : médiocre

e) marge d'erreur équivalente ou plus grande que 20 % : inacceptable

L'une de ces lettres, placée en exposant, est utilisée chaque fois qu'on présente un intervalle de confiance.

Description des enquêtes crie et inuite

Les données présentées dans le chapitre traitant des femmes cries et inuites proviennent en grande partie des enquêtes menées par Santé Québec chez les Cris et les Inuits. L'enquête Santé Québec 1987 avait touché l'ensemble du territoire québécois, à l'exception des régions nordiques et des réserves indiennes. En 1989, à l'instigation du ministère de la Santé et des Services sociaux, du Conseil cri de la santé et des services sociaux de la Baie James et du Conseil régional Kativik de la santé et des services sociaux, on a décidé de mener deux enquêtes générales de santé auprès des communautés cries et inuites du Nord québécois. Ces enquêtes reprenaient le modèle de l'enquête Santé Québec 1987, tout en adaptant le contenu et les procédures de collecte des données aux particularités socioculturelles des populations de la région. De plus, à cette enquête générale, on décidait de greffer une enquête sur la santé cardiovasculaire, modelée sur l'enquête menée par Santé Québec en 1990 sur ce thème dans le sud de la province.

Les enquêtes nordiques voulaient faire ressortir la spécificité culturelle de ces deux populations, tout en produisant des données comparables à celles des autres enquêtes de Santé Québec. Elles visaient l'ensemble des ménages privés autochtones résidant à l'intérieur des 9 communautés cries de la Baie James et des 14 villages inuits du Nunavik. Des échantillons stratifiés ont ainsi été tirés pour chacun des territoires et répartis de façon proportionnelle au nombre de ménages dans chacune de ces strates.

Les données ont été recueillies en 1991 dans la région crie et en 1992 sur le territoire inuit à l'aide d'une fiche d'identification des membres du ménage, d'un questionnaire du ménage administré par un intervieweur auprès d'un informateur clé répondant pour tous les membres du ménage, d'un questionnaire individuel administré également par l'intervieweur et d'un questionnaire confidentiel auto-administré par les répondants qui le désiraient. Des mesures physiologiques étaient également prises sur rendez-vous dans une clinique et un relevé alimentaire de 24 heures est venu compléter la collecte des données.

Le taux de réponse au questionnaire du ménage est de 88,5 % chez les Cris et de 79,8 % chez les Inuits, tandis que, calculé en cascade, il atteint 79,7 % chez les Cris et 55,6 % chez les Inuits. Le lecteur intéressé en trouvera la description détaillée dans les rapports généraux des deux enquêtes (Santé Québec, Daveluy *et al.*, 1994 ; Santé Québec et Jetté, 1994). Un total de 1 999 Cries et 1 567 Inuits ont été rejoints par le questionnaire du ménage, tandis que 1 161 Cris et 618 Inuits de 15 ans et plus ont complété le questionnaire individuel.

Les données présentées dans ce chapitre ont été pondérées et représentent l'ensemble des populations crie et inuite ; les analyses effectuées sont uniquement descriptives. Les intervalles de confiance autour des proportions n'ont pas été calculés pour ce chapitre. Les tableaux et figures font état de résultats provenant d'enquêtes différentes dont les effets de plan varient les uns par rapport aux autres et les tests de différence de proportion auraient exigé des manipulations statistiques complexes. Quand des comparaisons entre les différentes enquêtes sont effectuées, l'auteure rapporte l'interprétation ou les conclusions des auteurs des rapports de ces enquêtes ou s'en tient à des comparaisons visuelles. Les données utilisées pour les comparaisons avec les autres Québécois proviennent de l'enquête sociale et de santé 1992-1993 quand l'information est disponible. Si elle ne l'est pas, les données sont puisées dans l'enquête de 1987 ou dans l'enquête québécoise sur la santé cardiovasculaire.

Des données secondaires sont également présentées. Elles proviennent toutes de documents publiés ou de données accessibles au public.

Méthodologie de l'enquête de Statistique Canada (1993)

L'enquête fédérale sur la violence envers les femmes a été menée au moyen d'entrevues téléphoniques assistées par ordinateur, de février à juin 1993. Les objectifs de cette enquête étaient de fournir des renseignements fiables sur la nature et l'ampleur de la violence faite aux femmes par leurs partenaires masculins, des hommes de leur entourage et des inconnus, et d'examiner la peur de la violence chez les femmes, afin d'appuyer les activités actuelles et futures de l'administration fédérale (action communautaire, information publique, formation, services d'intervention et de traitement, recherche et collecte de données).

La population visée par l'enquête comprenait toutes les femmes de 18 ans et plus habitant le Canada, à l'exception des résidentes du Yukon et des Territoires du Nord-Ouest et des pensionnaires à plein temps dans des établissements institutionnels. La méthode d'échantillonnage utilisée est celle de la composition de numéros de téléphone au hasard (CNH). Les ménages sans téléphone (qui représentent moins de 2 % de la population visée) ont donc été exclus de la population observée, mais les données recueillies ont été pondérées de façon à tenir compte des personnes qui n'ont pas le téléphone. En prévision du prélèvement de l'échantillon, chacune des dix provinces a été divisée en strates ou régions géographiques ; pour le Québec, ces strates étaient les suivantes : 1) région métropolitaine de Montréal ; 2) autres régions métropolitaines de recensement (Québec, Sherbrooke, Trois-Rivières, Hull) ; et 3) autres régions[41].

L'échantillon de départ était constitué de 22 319 ménages pour l'ensemble du Canada. Pour chaque ménage, une formule de sélection et de contrôle a été remplie, afin de dresser la liste de tous les membres du ménage et de recueillir certains renseignements démographiques de base. Sur tous les ménages rejoints, 19 309 comptaient au moins une répondante admissible (c'est-à-dire une femme de 18 ans ou plus). Dans les ménages qui en comptaient plus d'une, on a utilisé une technique de sélection aléatoire de la personne à interviewer. Au total, 12 300 entrevues ont été menées, dont 1 921 au Québec. Tous les enregistrements de l'enquête ont été soumis à un contrôle informatique complet visant à relever et à corriger les données non valides ou incohérentes des questionnaires. Statistique Canada souligne par ailleurs que « *toutes les enquêtes de Statistique Canada sont soumises à des tests exhaustifs visant à en vérifier l'exactitude et la validité. Compte tenu de la nature extrêmement délicate du sujet central de l'Enquête sur la violence envers les femmes, on a effectué une batterie de tests inimaginable afin de s'assurer que les questions seraient comprises correctement par les répondantes et que les résultats seraient valides.*

---

41. Pour plus de détails sur le plan de sondage et la méthode d'échantillonnage, on peut consulter le document intitulé *Enquête sur la violence envers les femmes : documentation sur le fichier de microdonnées à grande diffusion et guide de l'utilisateur*, Statistique Canada, juin 1994.

Annexe méthodologique

[...] Toutes les précautions ont été prises pour garantir que la formulation des questions serait claire et sans ambiguïté et serait conforme aux définitions des termes "agression sexuelle" et "voies de fait" (agression physique) qu'on trouve dans le Code criminel.

« [...] Les questions ayant trait au harcèlement sexuel ont été formulées d'après la Loi canadienne sur les droits de la personne et le Code canadien du travail[42] ».

---

42. Extrait de la *Réponse aux allégations formulées contre l'enquête sur la violence envers les femmes*, Statistique Canada, février 1995. Ce document a été préparé par le Centre canadien de la statistique juridique dans le but de répondre à certains articles parus dans les journaux.

21 ANNEXE DE TABLEAUX

tableau 1.2

RÉPARTITION DE LA POPULATION
selon l'état matrimonial et le sexe, Québec, 1992-1993

ÉTAT MATRIMONIAL	HOMMES		FEMMES		TOTAL	
	%	[I.C.]	%	[I.C.]	%	[I.C.]
Marié(e)s	51,0	[49,2-52,8][a]	48,2	[46,4-50,0][a]	**49,6**	[48,3-50,9][a]
En union de fait[1]	15,5	[14,2-16,8][a]	14,5	[13,3-15,7][a]	**15,0**	[14,1-15,9][a]
Séparé(e)s ou divorcé(e)s[2]	5,0	[4,2-5,8][b]	8,1	[7,1-9,1][a]	**6,6**	[6,0-7,2][a]
Veuf(ve)s[3]	1,8	[1,3-2,3][c]	8,1	[7,1-9,1][a]	**5,0**	[4,5-5,5][a]
Célibataires[4]	26,8	[25,2-28,4][a]	21,0	[19,6-22,4][a]	**23,9**	[22,8-25,0][a]
Total	100		100		**100**	

Source : ESS 1992-1993.

1. Les unions de fait comprennent toutes les personnes qui vivent avec un conjoint sans être mariées. Cela comprend les personnes qui sont séparées, divorcées, veuves ou célibataires et qui vivent avec un conjoint.
2. Les pourcentages comprennent uniquement les personnes séparées ou divorcées qui ne vivent pas avec un conjoint.
3. Les pourcentages comprennent uniquement les veufs ou les veuves qui ne vivent pas avec un conjoint.
4. Les pourcentages comprennent uniquement les célibataires qui ne vivent pas avec un conjoint.

tableau **1.6**

ÉTAT MATRIMONIAL DE LA POPULATION

selon le groupe d'âge et le sexe, Québec, 1992

POPULATION PAR GROUPE D'ÂGE ET PAR SEXE		MARIÉ(E)	EN UNION DE FAIT*	SÉPARÉ(E) DIVORCÉ(E) VEUF(VE)	CÉLIBATAIRE	TOTAL
15-24 ans	**H**	3,0 [1,5-4,4][d]	11,0 [8,3-13,7][b]	0,1 [-][e]	85,9 [82,9-88,9][a]	100
	F	7,0 [4,8-9,3][c]	19,8 [16,2-22,5][b]	0,5 [-][e]	72,7 [68,8-76,6][a]	100
25-44 ans	**H**	48,8 [46,1-51,5][a]	24,5 [22,2-26,8][a]	5,0 [3,9-6,2][b]	21,7 [19,5-23,9][a]	100
	F	53,4 [50,8-56,1][a]	22,2 [20,0-24,4][a]	8,9 [7,3-10,4][b]	15,5 [13,5-17,4][a]	100
45-64 ans	**H**	75,0 [72,0-78,0][a]	8,3 [6,4-10,2][b]	10,0 [7,9-12,1][b]	6,8 [5,0-8,5][c]	100
	F	65,9 [62,6-69,1][a]	6,3 [4,7-8,0][b]	21,0 [18,2-23,8][b]	6,8 [5,1-8,6][b]	100
65 ans et plus	**H**	73,7 [68,9-78,6][a]	4,1 [1,9-6,3][e]	16,6 [12,5-20,7][b]	5,6 [3,0-8,1][c]	100
	F	44,0 [39,3-48,7][a]	1,4 [0,3-2,6][e]	47,4 [42,7-52,1][a]	7,2 [4,8-9,6][c]	100
Total	**H**	**50,7** [49,0-52,6][a]	**15,6** [14,3-16,9][a]	**6,8** [5,9-7,7][b]	**26,9** [25,3-28,5][a]	**100**
	F	**48,1** [46,3-49,8][a]	**14,6** [13,4-15,8][a]	**16,2** [14,9-17,5][a]	**21,1** [9,7-22,6][a]	**100**

ÉTAT MATRIMONIAL DE FAIT : % ET [I.C.]

Source : ESS 1992-1993.

* Les unions de fait incluent toutes les personnes qui vivent avec un conjoint sans être mariées. Cela comprend les personnes qui sont séparées, divorcées, veuves ou célibataires et qui vivent avec un conjoint.

tableau 1.7

NOMBRE D'ANNÉES DE SCOLARITÉ COMPLÉTÉES

selon le groupe d'âge et le sexe, Québec, 1992-1993

GROUPE D'ÂGE	HOMMES MOYENNE ET (ÉCART TYPE)		FEMMES MOYENNE ET (ÉCART TYPE)	
15-24 ans	11,1	(1,7)	11,7	(1,7)
25-44 ans	12,5	(2,3)	12,5	(2,1)
45-64 ans	10,7	(2,9)	10,1	(2,5)
65 ans et plus	8,5	(2,9)	7,9	(2,4)
Total	**11,3**		**11,1**	

Source : ESS 1992-1993.

tableau 1.8

STATUT D'ACTIVITÉ AU COURS DES DEUX SEMAINES PRÉCÉDANT L'ENQUÊTE

Québec, 1987 et 1992-1993

STATUT D'ACTIVITÉ	SEXE	ENQUÊTE 1987 %	[I.C.]	ENQUÊTE 1992 %	[I.C.]
En emploi	H	65,2	[63,4-67,1][a]	60,0	[58,4-61,7][a]
	F	41,3	[39,5-43,2][a]	43,2	[41,6-44,8][a]
Étudiant(e)	H	10,3	[9,1-11,4][a]	10,0	[9,0-11,0][a]
	F	9,6	[8,5-10,7][a]	9,2	[8,3-10,2][a]
Tenant maison	H	0,6	[0,3-0,9][d]	0,5	[0,2-0,7][d]
	F	33,8	[32,0 -35,6][a]	26,8	[25,3-28,2][a]
Retraité(e)	H	13,1	[11,8-14,4][a]	14,4	[13,2-15,5][a]
	F	9,1	[8,0-10,2][a]	12,0	[10,9-13,0][a]
Sans emploi (autre statut ou statut non précisé)	H	10,7	[9,5-11,9][a]	15,1	[13,9-16,3][a]
	F	6,2	[5,3-7,1][b]	8,8	[7,9-9,7][a]

Sources : Santé Québec 1987 et ESS 1992-1993.

tableau 1.9

RÉPARTITION DE LA POPULATION
selon différents indicateurs de l'ethnicité et le sexe, population de 15 ans et plus, Québec, 1992-1993

INDICATEURS DE L'ETHNICITÉ	HOMMES (%)	FEMMES (%)
Langue maternelle		
français	81,7	83,2
anglais	7,2	7,8
autre	11,1	9,0
Langue parlée à la maison		
français	83,3	83,5
anglais	9,7	10,0
autre	7,0	6,5
Appartenance ethnoculturelle		
groupe majoritaire	86,8	89,4
groupe minoritaire (1re génération)	8,7	6,8
groupe minoritaire (2e ou 3e génération)	4,5	3,8
Ethnie perçue		
Canadien ou Québécois francophone	84,5	85,6
Canadien ou Québécois anglophone	7,8	8,5
autre	7,7	5,9

Source : ESS 1992-1993

tableau **1.10**

DISTRIBUTION DE LA POPULATION DE 15 ANS ET PLUS
selon différents indicateurs de la situation économique et le sexe, Québec, 1992-1993

INDICATEURS DE LA SITUATION ÉCONOMIQUE	HOMMES % [I.C.]	FEMMES % [I.C.]
Revenu annuel personnel moyen	28 893 $	16 660 $
Suffisance du revenu		
très pauvre	6,4 [4,9-7,9][b]	8,4 [6,7-10,1][b]
pauvre	11,9 [10,0-13,9][b]	13,7 [11,6-15,7][b]
moyen inférieur	30,8 [28,0-33,6][a]	30,6 [27,8-33,2][a]
moyen supérieur	38,3 [35,3-41,2][a]	35,8 [32,9-38,7][a]
supérieur	12,6 [10,6-14,6][b]	11,5 [9,6-13,4][b]
Perception de la précarité de la situation économique		
très pauvre	3,5 [2,9-4,2][b]	3,3 [2,7-4,0][b]
pauvre	20,4 [18,9-21,8][a]	22,3 [20,8-23,8][a]
suffisant	57,4 [55,6-59,1][a]	57,9 [56,1-59,6][a]
à l'aise	18,7 [17,3-20,1][a]	16,5 [15,2-17,8][a]
Durée de la pauvreté[1]		
moins d'un an	15,1	14,3
1 à 4 ans	41,0	36,5
5 ans et plus	43,9	49,2

1. Chez les personnes pauvres et très pauvres.
Source : ESS 1992-1993.

tableau **1.11**

MOYENNE DU REVENU ANNUEL PERSONNEL
selon le groupe d'âge et le sexe, Québec, 1992-1993

GROUPE D'ÂGE	HOMMES (écart type)	FEMMES (écart type)	RATIO HOMMES/FEMMES
15-24 ans	7 885 $ (6,515 $)	6 128 $ (5,235 $)	1 29 : 1,00
25-44 ans	33 415 $ (15,480 $)	20 680 $ (11,597 $)	1 62 : 1,00
45-64 ans	37 257 $ (16,803 $)	18 114 $ (12,322 $)	2 05 : 1,00
65 ans et plus	22 375 $ (12,290 $)	12 791 $ (7,265 $)	1 75 : 1,00
Total	**28 893 $**	**16 660 $**	**1 73 : 1,00**

Source : Ess 1992-1993.

tableau **1.12**

DURÉE DE L'EMPLOI ACTUEL
selon le sexe, Québec, 1992-1993

DURÉE DE L'EMPLOI ACTUEL	HOMMES % [I.C.]	FEMMES % [I.C.]
Moins d'un mois	1,6 [1,0-2,2][c]	1,7 [0,9-2,4][d]
Entre 1 et 5 mois	5,3 [4,2-6,4][b]	7,7 [6,3 9,2][b]
Entre 6 et 11 mois	3,4 [2,5-4,2][b]	4,3 [3,2-5,4][b]
12 mois et plus	89,7 [88,3-91,2][a]	86,3 [84,5-88,1][a]

Source : ESS 1992-1993.

tableau 1.13

DISTRIBUTION DES TRAVAILLEURS ET DES TRAVAILLEUSES
selon le nombre d'heures travaillées par semaine, Québec, 1992-1993

NOMBRE D'HEURES TRAVAILLÉES PAR SEMAINE	HOMMES %	[I.C.]	FEMME %	[I.C.]
Moins de 15 heures	1,2	[0,7-1,8][d]	3,6	[2,6-4,6][c]
15 à 24 heures	2,6	[1,9-3,4][c]	9,1	[7,6-10,7][b]
25 à 34 heures	5,2	[4,1-6,2][b]	16,3	[14,2-18,3][a]
35 à 44 heures	62,5	[60,2-64,9][a]	60,9	[58,2-63,6][a]
45 heures et plus	28,4	[26,3-30,6][a]	10,1	[8,5-11,8][b]
Travail à temps partiel (moins de 35 heures)	9,0	[7,6-10,4][b]	29,0	[26,5-31,5][a]
Travail à temps plein (35 heures et plus)	91,0	[89,6-92,4][a]	71,0	[68,5-73,5][a]

Source : ESS 1992-1993.

tableau **3.11**

PERCEPTION DE LA SANTÉ

selon le sexe, population de 15 ans et plus, Québec, 1992-1993

SANTÉ PERÇUE	HOMMES % [I.C.]	FEMMES % [I.C.]
Excellente ou très bonne	54,5 [52,7 - 56,3][a]	49,9 [48,1 - 51,6][a]
Bonne	35,7 [34,0 - 37,4][a]	38,6 [36,9 - 40,3][a]
Moyenne ou mauvaise	9,8 [8,8 - 10,9][a]	11,5 [10,4 - 12,6][a]

Source : ESS 1992-1993.

tableau **3.12**

PERCEPTION DE L'ÉTAT DE SANTÉ CHEZ LES PERSONNES ÂGÉES

selon deux groupes d'âge spécifiques, Québec, 1992-1993

SANTÉ PERÇUE	HOMMES % [I.C.]	FEMMES % [I.C.]
Excellente ou très bonne		
65-74 ans	35,8 [29,5 - 42,1][b]	33,1 [27,7 - 38,4][b]
75 ans et plus	39,8 [23,9 - 41,8][c]	27,1 [20,1 - 34,2][c]
Bonne		
65-74 ans	43,0 [36,5 - 49,5][b]	43,5 [37,9 - 49,1][a]
75 ans et plus	46,1 [36,5 - 55,6][b]	46,5 [38,6 - 54,4][b]
Moyenne ou mauvaise		
65-74 ans	21,2 [15,8 - 26,5][b]	23,4 [18,6 - 28,2][b]
75 ans et plus	21,1 [13,3 - 28,9][c]	26,4 [19,4 - 33,3][c]

Source : ESS 1992-1993.

tableau **3.13**

PROPORTION DE PERSONNES QUI DÉCLARENT UN ÉTAT DE SANTÉ « MOYEN OU MAUVAIS »

selon certaines caractéristiques sociosanitaires et le sexe, Québec, 1992-1993

CARACTÉRISTIQUES SOCIOSANITAIRES	HOMMES %	[I.C.]	FEMMES %	[I.C.]
Suffisance du revenu				
très pauvre	19,9	[14,1 - 25,6][c]	24,3	[19,1 - 29,4][b]
pauvre	16,5	[12,4 - 20,6][b]	18,7	[14,9 - 22,5][b]
moyen inférieur	9,9	[7,9 - 11,8][b]	11,3	[9,3 - 13,4][b]
moyen supérieur	7,8	[6,6 - 9,3][b]	7,9	[6,3 - 9,4][b]
supérieur	6,0	[3,7 - 8,3][c]	5,9	[3,5 - 8,3][d]
Indice pondéral				
poids insuffisant	17,4	[11,8 - 23,0][c]	11,1	
poids santé	8,4	[6,9 - 9,9][b]	9,7	
surpoids	10,1	[-]	17,6	
Détresse psychologique élevée	38,7		48,9	

Source : ESS 1992-1993.

tableau **3.14**

PERCEPTION DE LA SANTÉ

**selon la suffisance du revenu, population féminine
de 15 ans et plus, Québec, 1992–1993**

SUFFISANCE DU REVENU	PERCEPTION DE LA SANTÉ		
	EXCELLENTE OU TRÈS BONNE % [I.C.]	BONNE % [I.C.]	MOYENNE OU MAUVAISE % [I.C.]
Très pauvre	34,4 [28,7-40,0][b]	41,4 [35,5-47,3][b]	24,3 [19,1-29,4][b]
Pauvre	39,6 [34,8-44,4][a]	41,7 [36,9-46,6][a]	18,7 [14,9-22,5][b]
Moyen inférieur	47,6 [44,4-50,8][a]	32,2 [29,6-34,8][a]	11,3 [9,3-13,4][b]
Moyen supérieur	54,4 [51,5-57,2][a]	37,7 [34,9-40,6][a]	7,9 [6,3-9,4][b]
Supérieur	64,3 [59,4-69,1][a]	29,8 [25,1-34,4][b]	5,9 [3,5-8,3][d]
Total	**49,9** [48,1-51,6][a]	**38,6** [36,9-40,3][a]	**11,5** [10,4-12,6][a]

Source : ESS 1992-1993.

tableau **3.15**

PERCEPTION DE LA SANTÉ

selon l'indice pondéral et le sexe,
population de 15 ans et plus, Québec, 1992-1993

| | PERCEPTION DE LA SANTÉ | | | | | |
| | EXCELLENTE OU TRÈS BONNE | | BONNE | | MOYENNE OU MAUVAISE | |
INDICE PONDÉRAL	%	[I.C.]	%	[I.C.]	%	[I.C.]
Poids insuffisant						
femmes	53,2	[48,8-57,7][a]	35,7	[31,4-40,0][a]	11,1	[8,3-13,9][b]
hommes	45,5	[38,0-53,0][b]	37,0	[29,8-44,2][b]	17,5	[11,8-23,2][c]
Poids santé						
femmes	52,6	[50,3-54,9][a]	37,7	[35,5-39,9][a]	9,7	[8,4-11,1][b]
hommes	57,6	[55,4-59,8][a]	34,4	[32,3-36,5][a]	8,0	[6,8-9,2][b]
Surpoids						
femmes	39,8	[36,0-43,7][a]	42,5	[38,7-46,4][a]	17,6	[14,6-20,6][b]
hommes	49,4	[46,0-52,7][a]	38,5	[35,2-41,8][a]	12,1	[9,9-14,3][b]

Source : ESS 1992-1993.

tableau **3.16**

PROPORTION DE LA POPULATION AYANT OBTENU UN SCORE ÉLEVÉ À L'ÉCHELLE DE DÉTRESSE PSYCHOLOGIQUE

selon la perception de la santé et le sexe, Québec, 1992-1993

| | HOMMES | | FEMMES | |
SANTÉ PERÇUE	%	[I.C.]	%	[I.C.]
Excellente	14,9	[12,1-17,8][b]	17,3	[13,9-20,7][b]
Très bonne	19,1	[16,7-21,5][a]	25,9	[23,3-28,6][a]
Excellente ou très bonne	17,5	[15,7-19,4][a]	23,2	[21,1-25,3][a]
Bonne	24,8	[22,2-27,4][a]	34,9	[32,1-37,6][a]
Moyenne	36,3	[30,2-42,2][b]	48,2	[42,3-54,0][a]
Mauvaise	52,6	[37,2-68,0][c]	52,8	[39,1-66,5][b]
Moyenne ou mauvaise	38,7	[33,0-44,3][b]	48,9	[43,5-54,2][a]

Source : ESS 1992-1993.

tableau **3.17**

PRÉVALENCE DES DIX PRINCIPAUX PROBLÈMES DE SANTÉ DÉCLARÉS

selon le sexe, Québec, 1987

PROBLÈMES DE SANTÉ DÉCLARÉS	HOMMES %	FEMMES %	F/H %
Arthrite et rhumatisme	7,5	13,5	1,8
Maux de tête	5,0	11,5	2,3
Troubles mentaux	6,2	11,2	1,8
Allergies cutanées et autres affections de la peau	6,4	8,9	1,4
Maux de dos	7,0	7,5	1,1
Allergies	4,6	7,4	1,6
Hypertension	4,7	7,8	1,7
Rhume des foins	6,0	6,2	1,0
Lésions (accidents et blessures)	6,3	4,3	0,7
Maladies cardiaques	4,0	4,3	1,1

Source : Émond et Guyon, 1988.

tableau **3.18**

PRINCIPAUX SIÈGES DE CANCER CHEZ LES FEMMES
Québec, 1992

	RÉPARTITION EN POURCENTAGE	TAUX BRUT D'INCIDENCE POUR 100 000 FEMMES
Sein	27,6	102,3
Poumon	12,0	44,6
Côlon	10,1	37,3
Col de l'utérus	5,2	19,2
Rectum	4,2	15,7
Ovaires	3,5	12,8
Autres sièges	37,4	

* Excluant le cancer cutané sans mélanome (CIM-9173).
Source : Fichier des tumeurs du Québec, 1992.

tableau **3.19**

TAUX DE PRÉVALENCE DES ACCIDENTS AVEC BLESSURES
selon l'âge et le sexe, Québec, 1992-1993

GROUPE D'ÂGE	HOMMES (taux pour 1 000)	FEMMES (taux pour 1 000)	TOTAL (taux pour 1 000)
0-4 ans	51,1 *	41,1 *	46,2
5-14 ans	94,6	57,7	76,7
15-24 ans	132,4	89,8	111,5
25-44 ans	122,4	62,2	92,4
45-64 ans	69,0	66,6	67,8
65-74 ans	37,1 *	72,2	57,4
75 ans et plus	35,3 **	63,3 *	52,1 *
Population totale	96,1	65,6	80,7

* Coefficient de variation entre 15 % et 25 % ; interpréter avec prudence.
** Coefficient de variation > 25 % ; estimation imprécise fournie à titre indicatif seulement.
Source : Santé Québec, 1995, tome 1, p. 261.

tableau **3.20**

VICTIMES D'ACCIDENTS AVEC BLESSURES
**selon le lieu de survenue des accidents et le sexe,
Québec, 1992-1993**

LIEU DE SURVENUE DES ACCIDENTS	HOMMES taux pour 1 000 [I.C.]		FEMMES taux pour 1 000 [I.C.]		TOTAL taux pour 1 000 [I.C.]	
Route	7,4	[5,4-9,4]	7,6	[2,6-12,6]	**7,5**	[4,5-10,5]
Travail	31,6	[27,6-35,6]	10,1	[7,1-13,1]	**20,8**	[17,8-23,8]
École	4,7	[0,0-9,7]	4,1	[0,0-9,1]	**4,4**	[2,4-6,4]
Domicile (intérieur)	13,3	[10,3-16,3]	16,8	[13,8-21,1]	**15,1**	[12,1-18,1]
Domicile (extérieur)	12,2	[9,2-15,2]	9,7	[2,7-14,7]	**11,0**	[9,1-13,1]
Loisirs	23,2	[19,3-27,3]	9,0	[2,7-14,7]	**16,1**	[13,1-19,1]
Public	7,3	[5,3-9,3]	9,4	[4,4-14,4]	**8,4**	[6,4-10,4]
Autre	1,6	[-]	0,7	[-]	**1,1**	[-]

Source : Santé Québec, 1995, tome 1, p. 264.

tableau **4.5**

POURCENTAGE DE LA POPULATION AYANT CONSULTÉ AU MOINS UN PROFESSIONNEL DURANT LES DEUX SEMAINES PRÉCÉDANT L'ENQUÊTE

selon l'âge et le sexe, Québec, 1992-1993

GROUPE D'ÂGE	HOMMES : % ET [I.C.] N = 722 212	FEMMES : % ET [I.C.] N = 1 031 530
0-14 ans	23,7 [20,9-26,4][a]	23,2 [20,4-26,0][a]
15-24 ans	16,6 [13,6-19,6][b]	25,0 [21,4-28,5][b]
25-44 ans	18,0 [16,0-19,9][a]	31,1 [28,7-33,4][a]
45-64 ans	20,7 [18,1-23,3][a]	29,4 [26,5-32,3][a]
65 ans et plus	30,7 [26,1-35,4][b]	35,9 [31,2-39,4][b]
Total	**20,7 [19,4-21,9]**[a]	**28,9 [27,6-30,2]**[a]

Source : ESS 1992-1993.

tableau **4.6**

POPULATION AYANT CONSULTÉ AU MOINS UN PROFESSIONNEL

selon le lieu de consultation et le sexe, Québec, 1992-1993

LIEU DE CONSULTATION	HOMMES : % ET [I.C.]	FEMMES : % ET [I.C.]
Bureau privé	65,1 [62,0-68,3][a]	68,0 [65,5-70,6][a]
CLSC	4,2 [2,8-5,5][c]	4,1 [3,0-5,2][c]
Urgence d'un hôpital	4,2 [2,9-5,5][c]	2,5 [1,6-3,3][e]
Clinique externe	14,7 [12,4-17,0][b]	13,0 [11,1-14,8][b]
Domicile	2,0 [1,1-3,0][d]	3,0 [2,0-3,9][c]
Autre	9,7 [7,8-11,7][b]	9,5 [7,9-11,2][b]

Source : ESS 1992-1993.

tableau **4.7**

CONSOMMATION D'AU MOINS UN MÉDICAMENT
AU COURS DES DEUX JOURS PRÉCÉDANT L'ENQUÊTE

selon l'âge et le sexe, Québec, 1992–1993

GROUPE D'ÂGE	HOMMES		FEMMES	
	%	[I.C.]	%	[I.C.]
15-24 ans	28,7	[25,0-32,4][a]	60,2	[54,4-65,9][a]
25-44 ans	34,6	[31,6-37,6][a]	58,2	[55,7-60,7][a]
45-64 ans	49,2	[46,0-52,4][a]	70,0	[67,1-72,9][a]
65 ans et plus	72,2	[67,6-76,8][a]	86,8	[83,0-90,5][a]
Total	**41,4**	**[39,9-42,8][a]**	**61,4**	**[60,0-62,8][a]**

Source : ESS 1992-1993.

tableau **4.8**

TAUX DE CONSOMMATION DE MÉDICAMENTS
**selon la classe de médicaments et le sexe, population
de 15 ans et plus, Québec, 1992-1993**

TYPE DE MÉDICAMENT	HOMMES %	[I.C.]	FEMMES %	[I.C.]
Vitamines	16,8	[15,7-17,9][a]	26,1	[24,8-27,4][a]
Analgésiques	10,8	[9,9-11,7][a]	17,1	[16,0-18,2][a]
Médicaments pour le cœur	7,1	[6,3-7,8][a]	9,8	[8,9-10,6][a]
Onguents pour la peau	4,2	[3,6-4,8][b]	5,9	[5,2-6,6][a]
Tranquillisants	2,9	[2,4-3,4][b]	5,9	[5,2-6,6][a]
Remèdes contre le rhume et la toux	4,2	[3,6-4,8][b]	5,2	[4,5-5,8][a]
Suppléments	2,4	[2,0-2,9][b]	4,4	[3,8-5,0][b]
Médicaments pour l'estomac	2,7	[2,2-3,1][b]	3,1	[2,6-3,6][b]
Antibiotiques	2,1	[1,7-2,5][b]	2,7	[2,2-3,1][b]
Laxatifs	0,9	[0,6-1,1][c]	2,0	[1,6-2,5][b]
Stimulants	0,5	[0,3-0,7][d]	0,9	[0,6-1,2][c]
Autres	9,0	[8,1-9,8][a]	16,2	[15,1-17,3][a]

Source : ESS 1992-1993.

tableau **4.9**

PROPORTION DE FEMMES
QUI CONSOMMENT TROIS MÉDICAMENTS OU PLUS

selon la suffisance du revenu, population de 15 ans et plus,
Québec, 1992-1993

SUFFISANCE DU REVENU	PROPORTION	[I.C.]
Très pauvre	30,6	[25,4-35,7][b]
Pauvre	25,8	[21,8-29,8][b]
Moyen inférieur	20,9	[18,4-23,3][a]
Moyen supérieur	18,5	[16,3-20,6][a]
Supérieur	18,2	[14,5-21,9][b]

Source : ESS 1992-1993.

tableau **4.10**

PROPORTION DE LA POPULATION
QUI CONSOMME AU MOINS UN MÉDICAMENT

selon l'état matrimonial légal et le sexe,
population de 15 ans et plus, Québec, 1987 et 1992-1993

STATUT MATRIMONIAL LÉGAL	ENQUÊTE 1987 HOMMES	FEMMES	ENQUÊTE 1992-1993 HOMMES	FEMMES
Marié(e)	37,1 [34,6-39,6][a]	59,4 [56,9-61,9][a]	46,1 [43,6-48,6][a]	64,4 [62,0-66,9][a]
Séparé(e) ou divorcé(e)	39,8 [31,7-47,9][b]	66,7 [60,4-72,9][a]	44,7 [38,9-50,6][b]	68,5 [63,6-73,3][a]
Veuf(ve)	66,7 [51,6-81,8][b]	76,1 [69,9-82,2][a]	68,7 [57,1-80,4][b]	85,7 [81,4-89,9][a]
Célibataire	27,3 [23,2-31,4][a]	52,7 [47,8-57,7][a]	34,5 [31,7-37,3][a]	62,9 [59,8-65,9][a]

Source : Santé Québec 1987 et ESS 1992-1993.

tableau **4.11**

PROPORTION DES PERSONNES
QUI CONSOMMENT DES TRANQUILLISANTS

selon l'état matrimonial et le sexe,
population de 15 ans et plus, Québec, 1992-1993

ÉTAT MATRIMONIAL LÉGAL	HOMMES	FEMMES
Marié(e) et non séparé(e)	4,1 [3,1-4,1][b]	6,5 [5,3-7,8][b]
Séparé(e)	3,5 [-][e]	8,1 [2,8-13,4][e]
Divorcé(e)	5,0 [2,0-8,0][e]	9,0 [5,5-12,5][d]
Veuf(ve)	15,3 [6,3-24,4][e]	19,9 [15,1-24,7][b]
Célibataire (jamais marié(e))	1,6 [0,9-2,3][d]	3,8 [2,6-4,9][c]

Source : ESS 1992-1993.

tableau **5.3**

PROPORTION DE LA POPULATION AYANT OBTENU UN SCORE ÉLEVÉ DE DÉTRESSE PSYCHOLOGIQUE

selon l'âge et le sexe, Québec, 1987 et 1992–1992

GROUPE D'ÂGE	SEXE	ENQUÊTE 1987 %	[I.C.]	ENQUÊTE 1992-1993 %	[I.C.]
15-24 ans	H	17,5	[14,0-21,0][b]	29,7	[25,7-33,6][b]
	F	29,8	[25,5-34,1][b]	40,8	[36,5-45,1][a]
25-44 ans	H	14,9	[12,6-17,2][b]	22,8	[20,6-25,1][a]
	F	23,0	[20,3-25,7][a]	32,2	[29,6-34,7][a]
45-64 ans	H	13,7	[10,8-16,6][b]	20,8	[18,0-23,6][b]
	F	22,2	[18,8-25,6][b]	26,4	[23,4-29,5][a]
65 ans et plus	H	11,7	[7,2-16,2][c]	9,3	[6,0-12,6][c]
	F	21,3	[16,3-26,3][b]	20,0	[16,1-23,9][b]
Total	H	14,9	[13,4-16,4][a]	22,1	[20,6-23,6][a]
	F	23,9	[22,1-25,7][a]	30,4	[28,8-32,1][a]
TOTAL		19,5	[18,3-20,7][a]	26,3	[25,2-27,4][a]

Sources : Santé Québec 1987 et ESS 1992-1993.

tableau **5.4**

SCORE ÉLEVÉ À L'ÉCHELLE DE DÉTRESSE PSYCHOLOGIQUE
selon différentes caractéristiques socio-économiques et le sexe, Québec, 1992-1993

CARACTÉRISTIQUES SOCIO-ÉCONOMIQUES	HOMMES %	[I.C.]	FEMMES %	[I.C.]
Statut matrimonial				
marié(e)	17,9	[15,9-19,8][a]	24,9	[22,7-27,1][a]
en union de fait	23,7	[19,8-27,6][b]	34,0	[29,6-38,4][a]
veuf(ve), séparé(e) ou divorcé(e)	23,7	[17,7-29,6][b]	31,6	[27,4-35,8][b]
célibataire	28,3	[25,2-31,4][a]	39,7	[35,9-43,4][a]
Scolarité relative				
inférieure	24,3	[20,8-27,7][b]	34,5	[30,7-38,3][a]
supérieure	19,2	[16,1-22,3][b]	26,1	[22,5-29,5][b]
Statut d'activité (12 mois)				
en emploi	21,8	[20,0-23,7][a]	30,9	[28,5-33,3][a]
étudiant(e)	27,6	[23,1-32,1][b]	39,4	[34,5-44,3][a]
tenant maison	15,5	[0,0-35,6][e]	27,8	[24,1-31,5][b]
retraité(e)	12,8	[9,5-16,0][b]	18,7	[14,5-22,9][b]
sans emploi	30,2	[24,8-35,7][b]	44,5	[36,3-52,8][b]
Catégorie professionnelle				
professionnel(le) et cadre supérieur	18,2	[13,3-23,0][c]	28,3	[22,2-34,4][b]
cadre intermédiaire	19,4	[14,9-23,9][b]	29,5	[23,9-35,1][b]
bureau, commerce	24,9	[20,6-29,3][b]	31,4	[28,1-34,8][a]
contremaître	21,5	[18,2-24,7][b]	31,9	[24,2-39,6][b]
ouvrier(ère) spécialisé(e)	24,0	[19,4-28,7][b]	35,0	[25,2-44,8][c]
Suffisance du revenu				
très pauvre	30,1	[23,4-36,8][b]	39,4	[33,4-45,5][b]
pauvre	25,3	[20,4-30,1][b]	32,4	[27,7-37,1][b]
à revenu moyen	21,5	[19,7-23,2][a]	29,9	[27,9-31,9][a]
riche	19,5	[15,6-23,3][b]	25,4	[20,9-29,8][b]

Source : ESS 1992-1993.

tableau **5.5**

PROPORTION DE LA POPULATION PRÉSENTANT
UN NIVEAU ÉLEVÉ DE DÉTRESSE PSYCHOLOGIQUE

selon certaines caractéristiques sociosanitaires et le sexe,
Québec, 1992-1993

CARACTÉRISTIQUES SOCIOSANITAIRES	HOMMES %	[I.C.]	FEMMES %	[I.C.]
Santé perçue				
excellente	14,9	[12,1-17,8][b]	17,3	[13,9-20,7][b]
très bonne	19,1	[16,7-21,5][a]	25,9	[23,3-28,6][a]
bonne	24,8	[22,2-27,4][a]	34,9	[32,1-37,6][a]
moyenne	36,3	[30,2-42,2][b]	48,2	[42,3-54,0][a]
mauvaise	52,6	[37,2-68,0][c]	52,8	[39,1-66,5][b]
Limitation d'activité				
limitée	35,8	[29,1-42,4][b]	43,8	[37,9-49,8][b]
non limitée	21,1	[19,5-22,7][a]	29,3	[27,5-30,9][a]
Nombre de médicaments				
aucun médicament	20,5	[18,6-22,4][a]	27,4	[24,7-30,1][a]
1 ou 2 médicaments	23,7	[21,0-26,4][a]	31,1	[28,6-33,6][a]
3 médicaments ou plus	26,1	[21,2-31,0][b]	33,6	[29,9-37,2][a]
Consommation de psychotropes				
oui	36,0	[26,6-45.3][c]	48,0	[41,2-54,7][b]
non	21,6	[20,1-23,1][a]	29,1	[27,5-30,8][a]

Source : ESS 1992-1993.

tableau **5.6**

PRÉVALENCE DES IDÉES SUICIDAIRES AU COURS DE LA VIE
selon l'âge et le sexe, Québec, 1987 et 1992-1993

GROUPE D'ÂGE	ENQUÊTE 1987 HOMMES	FEMMES	ENQUÊTE 1992-1993 HOMMES	FEMMES
15-24 ans	10,1 [7,2-13,0]ˣ	14,0 [10,7-17,3]ˣ	10,9 [8,2-13,7]ˣ	12,9 [9,9-16,0]ˣ
25-44 ans	8,6 [6,8-10,4]ˣ	9,8 [7,9-11,7]ˣ	10,2 [8,6-11,9]ˣ	10,5 [8,8-12,1]ˣ
45-64 ans	5,0 [3,1-6,9]ˣ	5,3 [3,4-7,2]ˣ	5,7 [4,1-7,3]ˣ	5,7 [4,1-7,3]ˣ
65 ans et plus	2,0 [0,0-4,0]ˣ	1,1 [0,0-2,4]ˣ	1,5 [0,2-2,9]ˣ	1,5 [0,4-2,9]ˣ
Total	**7,4** [6,3-8,5]ˣ	**8,5** [7,3-9,7]ˣ	**8,2** [7,2-9,2]ˣ	**8,3** [7,3-9,3]ˣ

Sources : Santé Québec 1987 et ESS 1992-1993.

tableau **6.8**

PROPORTION DES GROS FUMEURS*
selon le sexe, Québec, 1965 à 1992-1993

ANNÉE	HOMMES	FEMMES	RAPPORT H/F
1965	11,9	3,7	3,2
1975	11,9	6,9	1,7
1981	16,3	9,7	1,7
1987	19,9	12,8	1,6
1992-1993	14,3	8,2	1,7

* Il s'agit des gros fumeurs rapportés à l'ensemble des fumeurs.
Source : 1965 à 1981 : CASF, 1985 ; 1987 et 1992-1993 : Santé Québec.

tableau **6.9**

HABITUDE DE FUMER
selon le type de fumeurs, le groupe d'âge et le sexe, Québec, 1992-1993

	15-24 ANS	25-44 ANS	45-64 ANS	65 ANS ET PLUS	TOTAL
Fumeurs réguliers					
hommes	27,4	36,8	31,3	21,7	**32,1**
femmes	27,4	35,4	26,0	14,7	**28,8**
Gros fumeurs*					
hommes	3,6	15,2	19,7	10,4	**14,3**
femmes	1,6	8,8	11,9	4,5	**8,2**

* Parmi les fumeurs réguliers.
Source : ESS 1992-1993.

tableau **6.10**

FUMEURS RÉGULIERS

selon certaines caractéristiques socio-économiques et le sexe,
population de 15 ans et plus, Québec, 1992

VARIABLES SOCIO-ÉCONOMIQUES	HOMMES %	HOMMES [I.C.]	FEMMES %	FEMMES [I.C.]
État matrimonial				
marié(e)	27,8	[25,2-30,1][a]	24,1	[21,8-26,3][a]
en union de fait	43,0	[39,4-48,6][a]	39,3	[34,8-43,9][a]
veuf(ve), séparé(e) ou divorcé(e)	44,7	[37,7-51,8][b]	32,1	[27,9-36,2][b]
célibataire	30,5	[27,2-33,7][a]	30,3	[26,7-33,8][a]
Niveau de revenu				
très pauvre	53,5	[46,2-60,7][b]	39,0	[33,0-44,9][b]
pauvre	37,1	[31,6-42,5][b]	34,5	[29,7-39,3][b]
revenu moyen	31,4	[29,4-33,4][a]	28,1	[26,1-30,0][a]
revenu supérieur	22,1	[18,0-26,2][b]	20,2	[16,1-24,3][b]
Scolarité relative				
scolarité minimum	45,6	[41,3-49,9][a]	40,0	[36,1-43,9][a]
scolarité supérieure	15,4	[12,5-18,2][b]	16,6	[13,6-19,6][b]
Pourcentage de fumeurs réguliers dans la population âgée de 15 ans et plus	32,1	[30,4-33,7][a]	28,8	[27,2-30,5][a]

Source : ESS 1992-1993.

tableau **6.11**

PROPORTION DE FUMEURS RÉGULIERS
DANS LA POPULATION GÉNÉRALE
selon le groupe d'âge et le sexe, Québec, 1992

GROUPE D'ÂGE	HOMMES		FEMMES	
	%	[I.C.]	%	[I.C.]
15-24 ans	27,4	[23,5-31,3][b]	27,4	[23,5-31,3][b]
25-44 ans	36,8	[34,2-39,4][a]	35,4	[32,8-38,0][a]
45-64 ans	31,3	[28,1-34,5][a]	26,5	[23,4-29,5][a]
65 ans et plus	21,7	[19,6-23,8][a]	14,7	[11,3-18,0][b]
Total	**32,1**	[30,4-33,7][a]	**28,8**	[27,2-30,5][a]

Source : ESS 1992-1993.

tableau **6.12**

POURCENTAGE DE FUMEURS RÉGULIERS
QUI SONT DES GROS FUMEURS
selon l'âge et le sexe, Québec, 1987 et 1992-1993

GROUPE D'ÂGE	SEXE	% DE GROS FUMEURS ENQUÊTE 1987	% DE GROS FUMEURS ENQUÊTE 1992-1993
15-24 ans	H	6,9	3,6
	F	4,7	1,6
25-44 ans	H	22,4	15,2
	F	15,8	8,8
45-64 ans	H	27,0	19,7
	F	15,3	11,9
65 ans et plus	H	7,4	10,4
	F	6,7	4,5
Total	**H**	**19,9**	**14,3**
	F	**12,8**	**8,2**

Sources : Santé Québec 1987 et ESS 1992-1993.

DERRIÈRE LES APPARENCES

tableau **6.13**

FUMEURS RÉGULIERS

selon l'âge auquel ils ont commencé à fumer tous les jours
et selon l'âge actuel, Québec, 1992–1993

GROUPE D'ÂGE ACTUEL	SEXE	ÂGE AUQUEL LES PERSONNES ONT COMMENCÉ À FUMER RÉGULIÈREMENT				
		12 ANS OU MOINS %	13-15 ANS %	16-19 ANS %	20-24 ANS %	25 ANS ET PLUS %
15-24 ans	H	11,3	45,5	38,6	4,6	—
	F	13,9	55,5	28,5	2,1	—
25-44 ans	H	7,4	32,3	46,2	10,5	3,6
	F	7,4	35,8	43,7	9,6	3,6
45-64 ans	H	5,7	31,2	43,1	14,6	5,4
	F	3,3	16,8	36,7	23,1	20,1
65 ans et plus	H	8,3	32,3	37,6	17,4	4,4
	F	2,5	1,8	26,9	30,5	38,4
Total	**H**	**7,6**	**34,0**	**43,6**	**11,2**	**3,6**
	F	**7,0**	**31,8**	**38,4**	**13,2**	**9.5**

Source : ESS 1992-1993.

tableau **6.14**

TYPES D'ANCIENS FUMEURS
selon le groupe d'âge et le sexe, Québec, 1987 et 1992–1993

| | | TYPES D'ANCIENS FUMEURS | | | |
| | | OCCASIONNELS | | RÉGULIERS | |
GROUPE D'ÂGE ACTUEL %	SEXE	1987 %	1992 %	1987 %	1992 %
15-24 ans	H	77,0	78,4	23,0	21,7
	F	63,1	76,8	36,9	23,2
25-44 ans	H	24,6	28,2	75,4	71,8
	F	34,5	37,2	65,5	62,8
45-64 ans	H	10,8	17,3	89,2	82,7
	F	40,2	42,1	59,8	57,9
65 ans et plus	H	10,3	16,4	89,7	83,6
	F	41,6	38,3	58,4	61,7
Total	**H**	**23,0**	**26,7**	**77,0**	**73,3**
	F	**41,0**	**43,5**	**59,1**	**56,5**

Sources : Santé Québec 1987 et ESS 1992-1993.

tableau **6.15**

PROPORTION DE LA POPULATION PRÉSENTANT UN SURPOIDS
selon la suffisance du revenu et le sexe,
population de 15 ans et plus, Québec, 1992–1993

SUFFISANCE DU REVENU	HOMMES %	[I.C.]	FEMMES %	[I.C.]
Très pauvre	23,7	[16,3-31,1][c]	26,1	[19,7-32,5][b]
Pauvre	27,3	[21,4-33,3][b]	25,7	[20,4-31,0][b]
Moyen inférieur	27,7	[24,2-31,3][b]	22,3	[19,1-25,6][b]
Moyen supérieur	29,2	[26,1-32,3][a]	18,8	[16,0-21,6][b]
Supérieur	32,1	[26,7-37,6][b]	14,5	[10,1-18,8][c]
Total	**28,6**	**[26,7-30,6][a]**	**20,8**	**[19,1-22,6][a]**

Source : ESS 1992-1993.

tableau **6.16**

FRÉQUENCE DES ACTIVITÉS PHYSIQUES DE LOISIR

selon le sexe, population de 15 ans et plus,
Québec, 1992-1993

FRÉQUENCE DES ACTIVITÉS PHYSIQUES DE LOISIR	HOMMES		FEMMES	
	%	[I.C.]	%	[I.C.]
1 fois par mois ou moins	34,8	[33,1-36,5][a]	40,2	[38,4-41,9][a]
2 à 3 fois par mois	9,6	[8,6-10,7][a]	9,0	[8,6-10,7][a]
1 fois par semaine	13,9	[12,6-15,1][a]	15,6	[14,3-16,9][a]
2 fois par semaine	13,6	[12,3-14,8][a]	12,6	[11,4-13,8][a]
3 fois par semaine ou plus	28,1	[26,5-29,7][a]	22,6	[21,1-24,1][a]

Source : ESS 1992-1993.

tableau **6.17**

FRÉQUENCE DES ACTIVITÉS PHYSIQUES DE LOISIR

selon l'état matrimonial de fait et le sexe,
population de 15 ans et plus, Québec, 1992-1993

FRÉQUENCE DES ACTIVITÉS PHYSIQUES DE LOISIR SELON L'ÉTAT MATRIMONIAL DE FAIT	HOMMES		FEMMES	
	%	[I.C.]	%	[I.C.]
1 fois par mois ou moins	34,8	[33,1-36,5][a]	40,2	[38,4-41,9][a]
Marié(e)	39,6	[37,2-42,1][a]	42,5	[40,0-45,1][a]
En union de fait	36,4	[32,0-40,8][b]	42,8	[38,2-47,3][a]
Veuf(ve), séparé(e) ou divorcé(e)	39,3	[32,4-46,2][b]	43,7	[39,3-48,1][a]
Célibataire	23,9	[20,9-26,8][a]	29,8	[26,2-33,3][a]
3 fois par semaine ou plus	28,1	[26,5-29,7][a]	22,6	[21,1-24,1][a]
Marié(e)	23,9	[21,8-26,1][a]	21,6	[19,5-23,7][a]
En union de fait	23,1	[19,2-27,0][b]	16,7	[13,3-20,2][b]
Veuf(ve), séparé(e) ou divorcé(e)	30,2	[23,7-36,6][b]	25,0	[21,2-28,9][b]
Célibataire	38,1	[34,7-41,5][a]	27,2	[23,8-30,6][a]

Source : ESS 1992-1993.

tableau **6.18**

FRÉQUENCE DES ACTIVITÉS PHYSIQUES DE LOISIR
selon la suffisance du revenu et le sexe,
population de 15 ans et plus, Québec, 1992-1993

FRÉQUENCE DES ACTIVITÉS PHYSIQUES DE LOISIR SELON LA SUFFISANCE DU REVENU	HOMMES %	[I.C.]	FEMMES %	[I.C.]
1 fois par mois ou moins	34,8	[33,1-36,5][a]	40,2	[38,4-41,9][a]
Très pauvre	42,2	[35,0-49,5][b]	47,2	[41,2-53,3][a]
Pauvre	43,9	[38,3-49,5][a]	44,1	[39,1-49,0][a]
Moyen inférieur	38,7	[35,5-41,9][a]	42,2	[39,0-45,4][a]
Moyen supérieur	32,0	[29,4-34,7][a]	39,1	[36,3-41,9][a]
Supérieur	24,6	[20,4-28,8][b]	29,3	[24,7-33,9][b]
3 fois par semaine ou plus	28,1	[26,5-29,7][a]	22,6	[21,1-24,1][a]
Très pauvre	29,4	[22,7-36,0][b]	23,4	[18,3-28,6][b]
Pauvre	26,7	[21,7-31,7][b]	22,0	[17,9-26,2][b]
Moyen inférieur	26,7	[23,8-29,7][a]	20,9	[18,3-23,5][a]
Moyen supérieur	28,6	[26,1-31,2][a]	22,6	[20,2-25,1][a]
Supérieur	30,1	[25,6-34,6][b]	27,1	[22,6-31,7][b]

Source : ESS 1992-1993.

tableau **6.19**

FRÉQUENCE DES ACTIVITÉS PHYSIQUES DE LOISIR

selon la scolarité relative et le sexe,
population de 15 ans et plus, Québec, 1992-1993

FRÉQUENCE DES ACTIVITÉS PHYSIQUES DE LOISIR SELON LA SCOLARITÉ RELATIVE	HOMMES		FEMMES	
1 fois par mois ou moins	34,8	[33,1-36,5][a]	40,2	[38,4-41,9][a]
1er quintile (faible)	46,2	[42,2-50,2][a]	48,9	[45,0-52,9][a]
2e quintile	39,9	[35,9-43,9][a]	44,6	[40,8-48,4][a]
3e quintile	33,7	[29,5-37,9][a]	39,0	[35,0-42,9][a]
4e quintile	32,0	[28,5-35,5][a]	37,6	[33,7-41,4][a]
5e quintile (élevé)	23,7	[20,4-27,0][b]	29,7	[26,1-33,3][a]
3 fois par semaine ou plus	28,1	[26,5-29,7][a]	22,6	[21,1-24,1][a]
1er quintile (faible)	23,6	[20,2-27,0][b]	19,6	[16,5-22,7][b]
2e quintile	26,4	[22,8-30,0][b]	20,2	[17,1-23,2][b]
3e quintile	29,7	[25,7-33,8][b]	20,0	[16,7-23,2][b]
4e quintile	27,2	[23,8-30,5][a]	23,7	[20,3-27,1][b]
5e quintile (élevé)	33,2	[29,5-36,9][a]	29,8	[26,2-33,4][a]

Source : ESS 1992-1993

tableau **7.3**

DISTRIBUTION DES FEMMES ENCEINTES

selon le statut d'activité habituel au cours des 12 derniers mois, population de 15 ans et plus, Québec, 1992–1993

	ENCEINTES		NON ENCEINTES	
	%	[I.C.]	%	[I.C.]
En emploi	65,6	[55,2-76,0][b]	44,5	[42,7-46,2][a]
Étudiante	6,7	[1,2-12,2][e]	12,6	[24,9-28,1][a]
Tenant maison	19,1	[10,5-27,7][d]	26,5	[24,9-28,1][a]
Retraitée	1,9	[-][e]	11,4	[10,2-12,5][a]
Sans emploi	6,6	[1,2-12,1][e]	5,1	[4,3-5,8][b]
Total	**100,0**	—	**100,0**	—

Source : ESS 1992-1993.

tableau **7.4**

PROPORTION DES FEMMES QUI CONSOMMENT DES ANOVULANTS

selon l'âge, Québec, 1992-1993

GROUPE D'ÂGE	CONSOMMATION D'ANOVULANTS	
	%	[I.C.]
15-17 ans	32,2	[24,8-39,6][b]
18-19 ans	56,7	[46,8-66,7][b]
20-24 ans	49,2	[43,0-55,4][a]
25-34 ans	23,4	[20,2-26,7][b]
35-44 ans	2,9	[1,6-4,2][d]
Total	**21,9**	

Source : ESS 1992-1993.

tableau **8.1**

PROPORTION DE LA POPULATION AYANT OBTENU
UN SCORE ÉLEVÉ DE DÉTRESSE PSYCHOLOGIQUE

au cours des 12 derniers mois, selon le statut d'activité et le sexe, Québec, 1992

STATUT D'ACTIVITÉ	HOMMES %	[I.C.]	FEMMES %	[I.C.]
En emploi	21,8	[20,0-23,7][a]	30,9	[28,5-33,3][a]
Étudiant(e)	27,6	[23,1-32,1][b]	39,4	[34,5-44.3][a]
Tenant maison	15,5	[-][e]	27,8	[24,1-31,5][b]
Retraité(e)	12,8	[9,6-16,0][b]	18,7	[14,5-22,9][b]
Sans emploi	30,2	[24,8-35,7][b]	44,5	[36,3-52,8][b]
Total	**22,1**	**[20,6-23,6][a]**	**30,4**	**[28,8-32,1][a]**

Source : ESS 1992-1993.

tableau **8.2**

SCORE ÉLEVÉ DE DÉTRESSE PSYCHOLOGIQUE

selon les rôles sociaux, femmes de 15 ans et plus, Québec, 1992-1993

RÔLES SOCIAUX	TRAVAILLE ACTUELLEMENT %	[I.C.]	NE TRAVAILLE PAS ACTUELLEMENT %	[I.C.]
Conjointe seulement	52,6	[45,2-60,0][b]	47,4	[40,0-54,6][b]
Mère seulement	42,4	[32,7-52,1][b]	57,6	[47,9-67,3][b]
Conjointe et mère	57,9	[52,5-63,3][a]	42,1	[36,7-47,6][a]
Vivant seule	39,4	[30,3-48,4][b]	60,7	[51,6-69.7][b]
Total	**51,5**	**[47,8-55,2][a]**	**48,5**	**[44,8-52,2][a]**

Source : ESS 1992-1993.

tableau 8.3

PROPORTION DES PERSONNES QUI ONT PEU D'AUTONOMIE DÉCISIONNELLE AU TRAVAIL

selon le sexe, la scolarité et le groupe d'âge, Québec, 1992-1993

	HOMMES		FEMMES	
	%	[I.C.]	%	[I.C.]
Groupe d'âge				
15-24 ans	68,7	[61,7-75,7][a]	73,7	[66,9-80,4][a]
25-44 ans	46,2	[43,1-49,2][a]	57,2	[53,8-60,7][a]
45 ans et plus	37,6	[33,3-41,8][a]	49,1	[43,6-54,6][a]
Total	**45,9**	**[43,5-48,3][a]**	**57,3**	**[54,6-60,0][a]**
Scolarité relative				
1er quintile (faible)	54,3	[48,2-60-3][a]	65,5	[57,6-73,4][a]
2e quintile	52,5	[47,1-57,9][a]	69,6	[63,8-75,5][a]
3e quintile	51,3	[45,2-57,5][a]	59,1	[53,2-63,9][a]
4e quintile	46,2	[41,6-51,5][a]	58,1	[52,3-63,9][a]
5e quintile (élevée)	31,1	[26,6-35,7][b]	43,2	[38,0-48,5][a]

Source : ESS 1992-1993.

tableau **11.8**

TYPES DE FUMEURS

selon l'âge et le sexe, Québec, 1992–1993

GROUPE D'ÂGE	SEXE	PERSONNES N'AYANT JAMAIS FUMÉ		ANCIENS FUMEURS		FUMEURS OCCASIONNELS		FUMEURS RÉGULIERS	
		%	ET [I.C.]	%	ET [I.C.]	%	ET [I.C.]	%	ET [I.C.]
15-17 ans	H	54,5 [46,7-62,2][b]		19,3 [13,1-25,4][c]		6,7 [2,8-10,6][e]		19,5 [13,4-25,7][c]	
	F	43,4 [35,5-51,2][b]		24,4 [17,6-31,2][c]		9,9 [5,2-14,6][d]		22,3 [15,7-28,8][c]	
18-19 ans	H	49,7 [39,7-59,7][b]		15,8 [8,5-23,1][d]		6,4 [1,5-11,3][e]		28,1 [19,1-37,2][c]	
	F	44,7 [34,7-54,7][b]		18,0 [10,2-25,7][d]		11,9 [5,3-18,3][e]		25,5 [16,8-34,3][c]	
20-24 ans	H	44,0 [37,9-50,1][b]		19,1 [14,2-23,9][b]		4,8 [2,2-7,5][e]		32,1 [26,4-37,9][b]	
	F	37,6 [31,5-43,6][b]		24,3 [19,0-29,6][b]		6,9 [3,7-10,0][d]		31,3 [25,5-37,0][b]	
Total 15-24 ans	H	48,4 [44,0-52,7][a]		18,5 [15,1-21,9][b]		5,7 [3,7-7,7][c]		27,4 [23,5-31,3][b]	
	F	40,7 [36,4-45,6][a]		23,1 [19,4-26,8][b]		8,8 [6,3-11,2][c]		27,4 [25,9-28,9][a]	

Source : ESS 1992-1993.

tableau **11.9**

TYPES DE FUMEURS

selon l'âge et le sexe, Québec, 1987

GROUPE D'ÂGE	SEXE	PERSONNES N'AYANT JAMAIS FUMÉ	ANCIENS FUMEURS	FUMEURS OCCASIONNELS	FUMEURS RÉGULIERS
15-17 ans	H	60,1 [51,8-68,4][b]	12,4 [6,8-18,0][d]	6,5 [2,3-10,7][e]	21,0 [14,1-27,9][c]
	F	45,7 [36,9-54,5][b]	17,1 [10,5-23,7][d]	10,1 [4,8-15,4][e]	27,1 [19,3-34,9][c]
18-19 ans	H	52,5 [41,3-63,7][b]	15,5 [7,3-23,7][e]	5,8 [0,7-10,9][e]	26,2 [16,3-36,1][b]
	F	41,7 [30,7-52,7][c]	17,3 [8,8-25,8][d]	11,0 [4,1-17,9][e]	30,0 [19,9-40,1][c]
20-24 ans	H	42,1 [35,6-48,6][b]	16,8 [11,9-21,7][c]	5,7 [2,7-8,7][e]	35,4 [29,1-41,7][b]
	F	29,9 [23,9-35,9][b]	21,4 [16,0-26,8][b]	6,8 [3,5-10,1][d]	41,9 [35,4-48,4][b]
Total 15-24 ans	H	**49,4 [44,7-54,1][a]**	**15,2 [11,8-18,6][b]**	**5,9 [3,7-8,1][c]**	**29,4 [25,1-33,7][b]**
	F	**36,6 [32,0-41,2][a]**	**19,4 [15,6-23,2][b]**	**8,6 [5,9-11,3][c]**	**35,4 [30,9-39,9][b]**

Source : Santé Québec 1987

tableau **11.10A**

FUMEURS RÉGULIERS

selon l'âge et le sexe, Québec, 1987 et 1992–1993

GROUPE D'ÂGE	ENQUÊTE 1987 HOMMES	ENQUÊTE 1987 FEMMES	ENQUÊTE 1992-1993 HOMMES	ENQUÊTE 1992-1993 FEMMES
15-17 ans	21,0 [14,1-27,9][c]	27,1 [19,3-34,9][c]	19,5 [13,4-25,7][c]	22,3 [15,7-28,8][c]
18-19 ans	26,2 [16,3-36,1][b]	30,0 [19,9-40,1][c]	28,1 [19,1-37,2][b]	25,5 [16,8-34,3][c]
20-24 ans	35,4 [29,1-41,7][b]	41,9 [35,4-48,4][b]	32,1 [26,4-37,9][b]	31,3 [25,5-37,0][b]
Total 15-24 ans	**29,4 [25,1-33,7][b]**	**35,4 [25,1-33,7][b]**	**27,4 [23,5-31,3][b]**	**27,4 [25,9-28,9][a]**

Source : Santé Québec 1987 et ESS 1992-1993.

tableau **11.10B**

FUMEURS RÉGULIERS

selon le nombre de cigarettes fumées quotidiennement,
population âgée de 15 à 24 ans, Québec, 1992–1993

NOMBRE DE CIGARETTES	ENQUÊTE 1987 FEMMES %	HOMMES %	ENQUÊTE 1992-1993 HOMMES %	[I.C.]	FEMMES %	[I.C.]
1 à 10 cigarettes	24,5	33,0	41,4	[33,1-49,5][b]	44,6	[36,2-53,0][b]
11 à 25 cigarettes	68,5	62,3	55,1	[46,8-63,3][b]	53,8	[45,4-62,2][b]
Plus de 26 cigarettes	6,9	4,7	3,6	[0,4-6,7][e]	1,6	[0,0-3,7][e]

Source : Santé Québec 1987 et ESS 1992-1993.

tableau **11.11**

CATÉGORIES DE POIDS

selon le sexe, population de 15 à 24 ans, Québec, 1992–1993

CATÉGORIE DE POIDS		HOMMES %	[I.C.]	FEMMES %	[I.C.]
Poids insuffisant	**15-19 ans**	14,3	[10,0-18,6][c]	20,3	[15,1-25,5][b]
	20-24 ans	8,5	[5,1-11,9][d]	30,0	[24,1-35,9][b]
Poids santé	**15-19 ans**	65,5	[59,7-71,3][a]	65,0	[58,9-71,1][a]
	20-24 ans	60,6	[54,3-66,9][a]	74,0	[68,6-79,4][a]
Surpoids	**15-19 ams**	20,2	[15,3-25,1][b]	14,7	[10,2-19,2][c]
	20-24 ans	17,3	[12,7-21,9][c]	9,5	[5,7-13,3][d]

Source : ESS 1992-1993.

tableau **11.12**

NIVEAU ÉLEVÉ DE DÉTRESSE PSYCHOLOGIQUE

selon l'âge et le sexe, Québec, 1992–1993

GROUPE D'ÂGE	HOMMES	FEMMES
15-19 ans	29,0 [23,5-34,5][b]	45,6 [39,5-51,7][b]
20-24 ans	30,4 [24,7-36,0][b]	35,7 [29,8-41,7][b]
25-29 ans	24,4 [19,8-29,2][b]	31,2 [26,0-36,4][b]
30 ans et plus	19,9 [18,2-21,6][a]	28,0 [26,2-29,9][a]
Total	**22,1 [20,6-23,6]**[a]	**30,4 [28,8-32,1]**[a]

Source : ESS 1992-1993.

tableau 11.13

SUFFISANCE DU REVENU CHEZ LES JEUNES FEMMES EN COMPARAISON AVEC L'ENSEMBLE DE LA POPULATION FÉMININE

Québec, 1992-1993

SUFFISANCE DU REVENU PAR GROUPE D'ÂGE		PROPORTION	[I.C.]
Très pauvre	**15-19 ans**	9,5	[5,1-13,8][d]
	20-24 ans	10,4	[5,9-14,9][d]
	15 ans et plus	8,4	[6,7-10,1][b]
Pauvre	**15-19 ans**	11,9	[7,1-16,7][d]
	20-24 ans	14,3	[9,1-19,5][c]
	15 ans et plus	13,7	[11,6-15,7][b]
Moyen inférieur	**15-19 ans**	28,9	[22,2-35,6][b]
	20-24 ans	30,9	[24,0-37,7][b]
	15 ans et plus	30,7	[27,8-33,4][a]
Moyen supérieur	**15-19 ans**	37,9	[30,7-45,0][b]
	20-24 ans	35,6	[28,5-42,5][b]
	15 ans et plus	35,8	[32,9-38,7][a]
Supérieur	**15-19 ans**	11,9	[7,1-16,7][d]
	20-24 ans	8,9	[4,7-13,1][d]
	15 ans et plus	11,5	[9,6-13,5][b]

Source : ESS 1992-1993.

tableau 11.14

STATUT D'ACTIVITÉ HABITUEL AU COURS DES 12 DERNIERS MOIS CHEZ LES JEUNES FEMMES EN COMPARAISON AVEC L'ENSEMBLE DE LA POPULATION FÉMININE

Québec, 1992-1993

STATUT D'ACTIVITÉ PAR GROUPE D'ÂGE		PROPORTION	[I.C.]
En emploi	**15-19 ans**	6,5	[3,5-9,6][d]
	20-24 ans	43,8	[37,3-50,0][b]
	15 ans et plus	44,0	[42,3-45,6][a]
Étudiante	**15-19 ans**	90,7	[87,1-94,3][a]
	20-24 ans	37,6	[31,6-43,6][b]
	15 ans et plus	12,3	[11,2-13,4][a]
Tenant maison	**15-19 ans**	1,1	[-]
	20-24 ans	11,2	[7,3-15,1][c]
	15 ans et plus	26,5	[25,0-27,9][a]
Sans emploi	**15-19 ans**	1,7	[-]
	20-24 ans	7,4	[4,2-10,6][d]
	15 ans et plus	5,4	[4,7-6,2][b]

Source : ESS 1992-1993.

tableau 12.2

POURCENTAGE DE LA POPULATION ÂGÉE
DE 65 ANS ET PLUS

**selon l'état matrimonial, la suffisance du revenu et le sexe,
Québec, 1992-1993**

CARACTÉRISTIQUES SOCIODÉMOGRAPHIQUES	HOMMES %	[I.C.]	FEMMES %	[I.C.]
État matrimonial				
marié(e)	73,7	[68,9-78,6][a]	44,0	[39,3-48,7][a]
en union de fait	2,2	[1,9-6,3][e]	1,4	[0,3-2,6][e]
veuf(ve), séparé(e) ou divorcé(e)	16,6	[12,5-20,7][b]	47,4	[42,7-52,1][a]
célibataire	5,6	[3,0-8,1][d]	7,2	[4,8-9,6][c]
Suffisance du revenu				
pauvre ou très pauvre	26,9	[17,7-36,1][c]	37,9	[29,4-46,4][b]
revenu moyen	64,4	[54,5-74,3][b]	56,1	[47,3-64,8][b]
riche	8,7	[2,9-14,6][e]	6,0	[1,8-10,2][e]
Situation de vie				
vit seul(e)	18,8	39,3		
vit avec conjoint(e)	76,6	43,9		
vit avec autres	5,3	16,9		

Source : ESS 1992-1993.

tableau **12.3**

PROPORTION DE LA POPULATION DE 65 ANS ET PLUS QUI CONSOMME DES MÉDICAMENTS

selon le type de consommation et le sexe, Québec, 1992-1993

TYPE DE CONSOMMATION DE MÉDICAMENTS	HOMMES % N	[I.C.]	FEMMES % N	[I.C.]
Au moins un médicament	72,2 158 180	[67,7-76,8][a]	86,8 313 050	[83,0-90,5][a]
3 médicaments ou plus	38,1 43 991	[33,2-43,0][b]	49,4 101 404	[45,1-53,7][a]
Médicaments prescrits	64,3 125 175	[59,4-69,1][a]	76,2 241 389	[72,5-79,9][a]
Médicaments non prescrits	25,8 21 684	[22,3-32,2][a]	35,4 54 875	[32,6-40,6][a]

Source : ESS 1992-1993.

tableau **12.4**

CONSOMMATION DE MÉDICAMENTS CHEZ LES PERSONNES DE 65 ANS ET PLUS

selon la classe de médicament et le sexe, Québec, 1992-1993

CLASSE DE MÉDICAMENTS	HOMMES %	[I.C.]	FEMMES %	[I.C.]
Médicaments pour le cœur	39,9	[35,0-44,9][a]	46,6	[42,3-50,9][a]
Vitamines	17,2	[13,4-21,0][a]	33,0	[29,0-37,1][a]
Tranquillisants	14,1	[10,4-17,8][c]	21,6	[17,8-25,4][b]
Médicaments contre les troubles gastriques	8,8	[5,9-11,7][c]	8,9	[6,5-11,4][c]
Laxatifs	4,0*	[2,0-6,0][d]	6,8	[4,6-9,0][c]
Suppléments	3,4*	[1,6-5,2][e]	6,3	[4,2-8,3][c]
Analgésiques	19,7	[15,7-23,7][b]	27,3	[23,5-31,1][b]

* Coefficient de variation entre 15 % et 25 % ; interpréter avec prudence.
Source : ESS 1992-1993.

tableau **12.5**

CONSOMMATION DE TRANQUILLISANTS ET DÉTRESSE PSYCHOLOGIQUE

selon l'âge et le sexe, Québec, 1992

GROUPE D'ÂGE, CONSOMMATION DE TRANQUILLISANTS ET DÉTRESSE PSYCHOLOGIQUE	HOMMES		FEMMES	
	%	[I.C.]	%	[I.C.]
15-24 ans				
tranquillisants prescrits	0,29	[-][e]	0,46	[-][e]
détresse psychologique élevée	29,7	[25,7-33,6][b]	40,8	[36,5-45,1][a]
25-44 ans				
tranquillisants prescrits	1,4	[0,8-2,0][d]	3,1	[2,1-4,0][c]
détresse psychologique élevée	22,8	[20,6-25,1][a]	32,2	[29,6-34,7][a]
45-64 ans				
tranquillisants prescrits	4,6	[3,2-6,0][c]	9,7	[7,7-11,7][b]
détresse psychologique élevée	20,8	[18,0-23,6][b]	26,4	[23,4-29,5][a]
65 ans et plus				
tranquillisants prescrits	14,1	[10,4-17,8][c]	21,6	[17,8-25,4][b]
détresse psychologique élevée	9,3	[6,0-12,6][c]	20,0	[16,1-23,9][b]

Source : ESS 1992-1993.

tableau **13.9**

PROPORTION DE LA POPULATION AYANT OBTENU UN SCORE ÉLEVÉ À L'ÉCHELLE DE DÉTRESSE PSYCHOLOGIQUE

selon le niveau socio-économique et le sexe, population de 15 ans et plus, Québec, 1992-1993

SUFFISANCE DU REVENU	HOMMES		FEMMES	
	%	[I.C.]	%	[I.C.]
Très pauvre	30,1	[23,4-36,8][b]	39,4	[33,4-45,4][b]
Pauvre	25,3	[20,4-30,1][b]	32,4	[27,7-37,1][b]
Moyen inférieur	21,5	[18,8-24,2][a]	29,6	[26,6-32,6][a]
Moyen supérieur	21,5	[19,1-23,8][a]	30,1	[27,4-32,8][a]
Supérieur	19,5	[15,6-23,3][b]	25,4	[20,9-29,8][b]

Source : ESS 1992-1993.

tableau **13.10**

PROPORTION DE LA POPULATION FÉMININE PAUVRE OU TRÈS PAUVRE AYANT OBTENU UN SCORE ÉLEVÉ DE DÉTRESSE PSYCHOLOGIQUE

selon l'âge, Québec, 1992-1993

GROUPE D'ÂGE	POURCENTAGE	[I.C.]
15-24 ans	42,2	[31,4-53,0][b]
25-44 ans	43,2	[35,3-51,0][b]
45-64 ans	33,5	[24,2-42,8][c]
65 ans et plus	20,6	[13,0-28,1][c]
Total	**35,2**	**[31,5-39,0][c]**

Source : ESS 1992-1993

tableau **13.11**

PROPORTION DE FEMMES N'AYANT JAMAIS EU D'EXAMEN DES SEINS PAR UN PROFESSIONNEL DE LA SANTÉ

selon le niveau socio-économique, population de 15 ans et plus, Québec, 1992-1993

SUFFISANCE DU REVENU	%	[I.C.]
Très pauvre	21,2	[16,3-26,1][b]
Pauvre	19,1	[15,2-23,0][b]
Moyen inférieur	14,5	[12,2-16,7][b]
Moyen supérieur	11,1	[9,2-12,9][b]
Supérieur	9,0	[6,1-11,9][c]
Total	**13,7**	**[12,5-14,9][a]**

Source : ESS 1992-1993.

tableau **13.12**

PROPORTION DE FEMMES N'AYANT JAMAIS PRATIQUÉ L'AUTO-EXAMEN DES SEINS

selon le niveau socio-économique, population de 15 ans et plus, Québec, 1992-1993

SUFFISANCE DU REVENU	%	[I.C.]
Très pauvre	37,2	[31,4-43,0][b]
Pauvre	31,4	[26,8-36,0][b]
Moyen inférieur	28,2	[25,3-31,0][a]
Moyen supérieur	27,2	[24,6-29,8][a]
Supérieur	24,0	[19,6-28,3][b]
Total	**28,5**	**[26,9-30,1][a]**

Source : ESS 1992-1993.

tableau **14.5**

STATUT ÉCONOMIQUE PERÇU DES MÈRES
selon le type de famille, Québec, 1992-1993

STATUT ÉCONOMIQUE PERÇU	TYPE DE FAMILLE BIPARENTALE	RECOMPOSÉE	MONOPARENTALE
À l'aise	14,4 [12,2-16,5][b]	7,4 [2,7-12,2][e]	4,7 [1,9-7,5][e]
Suffisant	67,8 [65,0-70,6][a]	58,0 [49,0-66,9][b]	42,4 [35,8-49,0][b]
Pauvre	17,9 [15,5-20,2][a]	34,6 [26,0-43,2][b]	52,9 [46,2-59,5][a]
Total	**76,0** [73,7-78,2][a]	**8,5** [7,0-9,9][b]	**15,6** [13,7-17,5][a]

Source : ESS 1992-1993.

tableau **14.6**

DISTRIBUTION DES FAMILLES MONOPARENTALES
selon le statut d'activité au cours des deux dernières semaines
et le sexe, Québec, 1992-1993

STATUT D'ACTIVITÉ (2 DERNIÈRES SEMAINES)	MÈRES MONOPARENTALES % [I.C.]	PÈRES MONOPARENTAUX % [I.C.]
En emploi	49,5 [43,5-55,5][a]	70,7 [57,2-84,2][b]
Étudiant(e)	7,2 [4,1-10,3][d]	0,3 [-][e]
Tenant maison	29,2 [23,7-34,7][b]	1,7 [-][e]
Sans emploi	14,1 [9,9-18,3][c]	20,8 [8,8-32,8][e]

Source : ESS 1992-1993.

tableau **16.1**

RÉPARTITION DE LA POPULATION ÂGÉE DE 15 ANS ET PLUS
**selon différents indicateurs de l'ethnicité et le sexe,
Québec, 1992-1993**

INDICATEURS DE L'ETHNICITÉ	FEMMES %	FEMMES [I.C.]	HOMMES %	HOMMES [I.C.]
Langue maternelle				
français	83,2	[80,6-85,7][a]	81,7	[78,9-84,5][a]
anglais	7,8	[5,9-9,7][b]	7,2	[5,3-9,1][b]
autre	9,0	[7,0-11,0][b]	11,2	[8,8-13,4][b]
Langue parlée à la maison				
français	83,5	[80,9-86,1][a]	83,3	[80,6-86,0][a]
anglais	10,0	[7,9-12,1][b]	9,7	[7,6-11,8][b]
autre	6,5	[4,7-8,2][c]	7,0	[5,2-8,9][c]
Appartenance ethnoculturelle				
groupe majoritaire	89,4	[87,2-91,6][a]	86,8	[84,4-89,3][a]
groupe minoritaire 2ᵉ ou 3ᵉ génération	3,8	[2,4-5,1][c]	4,5	[3,0-6,0][c]
groupe minoritaire 1ʳᵉ génération	6,8	[5,0-8,6][b]	8,7	[6,6-10,7][b]
Ethnie perçue				
Canadien ou Québécois francophone	85,6	[83,0-88,1][a]	84,5	[81,8-87,2][a]
Canadien ou Québécois anglophone	8,5	[6,5-10,5][b]	7,8	[5,8-9,8][b]
autre	6,0	[4,2-7,7][c]	7,7	[5,7-9,6]-

Source : ESS 1992-1993.

tableau **16.2**

RÉPARTITION DES FEMMES
selon l'origine et l'âge, Québec, 1992

GROUPE D'ÂGE	QUÉBÉCOISES D'ORIGINE (groupe majoritaire) %	[I.C.]	COMMUNAUTÉS CULTURELLES (groupe minoritaire) %	[I.C.]
15-24 ans	16,1	[14,7-17,4][a]	15,9	[12,0-19,9][b]
25-44 ans	42,6	[40,8-44,5][a]	44,4	[39,1-49,8][a]
45-64 ans	27,1	[25,5-28,8][a]	24,4	[19,7-29,0][b]
65 ans et plus	14,2	[12,9-15,5][a]	15,2	[11,4-19,1][b]

Source : ESS 1992-1993.

tableau **16.3**

PERCEPTION DE SA SANTÉ

selon l'origine, femmes de 15 ans et plus, Québec, 1992–1993

PERCEPTION DE SA SANTÉ	QUÉBÉCOISES D'ORIGINE %	[I.C.]	COMMUNAUTÉS CULTURELLES %	[I.C.]
Excellente ou très bonne	50,5	[48,6-52,3][a]	46,5	[41,1-51,9][a]
Bonne	38,3	[36,5-40,1][a]	41,5	[36,2-46,9][a]
Moyenne ou mauvaise	11,3	[10,1-12,4][a]	12,0	[8,5-15,5][c]

Source : ESS 1992-1993.

tableau **16.4**

TEST DE PAP

selon l'origine ethnique, femmes de 15 ans et plus,
Québec, 1992–1993

GROUPE MAJORITAIRE DÉJÀ EU	JAMAIS EU	GROUPE MINORITAIRE DÉJÀ EU	JAMAIS EU
89,6 % [88,4-90,8][a]	10,4 % [9,2-11,6][a]	76,4 % [71,6-81,2][a]	23,6 % [18,8-28,4][b]
Moins de 12 mois 49,0 % [47,1-50,9][a]		Moins de 12 mois 40,6 % [35,1-46,1][b]	
1 an et plus 40,6 % [38,7-42,5][a]		1 an et plus 35,9 % [30,5-41,3][a]	

Source : ESS 1992-1993.

tableau **16.5**

EXAMEN DES SEINS PAR UN PROFESSIONNEL

selon l'origine ethnique, femmes de 15 ans et plus,
Québec, 1992–1993

GROUPE MAJORITAIRE		GROUPE MINORITAIRE	
DÉJÀ EU	JAMAIS EU	DÉJÀ EU	JAMAIS EU
87,4 %	12,6 %	75,5 %	24,5 %
[86,1-88,7][a]	[11,3-13,9][a]	[70,7-80,3][a]	[19,7-29,3][b]
Moins de 12 mois		**Moins de 12 mois**	
49,0 %		41,8 %	
[47,1-50,9][a]		[36,3-47,3][b]	
1 an et plus		**1 an et plus**	
38,5 %		33,8 %	
[36,7-40,3][a]		[28,6-39,0][b]	

Source : ESS 1992-1993.

tableau **16.6**

MAMMOGRAPHIE

selon l'origine ethnique, femmes de 15 ans et plus,
Québec, 1992–1993

GROUPE MAJORITAIRE		GROUPE MINORITAIRE	
DÉJÀ EU	JAMAIS EU	DÉJÀ EU	JAMAIS EU
39,0 %	60,9 %	40,3 %	59,7 %
[37,2-40,8][a]	[59,1-62,7][a]	[34,9-45,7][b]	[54,3-65,1][a]
Moins de 12 mois		**Moins de 12 mois**	
13,7 %		15,8 %	
[12,4-15,0][a]		[11,8-19,8][b]	
1 an et plus		**1 an et plus**	
25,4 %		24,5 %	
[23,8-27,0][a]		[19,7-29,3][b]	

Source : ESS 1992-1993.

tableau **16.7**

AUTO-EXAMEN DES SEINS

selon l'origine ethnique, femmes de 15 ans et plus,
Québec, 1992-1993

GROUPE MAJORITAIRE		GROUPE MINORITAIRE	
DÉJÀ PRATIQUÉ	JAMAIS PRATIQUÉ	DÉJÀ PRATIQUÉ	JAMAIS PRATIQUÉ
72,5 %	27,5 %	64,2 %	35,8 %
[70,8-74,2][a]	[25,8-29,2][a]	[58,9-69,4][a]	[30,6-41,1][b]
1 fois par mois		**1 fois par mois**	
24,0 %		23,0 %	
[22,4-25,6][a]		[18,3-27,6][b]	
4 fois par an		**4 fois par an**	
46,4 %		41,2 %	
[44,5-48,2][a]		[35,8-46,6][b]	

Source : ESS 1992-1993.

Autres publications du
Ministère de la Santé et des Services sociaux
en vente dans le réseau des
Publications du Québec et dans les librairies

Vente et information :

Chez votre libraire habituel

Commande postale:
Les Publications du Québec
C.P. 1005
Québec (Québec)
G1K 7B5

Internet: http://doc.gouv.qc.ca

Télécopieur: (418) 643-6177
1 800 561-3479

Téléphone: (418) 643-5150

1 800 463-2100